21 世纪高等院校现代财会系列教材

企业财务会计学

（第二版）

主编　王君彩

经济科学出版社

责任编辑：周胜婷　张　萌
责任校对：王凡娥
技术编辑：王世伟

图书在版编目（CIP）数据

企业财务会计学（第二版）/王君彩主编．—北京：
经济科学出版社，2011.5
21 世纪高等院校现代财会系列教材
ISBN 978 - 7 - 5141 - 0553 - 7

Ⅰ．①企⋯　Ⅱ．①王⋯　Ⅲ．①企业管理 - 财务会计 -
高等学校 - 教材　Ⅳ．①F275.2

中国版本图书馆 CIP 数据核字（2011）第 055924 号

企业财务会计学　（第二版）

主编　王君彩

经济科学出版社出版、发行　新华书店经销

社址：北京市海淀区阜成路甲 28 号　邮编：100142

总编部电话：88191217　　发行电话：88191104

网址：www. esp. com. cn

电子邮件：esp@ esp. com. cn

北京联兴华印刷厂印刷

787 × 1092　16 开　26 印张　554000 字

2011 年 5 月第 1 版　2011 年 5 月第 1 次印刷

ISBN 978 - 7 - 5141 - 0553 - 7　定价：48.00 元

前　　言

《企业财务会计学》（第二版），是在《企业财务会计学》普通高等教育"十二五"国家级规划教材的基础上，根据现实会计准则在执行中的新变化编写的。本书不仅可以作为高等院校会计学专业企业财务会计学课程的教材，还可以作为经济与管理类非会计专业会计教材之用，当然，也可以作为公司管理人员关于财务会计学知识的专业参考书。

本书是在中国会计改革持续深入向前推进的背景下，主要基于2006年新颁布的《企业会计准则》框架，结合国际会计准则及其他国际惯例，在总结会计教学实践经验的基础上，借鉴国内外同类教材的先进经验而编写的。

本教材融合了学生将来从事财经工作必须掌握的基本会计知识，旨在让学生全面掌握企业财务会计的基本理论与基本方法。全书共分十九章，在对企业财务会计学进行学科性总论之后，对货币资金、应收款项、存货、投资、固定资产、无形资产及其他资产等资产项目，以及负债、所有者权益、收入、费用和利润等项目进行了专门的阐述。最后，围绕财务会计报告的编制要求，对报表的编制方法，以及日后事项和会计调整均进行了较详细的阐述。总之，本书全面、系统地阐述了企业财务会计的理论与实务，内容丰富，信息量大，并具有一定的前瞻性。在编写过程中，我们注重理论联系实际，增强可操作性。全书由浅入深，层层展开，环环相扣，体现较强的内在逻辑关系。全书注重深浅适宜，便于组织教学。另配有习题集，以帮助学生巩固所学知识。

本书由中央财经大学王君彩担任主编，对全书进行总纂定稿。参加编写的有：王君彩（第一、第二章），张建华（第三章），杨旻（第四章），王淑芳（第五、第十五章），许文静（第六、第七、第十六章），刘彩霞（第八、第十九章），魏喆妍（第九章），程六满（第十章），程培先（第十一章），李宇立（第十二章），罗韵轩、全自力（第十三、第十四章），余应敏（第十七章），全自力（第十八章）。

由于作者水平和时间所限，书中错误和疏漏之处在所难免，恳请读者批评指正。

王君彩

2011 年 1 月

目　录

第一章 总 论

通过本章学习，理解企业经营与会计的关系；理解财务会计概念框架的概念和作用，了解财务会计概念框架的内容；了解国际会计准则的基本状况；明确我国《企业会计准则》的性质和作用，了解我国《企业会计准则》的产生和发展。

第一节 企业经营和财务会计概述

一、企业的特征和类型

从法律意义上讲，一切以营利为目的的组织机构都可以称作企业。它与非营利性组织机构一起，构成整个社会经济。

企业的基本特点是：企业是微观层面的经济单位个体，是以获利为目的的经济组织；企业将人力和财力资源结合起来，从而具备了生产的基本要素，即资源、资本、人工以及企业家精神。企业可以有一个具体的场所，也可以是一个虚拟的空间形态。

企业可按照不同的角度进行分类，下面仅以从事的经济业务和组织形式来划分。

（一）按照企业所从事的经济业务类型分类

按照企业所从事的经济业务类型的不同，可以将企业分为制造型企业、商业型企业和服务型企业。

（1）制造型企业。制造型企业首先要购买原材料，并将其加工成具有实物形态的某种产品，然后出售。原材料可能是未加工的原始材料，也可能是其他企业生产完工的产品。同商业企业相比，制造型企业的业务相对复杂，必须拥有自己的生产车间和制造过程，因而也有着与商业型企业不同的资金循环模式。

（2）商业型企业。简单地说，商业型企业就是从事商品买卖的企业。这里的商品是指具有实物形态的产品，商品型企业购进商品之后，可能进行简单的分装、再包装等处理，但不存在进一步生产、加工的过程。商业企业以较低价格批量买进商品，以较高价格出售给其他商业型企业或个人，从中获取差价收益。

（3）服务型企业。服务型企业是以提供劳动服务作为获取收入的主要形式。服务型企业经营的对象并非有形的物品，而是无形的服务，其资金主要用于购买提供服务所需的设备和维持企业运转，而不是购买用于销售的商品，也没有生产加工过程，因此，其利润的构成中也不涉及销货成本项目，而是由收入减去营业费用直接得到营业利润。

（二）按照企业组织形式的不同分类

企业组织有独资、合伙、公司三种形式。公司组织又有有限责任公司和股份有限公司两种形式。相应地，企业就有独资企业、合伙企业、有限责任公司企业和股份有限公司企业四种。

（1）独资企业。独资企业是指所有者权益归业主一个人所独有的企业。从法律上讲，独资企业所拥有的资产和负债与业主个人另外所拥有的资产和负债没有本质的区别；从会计上讲，仍然把独资企业作为一个独立的会计主体，对其所拥有的资产和负债单独处理。独资企业通常没有法人资格。

这类企业组建时，所有者投入的资本，全部作为实收资本入账。这是独资企业投入资本会计处理的一个特点。由于独资企业不发行股票，因而不会产生股票溢价发行收入；由于投资者为单一所有者，因而也不会在追加投资时，为维持一定的投资比例而产生资本公积。就这类企业而言，业主对企业的债务承担无限的清偿责任。

应该指出，我国国有独资企业与一般独资企业虽然都属于单一所有者企业，但在性质上它们毕竟有所不同，前者是法人，而后者不是法人。

（2）合伙企业。合伙企业是指二人以上按照协议投资、共同经营、共负盈亏的企业。合伙人对企业的负债负有连带无限责任。就这类企业而言，所有者权益应该按照出资合伙人分别设置账户，对各个合伙人的投资、提款和其权益余额进行核算。合伙企业一般也不是法人，由于企业的出资者不止一人，因而在合伙企业增加资本时，就会出现资本溢价问题。合伙企业在筹资方面有很大的局限性，因而企业规模会受到较大的限制。另外，在合伙人变动时，企业会遇到比较棘手的问题，如果处理不当，甚至会导致合伙企业的解散。

（3）有限责任公司。有限责任公司是指由两个以上股东共同出资，每个股东以其所认缴的出资额对公司承担有限责任，公司以其全部资产对其债务承担责任的企业法人。其与独资企业的主要区别是：有限责任公司的投资者必须是两人以上，而独资企业的投资者只能是单一的投资者；有限责任公司的投资者（股东）对企业承担有限责任。由于有限责任公司的股东是两个以上，所以各个投资者怎样出资、出资多少和何时出资都必须事先约定，共同遵守，否则企业就将无法正常地从事生产经营活动。某个投资者如果未按约定缴纳出资，那么企业可以向该投资者追缴。如果经过追缴仍不履行出资义务的，企业还可以依法追究投资者的违约责任。

在我国，国有独资公司是基于我国国情而产生的一种特殊企业组织形式。国有独资公司属于有限责任公司，实行责任有限原则。根据《中华人民共和国公司法》（以下简称《公司法》）的规定，国有独资公司是指国家授权投资的机构或者国家授权的部门单独投资设立的有限责任公司。国务院确定的生产特殊产品的公司或者属于特定行业的公司，应当采取国有独资公司形式。国有独资公司的章程由国家授权投资的机构或者国家授权的部门依照《公司法》制定，或者由董事会制定，报国家授权投资的机构或者国家授权的部门批准。国有独资公司不设股东会，由国家授权投资的机构或者国家授权的部门授权公司董事会行使股东会的部分职权，决定公司的重大事项。但公司的合并、分立、解散、增减资本和发行公司债券，必须由国家授权投资的机构或者国家授权的部门决定。国有独资公司设立董事会，其成员为 3~9 人，由国家授权投资的机构或者国家授权的部门按照董事会的任期委派或者更换。董事会成员中应该有公司职工代表。董事会中的职工代表由公司职工民主选举产生。董事会设董事长一人，可以视其需要设副董事长。董事长、副董事长由国家授权投资的机构或者国家授权的部门从董事成员中指定。董事长为公司的法定代表人。

（4）股份有限公司。股份有限公司是指注册资本由等额股份构成，并通过发行股票（或股权证）筹集资本，股东以其所认购股份对公司承担有限责任，公司以其全部资产对公司债务承担责任的企业法人。

二、企业经营活动

企业经营活动与会计的关系密不可分，企业财务报表集中反映了企业经营活动的相关经济信息，因此，要理解财务报表所表达的信息内容，首先要了解企业各种经营活动。经营活动从广义来讲，即为根据企业的目标和战略进行融资活动、投资活动和生产经营活动。

（一）制定企业的目标和战略

要进行经营活动，首先要制定企业的目标和战略，为了完成这些目标，企业需要调动各种资源，并制订经营计划。企业在制定战略、确定目标时，需要考虑所处的社会经济、制度、文化环境、行业竞争情况。各个企业的情况不同，其目标和战略也各不相同，但基本的内容大体相同，如在企业经营符合国家法规和行业政策的前提下，企业所有者（股东）报酬最大化，为职员提供具有激励、稳定性的工作环境等。

围绕这些目标，管理层为公司制定总体战略，包括产品的研究开发、市场营销、经营区域等基本经营方针，进而为每个业务单元或产品制定具体战略。制定目标和战略时，公司必须考虑相关外部因素和内部因素。

（二）融资活动

制定了企业的目标和战略后，开展经营活动，首先要获得资金。获得资金的活动称为融资活动。常见的融资方式包括吸收投资、发行股票、发行债券和借款等活动。融资按其性质分为权益融资和债务融资，前者通常是所有者的投资，后者通常为债权人的贷款。

（三）投资活动

公司获得资金后，需要用其形成企业的经营能力，对这些资金的使用通常称为投资活动，表现为获得各种经营所需的资产。投资活动获取的资产包括：土地、建筑物和设备；专利权、许可证和其他合同约定的权利；其他公司的普通股或债券；存货；货币资金等。此外，在企业的经营过程中，还会发生各种债权业务，这也构成企业资产的一部分。

（四）经营活动

企业获得资金并通过资金的使用形成经营能力后，就要持续地开展各种经营活动，获得利润。企业的经营活动是指与企业销售商品、提供劳务等业务直接相关的活动。其主要包括采购、生产、营销和管理。

企业的所有者、债权人以及与企业利益相关的人士和机构，需要了解企业在融资、投资和经营活动中的情况，以便于作出经济决策。为此，企业就需要财务会计来全面、恰当地核算、反映和报告各种经营活动及其经营成果。

三、财务会计的本质特征

（一）财务会计是现代会计的一个重要分支

会计是随着社会生产的发展和经济管理的需要而产生、发展并不断完善起来的。在人类的生产活动中，为了获得一定的劳动成果，必然要耗费一定的人力、物力和财力。人们一方面关心劳动成果的多少，另一方面也注重劳动耗费的高低。随着社会经济的不断发展、生产力的逐步提高，会计的核算内容、核算方法等也得到巨大发展，逐步由简单的计量与记录行为，发展为以货币为计量单位进行核算和监督经济活动过程的一种管理工作。因此，会计既是一种经济管理活动，又是一个信息系统。商品经济日益发展，导致了不同的会计信息使用者和多样化的信息需求的产生，丰富了会计的内容，逐渐形成了财务会计、管理与成本会计、政府与非营利单位会计等不同的现代会计分支与学科。本书仅介绍其中的一个重要分支——企业财务会计。美国会计原则委员会（APB，1970）指出：财务会计是会计的一个分支。它着眼于被称为财务报表的、关于财务状况和经营成果的通用报告。凯索和威基纳德在其合著的《中级财务会计》（1995 年第 8 版，中译本）中强调：财务会计是以编报财务报告为终端的会计处理过程。财务报告是以企业为整体来编制，供企业内部和外部双方使用的书面文件。财务报告的使用者包括投资人、债权人、管理当局、工会和政府机构等。

我们认为，财务会计是在继承传统会计的基础上发展起来的一个重要会计分支，它侧重于向企业的外部信息使用者提供有关反映企业财务状况、经营成果、现金流量等方面信息的定期财务报告，以满足其用于评估企业业绩、作出多种经济决策的一种对外报告会计。

财务会计与管理会计作为现代企业会计的两大分支，其间的主要差别在于各自不同的目标和信息处理系统结构。现代市场经济中企业的特征表现为企业所有权和经营权的分离，前者把资源委托给经营者经营使用，后者就承担了资源的受托责任并据此获取相应报酬。现代企业是一系列契约关系的联结，是一个法律虚构。因而每一个企业尤其是上市公司，就形成了以管理当局为代表的企业"内部人"和以投资人、债权人等为代表的"外部人"两个利益关系集团。企业内部管理当局和外部投资人、债权人基于不同的利益或责任，作出的决策极不相同，从而对会计信息的具体要求也极不一致，其结果是财务会计同管理会计的分离在所难免。

在现代市场经济中，投资者是企业对外财务报告的最主要使用者。由此自然地产生了"财务报告能否传递影响股票市价进而影响投资者决策的信息含量"的问题。在早期的会计文献中认为：公司财务报告是获取公司信息的唯一来源。换言之，财务会计报告的盈余信息不仅会影响股票市价，而且是促使股价变动的唯一信息源。但其后，实证会计研究通过运用"有效市场假设（EMH）检验财务信息对股价行为的影响"，发现这一观点并不成立。因为信息竞争促使投资者和财务分析师从财务报告甚至企业以外的各种途径获取相关消息，只要股票市场是半强式有效，它就会对该企业的盈利甚至预期的未来现金流量通过股票价格的变化作出正确的评估、反应。当然，引入"资本资产计价模式"（CAPM）进行的实证研究也证明：由于公司公布的会计盈余很可能含有投资人未能预测到的变化，故财务报告披露的盈余信息仍然是有用的，财务报告揭示的、投资人未预期的盈余变化会引起股价变动，未预期的盈利信息同股价变化的方向或幅度均具有某种程度的相关性。

应当指出的是，通用财务报告提供的财务信息对企业管理当局也是有用的。现代企业离不开市场，市场的瞬息万变要求企业的经营、投资和理财决策都必须及时快速地作出反应，因此，本企业的对外财务报告（特别是分部报告）和同行业其他企业的财务报告，对于管理当局提供备选方案和评估并选取优化方案也很必要。但企业的内部管理当局不是财务报告的主要使用者，而是管理会计信息的主要使用者，他们所需要的信息主要是能有助于其进行企业的生产经营与长期投资或全面的预算管理。显然，管理会计的预期现金流量信息在企业经营决策中具有特别重要的意义，面向未来和科学的预测正是管理会计信息的主要特征。

（二）财务会计的本质特征

财务会计也称对外报告会计或传统会计。财务会计主要以会计法规、准则和制度为依据，对企业已经发生的融资、投资、经营业务或事项，进行确认、计量、记录和报告，并以财务报表的形式提供给股东、债权人、管理者、政府部门等企业利益相关者。因为其主要是向企业外部财务报表使用者报告财务信息，因此也被称为"对外报告会计"。在实际工作中，财务会计除了主要从事填制会计凭证，登记会计账簿，编制会计报表等会计信息反映的工作外，还要分析财务报表和企业经营活动，筹措和调度资金，提供经营管理建议。财务会计是会计在历史上的最初形式，并一直是会计有史以来的主要内容，同现代会计相对应，它也被称为"传统会计"。

管理会计也称对内报告会计，它是为了满足企业规划决策、经营管理需要，而收集、记录、分析企业内部和外部的财务及非财务信息，并主要呈报给企业内部经营管理者的企业会计分支。针对企业管理部门关于制订计划、编制预算、作出决策和控制经济活动的需要，管理会计需要记录和分析经济业务，收集、整理和呈报企业内部和外部的管理信息，在为经营管理提供会计管理服务的同时，直接参与企业活动的会计决策和控制。

财务会计和管理会计并列，构成了现代企业会计的两大分支。作为会计范畴，它们共同服务于"加强企业经营管理，提高经济效益"的企业总体目标，在实际工作中一方面互相依托，相互联系；一方面也各有侧重，互相区别。财务会计同管理会计的区别，主要有以下几点：

（1）服务对象不同。财务会计所提供的信息，虽然也为企业内部使用者之用，但主要面向企业外部信息使用者；而管理会计所提供的信息则基本上是为了满足内部经营管理人员的需要，通常不需要向企业外部提供。

（2）会计规范不同。财务会计必须遵循会计法规、会计准则和会计制度等会计规范，按照"凭证→账簿→报表"的基本模式，确认、计量、记录和报告会计信息，并按照统一格式和渠道提供会计报表；而管理会计（除成本会计外）则一般不受会计准则和会计制度的约束，也不存在固定的模式和方法，只根据企业内部管理要求履行工作职责。

（3）职责作用不同。财务会计的职责重在确认、计量、记录和报告会计信息，以客观反映企业经济活动；而管理会计的职责重在预测、决策、分析和控制成本利润，以有效管理企业经济活动。

（4）信息要求不同。财务会计主要处理和提供企业内部的历史会计信息，严格要求信息的真实性、准确性和一致性；而管理会计处理和提供的信息，不但包括企业内部信息，还包括企业外部信息（如竞争者、供应商和客户的信息）；不但包括财务信息，还包括非财务信息（如区域投资、产品开发、内部控制信息）；不但包括历史信息，还包括预测数据。此外，管理会计提供的信息强调决策的有效性，并不需要遵循统一的披露格式。

通过对财务会计与管理会计的比较，可以概括出财务会计的基本特征如下：

（1）财务会计主要面向市场向企业外部利害关系集团提供企业的整体财务信息：①报告企业期初和期末的财务状况（有关企业的资源存量信息）；②报告企业在一定期间（一般为一年，下同）的经营、投资和理财等业绩；③报告企业在一定时期内的现金流量（有关企业的资源流量与变化信息）。

（2）财务报告是财务会计传递信息的重要手段，其中的财务报表要遵守公认会计原则进行加工并须经过外部独立的注册会计师的审计鉴证。

（3）财务会计处理的数据信息如果进入财务报表，必须经过确认、计量、记录等会计核算程序，财务报表信息要符合会计准则的要求并予以"确认"；其他财务报告中揭示的信息一般称"信息披露"，有依法披露和管理当局自愿披露之分。

（4）财务报告特别是财务报表的数据皆来自过去的交易或事项；基于可比的目的，报表中各项目均以金额表示。因而，财务会计提供的主要是经加工与汇总后的历史性货币信息，其目的主要是为了整体反映企业的财务状况和经营业绩。

（5）财务会计以一系列基本假设或基本假定为前提，并在决策有用性的目标指引下，运用一整套概念框架建立相关的评估规范体系。

（6）财务会计允许会计人员进行合理的估计与职业判断，因而，财务会计信息只能是可理解且相关与可靠的，不可能是绝对客观的。

第二节　财务会计概念框架

财务会计作为对外报告会计，其功能主要是向企业外部使用者提供有利于其决策的财务信息。为保证所传递信息的真实和公允，就产生了所谓"公认会计原则"或"企业会计准则"（以下简称"准则"）。"准则"是对财务会计和财务报表的规范。作为规范，企业财务会计不仅要运用一系列概念，而且其自身也要受一套比较科学、严密的概念框架即概念（理论）体系所指导。

一、财务会计概念框架概述

（一）财务会计概念框架的概念

财务会计概念框架（Conceptual Framework of Financial Accounting，CF）是基于财务会计的基本假设和基本假定，以目标为导向而形成的一整套相互关联、协调一致的会计概念（理论）体系。

美国财务会计准则委员会（FASB）在发布第二辑《财务会计概念公告》——"会计信息质量特征"时，以"财务会计概念"为题作为该辑公告的前言。该前言写道：概念框架是由互相关联的目标和基本概念所组成的逻辑一致的体系，这些目标和基本概念可用来引导首尾一贯的准则，并对财务会计和报告的性质、作用和局限性作出规定。美国财务会计准则委员会对财务会计概念框架所讨论的基本概念主要有会计目标、信息质量、要素的定义与特征、要素的确认与计量。

加拿大会计准则制定机构——加拿大特许会计师协会（CICA）也发布过一份名为"财务报表概念"的文告。该文告认为，财务报表概念的目的是描述那些指导建立和使用通用目的会计原则的概念，主要有财务报表的目标、效益与成本约束、重大性、信息质量、财务报表要素、确认标准、计量、公认会计原则等。

英国会计准则制定机构——英国会计准则委员会（ASB）发布的与美国财务会计准则委员会的财务会计概念框架相类似的文件是《财务报告原则公告》。该报告的第一段作如下界定：原则报告确立了指导对外财务报表编报的概念。主要目的是为会计准则委员会制定与审查会计准则，提供一个内在一致的参考框架。它还可在特殊情况下为选择不同的会计处理方法提供依据。英国的《财务报告原则公告》分为七章，所讨论的概念分别是财务报表的目标、信息质量、报表要素、确认、计量、财务信息提供、报告主体。

澳大利亚的类似文件称为"会计概念报告"。与上述国家的概念框架不同之处在于，澳大利亚的这份报告在其前言部分明确说明：会计概念报告确定了通用目的财务报告的编报所必须遵守的基本概念。即：它们直接被财务报告实务所遵守，而不像上述国家那样，概念公告只是理论，它通过评估、指引会计准则来间接影响会计实务。当然，澳大利亚的这份报告还有一个不同之处，就是它既强调会计准则是概念报告的补充，又认为在特殊的情况下，准则可改变概念报告的要求。当准则与概念报告发生冲突时，准则具有优先权。这份概念报告讨论的内容包括财务报告的目标、信息质量、要素（资产、负债、权益、收入和费用）的定义与确认、计量、财务信息的列报。

除上述国家所发布的财务会计概念框架外，一些国际性组织也做过这方面的努力与尝试，如国际会计准则委员会的《编报财务报表的框架》、联合国跨国公司委员会秘书长报告等。我国财政部发布的《企业会计准则——基本准则》，实质上也是一份类似于财务会计概念框架的文件。

综上所述，可以看出，财务会计概念框架实质上是由一些财务会计最为基本的概念所组成，这些概念相互关联，形成一个完整的框架体系，目的在于指导会计准则的制定或应用（澳大利亚是一个特例），是会计准则的"准则"。

财务会计的基本假设和假定是财务会计的基本前提。基本假设来自财务会计所依以存在和活动的客观环境——市场经济，基本假定则是对基本假设的必要补充。两者都带有不言自明的性质，除"持续经营"假定外，一般不需要证明或反证。不论基本假设或假定，都为数很少，是其他概念和准则的基础。

（二）财务会计概念框架的历史发展

财务会计概念框架研究最早是在美国 20 世纪 70 年代所兴起的。自 1938 年美国会计师协会（AIA，美国注册会计师协会的前身）正式着手制定"公认会计原则"后，社会各界一直要求原则制定机构研究会计理论，并要求在会计原则制定过程中，以一个有效、一致的理论为指导。第一个会计原则制定机构"美国会计程序委员会"曾发布过会计名词研究的公报，对会计原则、资产、负债、收入、费用、收益等进行界定。由于会计程序委员会过分迁就实务，对这些概念的讨论缺乏内在一致的理论基础，因而，它所讨论的会计名词，并未形成一个连贯的理论体系。

在美国会计原则委员会（APB）成立的同时，美国注册会计师协会（AICPA）特别成立了会计研究部，以加强会计理论的研究，并期望研究部能形成一个连贯的理论，为会计原则委员会制定、发布会计原则意见书（APB Opinions），提供理论支持。应该说，后来陆续形成的财务会计概念框架，与这种思想不无直接联系。

会计研究部于 1961 年和 1962 年发布了第一、第三号会计研究论文集，分别讨论会计基本假设和会计原则，并力图强调假设和原则之间的内在联系。这样，以"会计假设—会计原则"为核心的财务会计概念框架的第一种思路已经形成。

由于会计假设的研究受形成多少条假设以及假设和原则之间的内在逻辑关系不严密等弊端的限制，以"会计假设—会计原则"思路建立概念框架，难以取得令人满意的效果，特别是第三号会计研究论文集所提出计量属性，基本否定了当时会计实务所奉行的主要计量属性——历史成本，而被会计原则意见书所否定。因此，以美国注册会计师协会为代表的会计界在继续研究"会计假设—会计原则"的同时，开始寻找新的思路。

20 世纪 70 年代初，面临社会各界对会计职业界和会计原则委员会的批评与指责，美国注册会计师协会分别成立了"惠特（Wheat）委员会"和"特鲁伯罗德（Trueblood）委员会"，前者研究会计原则制定的机构和工作程序，后者研究财务报表的目标。根据惠特委员会建议所成立的美国财务会计准则委员会，在嗣后的工作过程中，十分重视会计理论，特别是直接指导财务会计准则的理论的研究，这为概念框架的产生提供了必要的人员和思想准备；而特鲁伯罗德委员会所提交的报告，第一次全面、系统地论述了基于美国市场经济环境下的财务报告的目标，这为后来美国财务会计准则委员会继续探讨财务报表的目标，并将其作为概念框架的起点，提供了较好的基础与可能。1978 ~ 1985 年，美国财务会计准则委员会陆续发布了六辑"财务会计概念公告"（Statement of Financial Accounting Concepts），标志着概念框架体系基本形成；2000年2月，在间隔15年后，美国财务会计准则委员会又发布了第七辑《财务会计概念公告》，要求在会计计量中使用现金流量信息和现值去探求新的计量属性——公允价值。

美国财务会计准则委员会所颁布的概念框架，在国际上引起了较大的反响。一些国家和国际组织也纷纷效仿。他们已经制定完成或基本制定完成的概念框架，总体思路多半借鉴美国，但具体内容则有程度不同的创新。

（三） 财务会计概念框架的作用

财务会计概念框架是财务会计理论的重要组成部分，但不是理论的全部，理论还应包括各种相互对立的学说、思想和观点。财务会计概念框架仅仅限于财务会计和财务报告的基本前提，目标是保证财务报表应予确认的各项要素及其计量和在其他财务报告中应予披露的内容符合框架中的概念。财务报表的确认和计量，以及在其他财务报告中的披露事项，都应当运用前后关联并协调一致的基本概念，以基本假设和基本假定为前提，力求与目标相一致。

财务会计概念框架有以下两个作用：

第一，指导准则制定机构发展会计和报告准则。过去的会计准则，基本上是在一些流行的会计惯例的基础上归纳而成的，常常不能保证前后连贯和内在一致，主要是缺乏理论的指导。有了概念框架之后，情况有所不同。以美国会计准则为例，20世纪70年代末，美国的通货膨胀率高达10%以上，各界纷纷抨击现行财务报告模式。有人甚至认为，公司以历史成本为计量属性的财务报告是报告"无用的数字"。但是，不按历史成本计量属性编报财务报表又会同一系列美国公认会计原则（GAAP）相矛盾，准则机构此时处于两难境地。美国财务会计准则委员会在1978年11月发布了第一辑《财务会计概念公告》，就为解决这一难题提供了指南，在第一辑概念公告中，美国财务会计准则委员会建议把财务报表扩大为财务报告。并认为，财务报告仍应以财务报表为中心，仍应遵守当前的美国公认会计原则编制并需经过注册会计师审计，而财务报告的另一部分被定义为"其他财务报告"。其他财务报告可不必遵守美国公认会计原则，也不必经过审计，而只需请外界专家（包括注册会计师）审阅。运用第一辑概念公告中关于财务报表和财务报告的关系的概念，美国财务会计准则委员会于1978年11月顺利地发布了第33号财务会计准则（FAS 33）——"财务报告与物价变动"。这份准则规定凡适用该准则的上市公司，其提供的财务报告可分为两部分：一部分为财务报表，仍按原先的美国公认会计原则编制；另一部分为其他财务报告。由其他财务报告补充提供物价变动影响的信息。此类信息主要指持续经营下的经营收益、存货、财产、厂房、设备等受到的物价变动的影响。其影响又分别按一般物价水平（不变价格美元）和现行成本加以衡量。就是说，关于物价变动的影响，既反映一般购买力的变化影响，又反映具体资产的价格变化影响。再如，美国财务会计准则委员会第一辑《财务会计概念公告》（1976年11月）和第五辑《财务会计概念公告》（1984年12月）都强调：主要的外部会计信息使用者普遍关注企业创造有利的现金流动的能力。因为他们所投资、贷款或参与其他业务的企业的期望收入，取决于他们能从该企业收入现金的前景即创造有利现金流动的能力。第五辑《财务会计概念公告》明确要求：一个企业需要编制几张财务报表形成整套财务报表。在整套财务报表中应有报表表明"该期内的现金流量"。根据第一辑和第五辑《财务会计概念公告》的建议，美国财务会计准则委员会终于把企业对外公布的第三张报表——财务状况变动表改为"现金流量表"，即1987年11月公布的"FAS 95"。

第二，评估并修订现有的会计准则。会计准则作为财务会计的规范不是一成不变的。会计准则保持其有用性依赖于它能随着市场经济环境的变化和使用者提出新的信息要求而定期（当然不应当频繁）加以评估并进行必要的修改。在评估和修改时，对于该准则的规范是否内在一致，所引用的概念是否逻辑严密并在所有准则中是否统一使用等问题，须有一个理论体系可供参考。财务会计概念框架正是一把可用于评估会计准则的理论尺度，在评估未来修订已发布的会计准则中，财务会计概念框架可以发挥重要的作用。近年来，国际会计准则委员会正是运用财务会计概念框架并结合其他要求，对已发表的国际会计准则进行了一系列的修订，提高了财务报表的可比性，使国际会计准则在更大范围内得到了认同，以适应国际资本在全球自由流动的要求。

总之，将界定严密、内在一致的财务会计概念框架作为会计准则制定的理论基础的观念，在国际会计界已经深入人心。任何国家只要着手制定会计准则，就必然会希望有一套完整的财务会计概念框架来指导准则的制定。可以预期，未来各国会计准则制定机构会更注重财务会计概念框架的研究。

二、财务会计概念框架的内容

（一）基本假设或基本假定

基本假设是由财务会计的经济、政治、社会（主要是经济）环境所决定，作为财务会计存在和运作前提的基本概念。

（1）会计主体。会计主体是指会计为之服务的特定单位，会计核算应当以一个特定独立的或相对独立的经营单位的经营活动为对象，反映该经营单位的经营活动。凡不属于该主体而属于其他主体或属于主体的所有者本身的资产，如负债、收入、费用，都不能列入按特定主体编制的财务报表。一般会计主体是企业，但也可以是企业内部相对独立的经营单位。会计主体不同于法律主体的概念，会计主体可以是一个独立的法律主体如企业法人，也可以不是一个独立的法律主体如企业内部的相对独立核算单位。

会计主体是财务会计的一项基本假设，它规定了财务会计对象的空间范围，这一假设就是要明确会计所提供的信息，特别是财务报表，反映的是特定会计主体的财务状况与经营成果，既不能与其他会计主体相混淆，也不能将本会计主体的会计事项遗漏或转嫁。

（2）持续经营。持续经营是指一个主体企业的经营活动将以既定的经营方针和目标持续不断地进行下去，在可以预见的未来，不会面临破产清算。会计主体假设是财务会计最基本的假设，对于作为会计主体而存在的企业，会计主体已经规定了它的空间范围，为了对主体企业的经济活动进行数量描述，还需要确定其活动的时间，即主体能否长期经营下去？在市场经济中，任何企业都面临剧烈的竞争和巨大的风险，任何企业的经营期限都是很难确定的。经过长期大量的观察，持续经营（即未曾给自己规定经营期限）的企业属于绝大多数。但是，由于各种原因而关闭的个别、少数企业也同样存在。持续经营是一个判断而不是市场经济所决定的必然前提。有了持续经营这一假设才能建立起会计确认和计量的原则，如历史成本原则、权责发生制原则等，企业在信息的收集和处理上所采用的会计方法才能保持稳定，会计核算才能正常进行。

需要指出的是，在充满竞争的社会中，企业破产清算的风险始终存在。如果企业发生破产清算，所有以持续经营为前提的会计程序与方法就不再适用，而应当采用破产清算的会计程序和方法。

（3）会计分期。会计分期是指在企业持续不断的经营过程中，人为地划分一个个间距相等、首尾相接的会计期间，以便确定每一个会计期间的收入、费用和盈亏，确定该会计期间期初、期末的资产，负债和所有者权益的数量，并据以结算账目和编制财务报表。由于假定主体连续经营的时间是无限的，为了使信息有用，就必须提出信息提供的时间要求，考虑到需要与可能，把主体持续经营的"时间长河"分割为若干"期间"片断，以便分期编制财务报表并对外提供会计信息。在提出"持续经营"假定之后，再提出"会计分期"假定，不仅顺理成章，而且解决了市场对会计信息的即时需要，进一步突出了财务报表的作用。"会计分期"假定与"持续经营"假定相辅相成，缺一不可。

会计期间通常是一年，称为会计年度。会计年度的起讫时间，各个国家的划分方式不尽相同，有的国家采用公历年度，有的国家则另设起止时间。在我国，以公历年度作为企业的会计年度，即以公历1月1日起至12月31日止，在年度内，再划分为季度和月份等较短的期间。

（4）货币计量。货币计量是指企业会计核算采用货币作为基本的计量单位，记录、反映企业的经济活动，并假设币值保持不变。对企业经济活动的计量，存在着多种计量单位，如实物数量、货币、重量、长度、体积等。人们常把货币以外的计量单位称为非货币计量单位，由于各种经济活动的非货币计量单位具有不同的性质，因而在量上无法作比较。为了连续、系统、全面、综合地反映企业的经济活动，会计核算客观上需要一种统一的计量单位作为会计核算的计量尺度。市场经济条件下，货币是一般等价物，是衡量商品价值的共同尺度，因此，会计核算自然就选择货币作为会计核算上的计量单位，以货币形式来反映和核算企业经营活动的全过程。

企业会计核算采用货币作为经济活动的最佳计量单位，如果企业的经济业务是多种货币计量并存的情况，就需要确定一种货币作为记账本位币。在我国，会计核算以人民币为记账本位币，业务收支以外币为主的企业，也可采用某种外币作为记账本位币，但编报财务报表时应当折算为人民币；境外企业向国内有关部门编报财务报表应当折算为人民币。

会计上把货币作为计量单位，同时假设货币的内在价值是稳定的，即使有所变动，应不足以影响会计计量和会计信息的正确性。在恶性通货膨胀环境下，货币价值的波动给会计计量带来很大的困难，按常规方法编制的财务报表会严重失实，引起报表使用者的误解，在这种情况下，就需要采用通货膨胀会计来解决。

（二）财务报表的目标

受美国注册会计师协会的委托，1971 年，以特鲁伯罗德为首的一个研究小组开始专门研究财务报告的目标。经过两年多的研究，于 1973 年发表了一份题为"财务报表的目标"的研究报告，提出了财务报表的基本目标就是提供"据以进行经济决策的信息"。而随着美国财务会计准则委员会第一辑《财务会计概念公告》的发表，对会计目标的研究逐步从理论走向应用。会计目标的研究，受到全面的重视，并被作为财务会计概念框架的起点。

关于会计目标的研究，在 20 世纪 70、80 年代，形成了两个代表性的流派，即"决策有用学派"和"受托责任学派"。

决策有用学派的主要代表人物有：罗伯特·N·安东尼（Robert N. Anthony）、罗伯特·T·斯普劳斯（Robert T. Spruse）、E. S. 亨德里克森等，美国会计学会（AAA）、美国财务会计准则委员会也是决策有用学派的主要倡导者。其主要代表文献有：美国会计学会 1966 年的《基本会计理论》和财务会计准则委员会的第一辑《财务会计概念公告》——《企业财务报告的目标》。决策有用学派是在证券市场日益扩大化和规范化的历史经济背景下形成的。在完全的市场条件下，投资者进行投资决策需要有大量可靠而相关的财务信息，而信息的提供又必须借助于会计系统，因此，会计系统必须以提供信息服务于决策为目标取向。在决策有用学派的形成和发展过程中，资本市场化的加速发展、投资者对会计信息的能动反应以及信息理论和决策理论的出现，极大地强化了决策有用学派的现实基础和理论基础。决策有用学派的主要观点是：①会计的目标在于向信息使用者提供有助于经济决策的数量化的信息，会计信息是经营决策的基础；②强调会计人员与会计信息使用者之间的关系，而不过多地强调信息使用者与公司经济活动之间的关系；③从信息使用者的立场出发，强调财务报表本身的有用性，而不是编制财务报表所依据的会计准则和会计系统整体的有用性，研究和制定会计准则不过是为了对会计行为加以约束和限制，使其提供的信息于决策有用。

受托责任学派的主要代表人物有美国著名会计学家井尻雄士（Yuji Ijiri）、恩里斯特·帕罗科（Ernest J. Parlock）等人，其主要代表文献有井尻雄士所著的《会计计量理论》。受托责任学派的思想早在会计产生之初就已经存在，但作为一种学派则形成于公司制盛行之时，它的发展与公司制和现代产权理论的发展休戚相关。按照产权理论，资源所有者将其资源委托给受托者，同时赋予受托者以资源的保管权和运用权，受托者接受委托者的委托有权对资源独立自主地进行经营，通过有关组织规则和法律制度等约束机制明确规定委托者和受托者的权力、责任和利益，这样，在委托者和受托者之间形成了一种委托—受托责任关系。而在公司制下，资源的委托—受托责任关系十分明显，客观上要求会计系统反映受托责任（accountability），从而形成了以受托责任为目标取向的受托责任学派。受托责任学派的主要观点是：①会计的目标是以恰当的方式有效反映资源受托者的受托责任及其履行情况。②它强调会计人员与资源委托者和受托者之间的双重关系，将会计人员看成是处于委托者和受托者之间的中介角色，即会计人员从客观的立场上参与到委托—受托责任关系之中，反映受托责任及其履行情况，会计人员的行为不受资源委托者和受托者的影响，只受会计准则的约束。会计所反映的受托责任涉及以下内容：是否遵守了公认会计原则，是否建立了有效的内控制度来保全资源，是否经济有效地使用了委托者的资源，是否遵守了有关组织规则和法律制度，是否实现了公司既定的目标。③强调编制财务报表依据的会计准则和会计系统整体的有效性，而不像决策有用学派那样单纯强调财务报表内容本身是否有助于决策。

决策有用学派和受托责任学派之间的争议从来没有停止过，但当前各国准则制定机构在认定财务报表的目标时，倾向于将向信息使用者提供其对决策有用的信息放在更为重要的地位，而将受托责任的履行与报告，放在较为次要的地位。

我国 2006 年 2 月 15 日正式发布的《企业会计准则——基本准则》第四条明确指出，财务会计报告的目标是向财务会计报告使用者提供与企业财务状况、经营成果和现金流量等有关的会计信息，反映企业管理层受托责任履行情况，有助于财务会计报告使用者作出经济决策。

（三）财务会计信息质量特征

（1）财务会计信息质量特征在概念框架中的特殊地位。财务会计的基本假设或基本假定是财务会计存在和运作的基础或前提，它制约了财务会计信息的空间、时间和量化的主要尺度。这些大都属于客观环境赋予财务会计的特征。在这些前提下，财务会计应当提供什么信息和如何提供这些信息则取决于它的目标。财务会计目标应回答三个问题：①谁是财务会计信息的使用者？②使用者需要什么信息？③为了满足①、②的要求，如何评估现行财务报告的特点、局限性以及如何加以改进？财务会计目标所回答的这三个问题，对财务会计和财务报告的发展起着导向作用。但是财务会计目标只规定使用者需要哪些信息，而未曾说明可提供的信息应达到什么质量标准。会计信息质量特征对此进一步作了研究和描述。

按照财务会计的目标，向使用者提供的用于决策和评估管理当局业绩的信息，其质量特征是信息的有用性。"有用"，不能是抽象的概念，而应当由反映信息品质的若干质量要求所构成。一切信息的产生都是需要付出代价的。力求在取得成本最低的条件下产生最有用的信息，总是会计信息使用者的期望。因此，制定准则用以规范财务信息，旨在遵守准则的前提下编报财务报告的企业都要在会计程序和会计方法上进行选择。会计选择的目的在于以尽可能少的成本提供又多又好的信息，充分考虑到使用者的需要，最大限度地提高会计信息的有用性。

因此，在财务会计目标确定之后，认真研究信息质量的要求，并划分等级，对于正确地在不同级别上进行会计选择（主要在准则制定机构和企业两个级别上）具有十分重要的意义。

（2）美国财务会计准则委员会对财务会计信息质量特征的研究。根据美国财务会计准则委员会于 1980 年颁布的第二辑《财务会计概念公告》——"会计信息的质量特征"的表述，大致可归纳如下：

①针对决策的首要质量。会计信息的首要质量是相关性和可靠性。会计信息必须具有这两项首要质量，才可对报表使用者的决策具有有用性。

● 相关性。指会计信息能够影响使用者的决策。相关性包括三部分：预测价值、反馈价值和及时性。预测价值是指过去的和现在的会计信息能够通过提高使用预测未来的能力来影响决策。反馈价值是指通过证实或修正使用者以前作出的决策以期用来影响将要作出的决策。及时性是指会计信息能在使用者作出决策前递达。及时性本身并不能使会计信息达到相关，但若信息不及时，成为明日黄花，则会事过境迁，相关的会计信息也变得与决策无关。

- 可靠性。指信息使用者可以信任所提供的信息。只有当会计信息反映了其所打算反映的内容，不偏不倚地表述了实际的经济活动和结果，既不倾向于事先预定的结果，也不迎合某一特定利益集团的需要；能够经得起验证核实，才能认为是具有可靠性的。可靠性包含了三个部分：反映的真实性（即忠实反映）、可验证性（可核性）和中立性。

②次要的和交互作用的质量。次要的和交互作用的质量主要是指可比性。可比性是指会计信息的使用者能够在两组经济现象中指认出相似和相异之处的质量。投资和信贷决策总是在评价各种可行方案之后才作出的，如果没有可以比较的信息，评价就难以合理进行。不同企业销售额的比较，可以知悉企业规模的大小。同行业同期指标的比较，其可比性要高于综合性或多种经营企业间的比较。提高可比性被人们认为是建立会计准则或核心准则的主要理由之一。

可比性不仅指在同行业的不同企业间的比较，还可以指同一个企业在不同时期之间的比较，如通常的本期与前期的比较，为此要求一个企业采取的会计政策（包括会计方法）保持一贯性或一致性，不能任意变更。

③针对会计使用者的质量。可理解性是针对会计使用者的质量，在质量特征的层次上构成了信息使用者（也是决策者）质量特征和信息中针对决策的各种质量之间的纽带。可理解性受下列两个因素的制约：一是使用者的特点，如掌握经济知识的广度和深度，愿意钻研与否等；二是信息固有的特征。只能为少数人所理解或使用的信息应不予提供。也不能仅仅由于有些人理解有困难，而把重要的有关信息排除在外。

④限制或约束条件。会计信息的提供会受到一些条件的约束。约束条件有两个：成本效益原则和重要性。

- 成本效益原则。提供会计信息既会带来某些效益，也必定会发生一定的成本。对一项信息资料来说，即使它的披露将与决策相关，能有利于投资者了解企业的财务状况和业绩，作出相应的决策，但如果为了提供这项信息花费的成本大于其所产生的效益，得不偿失，那么，企业将不会提供这项信息。成本效益原则是一个普遍性的限制条件。提供一项信息，只有当利用它所带来的效益高于取得它所要的花费才是合理的。

- 重要性。指会计信息对决策的影响程度。重要性一般是指项目的金额、项目的性质和项目金额与性质的综合。美国会计原则委员会第 4 号报告认为，重要性的基本特征是：财务报告是涉及那些重要的足以影响评价或决策的信息。微不足道就没有"重要性"。必须注意的是：重要性是相比较而言的，对甲企业不重要的，对乙企业可能是足够重要的。

（3）国际会计准则委员会（IASC）对会计信息质量特征的研究。国际会计准则委员会是以制定和发布国际会计准则，促进各国会计实务在国际上协调和趋同为目的的国际组织。在其 1989 年 7 月公布的《编报财务报表的框架》中对财务报表的质量特征作了说明。该框架将质量特征定义为"是使财务报表提供的信息对使用者有用的那些性质。四项主要的质量特征是可理解性、相关性、可靠性和可比性"。

①可理解性。财务信息的一项基本质量特征，即便于使用者理解。在这里假定财务信

息所面对的是具有一定的工商经营活动和会计方面的知识的，并且愿意花费一些工夫去研究信息的使用者。凡是为使用者的经济决策所需要的财务信息，都力求在财务报表内及附注中予以披露。

②相关性。相关性指有用的财务信息必须与使用者的决策需要相关联。提供的信息可以帮助使用者评估过去、现在或未来的事项，或者通过确证或纠正使用者过去的评价，从而影响使用者的经济决策时，信息就具有相关性。国际会计准则委员会认为相关性不仅包含预测价值、确证价值，还包含重要性。这是国际会计准则委员会与美国财务会计准则委员会所论述的不同之处。国际会计准则委员会认为，如果由于信息在财务报表上的省略式差错，以致影响使用者作出有关的正确经济决策，此项信息就具有重要性。

③可靠性。可靠性指有用的信息必须是可靠的或可信的。当提供的信息没有重要差错或偏见，能如实反映其所应反映、理当反映的情况，可供使用者决策作依据的，这项信息就具有可靠性。可靠性包含的内容有：如实反映、实质重于形式、中立性、审慎性和完整性。如实反映，其意为忠实地描述，既不粉饰现实，也不杜造虚假。企业发生的交易或其他事项的实质，与它们的法律形式或人为形式的明显外表有时是不一致的。因此，提供的信息打算如实反映其所拟反映的交易或其他事项，就必须根据它们的经济实质即经济现实，而不是仅仅根据它们的法律形式予以反映。同时，可靠的信息也意味着不偏不倚，没有个人的偏见，这就是中立性。可靠性还意味着审慎。当存在不确定因素的情况之下，要作出所要求的预测或预计时，在推测的判断中应持审慎或谨慎原则或态度，做到不任意抬高资产或收益的数值，也不压低负债或费用的金额。完整性，也就是要求充分披露：在内容上没有遗漏、空缺，做到公开、透明。

④可比性。财务报表信息的使用者为了更好地理解和分析企业的财务状况和经营业绩的变化趋势，不仅需要比较企业不同时期的财务报表数据，还需要对同一时期不同企业的财务报表的数据进行比较。为此，要求财务报表提供的信息必须具有可比性，要求同类交易或其他事项的计量和列报必须按一致的方法进行。

国际会计准则委员会提出了对信息质量特征的限制因素，它们是及时性、效益和成本之间的平衡，以及质量特征相互之间的平衡。信息要对决策有用，必须是及时的。如果是过时的信息，即使它再可靠，却已失去其相关性。效益和成本之间的平衡或效益大于成本，则是一个普遍存在的限制因素。在会计实务中，由于有些质量特征是此消彼长的，这就常常要在质量特征之间权衡取舍，以达到质量特征之间的适当平衡，以免顾此失彼，力求达到最佳地满足使用者作出经济决策的需要。

(4) 我国信息质量的特征。我国新《企业会计准则——基本准则》第二章以"会计信息质量要求"为题提出了以下几项质量特征：真实性（客观性）或可靠性；相关性；明晰性或可理解性；可比性；一致性；实质重于形式；全面性或完整性；重要性以及谨慎原则和及时性。

我国《企业会计准则》所要求的企业财务报告或报表应具有的质量特征，首先是真实性或客观性，也即可靠性，其次才是相关性，再次是清晰明了的可理解性，随后还有可比性及一致性等。把如实反映的要求列在首位，这是符合我国的实际情况的。近几年来，不仅在我国，还包括美国，上市公司财务报告出现了严重的信息失真现象。可靠性是财务会计的灵魂，只有每个公司提供的信息都是真实、公允的，才能够谈得上相关性。

（四）财务会计要素及确认与计量

根据使用者的需要，以基本假设或假定为约束条件，财务会计的目标指明了信息提供的方向，信息质量特征则补充了目标要求提供有用信息的"有用"内涵，借助于一系列分层次、有主次的质量特征把"有用性"予以具体化。逻辑上接下来需要说明的问题是：符合目标和信息质量特征的财务信息在财务报表中，应划分为哪些基本组成部分？每一组成部分如何给出恰当的定义并指明它的特性？作为使用者可要求的有用信息，财务报表中的这些组成部分是如何进入财务报表的？对于它们，在财务报表中应当如何既用文字，又用货币金额正确地予以表述？

上述财务报表中的各个基本组成部分，构成了财务报表的"要素"。每一个要素都有质的规定性，并有各自的组成，即报表项目。在财务报表和会计记录中对要素进行定性说明和定量描述的过程，会计上称之为"确认与计量"。

（1）关于要素。要素是指财务报表的基本组成部分，它不涉及其他财务报告。因为一切数据进入财务报表表内必须通过确认与计量，并须严格遵守美国公认会计原则或企业会计准则，而在其他财务报告中，一般只要求披露有关事实，而不必遵守会计准则所要求的严格的确认与计量程序。

当前，财务报表的要素仅限于两个基本的财务报表即资产负债表和利润表。国际流行的基本会计要素，只反映会计的这两张表的基本组成：资产、负债、所有者权益，收入、费用、收益（利润）六项要素。国际会计准则委员会基本上确认了流行的惯例，不过有所发展。它认为，资产、负债和所有者权益是直接关系到财务状况计量的要素；与利润计量直接联系的要素是收益和费用，收益包括收入和利得，费用包括损失。这样，国际会计准则委员会实际上把财务会计的要素从六个扩大为八个。我国《企业会计准则》和《企业财务会计报告条例》采用的是国际流行的六个会计要素，并分别规范了这六大项目的定义和有关核算问题。

美国和英国关于财务报表的要素都各有自己的特点。就企业财务报表来说，美国财务会计准则委员会共提出资产、负债、所有者权益，业主投资、派给业主款、全面收益、收入、费用、利得、损失共10个报表要素。其中，"业主投资"、"派给业主款"和"全面收益"，迄今尚未形成正式的财务报表，是三个"没有报表"的报表要素。英国会计准则委员会（ASB）虽然明确地参考了国际会计准则委员会和美国财务会计准则委员会的概念框架，但它按照英国的财务报告结构，把财务会计的要素规定为资产、负债、所有者权益、利得、损失、业主投资和派给业主款等7项。比较特殊的是：英国会计准则委员会不把"收入"和"费用"列为报表要素，而用"利得"和"损失"取而代之。但英国仍然保留"利润表"，只是增加了其他国家还没有的"全部已确认利得和损失表"。

报表要素的定义是一个重要而有争议的问题。因为如何定义要素，如何揭示不同要素的特征，都涉及它们在报表中的确认与计量。对有关要素和定义的进一步论述，请参阅本书后续有关各章。

（2）关于确认与计量。确认是财务会计的一项重要程序。它是指交易、事项或情况中的一个项目应否、应在何时和如何当做一项要素加以记录和记入报表的过程。

广义的确认包括在记录中的初始确认和在报表中的最终确认。狭义的确认仅指在报表中的确认，因为记录时的确认仍是为在报表中确认服务的，不进入财务报表，就不能成为最有用的信息。

确认的定义表明，确认需要解决"应否确认"、"何时确认"和"如何确认"三个问题。其中，关键在于"应否"与"何时"。会计确认的一般准则是：第一，符合某项要素的定义；第二，能够可靠地计量。由于所确认的要素通常为要素的组成项目，它们的出现、消失和转移密切依存于交易和事项。每一项目的确认，实际上需要由相关的会计准则作出具体的规范。对这一问题作进一步研究，必须涉及具体的经济业务，这将在本书后续章节展开论述。

计量也是财务会计的一项程序，它指的是用数量（主要是用金额）对财务报表要素进行的一种描述方式。计量作为相对独立性的一项会计程序，它由两个要素构成：计量单位和计量属性。

计量单位通常采用名义货币，即不考虑货币的币值变动，一律按不同时期同种货币的面值为计量单位。在物价剧烈变动时（如恶性通货膨胀时）也可以采用一般物价水平或不变购买力作为计量单位，这时，要以某个时期货币的购买力为不变价格货币。不同时期的同种货币，一律按其实际购买力折算为基准时期的货币，共同构成可比、又可汇总的不变购买力。

计量属性指要素（主要为资产）可用货币计量的各种特征，如历史成本、现行成本、现行市价、公允价值、可变现净值、未来现金流量的贴现值等。

把计量单位和计量属性相组合，便构成各种计量模式。例如：①历史成本/名义货币；②现行成本/名义货币；③历史成本/不变购买力；④现行成本/不变购买力。

第①种模式为当前通用的计量模式，第②、第③、第④种模式则是在物价变动时，由会计准则特别规定必须采用或允许采用的计量模式。

计量实际上也是一个过程，它往往不是一次就能完成的。这是因为，在计量属性不变的情况下，随着确认程序和权责发生制的运用，有时需要补充计量或改变计量；而在计量属性改变时，则必须改变计量。

关于计量程序的具体运用，如同确认一样，也将在本书以后各章结合要素的具体项目加以讨论。

第三节　国际会计准则与我国企业会计准则

一、国际会计准则

（一）国际会计准则委员会

进入 20 世纪 70 年代，世界经济特别是资本市场日益向全球化发展。随着国际资本的急剧流动，迫切需要在世界范围内具有可比的财务报告信息，于是在 1973 年 6 月 29 日由澳大利亚、加拿大、法国、联邦德国、日本、墨西哥、荷兰、英国和美国九国的会计团体发起成立了国际会计准则委员会（International Accounting Standard Committee，IASC）。国际会计准则委员会是一个纯粹的民间组织，它没有得到官方或国际组织的明确支持或赋予它制定准则的法律权力，但得到了世界各主要国家会计职业团体的支持，得到了全世界企业界、财务经理、财务分析人员、证券交易所、证券监管人、律师、银行家、工会，特别是具有官方性质的"证券委员会国际组织"（IOSCO）的支持和参与，具有广泛的代表性和较高的权威性。国际会计准则委员会的基本目标是：本着公众的利益，制定一套高质量、可理解的和可实施的国际会计准则（IAS）；推动这些准则的使用；使各国会计准则和国际会计准则更加趋向透明、可比，使国际资本市场参与者和其他使用者作出趋利避害的最佳决策。

（二）国际会计准则委员会的发展

国际会计准则委员会从 1973 年成立以来，为制定和协调会计准则进行了不懈的努力，其主要工作可划分为三个阶段。

第一阶段（1973～1989 年）——主要会计准则制定期。实质上就是认可世界上主要国家对主要会计问题采用的方法，即以"最小公倍数"方法，认可类似情况可采用不同的会计原则。在第一阶段共制定了 26 份国际会计准则（IAS），以适应国际社会的需要。

第二阶段（1989～1995 年）——巩固期。目的是减少会计处理中的备选方法，以提高国际会计准则的可比性。它以 1989 年的 E32 "财务报表可比性/改进"项目的公布和在 1995 年生效的修订后的 10 个主要会计准则为标志。这个项目使会计准则的可比性取得了一个有质量的实质性成就。涉及的 10 个会计准则是：IAS-2 存货，IAS-8 当期净损益、重大错误和会计政策的变更，IAS-9 研究与开发费用，IAS-11 建造合同，IAS-16 不动产、厂场和设备，IAS-18 收入，IAS-9 雇员福利，IAS-21 汇率变动的影响，IAS-22 企业合并，IAS-23 借款费用。

第三阶段（1995～2000 年）——核心准则期。为了跨国证券的发行和上市，证券委员会国际组织拟在国际会计准则委员会完成证券委员会国际组织于 1993 年提出的 40 项核心准则后，投票通过这套核心准则。证券委员会国际组织和国际会计准则委员会都要求制定一套高质量、全面的国际会计准则。高质量的核心准则必须符合以下三个要求：

（1）增强可比性，减少可选择性。即对相同的经济事项应采取相同的会计原则和会计处理方法，不允许存在可接受的备选方案。

（2）满足成本效益原则，效益来自有用性。提供会计信息需要花费成本，而会计信息的主要作用是帮助使用者正确决策，因此，只有当会计信息能带来的效益大于成本时，才值得提供。

（3）增强透明度。即所有与企业财务状况、经营成果、未来前景有关的重要事项必须在财务报表上予以充分披露。其中，重要事项是指那些若不加以说明就可能使报表使用者发生误解从而影响决策的事项。当然，增强透明度并不意味着对所有经济事项均作详细说明，而是按重要性原则择其要者，作简略扼要的说明。

2000 年 5 月，证券委员会国际组织批准和推荐了国际会计准则中的 30 份准则。此举成为全球财务报告协调化的一个里程碑。

（三）国际会计准则委员会的改组

根据 1999 年国际会计准则委员会战略工作组向国际会计准则委员会理事会递交的题为《关于重塑国际会计准则委员会未来的建议》的报告，国际会计准则委员会进行了重组，成为一个独立团体，并由基金会受托人负责监管。重组后的国际会计准则委员会（IASB）于 2001 年 4 月召开了第一次会议。重组后的国际会计准则委员会主要包括以下四个团体。

（1）基金会受托人（Trustees）。基金会受托人由 19 名具有不同地域及功能背景的个人组成。

（2）理事会。国际会计准则理事会由 14 人组成，包括 12 名专职成员和 2 名兼职成员，任期 5 年。理事会全权负责会计准则的制定。

（3）准则顾问委员会。准则顾问委员会由大约 30 名成员组成。成员要求具有广泛的地区和职业背景，任期 3 年。其责任是向理事会建议其日程和优先目标，将其组织和个人对主要会计准则项目的观点告知理事会，并向理事会或受托人提出其他建议。

（4）常设解释委员会（SIC）。常设解释委员会包括 12 名成员，旨在定期考虑因缺乏权威指南可能存在有分歧或不可接受的处理方法的会计议题，其在制定解释公告时要向成员团体为此指定的类似的各国委员会进行咨询。

截至 2001 年 12 月，常设解释委员会颁布的解释共 34 份。2001 年 12 月受托人宣布，常设解释委员会更名为国际财务报告解释委员会（International Financial Reporting Interpretation Committee，IFRIC），它不只是解释现有的准则，而且还将提供有关会计问题的权威性指南。

2001 年 10 月，国际会计准则委员会颁布了《国际财务报告准则前言征求意见稿》，明确了国际会计准则委员会的目标和应遵循的程序，说明了其范围和权威性以及国际财务报告准则应用的时间。在此征求意见稿中，国际会计准则委员会明确建议其准则运用范围为营利实体，即从事商业、工业、金融和类似活动的实体，不论其是公司还是其他组织形式。直接或者按比例向所有者、成员或者参与者分配股利或其他经济利益的组织，如相互保险公司或者相互合作实体也在准则运作范围之中。虽然征求意见稿中没有将私有部门、公共部门和政府中的非营利活动包括在准则适用范围之内，但这些活动实体也可以使用国际财务报告准则（IFRS）。

减少会计处理中的备选方法，提高会计信息的可比性仍是国际会计准则委员会的任务，因此，国际会计准则委员会准备对现有的准则逐一进行改进。

（四）国际会计准则的执行和实施

国际会计准则委员会在制定会计准则的过程中遵循应循的程序。对每一个准则，委员会都要发布"原则草案公告"或其他讨论稿，列出对准则的各种可能的要求以及各自支持和反对的理由。然后，委员会将公布"征求意见稿"以征求公众的意见，对各种意见进行考虑后提出最后的准则。征求意见稿和最终的准则必须得到 8 名以上的成员的支持才能颁布。

由于国际会计准则委员会属于民间会计职业团体，它所制定的国际会计准则，主要通过两种形式加以执行与实施。

（1）成员团体的义务。根据国际会计准则委员会章程，各成员国团体应承担下列义务：

①公布经国际会计准则委员会理事会批准以后的国际会计准则。

②尽最大努力敦促各所在国政府、会计准则制定机构、管制机构以及其他组织在财务报表准则中遵循国际会计准则。

③尽最大努力保证使审计师认为报表的主要方面都符合国际会计准则，如有背离，应加以充分披露。

（2）其他国际性职业组织的认可与支持，如国际性金融机构、商会、财务经理协会、证券交易所等均正在积极促进国际会计准则的推广。

目前，国际会计准则在世界上得到了广泛的接受。许多国家尤其是发展中国家将国际会计准则作为其国家会计准则，如尼日利亚、马来西亚、新加坡等；欧洲和日本的许多会计实务也逐渐向国际会计准则靠拢；许多主要的工业化国家和新兴国家将国际会计准则作为制定本国准则的国际标准，如欧盟已于 2005 年起全面接受和采用国际财务报告准则；许多国际组织也纷纷承认国际会计准则；随着跨国筹资的日益发展，一些证券交易所和监管机构允许国外或本国公司按照国际会计准则编制财务报表。

二、我国企业会计准则

中华人民共和国成立后，我国即开始实行国家高度统一会计制度。至 1993 年以前，我国的企业会计核算行为基本是由分行业、分所有制形式、分部门、一统到底、条块分割的会计制度与财务制度来加以规范。这与我国当时实行的计划经济体制密不可分并基本相适应，对于维护国家的财经纪律与稳定、保障财政收入、推动生产发展等确实发挥了积极的作用。但随着我国改革开放政策的实行，尤其是建立和发展社会主义市场经济体制与吸收、引进外资进程的进一步加快，这种条块分割的会计制度已显得难以适应形势发展的需要，因此，对旧的会计制度进行改革就是非常必要的、已成为当务之急。

我国开始酝酿制定与构建中国会计准则始于 1987 年中国会计学会成立的"会计理论与会计原则研究组"。1989 年 9 月，该研究组在上海召开了第一次理论研讨会——"会计原则专题讨论会"，提出了"从具体到一般"建立我国会计准则的设想以及一系列相关的重要建议，并将这次讨论会的会议纪要呈送当时的财政部会计事务管理司（即现在的会计司）参考。财政部会计事务管理司于 1988 年成立了"会计准则课题组"，根据《中华人民共和国会计法》（以下简称《会计法》）的规定，负责制定企业会计准则。此后，我国的企业会计准则制定工作正式由民间研究推动转为政府的直接领导并具体组织，纳入了国家的会计改革计划，率先确定了"从一般到具体"的准则制定思路。1990 年 9 月，财政部印发了《会计准则（草案）提纲（征求意见稿）》；1991 年 11 月，颁布了《企业会计准则第 1 号——基本准则（草案）》；1992 年 2 月，会计准则课题组在深圳召开了会计准则国际研讨会，广泛听取国内外专家的意见；同年 7 月又以《企业基本会计准则》为题向全国财政会议提交了最后一份讨论稿；于1992年11月30日经国务院批准、以财政部第5号部长令的形式正式颁布了《企业会计准则》，在我国实现了以国际惯例制定的会计准则的零的突破。后经过近五年的努力，又陆续发布了近30份具体会计准则（征求意见稿）。1997年5月22日，正式制定发布了第一份具体会计准则《关联方关系及其交易的披露》，并自1997年起暂在上市公司实施。1998年10月，财政部成立会计准则委员会（CASC），具体负责为准则制定提供建议。会计准则委员会由7名成员组成，包括政府部门的专家、学者和会计职业界的资深人士。至2001年年底，财政部共颁布了16项具体会计准则。基本会计准则应对各项具体准则起指导和规范的作用，为其他准则（如具体业务核算与会计报告准则）提供理论基础、一般原则和共同适用的"财务会计概念框架"，是准则中的准则。在我国，基本准则还要对企业会计制度起规范作用。

我国1992年发布、1993年7月1日起施行的《企业会计准则》作为基本准则，对于1993年的企业会计改革而言发挥了应有的作用。其主要内容包括总则、一般原则、会计要素（资产、负债、所有者权益、收入、费用、利润）及其核算（包括确认、计量、记录与报表披露）、财务报告（主要是会计报表）和附则等，共10章66条，是对财务会计基本概念的解释和对会计确认、计量、记录和报告的原则性规定，对于用"企业会计准则"取代过去的分部门、分所有制的会计制度、指导其后具体会计准则的制定起到了重要的作用。但应当指出的是，1992年发布的《企业会计准则》只是一个初具规模的基本准则，是指导性准则的雏形，距离发达市场经济国家的财务会计概念框架的水平仍有极大的差距。1993年7月1日实施的《企业会计准则》与《企业财务通则》和《行业财务和会计制度》（通称"两则两制"），标志着我国会计改革迈出了具有历史意义的重大一步、已取得了令世人瞩目的斐然成就。但毋庸讳言，要使我国的会计规范完全适应市场经济尤其是面对世界经济一体化大潮的需要，我们还有相当长的路要走。"两则两制"只是我国会计规范向着国际惯例跨出的第一步，要真正解决会计信息的有用性问题，跨越部门和行业的界限，实现会计信息的规范可比，就必须不断深化会计改革，将会计准则制定这一宏伟工程继续建设好，构筑健全、完善的中国会计规范体系，其中的要务之一就是制定、颁布并认真贯彻实施具体会计准则，并使其与基本准则相配套。会计基本准则类似于美国的"概念结构"和国际会计准则中的"编报财务报表的框架"。它是用来指导具体会计准则的制定以及指导没有具体会计准则规范的交易的处理。在企业会计准则体系中，基本准则是原则性、纲领性文件，是财务会计概念框架，是财务会计基本理论；而具体准则则是直接指导和规范会计要素的确认、计量、记录与披露的具体规则，具有较强的可操作性、实用性、针对性，这也是其有别于基本准则的主要特征。由于具体准则的颁布主要考虑实际工作的现实需要等因素，采取成熟一个发布一个的办法，因而各个准则间并不一定存在隶属或统驭的层级关系。

为使会计信息更准确、客观地反映各种复杂的经济业务，我国陆续颁布了一些具体会计准则。但是关于如何规范具体会计准则的制定以及没有具体会计准则规范的交易或事项的会计处理的问题越来越引起大家的关注。我国加入世贸组织以后，会计准则的国际化趋同需要也日益迫切。2003年，财政部完成了会计准则委员会的重大换届改组，正式启动新会计准则的建设工作。2003～2004年，会计准则委员会主持了20余项会计准则研究课题，形成了数百万字的研究报告。2005 年，新会计准则体系建设进入提速阶段，先后修订了 17 个原有会计准则，制定了 21 个新的会计准则，并先后分五次向业内发布征求意见稿。我国同国际会计准则委员会充分协调之后，于 2005 年 11 月发表了联合声明。经过各方多年努力，国家财政部 2006 年 2 月 15 日颁布了新的《企业会计准则》（财会〔2006〕3 号），该会计准则体系由一项基本会计准则和 38 项具体会计准则组成。自 2007 年 1 月 1 日起在上市公司范围内施行，鼓励其他企业执行（主要考虑准则的实施难度、紧迫性和上市公司的示范作用）；要求执行 38 项具体准则的企业不再执行现行准则、《企业会计制度》和《金融会计企业制度》。至此，我国终于构建起了与中国国情相适应，又充分与国际财务报告准则趋同的、涵盖各类企业（小企业除外）各项经济业务、独立实施的会计准则体系。这也标志着此前我国会计准则和会计制度并存的局面即将得到改变，会计准则的作用和地位将得到全面加强，有关的会计制度将被逐步弱化，乃至最终取消。2006 年 2 月财政部颁布的基本会计准则，对原基本准则中规范会计核算工作的部分进行了删减，将之放到相关的具体会计准则中去规范。比如原基本准则中对资产的分类有详细的描述，分类后的资产如何定义、如何计量、如何在资产负债表中列示等均有一定程度的描述，在 2006 年财政部新发布的准则体系中，它们均被放入相关资产的具体会计准则中来规范。

新会计准则确立了以基本准则为主导、以具体准则和应用指南为具体规范的企业会计标准体系，奠定了我国会计核算的平台；创造了一个既坚持中国特色又与国际准则趋同的会计准则制定模式，建立了一个既让国人认可、又能使国际认同的准则趋同平台。财政部于 2010 年 4 月 2 日发布了《中国企业会计准则与国际财务报告准则持续趋同路线图》，明确要继续支持并积极参与全球高质量会计准则的制定，中国会计准则将与国际财务报告准则持续趋同，并保持同步。

第二章 货币资金

【学习目的】通过本章的学习，了解货币资金的内容、内部控制规范及核算方法，以保证企业货币资金的安全完整；熟悉国家的现金管理制度和银行管理办法；熟悉银行支付结算办法的内容及其有关具体规定；掌握银行存款核对及银行存款余额调节表的编制方法；掌握其他货币资金的内容及其账务处理。

第一节 资产概述

资产，按照人们日常生活中习惯的看法就是指企业的财产。但是，会计上的资产并非如此，它是一个广义的概念，并且随着社会经济的发展，会计界对资产的认识越来越深刻，因此，对资产定义的表述也在发展变化。在财务会计中，有代表性的表述列举如下：

美国财务会计准则委员会，"SFAC NO. 6"中，资产的定义是：资产是指某一特定主体由于过去的交易或事项而获得或控制的可预期的未来经济利益。

国际会计准则委员会（IASC）在1989年发布的《编报财务报表的框架》中，对资产的定义是：资产是指企业由于过去的事项而控制的可望向企业流入未来经济利益的资源。

英国会计准则委员会在《财务报告的原则公告》（SP）中认为，资产是企业因"过去的交易或事项所控制的、未来经济利益的权利或其他权益"。

我国对资产的定义也经历了一个过程，《企业会计准则——基本准则》（1993）中，对资产的定义是：资产是企业拥有或控制的能以货币计量的经济资源，包括各种财产、债权和其他权利。2000年7月的《企业财务报告条例》第9条和12月的《企业会计制度》第66条中，对资产的定义进行了重新表述：资产是指过去的交易、事项形成并由企业拥有或控制的资源，该资源预期会给企业带来经济利益。2006年2月15日颁布的《企业会计准则——基本准则》中，对资产的定义是：资产是指企业过去的交易或者事项形成的、由企业拥有或者控制的、预期会给企业带来经济利益的资源。

根据资产的定义，资产具有以下特征：

（1）资产应为企业拥有或者控制的资源。资产作为一项资源，应当由企业拥有或者控制，具体是指企业享有某项资源的所有权，或者虽然不享有某项资源的所有权，但该资源能被企业所控制。

企业享有资产的所有权，通常表明企业能够排他性地从资产中获取经济利益。通常在判断资产是否存在时，所有权是考虑的首要因素。有些情况下，资产虽然不为企业所拥有，即企业并不享有其所有权，但企业控制了这些资产，同样表明企业能够从资产中获取经济利益，符合会计上对资产的定义。例如，某企业以融资租赁方式租入一项固定资产，尽管企业并不拥有其所有权，但是如果租赁合同规定的租赁期相当长，接近于该资产的使用寿命，则表明企业控制了该资产的使用及其所能带来的经济利益，应当将其作为企业资产予以确认、计量和报告。

（2）资产预期会给企业带来经济利益。资产预期会给企业带来经济利益，是指资产直接或者间接导致现金和现金等价物流入企业的潜力。这种潜力可以来自企业日常的生产经营活动，也可以是非日常活动；带来经济利益可以是现金或者现金等价物形式，也可以是能转化为现金或者现金等价物的形式，或者是可以减少现金或者现金等价物流出的形式。

资产预期能否会为企业带来经济利益是资产的重要特征。例如，企业采购的原材料、购置的固定资产等可以用于生产经营过程，制造商品或者提供劳务，对外出售后收回货款，货款即为企业所获得的经济利益。如果某一项目预期不能给企业带来经济利益，那么就不能将其确认为企业的资产。前期已经确认为资产的项目，如果不能再为企业带来经济利益，也不能再确认为企业的资产。例如，某企业在年末盘点存货时，发现存货毁损，企业以该存货管理责任不清为由，将毁损的存货计入"待处理财产损溢——待处理流动资产损失"科目。因为"待处理财产损失"预期不能为企业带来经济利益，不符合资产的定义，因此不应再在资产负债表中确认为一项资产。

（3）资产是由企业过去的交易或者事项形成的。资产应当由企业过去的交易或者事项所形成，过去的交易或者事项包括购买、生产、建造行为或者其他交易或事项。换句话说，只有过去的交易或者事项才能产生资产，企业预期在未来发生的交易或者事项不形成资产。例如，企业有购买某存货的意愿或者计划，但是购买行为尚未发生，就不符合资产的定义，不能因此而确认存货资产。

资产种类繁杂，数量多，且变化频繁，为了便于管理、经营和核算，应对其进行科学的分类。资产可以从不同角度进行分类，比如，按流动性分为流动资产和长期资产；按货币性分为货币性资产和非货币性资产；按是否具有实物形态分为有形资产和无形资产；还可分为金融资产和非金融资产，以及分为核心资产和非核心资产等。到目前为止，各国财务报告对资产的分类，主要是按其流动性强弱程度进行的。在我国，一般将资产分为金融资产、长期投资、固定资产、无形资产等。

货币资金是企业资产的重要组成部分，是企业资产中流动性较强的一种资产。货币资金从本质上讲属于金融资产的范畴，它是企业生产经营过程中以货币形态而存在的资产。企业的货币资金按其存放的地点和用途，可分为库存现金、银行存款和其他货币资金。

第二节　现　金

一、现金的概念与范围

现金是流动性最强的一种货币资金，是立即可以投入流通的交换媒介，可以随时用其购买所需的材料、固定资产，支付有关生产费用、管理费用和财务费用，也可直接用来偿还债务，还可随时存入银行。

在各国的会计实务中，现金的概念和范围有所不同，在多数国家，现金是一种广义的概念，它包括一切可以自由流通与转让的交易媒介，也就是说，包括库存纸币、硬币、银行存款以及其他可以普遍接受的流通手段，主要有个人支票、旅行支票、银行汇票、邮政汇票、信用卡、银行本票、保付支票等。在我国，现金是一种狭义的概念，通常是指现行流通的人民币和部分外币。在会计核算中的现金，是指库存现金，在现金流量表中，是指企业的现金和现金等价物，这里所讲的现金是指库存现金；现金等价物是指企业持有的期限短、流动性强、易于转换为已知金额现金、价格变动很小的投资。另外，为便于企业小额零星开支而设立的备用金、定额备用金，商业企业为零售商品时供找零用的找零基金，为用于专门支付股利而设立的股利基金等都是应在企业控制下的一部分现金，应列入现金控制范围。企业内部周转使用的备用金，可以通过设置"其他应收款——备用金"账户核算，也可以单独设置"备用金"账户核算。

二、现金的管理与内部控制

（一）现金管理的意义和内容

现金属于流动资产，在流动资产中流动性又最强，也是唯一可轻易转化为其他各种资产的特殊资产。一般来说，占有了现金就等于占有了财富，容易被人挪用或侵吞。还有一个不容忽视的方面，就是要经营好现金，使它产生更大的效益。另外，银行是现金结算中心，银行可利用存款组织贷放。因此，加强对现金的管理，保护现金的安全与完整，对企业和社会都具有重大的意义。

在我国，中国人民银行是现金管理的主管部门，各级人民银行负责对开户银行的现金管理的具体执行。为了严格管理货币发行，有计划地组织现金投放和回笼，调节货币流通，节约现金使用，国务院颁发了《现金管理暂行条例》。每个企业必须按照现金管理的规定进行现金结算，并接受开户银行的监督。

《现金管理暂行条例》的主要内容有以下几个方面。

（1）规定了现金使用范围。用现金支付的款项有：

①职工工资、津贴；

②个人劳动报酬；

③根据国家规定颁发给个人的科学技术、文化艺术、体育等各种奖金；

④各种劳动保护、福利费用以及国家规定的对个人的其他支出；

⑤向个人收购农副产品和其他物资的价款；

⑥出差人员必须随身携带的差旅费；

⑦结算起点以下的零星支出（结算起点为 1 000 元）；

⑧中国人民银行确定的需要支付现金的其他支出。

用现金收入的款项有：单位及个人交回剩余差旅费和备用金等；收取不能转账的单位

或个人的销售收入；不足转账起点的小额收入等。

企业与其他在银行开户单位的经济往来，除上述规定的范围，其余全部应通过银行进行转账结算。转账结算凭证在经济往来中具有同现金相同的支付能力。

（2）规定了库存现金的限额。库存现金限额是指企业根据现金管理制度的规定每一个企业出纳部门留存现金的最高限额。制定这一限额的原则，一般是以各企业日常零星开支所需现金由开户银行核定出最高限额。一般根据企业 3～5 天日常零星开支所需的现金核定。边远地区、交通不便地区企业的库存现金限额，可以多于 5 天，但不得超过 15 天的日常零星开支。

企业每日的现金结存数，不得超过核定的限额，超过部分，应及时送存银行，以保证现金管理安全。不足部分，可向银行提取现金。企业如因业务发展变化需增加或减少库存现金限额的，可向开户银行提出申请，由开户行事先核定。

（3）规定了对日常现金收支的管理。按照《现金管理暂行条例》的规定，企业现金收支应当依照下列规定办理：

①企业现金收入应当于当日送存开户银行。当日送存确有困难的，由开户银行确定送存时间。

②企业支付现金，可以从本单位库存现金限额中支付或者从开户银行提取，不得从本单位的现金收入中直接支付（即坐支）。因特殊情况需要坐支现金的，应当事先报经开户银行审查批准，由开户银行核定坐支范围和限额。坐支单位应当定期向开户银行报送坐支金额和使用情况。

③企业根据规定，从开户银行提取现金，应当写明用途，由本单位财会部门负责人签字盖章，经开户银行审核后，予以支付现金。

④因采购地点不固定，交通不便，生产或者市场急需，抢险救灾以及其他特殊情况必须使用现金的，企业应当向开户银行提出申请，由本单位财会部门负责人签字盖章，经开户银行审核后，予以支付现金。

（4）规定了违反《现金管理暂行条例》的处罚原则。企业违反现金管理规定，开户银行有权责令其停止违法活动，并根据情节轻重给予警告或罚款；情节严重的，可在一定期限内停止对该单位的贷款或者停止对该单位的现金支付。

（二）现金的内部控制

前面已经述及，现金的流动性最强，最容易转化为其他资产，容易发生利用现金进行舞弊、欺诈、挪用，甚至贪污盗窃等不法行为。企业每天都发生大量的现金收入和付出，现金流动得是否合理和恰当，关系到企业的资金周转和经营的好坏。因此，企业应加强现金的内部控制。2001 年 6 月 22 日，财政部以财会［2001］41 号文件发布了《内部会计控制规范——基本规范（试行）》和《内部会计控制规范——货币资金（试行）》。这两个规范作为《会计法》的配套规章，对规范企业货币资金的计划和控制具有重要意义。《规范》对现金控制的主要内容概括如下：

（1）现金管理集中在企业的财会部门，库存现金的收支与保管应由出纳人员负责。经管现金的出纳人员不得兼管收入、费用、债权、债务等账簿的登记工作以及会计稽核和会计档案保管工作；填写银行结算凭证的有关印鉴，不能集中由出纳人员保管，应实行分管制度。应建立收据和发票的领用制度，领用的收据和发票必须登记数量和起讫编号，由领用人员签字，收回收据和发票存根，应由保管人员办理签收手续。对空白收据和发票应定期检查，以防止短缺。对现金收付的交易必须根据原始凭证编制收付款凭证，并要在原始凭证与收付款凭证上盖上"现金收讫"与"现金付讫"印章。对企业的库存现金，出纳人员应做到日清月结，由财务主管人员进行抽查与稽核。对发现的现金溢缺，必须认真查明原因，并按规定及时处理。内部控制制度在一定程度上能起到保护现金资产安全的作用，当然，也可以利用电子计算机监督各项记录的正确性和提高现金收付的工作效率。

（2）现金收入的内部控制。现金收入主要与销售产品或提供劳务的活动有关，因此，应健全销售收入和应收账款的内部控制制度，作为现金收入内部控制的基础。现金收入控制的原则是职能分开、明确责任、加强监督。企业取得的货币资金收入必须及时入账，不得私设"小金库"，不得账外设账，严格禁止收款不入账的违法行为。

（3）现金支出的内部控制。现金支出要遵守国家规定的结算制度和现金管理制度，任何现金支出都要经有关主管认可批准。贯彻职能分开，尽可能少用现钞，加强监督的控制原则。

（4）库存现金的内部控制。企业应按核定的库存现金限额控制库存现金。超过限额部分及时送存银行，低于限额部分及时提取补足。出纳人员应做到日清月结，账款相符。企业内部审计或稽核人员可定期或不定期地对库存现金进行核查或抽查。

另外，要注意控制现金，不是减少现金的流动，而是加速现金资产的流动和周转，因此就有一个如何有效地使用银行账户以及加快收账速度、减少收账浮存等的问题。

三、现金的核算

为了加强现金管理，企业现金的收入、支出和保管，就由出纳员专门负责办理。企业每笔现金收入、付出，都必须有原始凭证作为收付款的书面证明。例如，企业向银行提取现金，要以现金支票的存根作为向银行提取款项的收入现金的证明；现金存入银行，要以银行退回的送款单回单联作为存款和付出现金的证明；收进小额零星销售货款，应以销售部门开出的发票副本作为收款证明；支付职工出差旅费的借款，应以经有关领导批准的借款单作为支付款项的证明等。这些原始凭证都要经过严格审核，要着重审查现金的收支是否符合现金管理制度；现金的支付有无批准的计划，是否符合开支标准；凭证的项目是否齐全、准确等。对于不合理的现金开支应拒绝支付或报销，并对有关人员进行耐心解释；对于手续不完备凭证，应补办手续；对于仿造、涂改单据和冒领虚报等非法行为，应及时报领导处理。只有经过审核无误，并由会计人员填制签章的收、付款凭证，出纳员才能作为收付现金的依据。出纳员在收款或付款后，应在现金收付款凭证上加盖个人印章和"收讫"或"付讫"的戳记，才能作为登记账簿的依据。

值得注意的是，在根据原始凭证编制收付款凭证时，凡是发生从银行提取现金，或将现金存入银行的业务，为避免重复编制凭证，只编制付款凭证，不编制收款凭证。

为了序时和详细地反映现金的收入、付出和结余情况，便于检查现金收付活动的合理性和合法性，防止差错，保护现金的安全，必须设置"库存现金日记账"。

"库存现金日记账"的收入栏和付出栏，由出纳员根据审核签证后的收款凭证和付款凭证，按照业务发生的顺序，逐笔登记。"收入栏"根据现金收款凭证登记，"付出栏"根据现金付款凭证登记。但从银行提取现金的收入数，应根据银行存款付款凭证登记。每日终了，要结出余额，并将结余数与实际库存数进行核对，做到账款相符。实际库存数必须是实有的现款，严禁以"白条"抵充库存的现金。还要注意保持现金实际库存数不超过规定的限额。有外币现金的企业，应分别按人民币和各种外币设置"库存现金日记账"进行明细分类核算。

为了总括地核算和监督现金的收入、支出和结存情况，企业应设置"库存现金"账户，进行总分类核算。"库存现金"账户用以核算企业库存现金的增减变动及结余情况。它是资产类科目。借方反映企业库存现金的增加数；贷方反映企业库存现金的减少数；余额在借方，表示企业实际持有的库存现金。企业收到现金时，借记本账户，贷记有关账户；支出现金，借记有关账户，贷记本账户；从银行提取现金，根据支票存根所记载的提取金额，借记本账户，贷记"银行存款"账户；将现金存入银行，根据银行退回的进账单第一联，借记"银行存款"账户，贷记本账户。

四、现金的清查

为了保证现金的账实相符和安全完整，除了出纳本人每日终了结算现金收支外，还需要进行定期、不定期财产清查。现金清查的方法主要是进行实地盘点，将现金实存数与现金日记账进行核对。清查时要注意有无挪用现金，以借条、白条收据抵充现金等现象存在。将清查结果编制现金盘点报告表，如发现有的待查明原因的现金短缺或溢余，应通过"待处理财产损溢"账户核算：属于现金短缺，应按实际短缺的金额，借记"待处理财产损溢——待处理流动资产损溢"账户，贷记"库存现金"账户；属于现金溢余，按实际溢余的金额，借记"库存现金"账户，贷记"待处理财产损溢——待处理流动资产损溢"账户。待查明原因后分别情况作以下处理：

（1）如为现金短缺，属于应由责任人赔偿的部分，借记"其他应收款——应收现金短缺款（××个人）"或"库存现金"等账户，贷记"待处理财产损溢——待处理流动资产损溢"账户；属于无法查明的其他原因，根据管理权限，经批准后处理，借记"管理费用——现金短缺"账户，贷记"待处理财产损溢——待处理流动资产损溢"账户。

（2）如为现金溢余，属于应支付给有关人员或单位的，应借记"待处理财产损溢——待处理流动资产损溢"账户，贷记"其他应付款——应付现金溢余（××个人或单位）"账户；属于无法查明原因的现金溢余，经批准后，借记"待处理财产损溢——待处理流动资产损溢"账户，贷记"营业外收入——现金溢余"账户。

第三节　银行存款

一、银行存款的管理与内部控制

（一）银行存款账户的开设与管理

银行存款是指企业存放在银行或其他金融机构的货币资金。企业除在规定限额以内存留少量现金外，其余的货币资金必须全部存入银行。企业的一切货币收支，除在规定范围内使用现金结算外，都必须通过银行办理转账结算。因此，凡实行独立核算的企业，都必须在银行开设账户，以办理企业生产经营活动的资金收付业务。

根据我国《支付结算办法》规定，单位、个人和银行应当按照《银行账户管理办法》的规定开立、使用账户。银行存款账户分为基本存款账户、一般存款账户、临时存款账户和专用存款账户。

基本存款账户是企业办理日常转账结算和现金收付的账户。企业的职工工资、奖金等现金的支取，只能通过该账户办理。一个企业只能选择一家银行的一个营业机构开立一个基本存款账户。企业可在基本存款账户以外的其他银行的一个营业机构开立一个一般存款账户。一般存款账户可办理转账结算和存入现金，但不能支取现金。临时存款账户是企业因临时经营活动需要开立的账户，如企业异地产品展销、临时性采购资金等。专用存款账户是企业因特定用途需要开立的账户，如基本建设项目专项资金、农副产品资金等，企业的销售款不得转入专用存款账户。

各开户单位应加强对银行存款账户的管理。正确使用银行账户，要遵守以下各项规定：

（1）遵守银行信贷、结算和现金管理的有关规定，向银行提供有关资料，接受银行的监督。

（2）各单位开立基本存款账户，按实行开户许可制度，必须凭中国人民银行当地分支机构核发的开户许可证办理，不得为还贷、还债和套取现金而多头开立基本存款账户。任何单位和个人不得将单位的资金以个人的名义开立账户存储。

（3）在各单位经营范围内，正确使用本单位在银行开立的账户，不准出租、出借或转让给其他单位和个人使用。不得利用银行账户进行非法活动。

（4）各单位在银行账户必须有足够的资金保证支付，不准签发没有资金保证的票据或远期支票，套取银行信用；不准签发、取得和转让没有真实交易和债权债务的票据，套取银行和他人资金。

（5）及时办理往来结算业务，按照规定与银行对账单进行核对，如有不符应及时查明原因，进行处理。

（二）银行存款的内部控制

财政部颁布的《内部会计控制规范——货币资金（试行）》中，对银行存款控制的规定与对现金管理内部控制的规定的主要内容相同，另有以下规定：企业应当加强与货币资金相关的票据的管理，明确各种票据的购买、保管、领用、背书转让、注销等环节的职责权限和程序，并专设登记簿进行纪录，防止空白票据的遗失和被盗用；还应加强银行预留印鉴的管理等。

二、银行存款的核算

银行存款的核算包括序时核算和总分类核算。为了逐日逐笔检查和监督银行存款的收入、支出和结余情况，应设置银行存款日记账。有外币存款的企业，应分别人民币和各种外币设置银行存款日记账。银行存款日记账应分账号设置，逐日逐笔顺序登记，每日结出余款。根据管理需要，可每天或定期编制银行存款日报、月报，并及时与银行对账单进行核对。银行存款日记账的格式与现金日记账的格式基本相同，根据企业具体情况，可以采用三栏式，也可采用多栏式。

银行存款的总分类核算在"银行存款"账户中进行，借方登记存款的增加数，贷方登记存款的减少数，借方余额表示银行存款的结余额。"银行存款"总账账户可以根据银行存款的收款凭证和付款凭证登记，可以根据定期编制的汇总收付款凭证汇总登记，也可以根据科目汇总表登记，还可以根据多栏式银行存款日记账汇总登记。另外应注意，为了避免记账重复，向银行提取现金或将现金存入银行，只编制有关付款凭证，不编制收款凭证。

三、银行存款的对账

为了检查企业和开户银行登记的企业账目是否正确，查明银行存款的实际余额，以便合理安排支出，企业应定期将银行存款日记账的记录与银行对账单进行核对，至少每月核对一次，如两者不一致时，必须逐笔查清，对于记账错误的，如属于银行差错，应通知银行更正，属于企业差错的，由企业更正。除此以外，如果属于未达账项，应编制"银行存款余额调节表"调节相符。所谓未达账项是指企业与银行之间由于各种收付款的结算凭证，在传递过程中存在一定的时间差异，导致一方已记账，而另一方尚未记账的款项。未达账项通常有如下四种情况：

（1）企业已收款记账，银行尚未收款记账。
（2）企业已付款记账，银行尚未付款记账。
（3）银行已收款记账，企业尚未收款记账。
（4）银行已付款记账，企业尚未付款记账。

由于未达账项的存在，企业和银行双方账面余额不符，这就需要检查核对。核对的方法一般是将企业的"银行存款日记账"与银行提供的"对账单"对照逐笔核对，双方一致的记录，在"对账单"和"日记账"上同时作上标记，表示核对相符。对只有一方记账的记录，则视为未达账项，不作标记，留作调节平衡。

未达账项的调节平衡，一般是通过编制"银行存款余额调节表"进行的。这是检查银行存款余额与企业银行存款账面余额是否相符的一种方法。

编制银行存款余额调节表的方法有两种，一是编制简单调节表，一是编制四栏式调节表。简单调节表是指就某月份银行对账单余额与企业账面余额的差异作简单的加减调节。四栏式银行余额调节表是指将该表分四栏调节企业账面存款与银行账面存款的期初余额、本期收入、本期支出、期末余额。我国企业通常采用第一种方法即编制简单调节表。下面就简单调节表的编制举例如下：

例如，某企业 9 月 30 日，银行存款日记账的账面余额为 937 380 元，银行对账单余额是 943 200 元，经查对发现有以下未达账项：

①9 月 26 日企业送存银行的转账支票 51 600 元，银行尚未入账。

②9 月 30 日银行代付电费 4 500 元，企业尚未收到付款通知。

③9 月 30 日企业委托银行收款 41 400 元，银行已收到入账，企业尚未收到收款通知。

④9 月 30 日企业开出转账支票一张计 20 520 元，持票单位尚未到银行办理结算手续。

根据以上未达账项，编制调节表如表 2 - 1 所示。

表 2 - 1 银行存款余额调节表 单位：元

项　　目	金额	项　　目	金额
银行对账单余额	943 200	企业存款日记账余额	937 380
加：企业已收，银行未收的款项		加：银行已收，企业未收的款项	
27 日银行未入账的转账支票	51 600	31 日银行收到的款项	41 400
减：企业已付，银行未付的款项		减：银行已付，企业未付的款项	
31 日银行未入账的转账支票	20 520	31 日代付的电费	4 500
调节后的余额	974 280	调节后的余额	974 280

银行存款经过调节后，企业与银行双方余额必然相符。如果不符，就要通过查阅凭证、账簿来查明原因，并同银行联系更正错账。

在我国，银行存款未达账项调节表，可用来核对账目，不能作为账务处理的依据。但应同"对账单"装订在一起，加以保存，以备日后查阅。而国际上流行的做法是将未达账项调节入账，理由是可以公允地反映财务状况。除定期对账外，还应当加强银行存款的管理，并定期对银行存款进行检查。如果有确凿的证据表明存在银行或其他金融机构的款项已经部分不能收回，或者全部不能收回的（例如，吸收存款的单位已宣告破产，其破产财产不足以清偿的部分，或者全部不能清偿的），应当确认为当期损失，冲减银行存款，借记"营业外支出"账户，贷记"银行存款"账户。

四、银行支付结算办法的应用

《支付结算办法》是中国人民银行为了规范支付结算行为，保障支付结算活动中当事人的合法权益，加速资金周转和商品流通，促进社会主义市场经济的发展而制定和颁布的。企业、单位和个人在社会经济活动中都可使用支付结算。支付结算方式包括银行汇票、商业汇票、银行本票、支票等票据，信用卡以及汇兑、托收承付、委托收款等。企业在进行结算，编制银行存款收付款凭证时，应当分别不同的情况进行会计处理。

（一）银行汇票

银行汇票是汇款单位或个人将款项交给出票银行，由出票银行签发的，由其在见票时，按照实际结算金额无条件支付给收款人或持票人的票据。

采用银行汇票结算方式，汇款单位或个人需向汇出银行填写"汇票委托书"，详细列明汇入地点、汇入银行、收款单位或个人名称、汇款用途等项内容。汇出银行同意受理后，即收妥款项，签发"汇票"和"汇款解讫通知"交给汇款单位或个人，"汇票"和"汇款解讫通知"同时提交汇入银行，缺一无效。汇款单位或个人持票直接向汇票指定的收款单位办理结算，收款单位经过认真审查接受汇票，在有效期内连同账单发票等凭证到开户银行办理转账或取款。

使用银行汇票时应注意：银行汇票的付款期为一个月，逾期的票据，兑付银行不予受理；收款人受理申请人交付的银行汇票时，应在出票金额以内，根据实际需要的款项办理结算，并将实际结算金额和多余金额准确、清晰地填入银行汇票和解讫通知，未填明实际结算金额和多余金额或实际结算金额超过出票金额的，银行不予受理；收款人可以将银行汇票背书转让给被背书人，但以不超过出票金额的实际结算金额为准。未填写实际结算金额或实际结算金额超过出票金额的银行汇票不得背书转让；收受银行汇票的企业，应特别注意审查票据的有效性；银行汇票丧失，失票人可以凭人民法院出具的其享有票据权利的证明，向出票银行请求付款或退款。

银行汇票结算的账务处理，应通过"其他货币资金——银行汇票"科目进行。

汇票结算方式是为了适应多种经济发展和多种渠道商品流通的需要，具有凭证传递迅速，结账灵活方便，信息反馈灵敏的优点。但是，收受汇票必须认真审查，以防止收受假汇票造成不应有的损失。

（二）商业汇票

商业汇票是出票人签发的，委托付款人在指定日期无条件支付确定的金额给收款人或者持票人的票据。根据承兑人不同，分为商业承兑汇票和银行承兑汇票。

商业承兑汇票是收款人开出，经付款人承兑，或由付款人开出并承兑的汇票。由收款人签发的商业承兑汇票，应交付款人承兑；由付款人签发的商业承兑汇票，应经本人承兑。付款须在商业承兑汇票正面签署"承兑"字样并加盖预留银行印鉴后，将商业承兑汇票交给收款人。收款人对将要到期的商业承兑汇票，应递交开户银行办理收款。付款人应于商业承兑汇票到期前将票款足额交存其开户银行，银行在到期日凭票将款项从付款人账户划转给收款人或贴现银行。汇票到期日付款人存款账户余额不足支付时，其开户银行应将汇票退给收款人，由收付双方自行处理，并对付款人按票面金额处以一定罚金。

银行承兑汇票是指由收款人或承兑申请人开出，并由承兑申请人向开户银行申请，经银行审查同意承兑的汇票。承兑申请人持银行承兑汇票和购销合同向其开户银行申请承兑。银行审查同意，与承兑申请人签订承兑契约，并在汇票上盖章，收取手续费后，在银行承兑汇票到期时，将银行承兑汇票、解讫通知，连同账单送交开户银行办理转账。承兑申请人应于汇票到期前将票款足额交存开户银行，承兑银行在到期日凭票将款项足额交存开户银行，承兑银行在到期日凭票将款项付给收款人或贴现银行。如承兑申请人在汇票到期日未能足额交存票款时，承兑银行凭票向收款人或贴现银行无条件支付款项，但应根据承兑契约规定，对承兑申请人执行扣款，并对尚未扣回的承兑金额按照每天万分之五的利息率计收利息。

使用商业汇票应注意：在银行开立存款账户的法人以及其他组织之间，必须具有真实的交易关系或债权债务关系，才能使用商业汇票。商业汇票的付款期限，最长不得超过6个月。符合条件的商业汇票的持有人可持未到期的商业汇票连同贴现凭证向银行申请贴现。条件是指持票人必须提供与其直接前手之间的增值税发票和商品发运票据复印件。贴现是指票据持有者为了取得现金，以未到期的票据向银行融通资金的一种方法。申请贴现，银行按一定的利息率扣取自贴现日到到期日的利息，然后将票面余额以现金的形式支付给持票人。持票到期时，银行持票据向最初发票的债务人兑取现款。

采用商业汇票进行商品交易结算的账务处理，是通过设置"应收票据"和"应付票据"账户核算。"应收票据"账户用来核算企业因销售产品等而收到的商业汇票。企业收到商业汇票时，借记"应收票据"账户，贷记"主营业务收入"账户；汇票到期时，根据进账单借记"银行存款"账户，贷记"应收票据"账户。"应付票据"科目用来核算企业因购买材料物资等开出、承兑的商业汇票。企业将汇票和解讫通知交收款单位时借记"材料采购"等账户，贷记"应付票据"账户，到期付款时借记"应付票据"账户，贷记"银行存款"账户。

商业汇票结算方式能疏通商品流通渠道，有利于增强企业的信用观念，有利于企业季节性商品的均衡生产，也有利于搞活资金，并对发挥商业信用起到积极的作用。

（三）银行本票

银行本票是指申请人将款项交存银行，由银行签发的，承诺自己在见票时无条件支付确定的金额给收款人或者持票人的票据。单位和个人在同一票据交换区域需要支付各种款项，均可以使用银行本票。银行本票可以用于转账，注明"现金"字样的银行本票可以用于支取现金。银行本票分为不定额本票和定额本票两种。定额银行本票面额为1 000元、5 000元、10 000元和50 000元。银行本票付款期限最长不得超过两个月，可以背书转让。银行本票丧失，可以凭人民法院出具的其享有票据权利的证明，向出票银行请求付款或退款。

申请人办理银行本票时，应填写"银行本票申请书"，详细填明收款人名称，需要提取现金的并应填明"现金"字样，银行受理并收妥款项后，签发银行本票交给申请人，申请人可以持本票向填明的收款单位、个体经济户和个人办理结算。

企业采用银行本票结算方式，其账务处理应通过"其他货币资金——银行本票"账户进行核算。

（四）支票

支票是单位或个人签发的，委托办理支票存款业务的银行在见票时无条件支付确定的金额给收款人或者持票人的票据。支票有三种：现金支票、转账支票、普通支票。现金支票只能用于支取现金，转账支票只能用于转账，普通支票可以用于支取现金，也可以用于转账。在普通支票左上角划两条平行线的，为划线支票，划线支票只能用于转账，不得支取现金。单位和个人的各种款项结算，均可以使用支票，并在全国范围内通用，异地使用支票的单笔金额上限为 50 万元。

签发现金支票和用于支取现金的普通支票必须符合国家现金管理的规定。禁止签发空头支票，不得签发与其预留银行签章不符的支票，使用支付密码的，不得签发支付密码错误的支票，否则银行予以退票，并处以相应罚款、赔偿金，甚至停止其签发支票。支票的付款期限为 10 日。

企业签发支票支付款项时，应根据支票存根和有关的原始凭证，借记"材料采购"等有关账户，贷记"银行存款"账户。

企业收到支票时，应填写交款单存入银行，并根据银行退回的交款回单联和有关原始凭证，借记"银行存款"账户，贷记"主营业务收入"等有关账户。

（五）信用卡

信用卡是指商业银行向个人和单位发行的，凭以向特约单位购物、消费和向银行存取现金，具有消费信用的特制载体卡片。信用卡按使用对象的不同可分为单位卡和个人卡，按信誉等级的不同分为金卡和普通卡。为了进一步加强对使用信用卡结算的规范和管理，《支付结算办法》主要作了以下规定：单位卡账户的资金一律从其基本存款账户转账存入，不得交存现金，不得将销货收入的款项存入其账户，严禁将单位的款项存入个人卡账户；单位卡不得用于 10 万元以上的商品交易、劳务供应款项的结算，对于 10 万元以下的，由于金额较小，为便于持卡人的一些零星支付，允许用于商品交易；单位卡一律不得支取现金；为了控制支付风险，还作了一些强制性规定，如透支制度，规定金卡透支额最高不得超过 10 000 元，普通卡透支额不得超过 5 000 元，透支期限不得超过 60 天等。单位申请使用信用卡，应按发卡银行规定，向发卡银行填写申请表，连同支票和进账单一并送交发卡银行，根据银行盖章退回的进账单第一联，编制付款凭证，并通过"其他货币资金——信用卡存款"账户进行核算。

（六）汇兑

汇兑是汇款人委托银行将其款项支付给收款人的结算方式。单位和个人的各种款项的结算，均可使用汇兑结算方式。汇兑分信汇和电汇两种，由汇款人选择使用。

采用汇兑结算方式，汇款单位应先填写汇款委托书，信汇一式四联，电汇一式三联。填明收款单位名称或个人姓名、汇款金额及用途等项目，委托银行办理汇款手续。汇款单位开户银行受理后将回单联退回汇款单位，并将款项划转收汇银行，收汇银行将汇款收进收款单位或个人存款账户后，将汇款委托书收款通知联（第四联）转交收款单位或个人办理收款手续。收款个人可根据证明文件，提取少量现金，其余均通过银行转账结算。

采用汇兑结算时的账务处理，由于内容不同，账务处理也不尽相同。例如，清理旧欠，应借记"应付账款"账户，贷记"银行存款"账户；汇给在外地出差人员的差旅费，借记"其他应收款——备用金——×××"账户，贷记"银行存款"账户；企业派人到外地进行临时或零星采购材料，办理汇款时，银行在汇款委托书上加签"采购资金"字样，由收汇银行以汇款单位名义开设采购账户，并按当地市场管理的有关规定监督支付，并通过"其他货币资金——外埠存款"账户进行账务处理。

汇兑结算方式手续简便，划款迅速，应用广泛。

（七）托收承付

托收承付是根据购销合同由收款人发货后委托银行向异地付款人收取款项，由付款人向银行承认付款的结算方式。使用托收承付结算方式的收款单位和付款单位，必须是国有企业、供销合作社以及经营管理较好、并经开户银行审查同意的城乡集体所有制工业企业。办理托收承付的款项，必须是商品交易，以及因商品交易而产生的劳务供应的款项。代销、寄销、赊销商品的款项，不得办理托收承付结算。托收承付结算每笔的金额起点为10 000 元，新华书店系统每笔金额起点为 1 000 元。

收款单位按照签订的购货合同发货后，委托银行办理托收，付款单位应在承付期内审查核对，安排资金。承付货款分为验单付款和验货付款两种，验单付款承付期为 3 天，验货付款承付期为 10 天，付款单位在承付期满日银行营业终了时，如无足够资金支付，其不足部分按逾期付款处理，并处以逾期付款赔偿金。逾期付款期满 3 个月仍未付清的欠款，付款人开户银行通知付款人 2 日内还回单证，如自发出通知的第三天起，付款人不退回单证的，付款人开户银行每天按欠款金额处以万分之五但不低于 50 元的罚款，并暂停付款人向外办理结算业务，直到还回单证为止。付款单位经过验单或验货，发现收款单位托收款项计算错误或所收货物的品种、质量、规格、数量等与合同规定不符等情况，可以在承付期内提出全部或部分拒付，并填写"拒付理由书"送交开户银行，开户银行认为符合拒付条件的，即转给收款方开户银行再通知收款单位进行处理。

采用托收承付方式，收款单位应根据收款通知和有关原始凭证，编制收款凭证，借记"银行存款"账户，贷记"主营业务收入"等账户。付款单位应根据承付通知和有关发票账单等原始凭证编制付款凭证，借记"材料采购"等账户，贷记"银行存款"账户。

（八）委托收款

委托收款是收款人委托银行向付款人收取款项的结算方式。单位和个人凭已承兑商业汇票、债务、存单等付款人债务证明办理款项的结算，均可以使用委托收款结算方式。在同城范围内，收款人收取公用事业费或根据国务院的规定，可以使用同城特约委托收款。采用委托收款方式，只允许全额付款或全部拒绝付款。

采用委托收款方式，收款单位应根据银行的收款通知及有关凭证借记"银行存款"等账户，贷记"应收账款"等账户；付款单位收到银行转来的委托收款凭证的付款通知联和有关原始凭证，借记"材料采购"等账户，贷记"银行存款"等账户。

（九）信用证

信用证结算方式原是国际间贸易结算的一种主要方式。为适用国内贸易的需要，促进社会主义市场经济的健康发展，1997年6月，中国人民银行制定印发了《国内信用证结算办法》，该办法旨在通过信用证结算维护贸易双方有关当事人的合法权益，同时丰富了国内结算种类。

信用证是指开证银行依照申请人的申请开出的，凭符合信用证条款的单据支付的付款承诺，并明确规定该信用证为不可撤销、不可转让的跟单信用证。信用证属于银行信用，采用信用证支付，对购销双方安全收回货款较有保障。信用证结算方式主要有以下几个特点：

（1）开证银行负第一性付款责任。信用证是一种以开证银行自己的信用作出付款保证的结算方式。信用证开出后，开证行负第一性的付款责任，不同于一般担保业务中银行只负第二性的责任。销货方无须先找购货方而是通过有关的银行向信用证上的开证银行交单取款。

（2）信用证是一项独立文件，不受购销合同的约束。即开证银行只对信用证负责，只凭信用证所规定的而又完全符合条款的单据付款，而不管销货方是否履行合同以及履行合同的程度如何。

（3）信用证业务只处理单据，一切都以单据为准。信用证业务实质上是一种单据的买卖，银行是凭相符单据付款，而对货物的真假好坏不负责任，对货物是否已运到，是否中途损失，是否到达目的地都不负责任。

信用证的账务处理通过"其他货币资金——信用证存款"账户进行核算。

第四节　其他货币资金

其他货币资金是指企业的外埠存款、银行汇票存款、银行本票存款、信用卡存款、信用证保证金存款、存出投资款等。

为了正确、及时地对其他货币资金核算，设置"其他货币资金"账户，该账户属于资产类账户，借方登记其他货币资金增加数，贷方登记其减少数。本账户应设置"外埠存款"、"银行汇票"、"银行本票"、"信用卡"、"信用证保证金"、"存出投资款"等明细账户，进行明细核算。

一、外埠存款

外埠存款是指企业到外地进行临时或零星采购时，汇往采购地银行开立采购专户的款项。企业将款项委托当地银行汇往采购地开立专户时，借记"其他货币资金——外埠存款"账户，贷记"银行存款"账户。收到采购员交来购货发票等报销凭证时，借记"材料采购"等账户，贷记"其他货币资金——外埠存款"账户。将多余款项转回时，借记

"银行存款"账户,贷记"其他货币资金——外埠存款"账户。

二、银行汇票存款

银行汇票存款是企业为取得银行汇票,按规定存入银行的款项。企业为取得银行汇票,应填制"银行汇票委托书"并将其送交银行。企业取得银行汇票以后,根据银行签章退回的委托书存根联,借记"其他货币资金——银行汇票"账户,贷记"银行存款"账户。企业使用银行汇票后,应根据发票账单及开户行转来的银行汇票第四联等有关凭证,借记"材料采购"等账户,贷记"其他货币资金——银行汇票"账户;如有多余款或因汇票超过付款期等原因发生退回时,应借记"银行存款"账户,贷记"其他货币资金——银行汇票"账户。

三、银行本票存款

银行本票存款是企业为取得银行本票,按规定存入银行的款项。企业为了取得银行本票,向银行提交"银行本票申请书",将款项交给银行。企业取得银行本票后,根据银行签章退回的申请书存根联,借记"其他货币资金——银行本票"账户,贷记"银行存款"账户。付出银行本票后,企业应根据发票账单等有关凭证,借记"材料采购"等账户,贷记"其他货币资金——银行本票"科目,因本票过期等原因要求退款时,应填制进账单一式两联,连同本票一并送交银行,根据银行签章退回的进账单第一联,借记"银行存款"账户,贷记"其他货币资金——银行本票"账户。

四、信用卡存款

信用卡存款是指企业为取得信用卡而存入银行信用卡专户的款项。企业法定代表人申领信用卡,按规定填制申请表,连同支票和有关资料一并送交发卡银行,经银行审查符合条件,发给信用卡。企业根据银行盖章退回的交存备用金的进账单,借记"其他货币资金——信用卡"账户,贷记"银行存款"账户;企业收到开户银行转来的信用卡存款的付款凭证及所附发票账单,借记"管理费用"等账户,贷记"其他货币资金——信用卡"账户;信用卡在使用中,需要向其账户续存资金的,借记"其他货币资金——信用卡"账户,贷记"银行存款"账户;企业持卡人如不需要继续使用信用卡时,应持信用卡主动到发卡银行办理销户,销户时,将信用卡账户余额转入基本存款账户,借记"银行存款"账户,贷记"其他货币资金——信用卡"账户,不得提取现金。

五、信用证保证金存款

信用证保证金存款是指采用信用证结算方式的企业为开具信用证而存入银行信用证保证金专户的款项。企业向银行申请开立信用证,应按规定向银行提交开证申请书、信用证申请人承诺书和购销合同。企业向银行交纳保证金，根据银行退回的进账单第一联，借记"其他货币资金——信用证保证金"账户，贷记"银行存款"账户。根据开证行交来的信用证通知书及有关的单据列明的金额，借记"材料采购"或"原材料"、"库存商品"、"应交税费——应交增值税（进项税额）"等账户，贷记"其他货币资金——信用证保证金"账户和"银行存款"账户。

六、存出投资款

存出投资款是指企业已存入证券公司但尚未进行交易性投资的现金。企业向证券公司划出资金时，应按实际划出的金额，借记"其他货币资金——存出投资款"账户，贷记"银行存款"账户；购买股票、债券等时，按实际发生的金额，借记"交易性金融资产"账户，贷记"其他货币资金——存出投资款"账户。

第三章 应收款项

【学习目的】通过本章的学习，了解应收款项的基本内容、分类；掌握应收账款，应收票据、其他应收款项等应收款项的确认、计量及会计处理方法；掌握应收款项的减值的确认、计量和核算的一般原理。

第一节 概 论

一、应收款项的概念和特征

随着市场经济的进一步深化，企业之间的交易更加依赖于商业信用，企业在经营活动中越来越多地使用金融性资产，应收款项便是其中的一种。金融性资产一方面给企业带来便捷，增加了企业收入；另一方面也使企业面临一定的风险。

所谓金融资产，是指企业所拥有的下列资产：

（1）现金：即库存现金。

（2）持有的其他单位的权益工具：如股权投资。

（3）从其他单位收取现金或其他金融资产的合同权利：如应收账款、应收票据、其他应收款、应收利息、贷款等。

（4）在潜在有利条件下，与其他单位交换金融资产或金融负债的合同权利：如持有其他单位的优先股、可转换债券等。

（5）将来须用或可用企业自身权益工具进行结算的非衍生工具的合同权利，企业根据该合同将收到非固定数量的自身权益工具：如可转换债券的转换。

（6）将来须用或可用企业自身权益工具进行结算的衍生工具的合同权利，但企业以固定金额的现金或其他金融资产换取固定数量的自身权益工具的衍生工具合同权利除外。

应收款项属于上述第 3 种金融资产。主要是由于向其他单位提供货物、劳务、现金等而向其收取现金或其他金融资产的要求权。通常是一般企业最常使用的一类金融资产，作为一种非衍生金融工具，应收款项具有如下特征：

• 在活跃市场上没有报价；

• 回收金额固定或者可以确定。

应收款项按照其来源，可分为商业应收款项和非商业应收款项。前者是指正常经营过程中向购货单位赊销货物或者劳务而取得的在未来收取款项的要求权；后者是指企业从其他商业活动中取得的向其他单位收取款项的权利。

商业应收款项主要包括应收账款与应收票据。

应收账款是由于企业向客户赊销产品和劳务而获得的客户在将来支付现金或其他资产的口头承诺。应收账款并不要求债务人出具付款的书面承诺，因而其偿付往往缺乏法律约束力，而是取决于客户的资信状况，因而，应收账款可能会产生一定的坏账风险，其流动性也较差。

应收票据与应收账款相比，具有一定的相似性，但是以银行承兑汇票或者商业承兑汇票的形式体现，在偿付方面具有较强的法律约束力，收款方面比应收账款更有保障，企业承担的坏账风险也较小。并且在到期前可以向银行贴现或背书转让，因而具有较强的流动性。

非商业应收款项是指除销售产品或提供劳务以外的活动中形成的向其他主体收取现金或者其他金融资产的权利。主要包括应收股利、应收利息、其他应收款等。应收股利是指由于被投资企业宣布发放股利而获取的收取股利的权利。应收利息是指由于企业让渡现金的使用权而向他方收取利息的权利。其他应收款包括应收股利、应收利息以外的其他各种非商业性的应收、暂付的款项，如应该收取的包装物租金等。

对于企业而言，应收款项能否及时足额收回，将直接关系到企业资金的周转状况与财务状况。科学进行应收款项的核算与管理，一方面能客观真实地反映企业应收款项的实际状况；另一方面也会为企业的信用政策收款政策以及风险管理提供依据。

第二节　应收款项的确认与计量

一、应收账款的确认与计量

应收款项的一种最重要的形式是应收账款。应收账款是指企业在正常经营活动中，由于销售商品、产品或提供劳务而应向购货单位或接受劳务的单位收取的款项。它是企业最常用的项目之一，产生于商业信用条件下的赊销业务。与应收票据不同，在赊销交易中应收账款不要求债务人出具付款的书面承诺，货款能否按期如数收回纯粹是建立在债务人商业信用的基础上，所以应收账款的流动性比应收票据要弱，在资产负债表中应收账款列示于应收票据之后。

在现代商业信用条件下，应收账款总额、实际回收额以及坏账状况往往是影响企业实际现金流量、财务状况和未来发展的关键因素之一。但是企业需要在应收账款收益（表现在提高企业的生产能力、扩大市场份额、提高竞争力等方面）与所增加的经营风险之间进行权衡，因此，应收账款的管理就显得尤为重要。

（一）应收账款的确认

应收账款作为一种金融工具，其确认涉及两个方面：一是确认时间，二是确认金额。

1. 入账时间的确认

当企业成为赊销合同的一方，其赊销满足收入确认原则时，应当确认一项应收账款。由于应收账款是由于企业进行赊销而产生的，因此其入账时间与销售收入的实现时间一致。按照我国《企业会计准则第14号——收入》的规定，其确认条件包括：

（1）企业已将商品所有权上的主要风险和报酬转移给购货方。

（2）企业既没有保留通常与所有权相联系的继续管理权，也没有对已售出的商品实施有效控制。

（3）收入的金额能够可靠地计量。

（4）相关的经济利益很可能流入企业。

（5）相关的已发生或将发生的成本能够可靠地计量。

例如某公司签订100 000元的赊销合同，当满足收入确认原则时，公司即可确认该100 000元应收账款。

应收账款满足下列条件之一时，应当终止确认：第一，收取该金融性资产现金流量的合同权利终止。如上述公司100 000元的赊销款收回并且款存银行，此时应终止确认该项金融性资产（应收账款）。第二，该金融性资产已转移，且符合《企业会计准第23号——金融资产转移》规定的金融性资产终止确认条件。关于金融性资产转移，将在第四节进一步阐述。

2. 入账金额

应收账款入账金额的确认即应收账款计价问题。应收账款作为一种金融工具，其初始计量即取得时，应按照公允价值确认。公允价值是指在公平交易中，熟悉情况的交易双方自愿进行资产交换或者债务清偿的金额。一般情况下，应收账款的公允价值就是销售合同上规定的协议价款。

企业按照从购货方应收的合同或协议价值作为初始确认金额，但合同或协议价款不公允的除外。由于应收账款的收账期限经常只有几个月，所以应收账款的公允价值一般不考虑利息因素。除销售价格外依据现行的会计原则，"应收账款"账户的计量金额还应该包括代收的增值税以及代购货单位垫付的包装费、运杂费等。

如果在应收款项的发生过程中，新增了相应的交易费用，那么该相关交易费用应当计入应收账款的初始确认金额。

有时，合同或协议明确规定销售商品需要延期收取价款（比如分期收款销售商品），由于这种方式实质上具有融资性质，所以其公允价值应当按照应收的合同或协议价款的现值确定，会计处理上在"长期应收款"科目核算，不在"应收账款"科目核算。

资产负债表日，应收款项应当以摊余成本计量。

企业收回或处置应收款项时，应将取得的价款与该贷款和应收款项账面价值之间的差额，确认为当期损益。

（二）应收账款的会计处理

企业应设置"应收账款"科目来核算企业因销售商品、产品、提供劳务等经营活动应收取的款项。该科目应当按照债务人进行明细核算。

企业发生应收账款时，按应收金额，借记"应收账款"科目，按实现的营业收入，贷记"主营业务收入"、"其他业务收入"等科目，按专用发票上注明的增值税额，贷记"应交税费——应交增值税（销项税额）"科目。

收回应收账款时，借记"银行存款"等科目，贷记"应收账款"科目。

代购货单位垫付的包装费、运杂费，借记"应收账款"科目，贷记"银行存款"等科目。收回代垫费用时，借记"银行存款"科目，贷记"应收账款"科目。

【例3-1】某企业销售一批产品，按价目表标明的价格金额为10 000元，由于是成批销售，销货方给供货方10%的商业折扣，金额为1 000元。销货方应收账款的入账金额为9 000元，适用增值税税率为17%。销货企业的会计分录为：

（1）销售收入实现时，作会计分录：

借：应收账款　　　　　　　　　　　　　　　　　　　　　10 530
　　贷：主营业务收入　　　　　　　　　　　　　　　　　　9 000
　　　　应交税费——应交增值税（销项税额）　　　　　　　1 530

（2）收到货款时，作会计分录：

借：银行存款　　　　　　　　　　　　　　　　　　　　　10 530
　　贷：应收账款　　　　　　　　　　　　　　　　　　　10 530

企业为了促进销售，会向购货单位提供各种折扣，这时，在应收账款的初始计量时必须考虑上述折扣的影响。企业提供的折扣可以分为商业折扣和现金折扣。

商业折扣是指企业为了促进商品销售而在商品价格上给予的扣除，是企业最常用的促销手段。当发生商业折扣时，应收账款应当按照扣除商业折扣后的价款作为入账金额。因为商业折扣在交易发生时就已经确定，并不需要在交易双方的账面上予以反映，对应收账款的入账金额也不会产生实质性影响。

现金折扣是企业为了鼓励购货单位尽早付款而向购货单位提供的债务扣除。通常发生在以赊销方式销售商品及提供劳务的交易中。与商业折扣相比，不同点主要体现在：一是目的不同，现金折扣是为了鼓励客户尽早还款；商业折扣是为了鼓励客户加大购买量。二是发生折扣的时间不同，现金折扣在商品销售之后发生，企业在确认销售收入时不能确定相关的现金折扣，销售后现金折扣是否发生要视买方的付款情况而定；商业折扣在销售时就已发生，企业实现销售时，应该按照扣除商业折扣后的净额确认销售收入，无需进行账务处理。

现金折扣一般采用"折扣/付款期限"表示。例如，买方在10天内付款将得到2%的折扣，就可以表示为"2/10"。30天为最后的付款期限，将不给予折扣，可以表示为"n/30"。

如果销售的商品涉及现金折扣时，应收账款的入账金额可以按照两种不同的确认方法予以确认。

1. 总价法

总价法是按照扣除现金折扣前的总金额确认销售收入和应收账款。如果购货方在折扣期限内付款而获得现金折扣，企业应将现金折扣计入财务费用。在总价法下，将销货方给予顾客的现金折扣视为企业为了尽快回笼资金而发生的理财费用，因而在实际发生时计入财务费用。在购货单位尚未实际付款之前不确认该折扣，只有当购货单位在规定的折扣期限内付款并得到现金折扣时，才会确认并予以入账。

2. 净价法

净价法是按照扣除现金折扣后的净额确认销售收入和应收账款。这种方法假设购货方一般都会得到现金折扣，放弃现金折扣的顾客非常少。对于购货方放弃的现金折扣，将视为企业提供信贷而获得的收入。净价法下，企业按照应收账款的净额入账，如果购货单位超过折扣期限付款而丧失的现金折扣，在核算时将作为财务费用的贷项予以反映。

按照我国现行的会计准则，应收账款入账金额的确认采用总价法，按照扣除现金折扣前的总金额确认销售收入和应收账款。现金折扣在实际发生时才予以确认，计入当期损益。

【例3-2】某企业于2010年5月1日销售商品一批共1 000件，增值税发票标明售价100 000元，增值税税额为17 000元。合同规定的现金折扣条件是"2/10，n/30"（假设计算现金折扣的总价款是不考虑增值税）。

则该企业的会计处理如下：

（1）5月1日销售实现时，按照总售价确认收入。

借：应收账款　　　　　　　　　　　　　　　　　　　117 000
　　贷：主营业务收入　　　　　　　　　　　　　　　　　　100 000
　　　　应交税费——应交增值税（销项税额）　　　　　　　17 000

（2）现金折扣的处理。

如购买方于2010年5月8日付款，销售方按照售价的2%享受2 000元的现金折扣，实际付款为115 000元（117 000-2 000），应作会计分录如下：

借：银行存款　　　　　　　　　　　　　　　　　　　115 000
　　财务费用　　　　　　　　　　　　　　　　　　　　2 000
　　贷：应收账款　　　　　　　　　　　　　　　　　　　117 000

如购买方于2010年5月31日付款，则应该支付全款，应作会计分录如下：

借：银行存款　　　　　　　　　　　　　　　　　　　117 000
　　贷：应收账款　　　　　　　　　　　　　　　　　　　117 000

（三）应收账款的后续计量

根据《企业会计准则第22号——金融工具的确认与计量》，所有应收款项在初始确认后，都应当按摊余成本进行后续计量。所谓摊余成本，是指金融资产的初始确认金额经过下列调整后的余额：

- 扣除已经偿还的本金。
- 加上或减去采用实际利率法将该初始确认金额与到期日金额之间的差额进行摊销形成的累计摊销额。
- 扣除已发生的减值损失。

由于应收账款的初始计量一般都不考虑利息因素，因此也就不存在摊销初始金额与到期日金额之间差额的问题。但是，在每个资产负债表日，企业应当对应收账款进行减值测试，确定是否需要计提减值准备。

二、应收票据的确认与计量

（一）应收票据的确认

应收票据作为一种交易媒介，是单位使用最多的非现金支付工具。根据《票据法》规定，票据分为支票、汇票和本票。根据出票人的不同，汇票又分为银行汇票和商业汇票。在这些票据中，除商业汇票以外的票据均属于"见票即付"的即期票据，即是可以即刻收取票款或存入银行成为货币资金的票据，应视同现金，不需要作为应收票据核算。会计上所说的应收票据仅指企业持有的、尚未到期兑现的商业票据，这是因为商业汇票非"见票即付"，收款人取得商业汇票不能立刻获得票款，而是形成了债权，作为应收票据核算。

应收票据（商业汇票）一般产生于赊销业务：债务人出具付款的书面承诺，表明其将在约定时间偿付约定金额；债权人将在约定时日凭该票据收取货款。与纯粹建立在商业信用基础上的应收账款相比，应收票据具有较强的法律约束力，货款的收回更有保障，并且在到期前可以向银行贴现或背书转让，因而具有较强的流动性。应收票据在满足资产确认条件时进行初始确认：

- 符合资产定义。
- 与该资源有关的经济利益很可能流入企业。
- 该资源的成本或价值能够可靠地计量。

商业汇票按承兑人不同，分为商业承兑汇票和银行承兑汇票。银行承兑汇票由债务人签发，银行承兑；商业承兑汇票可以由债务人签发并承兑，也可以由债权人签发交由债务人承兑。

（二）应收票据的会计处理

为了反映应收票据的取得、转让及款项收回，企业应当设置"应收票据"科目对应收票据进行核算。该科目属于资产类科目，借方反映取得的应收账款的面值，贷方反映到期收回或转让票据的面值。本科目期末借方余额，反映企业持有的商业汇票的票面金额。

企业因销售商品、产品、提供劳务等而收到开出、承兑的商业汇票，按商业汇票的票面金额，借记"应收票据"科目，按实现的营业收入，贷记"主营业务收入"等科目，按专用发票上注明的增值税额，贷记"应交税费——应交增值税（销项税额）"科目。涉外业务取得的带息应收票据应确认的利息收入，应当比照"存放中央银行款项"科目的相关规定处理。

商业汇票到期，应按实际收到的金额，借记"银行存款"科目，按商业汇票的票面金额，贷记"应收票据"科目。因付款人无力支付票款，收到银行退回的商业承兑汇票、委托收款凭证、未付票款通知书或拒绝付款证明等，按商业汇票的票面金额，借记"应收账款"科目，贷记"应收票据"科目。

【例3-3】A公司向B公司销售产品一批，货款为300 000元，尚未收到，已办妥托收手续，适用增值税税率为17%。

（1）销售实现时，A 公司编制会计分录为：

借：应收账款　　　　　　　　　　　　　　　　　　　　351 000

　　贷：主营业务收入　　　　　　　　　　　　　　　　300 000

　　　　应交税费——应交增值税（销项税额）　　　　　51 000

（2）收到应收票据时。

8 天后，A 公司收到 B 公司一张 3 个月的不带息商业承兑汇票，面值为 351 000 元，抵付商品货款。

A 公司编制会计分录为：

借：应收票据　　　　　　　　　　　　　　　　　　　　351 000

　　贷：应收账款　　　　　　　　　　　　　　　　　　351 000

（3）应收票据到期偿付。

3 个月后，应收票据到期，收回票面金额 351 000 元存入银行。

A 公司编制会计分录为：

借：银行存款　　　　　　　　　　　　　　　　　　　　351 000

　　贷：应收票据　　　　　　　　　　　　　　　　　　351 000

（三）应收票据的管理

为了详细反映企业应收票据的增减变动情况，加强对应收票据的管理，企业应当按照债务人或开出、承兑商业汇票的单位进行明细核算，设置明细账；同时企业还可根据需要设置应收票据备查账簿进行辅助登记。

在应收票据备查簿中，逐笔登记每一商业汇票的种类、号数和出票日、票面金额、交易合同号和付款人、承兑人、背书人的姓名或单位名称、到期日、背书转让日、贴现日、贴现率和贴现净额以及收款日和收回金额、退票情况等资料，并在到期结清票款或退票后在"应收票据登记簿"中逐笔予以注销。应收票据登记簿格式如表 3 - 1 所示。

表 3 - 1　　　　　　　　　　　　　应收票据登记簿

登记日期	出票人	付款银行	票据日期	有效日期	到期日	票据面值	利息		贴现		收款日期	备注	注销
							利率	金额	银行	金额			

三、其他应收款的确认与计量

其他应收款是指企业除应收票据、应收账款、预付账款、存出保证金、拆出资金、买入返售金融性资产、应收股利、应收利息、应收保户储金、应收代位追偿款、应收分保账款、应收分保未到期责任准备金、应收分保保险责任准备金、长期应收款等经营活动以外的其他各种应收、暂付的款项。

其他应收款是由销售、采购商品或劳务以外的其他因素引起的，一般来说，其主要内容包括：一般企业存出保证金（如租入包装物支付的押金）；职工个人借款；备用金（向企业各职能科室、车间等拨出的备用金）；对子公司或下属单位的拨款；应收的各种赔款（包括保险赔偿款）、罚款；应收的出租包装物租金；应向职工收取的各种垫付款项如为职工垫付的水电费；等等。

对于此类应收款项，企业应设置"其他应收款"账户进行核算，在资产负债表上，单独作为一个项目列示在应收账款之后。为了便于分析，管理和控制，企业应当按照其他应收款的项目和对方单位（或个人）进行明细核算。

企业发生其他各种应收、暂付款项时，借记"其他应收款"科目，贷记"库存现金"、"银行存款"、"营业外收入"等有关科目；收回或转销各种款项时，借记"库存现金"、"银行存款"等科目，贷记"其他应收款"科目。

"其他应收款"科目期末如有借方余额，反映企业尚未收回的其他应收款；期末如为贷方余额，反映企业尚未支付的其他应付款。

【例3－4】某企业一台机器设备发生非正常毁损，根据保险合同，应向保险公司收取赔偿款 50 000 元，款项尚未收到。编制会计分录如下：

借：其他应收款——保险公司　　　　　　　　　　　　　　50 000
　　贷：固定资产清理　　　　　　　　　　　　　　　　　　　50 000

【例3－5】某公司员工张某出差预借差旅费 5 000 元，开出现金支票一张；张某出差回来后报销差旅费 6 560 元，不足部分用现金补足。

（1）员工借款时，应编制的会计分录为：

借：其他应收款——张某　　　　　　　　　　　　　　　5 000
　　贷：银行存款　　　　　　　　　　　　　　　　　　　　5 000

（2）员工报销差旅费时，应编制的会计分录为：

借：管理费用　　　　　　　　　　　　　　　　　　　　6 560
　　贷：库存现金　　　　　　　　　　　　　　　　　　　　1 560
　　　　其他应收款——张某　　　　　　　　　　　　　　　5 000

第三节　应收款项的减值

一、应收款项资产减值

现代商业信用作为一种营销手段，其应用日益广泛。一方面使企业扩大了市场份额，增加了销售收入；另一方面在市场充满风险的情况下，不可避免地带来了不能收回应收款项的风险。所谓应收款项的金融性资产减值是指无法收回的应收款项，又称坏账。

（一）应收款项资产减值的确认

按照《企业会计准则第 22 号——金融工具确认与计量》的规定，企业应于每个资产负债表日对应收款项的账面价值进行检查，如果有客观证据表明该应收款项发生减值的，应当计提坏账准备。

应收款项发生减值的客观证据，是指应收款项初始确认后实际发生的、对该金融性资产的预计未来现金流量有影响，且企业能够对该影响进行可靠计量的事项。具体来说，包括如下各项内容：

（1）债务人发生严重财务困难。

（2）债务人违反了合同条款，如偿付利息或本金发生违约或逾期等。

（3）债权人出于经济或法律等方面因素的考虑，对发生财务困难的债务人作出让步。

（4）债务人很可能倒闭或进行其他财务重组。

（5）无法辨认一组金融性资产中的某项资产的现金流量是否已经减少，但根据公开的数据对其进行总体评价后发现，该组金融性资产自初始确认以来的预计未来现金流量确已减少且可计量，如该组债务人支付能力逐步恶化，或债务人所在国家或地区失业率提高、担保物在其所在地区的价格明显下降、所处行业不景气等。

（6）债务人经营所处的技术、市场、经济或法律环境等发生重大不利变化，使权益工具投资人可能无法收回投资成本。

（7）其他表明应收账款发生减值的客观证据。

（二）应收款项减值损失的计量

根据《企业会计准则》的规定，对于单项金额重大的应收款项，应当单独进行减值测试。有客观证据表明其发生了减值的，应当根据其未来现金流量现值低于其账面价值的差额，确认减值损失，计提坏账准备。

在对应收款项进行减值测试时，从理论上讲，企业应当针对每项应收账款单独进行减值测试，但是由于工作量太大，往往无法实现。因此，对于单项金额非重大的应收款项可以单独进行减值测试，确定减值损失，计提坏账准备；也可以与经单独测试后未减值的应收款项一起按类似信用风险特征划分为若干组合，再依据这些应收款项组合按照资产负债表日余额的一定比例计算确定减值损失，计提坏账准备。根据应收款项组合余额的一定比例计算确定的坏账准备，应当反映各项目实际发生的减值损失，即各项组合的账面价值超过其未来现金流量现值的金额。

企业在确定计提坏账的比例时，应当根据以前年度与之相同或相类似的、具有类似信用风险特征的应收款项组合的实际损失率为基础，结合现时情况确定本期各项组合计提坏账准备的比例，据此计算本期应计提的坏账准备。

需要注意的是，企业可以根据具体情况确定单项金额重大的标准。该项标准一经确定，应当一致使用，不得随意变更。

（三）应收款项减值损失的核算方法

有客观证据表明应收款项发生减值时，应当将该应收款项的账面价值减记至预计未来现金流量（不包括尚未发生的未来信用损失）现值，减记的金额确认为资产减值损失，计入当期损益。

预计未来现金流量现值，应当按照该金融性资产的原实际利率折现确定，并考虑相关担保物的价值（取得和出售该担保物发生的费用应当予以扣除）。原实际利率是初始确认该金融性资产时计算确定的实际利率。对于浮动利率贷款、应收款项或持有至到期投资，在计算未来现金流量现值时可采用合同规定的现行实际利率作为折现率。短期应收款项的预计未来现金流量与其现值相差很小的，在确定相关减值损失时，可不对其预计未来现金流量进行折现。

应收款项减值损失的核算方法有两种：直接转销法和备抵法。其中，直接转销法是指只在实际发生坏账时，才将坏账损失计入当期损益，同时冲销应收款项；备抵法是指按期估计坏账损失，形成坏账准备，当某一应收款项全部或部分被确认为坏账时，应根据其金额冲销坏账准备，同时转销相应的应收款项金额的一种核算方法。按照我国《企业会计准则》的规定和国际通行做法，企业应采用备抵法核算坏账损失。

企业采用备抵法进行坏账核算时，首先应按期估计坏账损失。估计坏账损失的方法主要有应收款项余额百分比法、账龄分析法和销货百分比法等。应收款项余额百分比法，是根据资产负债表日应收款项的余额和估计的坏账率，估计坏账损失，计提坏账准备的方法。账龄分析法，是根据应收款项账龄的长短来估计坏账的方法。账龄指的是顾客所欠账款的时间。采用这种方法，企业利用账龄分析表所提供的信息，确定坏账准备金额。确定的方法按各类账龄分别估计其可能成为坏账的部分。销货百分比法是以赊销金额的一定百分比作为估计坏账的方法。企业可以根据过去的经验和有关资料，估计坏账损失与赊销金额之间的比率，也可用其他更合理的方法进行估计。

（四）应收款项资产减值的会计处理

为了核算企业应收款项发生的资产减值，会计上应设置"坏账准备"账户和"资产减值损失"账户进行核算。

"坏账准备"账户是"应收账款"和"其他应收款"账户的备抵账户。其贷方反映坏账准备的提取，借方反映坏账准备的转销，期末贷方余额反映已经提取尚未转销的坏账准备数额。

"资产减值损失"账户主要用于核算企业计提各项资产减值准备所形成的损失，属于损益类科目。该科目借方登记资产发生的减值；贷方反映企业计提各项资产减值准备后，相关资产的价值又得以恢复，在原已计提的减值准备金额内恢复增加的金额。期末，应将本科目余额转入"本年利润"科目，结转后本科目无余额。

资产负债表日，应收款项发生减值的，按应减记的金额，借记"资产减值损失"科目，贷记"坏账准备"科目。本期应计提的坏账准备大于其账面余额的，应按其差额计提；应计提的金额小于其账面余额的差额作相反的会计分录。

对于确实无法收回的应收款项，按管理权限报经批准后作为坏账损失，转销应收款项，借记"坏账准备"科目，贷记"应收票据"、"应收账款"、"其他应收款"等科目。

已确认并转销的应收款项以后又收回的，应按实际收回的金额，借记"应收票据"、"应收账款"、"其他应收款"等科目，贷记"坏账准备"科目；同时，借记"银行存款"科目，贷记"应收票据"、"应收账款"、"其他应收款"等科目。企业也可以按照实际收回的金额，借记"银行存款"科目，贷记"坏账准备"科目。

【例3－6】某企业2005年年初"坏账准备"贷方余额为8 000元，当年实际发生坏账损失为2 000元，2005年年底估计的坏账损失为10 000元。2006年未发生坏账损失，且2005年作为坏账被注销的应收账款2 000元又重新收回来。2006年年末估计的坏账损失为13 000元。则有关会计分录如下：

（1）转销2005年已确认为坏账的款项2 000元：

借：坏账准备　　　　　　　　　　　　　　　　　　　　　　　　2 000

　　贷：应收账款　　　　　　　　　　　　　　　　　　　　　　　2 000

（2）2005年年末计提坏账准备：

应提坏账准备：10 000 －（8 000 － 2 000）＝ 4 000（元）

借：资产减值损失　　　　　　　　　　　　　　　　　　　　　　4 000

　　贷：坏账准备　　　　　　　　　　　　　　　　　　　　　　　4 000

（3）2006年作为坏账被注销的2 000元应收账款，又被重新收回：

借：应收账款　　　　　　　　　　　　　　　　　　　　　　　　2 000

　　贷：坏账准备　　　　　　　　　　　　　　　　　　　　　　　2 000

借：银行存款　　　　　　　　　　　　　　　　　　　　　　　　2 000

　　贷：应收账款　　　　　　　　　　　　　　　　　　　　　　　2 000

（4）2006年年末计提坏账准备：

应提坏账准备：13 000 －（10 000 ＋ 2 000）＝ 1 000（元）

借：资产减值损失　　　　　　　　　　　　　　　　　　　　　　1 000

　　贷：坏账准备　　　　　　　　　　　　　　　　　　　　　　　1 000

（五）估计应收款项资产减值金额的方法

要提取"坏账准备"，必须事先估计应收款项资产减值的金额。由于企业发生坏账的可能性带有很大的不确定性，坏账损失的估计是否切合实际就成为备抵法的关键。

由于应收账款属于金融性资产，按照现行准则的规定，坏账损失的估计应首先进行单独减值测试（个别认定法），然后再进行金融性资产组合减值测试：

1. 单独减值测试

对于单项金额重大的应收款项，应当单独进行减值测试。有客观证据表明其发生了减值的，应当根据其未来现金流量现值低于其账面价值的差额，确认减值损失，计提坏账准备。单独测试未发生减值的应收账款（不论单项金额是否重大），应当包括在具有类似信用风险特征的应收账款组合中再进行减值测试。已单项确认减值损失的应收账款，不需要再进行减值组合测试。

2. 组合减值测试

对于单项金额非重大的应收款项可以单独进行减值测试，确定减值损失，计提坏账准备；也可以进行组合减值测试。

组合减值测试的对象包括：金额非重大且未经过单独测试的应收款项；以及经单独测试后未减值的应收款项。方法是将上述这些应收款项按类似信用风险特征划分为若干组合，再按这些应收款项组合在资产负债表日余额的一定比例计算得出减值损失，计提坏账准备。

这里所说的具有类似信用风险特征的金融性资产组合，应根据企业的应收账款的风险关联程度进行深入分析，如以相同账龄的应收账款为具有类似信用风险特征，或者以同一企业集团、同一地区或国家的企业的应收账款为具有类似信用风险特征。

方法中用到的各项组合计提坏账准备的比例应当根据以前年度与之具有类似信用风险特征的应收款项组合的实际损失率为基础，结合现时具体情况确定。

根据应收款项组合减值测试确定的坏账准备，应当反映各项目实际发生的减值损失，即各项组合的账面价值超过其未来现金流量现值的金额。

【例3-7】某企业2006年期初"坏账准备"账户有贷方余额50 000元，当年12月31日，分析当年该企业应收账款明细账如下：

首先，对年末单项金额重大的三笔应收账款进行单独减值测试，有客观证据表明其中有一笔应收款项发生坏账损失为10 000元。

其次，对于其余未发生减值的两笔大额应收账款和所有小额应收账款按类似信用风险特征分成六组，编制"应收账款类似风险组合分析表"，如表3-2所示。

表3-2　　　　　　　　　应收账款类似风险组合分析表　　　　　　　　　单位：元

客户名称	应收账款余额	类似风险组合					
		I组合	II组合	III组合	IV组合	V组合	VI组合
A公司	270 000	20 000		250 000			
B公司	140 000	50 000		90 000			
C公司	160 000			65 000		95 000	
D公司	323 000		57 000	266 000			
E公司	116 240	78 000					38 240
合计	1 009 240	148 000	57 000	421 000	250 000	95 000	38 240

根据历史数据及有关变化条件，分别估计各组合的坏账率，编制坏账损失估计表，如表3-3所示。

表3-3　　　　　　　　　　　　　　坏账损失估计表

项　　目	应收账款余额（元）	预计坏账率（%）	预计坏账准备（元）
I组合	148 000	1	1 480
II组合	57 000	2	1 140
III组合	421 000	4	16 840
IV组合	250 000	6	15 000
V组合	95 000	10	9 500
VI组合	38 240	20	7 648
合　　计	1 009 240		51 608

2006年年末计提坏账准备时，有关会计处理如下：

2006年预计坏账损失 = 10 000 + 51 608 = 61 608（元）

2006 年年末应补提的坏账准备 = 61 608 – 50 000 = 11 608（元）

借：资产减值损失　　　　　　　　　　　　　　　　　　　　11 608

　　贷：坏账准备　　　　　　　　　　　　　　　　　　　　　11 608

第四节　应收款项的融通

一、应收款项融通确认和会计处理的原则

应收款项融通实际上是一种金融资产转移。依据《企业会计准则第 23 号——金融资产转移》的规定，企业发生金融资产转移时，最主要的会计问题就是判断是否可以终止确认被转移的金融资产。其实质是包含在该项金融性资产上的风险和报酬的转移。以下情形表明企业已将金融性资产所有权上几乎所有风险和报酬转移给了转入方，应当终止确认相关金融性资产。

（1）企业以不附追索权方式转移金融性资产。

（2）企业将金融性资产转移，同时与买入方签订协议，在约定期限结束时按当日该金融性资产的公允价值回购。

（3）企业将金融性资产转移，同时与买入方签订看跌期权合约（即买入方有权将该金融性资产返售给企业），但从合约条款判断，该看跌期权是一项重大价外期权（即期权合约的条款设计，使得金融性资产的买方极小可能会到期行权）。

以下情形表明企业保留了金融性资产所有权上几乎所有风险和报酬，不应当终止确认相关金融性资产：

（1）企业采用附追索权方式转移金融性资产。

（2）企业将金融性资产转移，同时与买入方签订协议，在约定期限结束时按固定价格将该金融性资产回购。

（3）企业将金融性资产转移，同时与买入方签订看跌期权合约（即买入方有权将该金融性资产返售给企业），但从合约条款判断，该看跌期权是一项重大价内期权（即期权合约的条款设计，使得金融性资产的买方很可能会到期行权）。

（4）企业（银行）将信贷资产整体转移，同时保证对金融性资产买方可能发生的信用损失进行全额补偿。

（一）满足终止确认条件

金融性资产整体转移满足终止确认条件的，应当终止确认该金融资产，同时按以下公式确认相关损益：

因转移收到的对价

加：原直接计入所有者权益的公允价值变动累计利得

（如为累计损失，应为减项）

<u>减：所转移金融性资产的账面价值</u>

金融性资产整体转移的损益

说明：

（1）因转移收到的对价＝因转移交易收到的价款＋新获得金融性资产的公允价值＋因转移获得服务资产的公允价值－新承担金融负债的公允价值。

（2）原直接计入所有者权益的公允价值变动累计利得或损失，是指所转移金融性资产（可供出售金融性资产）转移前公允价值变动直接计入所有者权益的累计额。

（二）不满足终止确认条件

金融性资产转移不满足终止确认条件的，应当继续确认该金融性资产，所收到的对价确认为一项金融负债。此类金融性资产转移实质上具有融资性质，不能将金融性资产与所确认的金融负债相互抵销。比如，企业将国债卖出后又承诺将以固定价格买回，因卖出国债所收到的款项应单独确认为一项金融负债。

对非金融企业来说，较多涉及的金融性资产转移事项主要包括应收票据的转移、应收账款的转移。以下将分别介绍这两类会计事项的处理方法。

二、应收账款融通——利用应收账款融资的核算

随着现代理财活动的不断创新，应收账款融资成为一项盘活企业资金存量、加快现金回笼的有效手段。企业利用应收账款融资的主要方式有两种：应收账款抵押借款和应收账款出售（又称保理业务）。应收账款出售（保理业务）按照保理商有无追索权又可分为有追索权保理和无追索权保理。

不管应收账款融资采取哪种形式，其根本目的都是融资，但就其经济实质而言，其本质并不相同。应收账款抵押和附追索权保理业务中，应收账款的主要风险实质上并未发生转移，因此这类业务应视为借款融资；无追索权保理业务中，应收账款的坏账风险和应收债权已由借款企业转移给保理商，因此这一业务应视同销售，需确认相关损益。三者的主要区别见表3-4。

表3-4 　　　　　　　　　　各种应收账款融资协议的特征

融资协议种类	应收账款抵押借款	附追索权的应收账款出售（附追索权保理）	无追索权的应收账款出售（无追索权保理）
定义	应收账款持有者以全部应收账款为抵押，从银行或其他金融机构取得借款	企业将特定应收账款转让给银行或其他金融机构，将特定应收账款转化为现金	企业将特定应收账款出售给代理商、银行或其他金融机构，以取得相应的现金
特征	企业保留与应收账款有关的风险与报酬，企业用收回的应收账款归还借款	企业保留部分与应收账款有关的风险与报酬，受让方保留特定应收账款的追索权	与应收账款有关的风险与报酬全部转移给保理商

（一）应收账款抵押借款

应收账款抵押借款是指企业以应收账款为抵押，按抵押应收账款的一定比率向银行贷款。该比率通常视应收账款的质量和数额而定，一般在75%～95%之间。抵借企业实际借款时，往往还应出具应付票据。

使用客户的应收账款作为抵押向外借款时，被指定做抵押品的客户并不知情，借款企业仍然像往常一样向客户收取款项。在应收账款抵押中，应收账款的债权和风险并未发生转移，一旦发生坏账，借款机构有权向借款企业实施追索。同时企业应定期支付自银行等金融机构借入款项的本息。

应收账款抵押借款一般采取一般性抵借的方法，即以全部应收账款作为应付票据的抵押，当旧的应收账款收回后，新的应收账款继续充当抵借。在这种方式下，由于未具体指定作为抵押的应收账款，因而对应收账款无须作专门的会计处理。对于从购买方收回应收账款、计提坏账准备以及与用于抵借的应收账款相关的销售退回、销售折让，与一般应收账款业务并无区别。由于应收账款抵押借款的经济实质是借款融资，所以会计处理上一般只涉及借款及借款费用的处理。抵借时，借记"银行存款"（企业实际收到的款项）、"财务费用"（抵借手续费），贷记"短期借款"（如企业出具票据，则贷记"应付票据"）；支付借款本息时；借记"短期借款"（借款本金，如企业出具票据，则借记"应付票据"）、"财务费用"（借款利息），贷记"银行存款"。

【例3-8】2006年7月1日，某公司以全部应收账款100 000元作抵押，向某银行借款，开具了一张600 000元、期限为2个月的票据向某银行借款。抵借比率为80%。银行按抵借应收账款的1%收取手续费用；利息为12%。则该公司对这项抵借业务作的会计处理如下：

（1）取得抵押借款时：

7月1日，以应收账款作抵押开具票据借款时，作会计分录为：

借：银行存款　　　　　　　　　　　　　　　　　79 000
　　财务费用——手续费　　　　　　　　　　　　　1 000
　　　贷：应付票据　　　　　　　　　　　　　　　　　　80 000

（2）收到欠款时：

7月30日，收回100 000元应收账款，扣减1 000元现金折扣，作会计分录为：

借：银行存款　　　　　　　　　　　　　　　　　99 000
　　财务费用——现金折扣　　　　　　　　　　　　1 000
　　　贷：应收账款　　　　　　　　　　　　　　　　　100 000

（3）偿还借款时：

9月1日，偿付银行本息，作会计分录为：

借：应付票据　　　　　　　　　　　　　　　　　80 000
　　财务费用——利息费用　　　　　　　　　　　　1 600
　　　贷：银行存款　　　　　　　　　　　　　　　　　81 600

（二）应收账款出售

应收账款出售（又称应收账款保理）是指企业将应收账款出售给银行等经营保理业务的保理商，以获得相应的融资款，保理商将负责应收账款管理、催收等业务。代理商根据欠款客户的信用等级，按应收账款净额的一定比例计算收取手续费。

与应收账款抵借不同，应收账款一经出售，出让方应通知购货客户，请客户以后将账款直接付给受让方。客户拖欠的货款，由受让方负责催收。

按应收账款风险是否转移，应收账款出售可分为无追索权出售和有追索权出售两种。

1. 无追索权出售

无追索权的应收账款出售意味着其所有权上的一切报酬和风险都转移给保理商，若到期无法收回，保理商承担坏账风险，不得向企业追偿。

在这种方法下，企业应于商品发出前，向代理商或信贷机构提出出售应收账款的申请，经代理商或信贷机构同意后，企业向购货方发出商品并将应收账款出售给代理商或信贷机构。代理商或信贷机构根据发票金额扣除企业给予购货方的现金折扣、可能发生的销货退回、折让及应收取的佣金后，将款项提前支付给企业；购货方于到期日应将款项直接支付给代理商或信贷机构。销售企业给予购货方的现金折扣、销货退回及折让大于实际发生的现金折扣时，应由代理商或信贷机构退还给企业；反之，由销售企业补足。

由于与应收账款相关的风险和报酬已由借款企业全部转移给保理商，因此这一业务应视同销售，需确认相关损益，销售企业出售应收账款中发生的损益在出售当期确认入账。

【例3-9】某公司于2006年7月5日将500 000元应收账款以无追索权方式出售给银行，银行按应收账款总额的5%收取手续费，并按应收账款面值的2%预留余额，已备抵减可能发生的销售折扣、折让和退回。

（1）7月5日，出售应收账款时，作会计分录为：

借：银行存款　　　　　　　　　　　　　　　　465 000
　　管理费用——应收账款出售损失　　　　　　　25 000
　　其他应收款——银行（暂扣款）　　　　　　　10 000
　　　贷：应收账款　　　　　　　　　　　　　　　　500 000

（2）8月8日，保理商收到客户交来的货款482 500元，实际发生现金折扣3 500元，销售4 000元，坏账损失10 000元。

借：财务费用——销售折扣　　　　　　　　　　　3 500
　　主营业务收入——销售折让与退回　　　　　　4 000
　　　贷：其他应收款——银行　　　　　　　　　　　7 500

（3）8月底，公司与银行结算，收回尚未用完的暂扣款2 500元（10 000-3 500-4 000），作会计分录为：

借：银行存款　　　　　　　　　　　　　　　　2 500
　　　贷：其他应收款——银行　　　　　　　　　　　2 500

2. 有追索权出售

附追索权保理是指企业将应收账款让售给保理商，保理商为卖方提供贸易融资、账款收取等综合性金融服务，当该项应收账款到期而无法从债务人处收回时，保理商有权向卖方企业实施追偿。这一方式下，由于应收账款的坏账风险并未发生转移，仍由应收账款企业负担，其本质属于借款交易，会计上要单独设"抵让应收账款"账户反映转让应收账款的增减变动情况。

【例3－10】某公司于2006年7月5日将500 000元应收账款以附追索权方式出售给银行，银行按应收账款的80%向该公司支付现金，同时银行收取1 000元的手续费。

（1）出售应收账款时，作会计分录如下：

借：银行存款 399 000

　　财务费用 1 000

　　　贷：应付票据 400 000

（2）如果该公司2006年12月31日收回其中的300 000元应收账款，银行对该应收账款的追索权也相应减少，该公司的会计处理如下：

借：银行存款 300 000

　　　贷：应收账款 300 000

同时：

借：应付票据 300 000

　　　贷：银行存款 300 000

三、应收票据的融通

（一）应收票据的转让

应收票据转让是指持票人因偿还前欠货款或取得所需物资等原因，将未到期的商业承兑汇票背书后，转让给其他单位或个人的业务活动。企业可以将自己持有的商业汇票背书转让。背书是指持票人在票据背面签字，签字人称为背书人，背书人对票据的到期付款负连带责任。

企业将持有的商业汇票背书转让以取得所需物资时，按应计入取得物资成本的金额，借记"材料采购"或"原材料"、"库存商品"等科目，按取得的专用发票上注明的增值税，借记"应交税费——应交增值税（进项税额）"科目，按商业汇票的票面金额，贷记"应收票据"科目，如有差额，借记或贷记"银行存款"等科目。

（二）应收票据的贴现

企业持有的应收票据在到期前，如果出现现金短缺，可以持未到期的商业汇票向其开户银行申请贴现，以获得所需现金。"贴现"是指企业将未到期的票据转让给银行，由银行按票据到期值扣除贴现日至票据到期日的利息后，将余额付给企业。票据贴现实际上是企业融资的一种方法。

1. 贴现息与贴现所得额的计算

票据贴现的有关计算公式如下：

$$贴现息 = 票据到期值 \times 贴现率 \times 贴现期$$

$$贴现所得额 = 票据到期值 - 贴现息$$

上述公式中，票据到期值是指票据到期的价值，不带息票据的到期值为票据的面值；带息票据的到期值即票据到期日的面值与利息之和。贴现时所使用的利率称为贴现率。公式中贴现期按照中国人民银行《支付结算办法》的规定，是指贴现日至票据到期日前一日止的实际天数（即贴现天数 = 贴现日至票据到期日实际天数 - 1）。承兑人在异地的，贴现利息的计算应另加 3 天的划款日期。

上述公式中，贴现银行扣除的利息称为贴现息，贴现银行将票据到期值扣除贴现息后支付给企业的资金额称为贴现所得额。

【例 3 - 11】A 企业于 2006 年 6 月 20 日，持一张 2006 年 5 月 20 日签发的面值为 50 000 元、年利率 6% 、且在 11 月 20 日到期的带息商业汇票向银行贴现。银行年贴现率为 8% 。

该票据的到期值、贴现息、贴现所得额的计算如下：

票据到期值 = 50 000 × （1 + 6% × 6/12）= 51 500 （元）

贴现息 = 51 500 × 8% × 5/12 = 1 717 （元）

贴现所得额 = 51 500 - 1 717 = 49 783 （元）

2. 应收票据贴现的会计处理

企业持未到期的应收票据向银行贴现，应按实际收到的金额（即减去贴现息后的净额），借记"银行存款"科目；按贴息部分，借记"财务费用"等科目，按商业汇票的票面金额，贷记"应收票据"科目（适用满足金融资产转移准则规定的金融资产终止确认条件的情形，比如不带追索权的应收票据贴现）或"短期借款"科目（适用不满足金融资产转移准则规定的金融资产终止确认条件的情形，比如带追索权的应收票据贴现）。

根据票据的风险是否转移，应收票据贴现可分为不带追索权的应收票据贴现和带追索权的应收票据贴现两种方式。前者由于风险和报酬已转移，属于金融性资产的转移，因此满足终止确认条件；而后者则不属于金融性资产的转移，不满足终止确认条件，所以两种方法的会计处理方式也不相同。

（1）不带追索权的应收票据贴现。

不带追索权的应收票据贴现指企业向贴现银行贴现时，将应收票据的风险和未来的经济利益全部转让给银行，票据到期日，贴现银行无法收回票据时，无权向背书人追索。因此，不带追索权的应收票据贴现时，企业应按实际收到的贴现净额，借记"银行存款"科目；按贴现票据的账面金额，贷记"应收票据"科目；贴现净额与账面价值的差额，借记或贷记"财务费用"科目。在我国，企业将银行承兑汇票贴现基本上不存在到期不能收回票款的风险。根据这一实际情况，企业可将银行承兑汇票贴现视为不带追索权的商业汇票贴现业务对待。

【例 3 - 12】2006 年 5 月 8 日，企业用所持有的银行承兑汇票一张到银行贴现。该商业汇票出票日期为 3 月 23 日、期限为 6 个月、面值为 80 000 元。假设该企业与承兑企业在同一票据交换区域内，银行年贴现率为 8% 。

计算贴现息与贴现所得额：

票据到期值 = 80 000 （元）

该应收票据到期日为 2006 年 9 月 23 日，其贴现天数为 138 天：

24 + 30 + 31 + 31 + 23 - 1 = 138（天）

贴现利息 = 80 000 × 8% × 138 ÷ 360 = 2 453（元）

贴现净额 = 80 000 - 2 453 = 77 547（元）

借：银行存款 77 547

财务费用 2 453

贷：应收票据 80 000

（2）带追索权的应收票据贴现。

带追索权的应收票据贴现指企业向银行贴现时，在法律上负连带偿还责任，即当贴现银行无法收回票款时，有权向贴现企业追索，由贴现企业承担债务责任。因此，为了真实地反映企业的这一或有负债情况，企业以应收票据向贴现银行贴现时，不直接转销"应收票据"科目，而是通过"短期借款"科目进行核算。票据到期日因贴现银行如数收回票款而使企业解除或有负债责任时，再记入"短期借款"科目的借方，并转销"应收票据"科目。

贴现的商业承兑汇票到期，因承兑人的银行存款账户不足支付，申请贴现的企业收到银行退回的商业承兑汇票时，按商业汇票的票面金额，借记"短期借款"科目，贷记"银行存款"科目。同时应按商业汇票的票面金额，借记"应收账款"科目，贷记"应收票据"科目。申请贴现企业的银行存款账户余额不足，银行作逾期贷款处理。

【例 3 - 13】2006 年 5 月 8 日，企业用所持有的商业承兑汇票一张到银行办理了带追索权的应收票据贴现。该商业汇票出票日期为 3 月 23 日、期限为 6 个月、面值为 80 000元。假设该企业与承兑企业在同一票据交换区域内，银行年贴现率为 8%。应作会计分录为：

（1）5 月 8 日向银行贴现时：

借：银行存款 77 547

财务费用 2 453

贷：短期借款 80 000

（2）9 月 23 日贴现银行如数收回票款时：

借：短期借款 80 000

贷：应收票据 80 000

（3）如果票据到期日付款人无力偿付票款，银行即将已贴现的票据退回贴现企业，贴现企业需承担付款责任，将票款偿付给贴现银行。

借：短期借款 80 000

贷：银行存款 80 000

同时，

借：应收账款 80 000

贷：应收票据 80 000

第四章 存　货

【学习目的】本章主要介绍存货的概念、内容、确认条件，存货的收、发、存计量和会计核算。通过本章学习，要求掌握存货的内容、确认条件及存货取得、发出和期末的计量；掌握存货按实际成本和计划成本核算的方法及存货清查和计提减值的核算等。

第一节　存货概述

一、存货的概念

存货是指企业在日常活动中持有以备出售的产成品或商品、处于生产过程中的在产品、在生产过程或提供劳务过程中耗用的材料、物料等。企业持有存货的最终目的是为了出售（无论是直接出售，还是经过进一步加工后出售），而不是为了自用或消耗，这是存货区别于固定资产等非流动资产的最基本的特征。

二、存货的分类

企业的存货按照行业性质不同，其内容和分类也有所不同。按照行业的性质和存货的经济用途进行分类，可以分为以下几大类。

（一）制造业的存货

（1）原材料，指企业在生产加工中经加工改变其形态或性质并构成产品主要实体的各种原料及主要材料、辅助材料、外购半成品（外购件）、修理用备件（备品备件）、包装材料、燃料等。为购建固定资产等各项工程而储备的各种材料，虽然同属于材料，但由于是用于固定资产建造工程，不符合存货的定义，因此不能作为存货进行核算。

（2）在产品，指企业正在制造尚未完工的产品，包括正在各个生产工序加工的产品，及已经加工完毕但尚未检验或已检验但尚未办理入库手续的产品。

（3）半成品，指经过一段生产过程并已检验合格交付半成品仓库保管，但尚未制造完工为产成品，仍需进一步加工的中间产品。

（4）产成品，指工业企业已经完成全部生产过程并验收入库，可以按照合同规定的条件送交订货单位，或者可以作为商品对外出售的产品。企业接受外来原材料加工制造的代制品和为外单位加工修理的代修品，制造和修理完成验收入库后，应视同企业的产成品。

（5）商品，指企业外购或委托加工完成验收入库用于销售的各种商品，也可以作为半成品继续加工成产品。

（6）周转材料，指企业能够多次使用、逐渐转移其价值但仍保持原有形态不确认为固定资产的材料，如包装物和低值易耗品。其中，包装物是指为了包装本企业产品而储备的各种包装容器，如桶、箱、瓶、坛、袋等。其主要作用是盛装、装潢产品或商品。低值易耗品是指不符合固定资产确认条件的各种用具物品，如工具、管理用具、玻璃器皿、劳保用品，以及在经营过程中周转使用的容器等。

（7）委托代销商品，指企业委托其他单位代销的商品。

（二）商品流通企业的存货

商品流通企业的存货主要包括用于出售的商品、周转材料及委托代销商品等。

（三）其他企业的存货

其他企业的存货是指除工业企业和商品流通企业以外的企业库存的商品和为满足经营管理需要的各种物料用品等，如办公用品和家具等。

三、存货确认条件

企业要将某个项目作为存货加以确认，则该项目首先应符合存货的定义，其次还应同时满足以下两个条件。

（一）与该存货有关的经济利益很可能流入企业

根据资产要素的定义，资产最重要的特征是预期会给企业带来经济利益；如果某一项目预期不能给企业带来经济利益，就不能确认为企业的资产。存货是企业一项重要的流动资产，因此，对存货的确认，关键就是判断是否很可能给企业带来经济利益。在实际中，往往以存货的所有权作为判断其所包含的经济利益很可能流入企业的重要标志。例如，企业已经出售但实物尚未运离本企业的产成品，由于所有权已经发生转移，即使存放在本企业，也不能作为本企业的存货。企业委托外单位代销的商品，因所有权并未发生转移，所以仍然属于委托方的存货。

（二）该存货的成本能够可靠地计量

存货作为企业的一项资产，其成本必须能够可靠地计量才能加以确认。存货的成本能够可靠地计量，必须取得确凿、可靠的证据，并且该证据具有可验证性。

需要说明的是，通常在委托代销商品的情况下，由于受托代销商品的所有权仍然属于委托方，不属于受托方，故仍然作为委托方的存货。但为了加强受托方对受托代销商品的管理和核算，我国现行的《企业会计准则》和《会计制度》规定，受托方应将受托代销商品纳入账内核算；而在编制会计报表时，将"受托代销商品"与"受托代销商品款"科目相互冲销。因此，期末受托方资产负债表中的"存货"项目中并没有包括受托代销商品。

第二节　存货的计价方法

一、存货取得的计量

存货取得的计量，即存货的初始计量，是指确定存货的入账价值。我国《企业会计准则第1号——存货》规定：企业取得的存货应当按照成本进行计量。存货成本包括采购成本、加工成本和其他成本。

（一）存货的采购成本

企业外购存货的成本即存货的采购成本，是指企业购买原材料和商品等物资从采购到入库前所发生的全部支出，包括买价、相关税费、运输费、装卸费、保险费以及其他可以归属于存货采购成本的费用。

（1）存货的买价，是指企业购入的材料和商品的发票账单上列明的价款，但不包括按规定可以抵扣的增值税额。

（2）存货的相关税费，是指企业购买、自制或委托加工存货发生的进口关税、消费税、资源税和不能抵扣的增值税进项税额等应计入存货采购成本的税费。

（3）其他可以归属于存货采购成本的费用，指除上述各项以外的可以归属于存货采购成本的费用，包括存货采购过程中发生的运输费、装卸费、保险费、仓储费、包装费、运输途中的合理损耗、入库前的挑选整理费等。这些费用能分清负担对象的，直接计入存货的采购成本；不能分清负担对象的，应选择合理的分配方法，分配计入有关存货的采购成本。分配的方法通常是按照存货的采购数量或价格比例进行分配。

对于采购过程中发生的物资短缺、毁损等，除途中合理损耗可以计入存货采购成本外，应区别不同情况进行处理：

（1）由供货单位或外部运输单位造成的损失，应向其收取赔偿；企业收回的短缺物资或其他赔偿，应冲减所购物资的采购成本。

（2）因遭受意外灾害造成的损失和尚待查明原因的途中损耗，先作为待处理财产损溢进行核算，待查明原因后再分别转销。

商品流通企业在采购商品的过程中，发生的运输费、装卸费、保险费及其他可以归属于存货采购成本的费用等进货费用，应计入存货的采购成本。也可以先进行归集，期末根据所购商品存销情况进行分摊。对于已销商品的进货费用，计入销售商品的主营业务成本；对于未销售商品的进货费用，计入期末存货成本。如果企业采购商品过程中发生的进货费用金额较小，也可以在发生时直接计入当期销售费用。

（二）存货的加工成本

存货的加工成本，实际上是企业在进一步加工存货过程中追加发生的生产成本，包括直接人工和制造费用，不包括直接由材料转移过来的价值。其中，直接人工指企业在生产产品和提供劳务的过程中，直接从事产品生产和提供劳务的工人的职工薪酬；制造费用是企业为生产产品和提供劳务而发生的各项间接费用，包括企业生产部门（生产车间）管理人员的职工薪酬、办公费、折旧费、水电费、物料消耗、劳保费、季节性和修理期间的停工损失等。

（三）存货的其他成本

存货的其他成本，是指除存货的采购成本和加工成本外，使存货达到目前场所和状态所发生的其他支出，如可以直接认定的产品设计费用等。

（四）其他方式取得的存货成本

1. 投资者投入的存货成本

投资者投入的存货成本应当按照合同或协议约定的价值确定，但合同或协议约定的价值不公允的除外。

2. 接受捐赠的存货成本

企业收到捐赠的存货，其成本分别按照以下原则确定：

（1）捐赠方提供了有关凭据的，按照凭据上的金额加上应支付的相关税费确定。

（2）捐赠方没有提供有关凭据的，一般参照同类或类似存货的市场价格估计的金额，加上应支付的相关税费确定。

3. 债务重组取得的存货成本

以债务重组方式取得存货成本，应当按照所接受存货的公允价值减去可以抵扣的增值税进项税额的差额，作为其成本。

4. 盘盈的存货成本

企业盘盈的存货，应当按照重置成本作为入账价值，并通过"待处理财产损溢"科目进行会计核算。

在确定存货成本时还应该注意，下列费用不得计入存货成本中，而应该在发生时确认为当期费用：

（1）非正常损耗的直接材料、直接人工和制造费用。

（2）仓储费用，不包括在生产过程中为达到下一个生产阶段必需的仓储费用。

（3）不能归属于使存货达到目前场所和状态的其他支出。

二、存货发出的计量

企业应当根据各类存货的实物流转方式、管理的要求、存货的性质等实际情况，合理地选择发出存货的计价方法，以合理确定当期发出存货的实际成本。对于用途和性质相似的存货，应当采用相同的计价方法确定发出存货的成本。

《企业会计准则第1号——存货》中规定，企业应当采用先进先出法、加权平均法（包括月末一次加权平均法、移动加权平均法）和个别计价法确定发出存货的成本。企业不得采用后进先出法确定发出存货的成本。

1. 个别计价法

个别计价法，也称个别认定法、分批实际法、具体辨认法等。其特征是注重实物流转和成本流转之间的联系，逐一辨认各批次发出存货和期末存货所属的购进批次或生产批别，分别按照其购入或生产时确定的单位成本，作为计算发出各批次存货成本和期末存货成本的方法，即把每一种存货的实际成本作为计算发出存货和期末存货成本的基础。

这种方法适用于不能替代使用的存货、为特定项目专门购进或制造的存货以及提供劳务的成本等。用该方法确定的存货成本最为准确，缺点是实际操作手续比较复杂。

2. 先进先出法

先进先出法是假定先购入的存货先发出（销售或耗用），以这样一种实物流转程序来计算发出存货成本和期末存货成本的方法。采用这种方法，先购入的存货成本先转出，以此来确定发出存货和期末存货的成本。

【例4-1】泰峰公司采用先进先出法计算发出存货和期末存货成本。2009年3月甲材料明细账见表4-1。

表4-1　　　　　　　　　　　　　　甲材料明细账　　　　　　　　　　金额单位：元
计量单位：千克

2009年		凭证编号	摘要	收 入			发 出			结 存		
月	日			数量	单价	金额	数量	单价	金额	数量	单价	金额
3	1	略	期初余额							2 000	5.10	10 200
3	5		购入	3 000	5.30	15 900				2 000	5.10	10 200
										3 000	5.30	15 900
3	13		领用				2 000	5.10	10 200			
							2 000	5.30	10 600	1 000	5.30	5 300
3	16		购入	2 000	5.25	10 500				1 000	5.30	5 300
										2 000	5.25	10 500
3	18		领用				1 000	5.30	5 300			
							1 000	5.25	5 250	1 000	5.25	5 250
3	26		领用				400	5.25	2 100	600	5.25	3 150
3	31		本月合计	5 000	—	26 400	6 400	—	33 450	600	5.25	3 150

采用先进先出法，发出存货的成本是按照较早的单价确定的，而期末存货的成本则是按照最近的单价确定的，因而更接近现行的市场价格。这种方法的优点是避免企业随意调整存货计价来调整当期损益；缺点是工作量比较大，特别是对于收发频繁的企业来说更是如此。

3. 月末一次加权平均法

月末一次加权平均法，是指以当月全部进货数量加上月初存货数量作为权数，除以当月全部进货成本加上月初存货成本，计算出存货的加权平均单位成本，以此为基础来计算当月发出存货的成本和期末结存存货的成本的一种方法。具体计算公式如下：

$$加权平均单位成本 = \frac{月初结存存货实际成本 + 本月购入存货实际成本}{月初结存存货数量 + 本月购入存货数量}$$

$$本月发出存货成本 = 本月发出存货数量 \times 加权平均单位成本$$

$$期末结存存货成本 = 期末结存存货数量 \times 加权平均单位成本$$

【例4-2】承【例4-1】资料，假定泰峰公司采用月末一次加权平均法计算发出存货和期末存货成本。2009年3月甲材料明细账见表4-2。

表4-2　　　　　　　　　　　　　甲材料明细账　　　　　　　　　　　金额单位：元
计量单位：千克

2009年		凭证编号	摘要	收入			发出			结存		
月	日			数量	单价	金额	数量	单价	金额	数量	单价	金额
3	1	略	期初余额							2 000	5.10	10 200
3	5		购入	3 000	5.30	15 900				5 000		
3	13		领用				4 000			1 000		
3	16		购入	2 000	5.25	10 500				3 000		
3	18		领用				2 000			1 000		
3	26		领用				400			600		
3	31		本月合计	5 000	—	26 400	6 400	5.23	33 472	600	5.23	3 128

具体计算如下：

$$加权平均单位成本 = \frac{10\ 200 + 26\ 400}{2\ 000 + 5\ 000} = 5.23（元/千克）$$

本月发出存货成本 = 6 400 × 5.23 = 33 472（元）

期末结存存货成本 = （10 200 + 26 400）- 33 472 = 3 128（元）

注意：当加权平均单位成本需保留小数时，期末结存存货成本不能用期末存货数量乘以加权平均单位成本来计算，而必须用总的存货成本减去发出存货的成本。

采用月末一次加权平均法，平常只登记存货的增加数，不登记发出存货和结存存货的金额，方法简单，工作量小，而且计算的加权平均单位成本比较均衡，对存货成本的分摊较为折中。但这种方法不能随时掌握发出存货和结存存货的单价和金额，不利于加强存货的管理。

4. 移动加权平均法

移动加权平均法，是以每次购入存货成本加上原有存货成本，除以每次进货数量加上原有存货数量，据以计算加权平均单位成本，作为下次进货前计算各次发出存货成本的依据的一种方法。具体计算公式如下：

$$移动加权平均单位成本 = \frac{原有结存存货实际成本 + 本次购入存货实际成本}{原有结存存货数量 + 本次购入存货数量}$$

$$本次发出存货成本 = 本次发出存货数量 \times 移动加权平均单位成本$$

$$期末结存存货成本 = 期末结存存货数量 \times 移动加权平均单位成本$$

【例4－3】承【例4－1】资料，假定泰峰公司采用移动加权平均法计算发出存货和期末存货成本。2009年3月甲材料明细账见表4－3

表4－3   甲材料明细账   金额单位：元
计量单位：千克

2009 年		凭证编号	摘要	收 入			发 出			结 存		
月	日			数量	单价	金额	数量	单价	金额	数量	单价	金额
3	1	略	期初余额							2 000	5.10	10 200
3	5		购入	3 000	5.30	15 900				5 000	5.22	26 100
3	13		领用				4 000	5.22	20 880	1 000	5.22	5 220
3	16		购入	2 000	5.25	10 500				3 000	5.24	15 720
3	18		领用				2 000	5.24	10 480	1 000	5.24	5 240
3	26		领用				400	5.24	2 096	600	5.24	3 144
3	31		本月合计	5 000	—	26 400	6 400	—	33 456	600	5.24	3 144

具体计算过程如下：

第一次进货后的加权平均单位成本 $= \dfrac{10\,200 + 15\,900}{2\,000 + 3\,000} = 5.22$（元/千克）

第一批发出存货的成本 $= 4\,000 \times 5.22 = 20\,880$（元）

发出第一批存货后结存成本 $= 1\,000 \times 5.22 = 5\,220$（元）

第二次进货后的加权平均单位成本 $= \dfrac{5\,220 + 10\,500}{1\,000 + 2\,000} = 5.24$（元/千克）

第二批发出存货的成本 $= 2\,000 \times 5.24 = 10\,480$（元）

发出第二批存货后结存成本 $= 1\,000 \times 5.24 = 5\,240$（元）

第三批发出存货的成本 $= 400 \times 5.24 = 2\,096$（元）

发出第三批存货后结存成本 $= 600 \times 5.24 = 3\,144$（元）

采用移动加权平均法，可以及时掌握发出存货和结存存货的实际情况，便于加强管理；但由于每次购进一批存货都要计算一次加权平均单位成本，工作量较大，对收发业务频繁的企业不适用。

在实务中，企业可以自主选择存货的计价方法，但某种方法一经选定，以后期间不得随意变更。如果改变存货发出的计价方法，则应作为会计政策变更进行处理，并应在会计报表附注中说明变更的理由及对企业利润的累积影响数等。

三、期末存货的计量

企业要准确计量期末存货的价值，由两方面因素决定：一是取决于确定存货数量的方法，二是取决于对期末存货采用的计价方法。

（一）存货数量的盘存方法

企业存货数量应通过盘存的方法来确定。存货盘存方法常用的有实地盘存制和永续盘存制。

1. 实地盘存制

实地盘存制，也称"定期盘存制"、"以存计耗"、"以存计销"，是指平时只登记存货的增加数，不登记减少数，月末根据实地盘点确定的结存数量，据以计算出存货结存成本，然后倒轧本期发出存货成本的一种方法。

实地盘存制的基本公式如下：

期初存货 + 本期购入存货 = 本期耗用存货 + 期末存货

采用历史成本计价时，上式可以改写为：

本期耗用或销售成本 = 期初存货成本 + 本期购货成本 − 期末存货成本

采用这种方法的优点是：①平时对企业的存货不进行连续的反映，账簿中只登记存货购进，不反映存货发出业务，到月末根据确定的存货结存成本，一次倒算出本月发出存货成本；②可以只设置"库存商品"总分类账户，或按大类设置二级账户进行核算，无须按品种、规格设置明细账户核算，简化了会计核算工作量。

但这种方法也存在一些缺点，主要表现在：①由于平时不登记存货减少数，不对存货的收、发、存作明细记录，不能随时反映存货的变动，不利于加强存货的管理。②由于采用以期末存货倒挤本期发出存货成本，可能掩盖了各种非正常损失，如浪费、差错甚至盗窃等造成的存货减少，全部计入存货销售或耗用成本中，使会计信息正确性、可靠性受到影响。③由于在每个会计期末均要进行实地盘点，加大了期末会计工作量。

这种方法适用于存货品种、规格繁多且单位价值较低的企业。

2. 永续盘存制

永续盘存制，也称账面盘存制，是指企业平时对存货的收入和发出进行逐笔登记，并随时结出结存数的一种盘存方法。

采用这种方法，企业对每种存货都要按品种、规格等设置明细账，对存货的收、发、存增减变动进行连续的记录。为保证账实相符，每年至少应对存货进行一次盘点。如果实存数与账存数不相符，应根据具体情况作出相应的会计处理。

与实地盘存制相比，永续盘存制主要具有以下优点：①在存货的明细分类账中，详细反映存货的收入、发出和结存情况，有利于加强对存货的管理。②由于可以随时结出账存数，企业通过与不定期进行实地盘点得到实存数额相核对，如果发现溢余或短缺，可以及时查明原因并进行相应的会计处理，以保证有关会计信息的正确性、可靠性。

永续盘存制的缺点主要表现在：企业存货要求按照品种、规格等设置明细账，并逐笔登记存货的收、发、存情况，因此，会计核算的工作量比较大，对存货品种繁多的企业更是如此。

永续盘存制因具有诸多优点，因而是目前我国大中型企业广泛采用的一种盘存方法。

（二）期末存货的计价方法

资产负债表日，企业为了客观、真实、准确地反映其期末存货的实际价值，应当按照成本与可变现净值孰低的原则对存货进行计量。

1. 成本与可变现净值的含义

成本与可变现净值孰低，是指对期末存货按照成本与可变现净值两者中较低者计价。

即当成本低于可变现净值时，存货按照成本计价；当可变现净值低于成本时，存货按照可变现净值计价。

这里所说的"成本"，是指期末存货的实际成本；"可变现净值"是指在日常活动中，存货的估计售价减去至完工时将要发生的成本、估计的销售费用以及相关税费后的金额。

2. 可变现净值的确定

（1）可变现净值的特征。

根据可变现净值的含义可知，可变现净值有两个基本特征：

①确定可变现净值的前提是企业的日常活动中，即企业在进行日常生产经营活动。如果企业不是在进行日常的生产经营活动，如企业处于清算过程中，则不能按照存货准则的规定来确定存货的可变现净值。

②可变现净值的特征表现为未来净现金流量，而不是存货的售价或合同价。企业销售存货的预计现金流量，并不完全等于存货的可变现净值。存货在销售过程中可能会发生销售费用和相关税费，以及为达到预定可销售状态还可能发生的加工成本等，构成现金流入的抵减项目。企业销售存货的预计现金流量扣减这些项目后，才能确定存货的可变现净值。

（2）确定可变现净值应考虑的因素。

企业确定存货的可变现净值，应当以取得的确凿证据为基础，并且考虑持有存货的目的、资产负债表日后事项等因素。

①取得确凿证据。"确凿证据"是指对确定存货的可变现净值又直接影响的确凿证据，如产品的市场售价、与企业产品相同或类似产品的市场售价、供货方提供的有关资料、销售方提供的有关资料、生产成本资料等。

②应考虑持有存货的目的。企业持有存货的目的不同，确定可变现净值的方法也不同。企业持有存货的目的通常有两种：持有以备出售，如商品、产成品；持有以备在生产过程中耗用，如原材料、周转材料等。

③应考虑资产负债表日后事项等的影响。在确定存货可变现净值时，不仅要考虑资产负债表日与该存货相关的价格和成本波动，还应考虑未来的相关事项的影响。

3. 存货可变现净值的确定方法

企业的存货因具体情况的不同，其可变现净值的确定方法也不同。

（1）对于为执行销售合同而持有的存货，应当以合同价格作为其可变现净值的计算基础。

如果企业与购货方签订了销售合同（或劳务合同，下同），而且销售合同数量与企业持有存货数量相等，那么，确定与该合同相关的持有存货的可变现净值时，应当以合同价格作为其可变现净值的计算基础。

【例4-4】2009年8月3日，北海公司与天利公司签订一个不可撤销的销售合同，合同约定：2008年1月5日，北海公司应向天利公司提供A产品1 000件，单位售价500元/件。

2009年12月31日，北海公司库存A产品1 000件，单位成本380元/件。当日A产品市场售价510元/件。假定不考虑相关税费和销售费用。

根据销售合同，A产品的销售价格500元/件已经约定，且其数量与合同数量相等，则A产品的可变现净值应当按照合同价格为基础确定。

A产品的可变现净值 = 500 × 1 000 = 500 000（元）

（2）如果企业持有的存货数量多于销售合同约定数量，超过部分的存货可变现净值应当以商品或产成品的一般售价为计算基础。

【例4-5】承【例4-4】资料，假定2009年12月31日，北海公司库存A产品1 200件，其他条件不变。

根据销售合同，1 000件A产品的销售价格已经约定，应当按照合同价格为基础确定可变现净值；超过200件A产品的可变现净值应按一般市场售价为基础确定。

A产品的可变现净值 = 500 × 1 000 + 200 × 510 = 602 000（元）

（3）如果企业持有的存货数量少于销售合同订购数量，实际持有存货数量以合同约定价格为基础确定其可变现净值。

（4）没有销售合同约定的存货（不包括用于出售的材料），其可变现净值应当以产成品或商品的一般市场售价为基础确定。

【例4-6】2009年12月31日，北海公司库存B产品200吨，单位成本1 080元，账面总成本216 000元；当日B产品市场售价1 600元/吨，预计可能发生的销售费用和相关税费210元/吨。

由于B产品没有签订销售合同，故其可变现净值应当以一般市场售价为基础确定。

B产品可变现净值 = 1 600 × 200 - 210 × 200 = 278 000（元）

（5）用于出售的材料，一般应以市场销售价格作为其可变现净值的计算基础。如果用于出售的材料存在销售合同约定价格的，则应当按照合同价格作为可变现净值的计算基础。

这里的"材料"，指原材料、在产品、周转材料、委托价格材料等，下同。

【例4-7】2009年12月31日，北海公司因业务需要转产，不再生产D产品，决定将库存的用于生产D产品的丙材料1 000千克出售。丙材料账面成本9 000元，单位成本9.0元/千克；市场售价8.40元/千克，预计要发生的销售费用及相关税费1 300元。

用于出售的丙材料，其可变现净值应当按照一般市场价格为计算基础。

丙材料可变现净值 = 8.40 × 1 000 - 1 300 = 7 100（元）

（6）用于生产的材料可变现净值的确定。

对于用于生产加工的材料等，如果用其生产的产成品的可变现净值预计高于产成品的成本，则该材料按照实际成本计量。

【例4-8】2009年12月31日，北海公司库存甲材料800千克，单位成本5.50元/千克，账面总成本为4 400元，当日市场价格为4 000元。以甲材料生产的A产品的可变现净值高于成本。

根据资料可知，甲材料的账面成本高于市场价格，但是用甲材料生产的A产品的可变现净值高于成本，说明以该材料生产的最终产品没有发生减值。因而，甲材料应当按照其成本4 400元列示在资产负债表上。

如果材料价格的下降表明产成品的可变现净值低于成本，则该材料应当按照可变现净值计量。

应该注意的是，材料的可变现净值应通过以其生产的产成品的估计售价和预计销售费用及相关税费来计算。

【例4-9】2009年12月31日，北海公司库存乙材料300千克，账面价值（成本）58 000元；而市场价格为54 000元，没有其他购买费用。因乙材料价格的下降导致用其生产的B产品市场售价也因此下降为114 000元。B产品的生产成本为108 000元，将乙材料加工成B产品还需发生有关成本50 000元，预计要发生的销售费用和相关税费为20 000元。

计算确定乙材料的可变现净值过程如下：

首先，判断B产品是否发生减值：

B产品的可变现净值 = 114 000 - 20 000 = 94 000（元）

将B产品的可变现净值与其成本进行比较，可知其可变现净值94 000元低于其成本108 000元，因此，乙材料应当按照其可变现净值计量。

接下来计算乙材料的可变现净值：

乙材料的可变现净值 = 114 000 - 50 000 - 20 000 = 44 000（元）

将乙材料的可变现净值44 000元与其成本58 000元进行比较，可变现净值低于成本，因此，期末应按照可变现净值44 000元列示于2009年12月31日的资产负债表的存货项目中。

4. 成本与可变现净值孰低的应用

会计期末，企业应用成本与可变现净值孰低法计量存货时，当存货成本低于可变现净值时，应按照成本计价，不计提存货跌价准备；当成本高于可变现净值时，应按可变现净值低于成本的差额，计提存货跌价准备。

（1）计提存货跌价准备的方法。

企业采用成本与可变现净值孰低法对存货计价时，成本与可变现净值的比较方法有三种，即单项比较法、分类比较法和总额比较法。单项比较法是以企业的每一种存货成本与其可变现净值进行比较，确定较低者作为存货的期末价值。分类比较法是以某类存货的成本与其可变现净值进行比较，以较低者作为该类存货的期末价值。总额比较法是按全部存货的总成本与全部存货的可变现净值进行比较，取较低者作为全部存货的期末价值。

我国《企业会计准则第4号——存货》对企业计提存货跌价准备有如下规定：

①企业提出应该按照单个存货项目计提存货跌价准备。

②对于数量繁多、单价较低的存货，可以按照存货类别计提存货跌价准备。

③与在同一地区生产和销售的产品系列相关、具有相同或类似最终用途或目的、且难以与其他项目分开计量的存货，可以合并计提存货跌价准备。

（2）判断存货发生减值的主要迹象。

①企业在每个会计期末，都应该重新确定存货的可变现净值。当存货存在下列情形之一的，通常表明存货可变现净值低于成本：

• 该存货的市价持续下跌，并且在可预见的未来无回升的希望。
• 企业使用该项原材料生产的产品成本大于产品的售价。

● 企业因产品更新换代，原有库存材料已不适应新产品的需要，而该材料的市场价格又低于其账面成本。

● 因企业提供的商品或劳务过时或消费者偏好的改变而使市场的需求发生变化，导致市场价格逐渐下跌。

● 其他足以证明该存货实质上已经发生减值的情形。

②存货存在下列情形之一的，通常表明其可变现净值为零。

● 已霉烂变质的存货。

● 已过期且无转让价值的存货。

● 生产中已不再需要，并且已无使用价值和转让价值的存货。

● 其他足以证明已无使用价值和转让价值的存货。

（3）存货跌价准备的账务处理。

核算企业计提的存货跌价准备及转回业务，企业应设置"存货跌价准备"科目。该科目贷方登记计提的存货跌价准备金额；借方登记恢复或转出的存货跌价准备金额；期末贷方余额表示已计提的存货跌价准备金额。

会计期末，企业确定存货发生了减值，按照可变现净值低于成本的差额，借记"资产减值损失"科目，贷记"存货跌价准备"科目。如以后期间存货价值又得以恢复，使可变现净值高于成本，则应在原计提的跌价准备范围内恢复已减记的金额，借记"存货跌价准备"科目，贷记"资产减值损失"科目。

【例4-10】2009年1月1日，北海公司"存货跌价准备"科目余额为0。2009年6月30日，A产品账面成本68 000元，市场售价为62 000元，预计销售费用及相关税费为1 800元。2009年12月31日因物价全面回升，A产品的市场售价升至71 000元。

北海公司相关的会计处理如下：

（1）2009年6月30日，确定A产品可变现净值：

A产品可变现净值 = 62 000 - 1 800 = 60 200（元）

借：资产减值损失　　　　　　　　　　　　　　　　　　　　　　7 800

　　贷：存货跌价准备　　　　　　　　　　　　　　　　　　　　　7 800

（2）2009年12月31日因A产品可变现净值高于成本，应转回已计提的存货跌价准备：

借：存货跌价准备　　　　　　　　　　　　　　　　　　　　　　7 800

　　贷：资产减值损失　　　　　　　　　　　　　　　　　　　　　7 800

第三节　原　材　料

一、原材料的内容

原材料是指企业库存的各种材料，包括原料和主要材料、辅助材料、外购半成品（外购件）、修理用备件（备品备件）、包装材料、燃料等。但企业的原材料不包括企业外购的包装物、低值易耗品，以及对外进行来料加工装配业务而收到的材料、零件等。

根据《企业会计准则》的规定，企业的原材料可以采用实际成本法核算，也可以采用计划成本法核算。具体采取何种方法，企业可以根据其规模大小、材料品种多少、收发业务繁简等情况，由企业自行决定。但方法一旦确定，就应该遵循一致性原则，不得随意变更。

二、原材料按实际成本核算

原材料按实际成本核算，就是对原材料的收入、发出和期末结存，从原材料的收发凭证到总分类科目和明细分类科目，均采用实际成本进行计价核算。这种方法一般适用于规模较小、品种较少、业务不多的企业。

（一）设置科目

1. "原材料"科目

该科目用来核算企业库存的各种原材料的实际成本。借方登记企业外购、自制、委托加工、盘盈等原因增加的验收入库的原材料实际成本，贷方登记发出领用、销售、盘亏毁损等原因减少的原材料实际成本，期末借方余额表示库存原材料的实际成本。

2. "在途物资"科目

该科目用来核算企业已经付款或已开出承兑的商业汇票，但尚未到达或尚未验收入库的材料物资的实际成本。借方登记采购物资的实际成本，贷方登记已验收入库材料物资的实际成本，期末借方余额表示尚在途中或尚未验收入库的材料的实际成本。

（二）账务处理

1. 外购原材料的核算

企业外购原材料的采购成本，包括买价、相关税费、运杂费、途中合理损耗、入库前的挑选整理费以及可以归属于材料采购成本的其他费用。企业购进原材料时，可能会因采购地点的远近、银行结算方式的不同而使原材料的验收入库与款项的结算在时间上不一致，因而采用的处理方法也不同。

（1）结算凭证到达，同时材料验收入库。

结算凭证到达的同时，采购的材料也到达并验收入库，简称"货单同到"。此类业务发生时，企业应在原材料验收入库后，根据到达的发票账单等确定原材料的实际成本，借记"原材料"科目，根据增值税专用发票上注明的税额，借记"应交税费——应交增值税（进项税额）"科目，按照实际支付的款项或应付票据面值，贷记"银行存款"、"应付票据"等科目。

【例4-11】泰峰公司从本地购入甲材料3 000千克，收到增值税专用发票注明买价15 000元，增值税2 550元，价税合计17 550元以银行转账支票方式支付，甲材料运到并验收入库。

泰峰公司相关的会计处理如下：

借：原材料——原料及主要材料——甲材料　　　　　　　　　　　　15 000

　　应交税费——应交增值税（进项税额）　　　　　　　　　　　2 550

　　贷：银行存款　　　　　　　　　　　　　　　　　　　　　　17 550

（2）结算凭证已到，材料尚未入库。

这种情况是指企业在办理采购业务结算时已取得材料的所有权，但材料尚未运到企业。之后所购材料才到达并办理验收入库手续。对于这类先付款后到货业务，企业应根据发票账单等凭证，借记"在途物资"、"应交税费"等科目，贷记"银行存款"、"应付票据"等科目。待材料到达并办理了验收入库手续后，借记"原材料"科目，贷记"在途物资"科目。

【例4-12】泰峰公司从外地购入乙材料5 000千克，收到增值税专用发票注明买价是40 000元，增值税是6 800元，价税合计46 800元开出承兑的商业汇票。同时发生运费800元（其中可以抵扣的增值税进项税额56元）、装卸费200元，均以转账支票支付。

泰峰公司相关的会计处理如下：

乙材料的实际成本 = 40 000 +（800 - 56）+ 200 = 40 944（元）

借：在途物资——乙材料　　　　　　　　　　　　　　　　　　40 944

　　应交税费——应交增值税（进项税额）　　　　　　　　　　6 856

　　贷：银行存款　　　　　　　　　　　　　　　　　　　　　1 000

　　　　应付票据　　　　　　　　　　　　　　　　　　　　　46 800

【例4-13】承上例，几天后，乙材料运到并办理了验收入库手续。

泰峰公司相关的会计处理如下：

借：原材料——原料及主要材料——乙材料　　　　　　　　　　40 944

　　贷：在途物资——乙材料　　　　　　　　　　　　　　　　40 944

（3）材料先入库，结算凭证后到达。

这种情况是指企业所购买的材料已经到达并验收入库，但因发票账单等结算凭证尚未到达，企业在将材料验收入库时，无法准确计算其实际成本。因此在收到材料验收入库时，可暂时不作账务处理，只将有关的入库单等凭证单独保管，等结算凭证到达后，根据结算凭证上标明的金额确定材料的实际成本，按照单到料入库情况进行处理。如果到会计期末，结算凭证仍未到达，为了真实反映企业的资产负债情况，应将所购材料按暂估价入账，借记"原材料"科目，贷记"应付账款"科目。下月初，以红字冲回，待发票账单到达后按照正常程序反映其付款和入库情况。

【例4-14】2009年4月20日，泰峰公司购入丙材料8 000千克，4月27日材料运达公司，但发票账单尚未到达，公司将材料验收入库，但未入账。待月末发票账单仍未到达公司，公司按照暂估价入账，估计丙材料成本为9 600元。

泰峰公司相关的会计处理如下：

借：原材料——原料及主要材料——丙材料　　　　　　　　　　9 600

　　贷：应付账款——暂估应付账款　　　　　　　　　　　　　9 600

5月初，以红字冲回的处理为：

借：原材料——原料及主要材料——丙材料　　　　　　　　　　9 600

　　贷：应付账款——暂估应付账款　　　　　　　　　　　　　9 600

　　（4）预付货款方式购进材料。

　　企业采用预付货款方式购进原材料，是企业根据购货合同的约定，预先支付一部分购货款给供应方，在取得货物后再结清货款的情况。在预付货款时，实际采购业务并未发生，待收到货物时才能作为购进货物处理。

　　这种方式下，需要设置"预付账款"科目来核算，该科目的借方登记预付和补付的货款，贷方登记收到货物的实际成本，月末借方余额表示已预付的货款；若出现贷方余额，表示购进货物的实际成本大于预付货款的金额，编制资产负债表时，应合并到"应付账款"科目的余额中去。

　　【例4－15】2009年5月6日，泰峰公司根据购货合同，通过银行转账向N公司预付购买甲材料货款50 000元；5月10日，泰峰公司收到甲材料2 000千克并验收入库，增值税专用发票上注明材料价格100 000元，增值税17 000元；5月12日公司通过银行转账向N公司补付了货款67 000元。

　　5月6日，泰峰公司预付货款的会计处理如下：

　　借：预付账款——N公司　　　　　　　　　　　　　　　　50 000
　　　　贷：银行存款　　　　　　　　　　　　　　　　　　　　　　50 000

　　5月10日，泰峰公司收到材料的会计处理如下：

　　借：原材料——原料及主要材料——甲材料　　　　　　　100 000
　　　　应交税费——应交增值税（进项税额）　　　　　　　 17 000
　　　　贷：预付账款——N公司　　　　　　　　　　　　　　　　117 000

　　5月12日，泰峰公司补付货款的会计处理如下：

　　借：预付账款——N公司　　　　　　　　　　　　　　　　67 000
　　　　贷：银行存款　　　　　　　　　　　　　　　　　　　　　　67 000

　　（5）外购材料发生损耗的处理。

　　企业外购原材料在运输途中发生的损耗，应当根据不同情况分别进行处理：如果属于途中的合理损耗，应计入外购材料的实际成本中，无须单独进行账务处理；如果损耗属于供应单位或运输机构等造成，应由其赔偿，将应向责任单位和保险公司收取的赔偿，计入"其他应收款"科目；如果属于自然灾害或原因不明造成的损失，在查明原因和责任之前，通过"待处理财产损溢"科目核算。

　　【例4－16】2009年5月14日，泰峰公司从外地购入乙材料8 000千克，取得增值税专用发票注明材料价格是64 000元，单价为8元/千克，增值税10 880元。发生运杂费1 000元（其中可以抵扣的增值税进项税额是70元），所有价款均以银行存款支付，材料尚未运到公司。

　　泰峰公司相关的会计处理如下：

　　乙材料实际成本＝64 000＋（1 000－70）＝64 930（元）

　　增值税＝10 880＋70＝10 950（元）

　　借：在途物资——乙材料　　　　　　　　　　　　　　　64 930
　　　　应交税费——应交增值税（进项税额）　　　　　　 10 950

贷：银行存款   75 880

【例4-17】承上例，5月22日所购乙材料运达泰峰公司，发现短损500千克，原因不明。公司将实际收到的7 500千克乙材料验收入库。后查明原因，属于运输单位责任，应由其赔偿。

泰峰公司相关的会计处理如下：

短损乙材料实际成本 = 500 × (64 930 ÷ 8 000) = 4 058.13 （元）

短损材料的增值税额 = 4 058.13 × 17% = 689.88 （元）

入库乙材料实际成本 = 64 930 - 4 058.13 = 60 871.87 （元）

借：原材料——原料及主要材料——乙材料   60 871.87

　　待处理财产损溢   4 748.01

　　贷：在途物资——乙材料   64 930

　　　　应交税费——应交增值税（进项税额转出）   689.88

查明原因后，应收取的赔偿：

借：其他应收款——运输单位   4 748.01

　　贷：待处理财产损溢   4 748.01

2. 自制原材料入库的核算

企业自制原材料，在材料验收入库时，根据其实际生产成本，借记"原材料"科目，贷记"生产成本"科目。

3. 投资者投入的原材料核算

企业收到投资者投入的原材料，应当按照合同或协议约定的价值，借记"原材料"科目；按照发票上注明的增值税额，借记"应交税费——应交增值税（进项税额）"科目；按照价税合计在注册资本中所占份额，贷记"实收资本（或股本）"科目，按照其差额，贷记"资本公积"科目。

（二）原材料发出的核算

企业发出领用原材料，应根据发出原材料的用途，分别计入不同的费用成本科目。

制造业企业生产经营领用原材料，分别借记"生产成本"、"制造费用"、"管理费用"、"销售费用"等科目，按照材料的实际成本贷记"原材料"。

企业基建工程、福利部门领用原材料时，应当按照材料的实际成本加上不予抵扣的增值税额，借记"在建工程"、"应付职工薪酬"科目，按照材料的实际成本贷记"原材料"科目，按照不予抵扣的增值税，贷记"应交税费——应交增值税（进项税额转出）"科目。

企业出售的原材料，企业一方面要反映销售材料取得的营业收入，借记"银行存款"等科目，贷记"其他业务收入"和"应交税费——应交增值税（销项税额）"科目；另一方面还应按照原材料的实际成本进行结转，借记"其他业务成本"，贷记"原材料"。

【例4-18】2009年5月31日，泰峰公司将本月发出材料进行汇总，见表4-4。

表 4 - 4 发出材料汇总表

项 目	甲材料		乙材料		丙材料		合计
	数量（千克）	金额（元）	数量（千克）	金额（元）	数量（千克）	金额（元）	金额（元）
生产 A 产品	3 000	15 000	1 600	12 992			27 992
生产 B 产品	1 000	5 000	3 200	25 984			30 984
车间一般耗用	500	5 000	100	812			5 812
管理部门耗用	300	1 500	100	812			2 312
在建工程耗用	1 000	5 000			20 000	24 800	29 800
合 计	5 800	31 500	5 000	40 600	20 000	24 800	96 900

泰峰公司相关的会计处理如下：

借：生产成本——基本生产成本——A 产品   27 992

                        ——B 产品   30 984

    制造费用   5 812

    管理费用   2 312

    在建工程   34 866

    贷：原材料——原料及主要材料——甲材料   31 500

                        ——乙材料   40 600

                        ——丙材料   24 800

    应交税费——应交增值税（进项税额转出）   5 066

注：在建工程成本应等于领用原材料成本加上增值税进项税额转出。

增值税进项税额转出 = 29 800 × 17% = 5 066（元）

【例 4 - 19】 2009 年 6 月 5 日，泰峰公司将不需用的库存丙材料对外出售，开出增值税专用发票注明售价 50 000 元，增值税 8 500 元，款项收到存入银行。丙材料的实际成本为 46 000 元。

泰峰公司确认取得的销售收入：

借：银行存款   58 500

    贷：其他业务收入   50 000

        应交税费——应交增值税（销项税额）   8 500

同时，结转销售原材料的实际成本：

借：其他业务成本   46 000

    贷：原材料——丙材料   46 000

三、原材料按计划成本核算

原材料按计划成本核算是指企业对原材料的收入、发出和结存，从原材料的收发凭证到总分类账和明细分类账，全部按照预先制定的计划价格计价。材料实际成本和计划成本之间的差异，通过"材料成本差异"科目核算。这种方法是一种简化的存货计价方法，适用于企业存货品种繁多、收发频繁或在管理上需要对存货的计划成本和实际成本分别进行核算的企业。

（一）计划成本核算法的程序

采用计划成本核算的企业，其基本的做法是：

（1）制定科学合理的计划单位成本。企业应该制定各种存货的计划成本目录，规定存货的分类、各种存货的名称、规格、编号、计量单位和计划单位成本等。除特殊情况外，计划单位成本一般在年度内不作调整。

（2）日常收到存货时，应按照计划单位成本计算收入存货的计划成本并入账。计划成本和实际成本之间的差异，作为"材料成本差异"进行分类登记。

（3）企业日常发出领用存货，均应按计划成本计价。

（4）月份终了，企业应计算并分摊发出存货应负担的成本差异，将计划成本调整为实际成本。发出存货应负担的成本差异，必须按月分摊，不得在季末或年末一次分摊。

（二）设置科目

采用计划成本核算原材料的收、发、存及成本差异的调整业务，企业应设置"原材料"、"材料采购"和"材料成本差异"等科目。

1．"原材料"科目

该科目用来核算企业库存各种原材料的计划成本。借方登记已验收入库的原材料的计划成本；贷方登记发出原材料的计划成本；期末借方余额表示库存原材料的计划成本。

2．"材料采购"科目

该科目用来核算计划成本下企业外购材料的采购成本。借方登记外购材料的实际成本及结转实际成本小于计划成本的节约差异数；贷方登记验收入库材料的计划成本及结转实际成本大于计划成本的超支差异数；期末借方余额表示在途材料的实际成本。

3．"材料成本差异"科目

该科目用来核算企业各种材料实际成本与计划成本之间的差异额。借方登记验收入库材料实际成本大于计划成本的超支差异数及发出材料应负担的节约差异；贷方登记验收入库材料实际成本小于计划成本的节约差异数及发出材料应负担的超支差异；期末借方余额表示库存材料的超支差异数，贷方余额表示库存材料的节约差异数。该科目可以按照"原材料"、"周转材料"等类别和品种进行明细核算。

（三）账务处理

1．外购原材料的核算

在计划成本核算法下，企业外购原材料时，无论单证和材料是否同时到达，企业均应在采购业务发生、取得增值税专用发票时，按照实际成本借记"材料采购"科目，按照增值税额借记"应交税费——应交增值税（进项税额）"科目；按照实际结算的金额贷记"银行存款"、或"应付账款"、"应付票据"等科目。待材料验收入库后，按照计划成本借记"原材料"科目；贷记"材料采购"科目，同时结转材料成本差异。

实际工作中，企业为简化会计核算手续，平时收入材料时，可以不逐笔结转差异，而是将入库材料的成本差异汇总后，在月末一次结转。

【例 4 - 20】泰峰公司对原材料按照计划成本核算，2009 年 6 月 3 日购入甲材料 3 000 千克，取得增值税专用发票注明买价 5.40 元/千克，共 16 200 元，增值税 2 754 元，发生运杂费等 400 元。所有款项均以银行存款支付，材料已验收入库，计划单位成本 5.20 元/千克。

泰峰公司的相关会计处理如下：

（1）支付货款时：

借：材料采购——甲材料　　　　　　　　　　　　　　　　16 600
　　应交税费——应交增值税（进项税额）　　　　　　　　 2 754
　　　贷：银行存款　　　　　　　　　　　　　　　　　　　　　　19 354

（2）材料验收入库：

借：原材料——原料及主要材料——甲材料　　　　　　　　15 600
　　　贷：材料采购——甲材料　　　　　　　　　　　　　　　　　15 600

（3）结转材料成本差异：

借：材料成本差异　　　　　　　　　　　　　　　　　　　 1 000
　　　贷：材料采购　　　　　　　　　　　　　　　　　　　　　　 1 000

【例 4 - 21】泰峰公司于 2009 年 4 月 23 日购入乙材料 4 000 千克，材料已运达并验收入库，但发票账单尚未到达，至月末企业按照乙材料的计划成本暂估入账，乙材料计划单位成本 8 元/千克。

泰峰公司的相关会计处理如下：

借：原材料——原料及主要材料——乙材料　　　　　　　　32 000
　　　贷：应付账款——暂估应付账款　　　　　　　　　　　　　　32 000

下月初用红字冲回暂估价，待发票账单到达后，按照上述方法进行处理。

2. 自制原材料入库的核算

企业自制原材料入库时，按照计划成本借记"原材料"科目；按照实际成本贷记"生产成本"科目，按照其差额借记或贷记"材料成本差异"科目。

【例 4 - 22】泰峰公司生产车间自制辅助材料丁材料一批，计 200 千克，实际单位生产成本 9.80 元/千克，现将丁材料验收入库，计划单位成本 10 元/千克。

泰峰公司的相关会计处理如下：

借：原材料——辅助材料——丁材料　　　　　　　　　　　 2 000
　　　贷：生产成本——基本生产成本　　　　　　　　　　　　　　 1 960
　　　　　材料成本差异　　　　　　　　　　　　　　　　　　　　　 40

3. 发出原材料的核算

企业按照计划成本核算法时，平时发出原材料也应按照计划成本来计量。由于材料成本差异是因原材料入库而形成，所以，发出原材料时应相应转出部分差异，随原材料的计划成本转入有关科目中。企业月末计算发出材料应分摊的成本差异，是通过计算材料成本差异率来实现的。

材料成本差异率的计算公式如下：

$$本月材料成本差异率=\frac{月初库存材料的成本差异+本月收入材料的成本差异}{月初库存材料的计划成本+本月收入材料的计划成本}\times100\%$$

其中，超支差异率用正号（＋）表示，节约差异率用负号（－）表示，而且本月收入材料的计划成本中不包括暂估价入账的原材料。

本月发出材料和月末结存材料的成本差异计算公式如下：

本月发出材料应负担的成本差异 = 本月发出材料的计划成本 × 材料成本差异率

月末结存材料应负担的成本差异 = 月末结存材料的计划成本 × 材料成本差异率

企业必须按月分摊材料成本差异，将发出材料调整为实际成本。发出材料应负担的成本差异，除委托加工材料可以按照月初材料差别差异率计算外，其他都应使用当期实际材料成本差异率计算。若上月差异率与本月相差不大，也可以采用上月差异率来计算。计算方法一经确定，一般不得随意变更。

结转发出材料应负担的成本差异时，如果是超支差异，直接从"材料成本差异"科目的贷方转出；如果是节约差异，则从"材料成本差异"科目的借方转出。

【例 4 - 23】泰峰公司对原材料按照计划成本核算。2009 年 4 月初原材料科目计划成本余额为 25 400 元，材料成本差异科目借方余额（超支）为 580 元。本月公司购进原材料计划成本总额 157 600 元，材料成本差异汇总为超支 5 825 元。本月发出原材料计划成本总额为 148 500 元，其中生产 A 产品耗用 75 000 元，B 产品耗用 68 000 元，生产车间一般耗用 4 000 元，管理部门耗用 1 500 元。

泰峰公司计算材料成本差异率如下：

$$本月材料成本差异率=\frac{580+5\ 825}{25\ 400+157\ 600}\times100\%=3.5\%$$

本月发出材料应负担的成本差异 = 148 500 × 3.5% = 5 197.50（元）

月末结存材料应负担的成本差异 = 34 500 × 3.5% = 1 207.50（元）

根据发出材料的计划成本编制会计分录如下：

借：生产成本——基本生产成本——A 产品 75 000

　　　　　　　　　　　——B 产品 68 000

　制造费用 4 000

　管理费用 1 500

　贷：原材料 148 500

根据发出材料应负担的成本差异，编制分录如下：

借：生产成本——基本生产成本——A 产品 2 625

　　　　　　　　　　　——B 产品 2 380

　制造费用 140

　管理费用 52.50

　贷：材料成本差异 5 197.50

【例 4 - 24】承**【例 4 - 23】**资料，泰峰公司对原材料按照计划成本核算。2009 年 4 月发出原材料计划成本总额为 148 500 元，其中生产 A 产品耗用 75 000 元，B 产品耗用 68 000 元，生产车间一般耗用 4 000 元，管理部门耗用 1 500 元。假定材料成本差异率 - 2%，则泰峰公司的会计处理如下：

借：生产成本——基本生产成本——A 产品   75 000

                   ——B 产品   68 000

    制造费用   4 000

    管理费用   1 500

   贷：原材料   148 500

同时，计算发出材料应负担的成本差异，作会计分录如下：

借：材料成本差异   2 970

   贷：生产成本——基本生产成本——A 产品   1 500

                   ——B 产品   1 360

    制造费用   80

    管理费用   30

第四节　周转材料

企业的周转材料主要包括包装物和低值易耗品。周转材料能够多次使用并可以逐渐转移其价值。

一、包装物

（一）包装物的内容

包装物是指为包装本企业产品、商品而储备的各种包装容器，如桶、箱、瓶、坛、麻袋等。但下列各项在会计上不作为包装物进行核算：

（1）各种包装材料，如纸、绳、铁丝、铁皮等，这类一次性使用的材料，作为原材料进行核算。

（2）用于储存和保管产品、材料而不对外出售的包装物，应按照其价值的大小和使用年限的长短，分别作为固定资产和低值易耗品进行核算。

（二）包装物的计价方法

企业购入、自制或通过委托加工完成等取得包装物验收入库时，应按照其成本作为入账价值。发出的包装物，可以采用一次摊销法或五五摊销法，将成本计入相关资产价值或当期损益。如果对包装物计提了存货跌价准备，还应同时结转已计提的存货跌价准备。

一次摊销法是指企业发出领用包装物时，将其价值一次全部摊销的方法。这种方法会计核算手续简单，但容易造成包装物实际价值和账面价值不一致，而且各期包装物领用和报废不均衡，影响各期损益。该方法一般适用于价值较小、使用期限较短的包装物。

五五摊销法是指企业发出领用包装物时，先摊销其50%的价值；待包装物报废时，再摊销其另外50%的价值的方法。这种方法避免了一次摊销法的缺点，但如果企业领用的包装物价值较大，使用期限较长且各期领用包装物不均衡时，也会影响各期损益。所以，该方法一般适用于经常领用且使用均衡的包装物的摊销。

本教材对包装物成本摊销采用一次摊销法。

（三）账务处理

1. 设置科目

企业核算包装物，可以通过"周转材料——包装物"科目核算，也可以直接通过"包装物"科目核算。本教材以"包装物"科目核算为例。

2. 取得包装物的核算

企业通过购入、自制或委托加工方式取得包装物的核算，无论采用实际成本法，还是计划成本法，均与原材料相似，这里不再赘述。

3. 发出领用包装物的核算

企业发出领用包装物，根据用途的不同分别进行会计处理。

（1）生产领用包装物。

企业生产过程中领用包装物，用于包装产品，构成产品成本的一部分，因而其成本计入"生产成本"科目。

【例4-25】泰峰公司生产车间为包装A产品领用包装物1 000件，实际单位成本2.50元。

泰峰公司的相关会计处理如下：

借：生产成本——基本生产成本——A产品　　　　　　　　　　2 500

　　贷：包装物　　　　　　　　　　　　　　　　　　　　　　　2 500

（2）随同产品出售，不单独计价的包装物。

企业在销售过程中领用、随同产品出售、但不单独计价的包装物，其成本应作为销售费用，计入当期损益。

【例4-26】泰峰公司为销售B产品领用不单独计价的包装物一批，实际成本为1 700元。

泰峰公司的相关会计处理如下：

借：销售费用　　　　　　　　　　　　　　　　　　　　　　　1 700

　　贷：包装物　　　　　　　　　　　　　　　　　　　　　　　1 700

（3）随同产品出售、单独计价的包装物。

企业在销售过程中领用、随同产品出售、并单独计价的包装物，应作为对外销售进行处理。销售取得收入计入"其他业务收入"科目，结转包装物实际成本计入"其他业务成本"科目。

【例4-27】泰峰公司为销售C产品领用单独计价的包装物一批，增值税专用发票上注明销售包装物价格3 000元，增值税额510元，款项已收存银行。包装物实际成本为2 200元。

泰峰公司的相关会计处理如下：

取得的销售收入：

借：银行存款   3 510

  贷：其他业务收入   3 000

    应交税费——应交增值税（销项税额） 510

结转包装物成本：

借：其他业务成本   2 200

  贷：包装物   2 200

（4）出租、出借的包装物。

①出租、出借包装物的成本。

企业对外出租、出借包装物，在第一次领用新包装物时，可以采用一次摊销法结转其成本，借记"其他业务成本"科目（出租包装物）、"销售费用"科目（出借包装物），贷记"包装物"科目。

②出租包装物的租金。

出租包装物时，会要求客户支付租金，企业将收取的租金计入"其他业务收入"科目，同时应计算应交增值税的销项税额。

【例4-28】泰峰公司对外出租包装物一批，实际成本为4 800元，收取租金6 000元，增值税1 020元，款项已存入银行。

泰峰公司的相关会计处理如下：

收取租金时：

借：银行存款   7 020

  贷：其他业务收入   6 000

    应交税费——应交增值税（销项税额） 1 020

结转包装物成本：

借：其他业务成本   4 800

  贷：包装物   4 800

③押金的处理。

出借包装物不收取租金，但一般会收取押金，作为客户如期完整归还包装物的保证金。企业收取的保证金通过"其他应付款"科目核算。

对于逾期未退还的包装物，按照没收的押金，借记"其他应付款"科目，按应交的增值税，贷记"应交税费——应交增值税（销项税额）"科目，按其差额，贷记"其他业务收入"科目。这部分没收的押金收入应交的消费税等，借记"营业税金及附加"科目，贷记"应交税费——应交消费税"等科目。

对于逾期未退还包装物而没收的加收押金，应转作"营业外收入"处理。企业应按加收的押金，借记"其他应付款"科目，按照应交的增值税、消费税等，贷记"应交税费——应交增值税（销项税额）"科目、"应交税费——应交消费税"等科目，按其差额，贷记"营业外收入"科目。

【例4-29】泰峰公司因销售商品对外出借新包装物一批，实际成本6 200元，收取押金8 000元存入银行。到期后对方逾期未退还包装物，按规定公司没收押金8 000元。

泰峰公司的相关会计处理如下：

结转包装物成本：

借：销售费用 6 200
　　贷：包装物 6 200

收取押金：

借：银行存款 8 000
　　贷：其他应付款——存入保证金 8 000

没收押金时：

计算应交增值税 = 8 000 ÷ (1 + 17%) × 17% = 1 162.40（元）

借：其他应付款——存入保证金 8 000
　　贷：其他业务收入 6 837.60
　　　　应交税费——应交增值税（销项税额） 1 162.40

二、低值易耗品

（一）低值易耗品概述

低值易耗品是指不作为固定资产管理的各种工具、器具、管理用具、玻璃器皿及在经营过程中周转使用的包装容器等。这些用具设备在企业经营过程中可以多次使用，其价值随磨损程度逐渐转移到有关的费用成本中去。这与固定资产性质类似，但由于其单位价值较低、使用年限较短，所以不作为固定资产管理，而是作为存货项目管理。

（二）低值易耗品的计量

企业购入、自制、委托加工完成验收入库的低值易耗品，应按成本入账。发出领用的低值易耗品，应当采用一次摊销法、五五摊销法进行摊销，计入相关资产成本或当期损益。如果对低值易耗品计提了存货跌价准备，还应结转已计提的存货跌价准备。

（三）账务处理

1. 设置科目

企业可以设置"周转材料——低值易耗品"科目来核算低值易耗品的收、发、存业务，也可以单独设置"低值易耗品"科目来核算。本教材采用单独设置"低值易耗品"科目进行核算。该科目借方登记企业取得的、已验收入库的低值易耗品的成本，贷方登记发出或摊销低值易耗品的成本；期末借方余额表示库存低值易耗品的成本。

2. 取得低值易耗品的核算

企业取得低值易耗品的核算，可以比照原材料取得的核算方法，不再赘述。

3. 发出低值易耗品的核算

企业领用的低值易耗品，根据其价值的大小，分别采用一次摊销法和五五摊销法。

（1）一次摊销法。

采用一次摊销法，是将发出领用的低值易耗品价值一次全部计入有关成本费用中。

【例 4 – 30】泰峰公司生产车间领用一批工具，实际成本为 2 700 元，采用一次摊销法核算。

泰峰公司的相关会计处理如下：

借：制造费用　　　　　　　　　　　　　　　　　　　　　　　　2 700
　　贷：低值易耗品　　　　　　　　　　　　　　　　　　　　　　　　2 700

（2）五五摊销法。

采用五五摊销法，应在"低值易耗品"科目下设"在库低值易耗品"、"在用低值易耗品"、"低值易耗品摊销"三个明细科目。

企业领用低值易耗品时，借记"低值易耗品——在用低值易耗品"科目，贷记"低值易耗品——在库低值易耗品"科目；按照其价值摊销 50% 时，借记有关成本费用科目，贷记"低值易耗品——低值易耗品摊销"科目；报废低值易耗品时，除了要摊销另外的 50% 价值外，还要注销低值易耗品成本及其摊销的价值，借记"低值易耗品——低值易耗品摊销"科目，贷记"低值易耗品——在用低值易耗品"科目。

【例 4 – 31】泰峰公司管理部门领用管理用具一批，实际成本为 8 400 元，采用五五摊销法核算。假定报废时无残值。

泰峰公司的相关会计处理如下。

领用低值易耗品时：

借：低值易耗品——在用低值易耗品　　　　　　　　　　　　　　8 400
　　贷：低值易耗品——在库低值易耗品　　　　　　　　　　　　　　8 400

同时摊销 50% 的价值：

借：管理费用　　　　　　　　　　　　　　　　　　　　　　　　4 200
　　贷：低值易耗品——低值易耗品摊销　　　　　　　　　　　　　　4 200

报废时摊销另外 50% 的价值：

借：管理费用　　　　　　　　　　　　　　　　　　　　　　　　4 200
　　贷：低值易耗品——低值易耗品摊销　　　　　　　　　　　　　　4 200

同时，注销低值易耗品价值：

借：低值易耗品——低值易耗品摊销　　　　　　　　　　　　　　8 400
　　贷：低值易耗品——在用低值易耗品　　　　　　　　　　　　　　8 400

第五节　其他存货

一、委托加工物资

委托加工物资是指企业提供原料及主要材料，通过支付加工费方式，委托加工单位进一步加工成企业所需的原材料或商品等。委托加工物资的所有权仍属于企业，作为企业存货项目管理。

企业委托外单位加工物资，在会计核算上主要包括发出加工材料、支付加工费和往返运费、收回加工物资等内容。

（一）设置科目

企业为核算委托外单位加工的各种材料、商品等物资的实际成本，应设置"委托加工物资"科目。该科目借方登记发出材料、商品的实际成本、支付的加工费、往返运费以及应计入成本的消费税等；贷方登记收回加工物资的实际成本；期末借方余额表示尚未完成加工的物资的实际成本。

这里需要说明的是，如果委托加工的物资属于应税消费品，企业还应缴纳消费税。消费税由受托加工方代收代缴。委托方对缴纳的消费税应分别情况处理：

（1）如果委托加工物资收回后直接用于销售的，应将缴纳的消费税计入委托加工物资的实际成本中。

（2）收回委托加工物资用于连续生产应税消费品的，应将可以扣除的消费税计入"应交税费——应交消费税"科目的借方。

（二）账务处理

【例4-32】泰峰公司发出乙材料一批，委托外单位加工成包装物（非应税消费品）1 000件。乙材料计划成本是8 000元，材料成本差异率为2%。委托加工费1 200元，增值税204元，往返运费等500元均以银行存款支付。加工完成后收回验收入库，包装物计划单位成本10元/件。

泰峰公司的相关会计处理如下：

（1）发出材料时：

借：委托加工物资	8 160	
贷：原材料——原料及主要材料——乙材料		8 000
材料成本差异		160

（2）支付加工费：

借：委托加工物资	1 200	
应交税费——应交增值税（进项税额）	204	
贷：银行存款		1 404

（3）支付往返运费：

借：委托加工物资	500	
贷：银行存款		500

（4）收回加工物资入库：

包装物实际成本＝8 160＋1 200＋500＝9 860（元）

借：包装物	10 000	
贷：委托加工物资		9 860
材料成本差异		140

二、库存商品

库存商品是指企业为销售或加工后销售而储存的各种商品，主要包括库存的产成品、外购商品、存放于门市部准备出售的商品、委托外单位代销的商品、发出展览的商品及寄存在外的商品等。

（一）工业企业的库存商品

工业企业的库存商品主要指生产的产成品。产成品是指企业已经完成全部生产过程并已验收入库，符合标准和技术条件，可以按照合同规定条件送交订货单位，或可以作为商品对外出售的产品。企业接受来料加工制造的代制品和为外单位加工修理的代修品，在制造和修理完成验收入库后，视同企业的产成品。

1. 产成品的计价

企业生产的产成品一般按照实际成本核算，产成品的入库、出库，平时只记数量不记金额，期末计算入库产成品的实际成本。对发出的产成品，可以采用先进先出法、加权平均法和个别计价法计算确定其实际成本。

企业产成品种类较多的，也可以按照计划成本进行日常核算。产成品实际成本和计划成本之间的差异，可以单独设置"产成品成本差异"科目，比照"材料成本差异"科目进行核算。

2. 设置科目

企业应设置"库存商品"科目，用来核算企业产成品的入库、出库及结存情况。该科目借方登记完成生产过程验收入库的产成品的成本，贷方登记发出产成品的成本，期末借方余额表示库存产成品的成本。企业可以根据产成品的种类、品种、规格等进行明细核算。

3. 账务处理

企业生产完成验收入库的产成品，按照实际成本借记"库存商品"科目，贷记"生产成本"科目；月末结转已销产品（包括分期收款发出产品方式）的实际成本时，借记"主营业务成本"科目，贷记"库存商品"科目。如果采用计划成本核算，还应结转产品成本差异，将发出产品的计划成本调整为实际成本。

【例 4-33】泰峰公司采用实际成本法核算库存商品，本月生产 A 产品 2 000 件，单位成本 8.20 元，生产 B 产品 1 600 件，单位成本 11.80 元。产品全部完工入库，结转其生产成本。

泰峰公司的相关会计处理如下：

借：库存商品——A 产品　　　　　　　　　　　　　　　16 400

　　　　　　——B 产品　　　　　　　　　　　　　　　18 880

　　贷：生产成本——基本生产成本——A 产品　　　　　　16 400

　　　　　　　　　　　　　　　　——B 产品　　　　　　18 880

【例 4-34】泰峰公司本月销售 A 产品 3 500 件，加权平均成本 8.18 元，月末结转已销 A 产品成本。

泰峰公司的相关会计处理如下：

借：主营业务成本 28 630

  贷：库存商品——A 产品 28 630

（二）商品流通企业的库存商品

商品流通企业的库存商品，使指企业购入或委托加工完成验收入库、用于销售的各种商品。

商品流通企业也是通过"库存商品"科目核算库存的各种商品。实务中，流通企业一般采用售价金额法和毛利率法对库存商品进行核算。

1. 售价金额核算法

售价金额核算法是指企业平时对商品存货的购进、销售和结存均按照售价记账，而将售价与进价之间的差额通过设置"商品进销差价"科目进行核算的。

企业采用售价金额作为存货入账价值的情况下，会计期末应通过计算商品进销差价率来计算本期已销商品应分摊的进销差价，并据以调整本期销售成本。

进销差价率的计算公式如下：

$$进销差价率 = \frac{期初库存商品进销差价 + 本期入库商品进销差价}{期初库存商品售价 + 本期购进商品售价} \times 100\%$$

$$本期已销商品应分摊的进销差价 = 本期商品销售收入 \times 进销差价率$$

$$本期商品销售成本 = 本期商品销售收入 - 本期已销商品应分摊的进销差价$$

$$期末结存商品成本 = 期初库存商品成本 + 本期购进商品成本 - 本期商品销售成本$$

【例 4 – 35】 佳佳超市采用售价金额核算法核算存货。本月初库存商品成本为 370 000 元，售价金额为 460 000 元；本月购进商品成本为 280 000 元，售价总额为 340 000 元；本月实现销售收入 350 000 元，货款已收存入银行。计算月末存货成本和本月销售成本（假定只考虑增值税）。

佳佳超市相关会计处理如下。

（1）确认销售收入并结转销售成本：

借：银行存款 409 500

  贷：主营业务收入 350 000

    应交税费——应交增值税（销项税额） 59 500

借：主营业务成本 350 000

  贷：库存商品 350 000

（2）计算已销商品应负担的进销差价：

$$进销差价率 = \frac{90\ 000 + 60\ 000}{460\ 000 + 340\ 000} \times 100\% = 18.75\%$$

已销商品负担的进销差价 = 350 000 × 18.75% = 65 625（元）

本月已销商品实际成本 = 350 000 – 65 625 = 284 375（元）

（3）结转已销商品负担的进销差价：

借：商品进销差价 65 625

贷：主营业务成本　　　　　　　　　　　　　　　　　　　　65 625

2. 毛利率法

毛利率法是指根据本期实际销售净额乘以上期实际（或本期计划）毛利率匡算本期销售毛利，据以计算发出存货和期末结存存货成本的一种方法。

毛利率法的计算公式如下：

$$毛利率 = 销售毛利 \div 销售净额 \times 100\%$$

$$销售净额 = 销售收入 - 销售折扣与折让$$

$$销售毛利 = 销售净额 \times 毛利率$$

$$本期销售成本 = 销售净额 - 销售毛利$$

$$期末结存存货成本 = 期初存货成本 + 本期购货成本 - 本期销售成本$$

【例 4 - 36】 W 批发企业采用毛利率法核算发出商品和期末结存商品的成本。本月初库存商品成本为 148 000 元，本月购进商品成本为 320 000 元，本月该类商品销售收入为 400 000 元，发生销售折扣与折让 6 000 元，上月该类商品的毛利率是 25%。

W 企业本月已销商品成本及期末结存成本的计算过程如下：

本月销售净额 = 400 000 - 6 000 = 394 000（元）

销售毛利 = 394 000 × 25% = 98 500（元）

本月销售成本 = 394 000 - 98 500 = 295 500（元）

期末结存存货成本 = 148 000 + 320 000 - 295 500 = 172 500（元）

毛利率法一般适用于商品批发企业。由于商品批发企业同类商品的毛利率大致相同，采用毛利率法对商品计价比较接近实际，可以减轻工作量，而且能满足存货管理的需求。

采用毛利率法，商品销售成本按商品大类计算，在大类商品账上结转成本；而库存商品明细账上平时只登记数量，不登记金额。在每个季末的最后一个月，根据月末存货结存数量，计算出结存成本，再用该季度商品销售成本减去前两个月已结转的销售成本，计算出第三个月应结转的销售成本，从而对前两个月用毛利率计算的成本进行调整。

第六节　存货的清查

一、存货清查的种类与方法

企业拥有的存货种类繁多，在日常的收发、计量与保管的过程中，可能因为收发计量错误、保管不善、自然灾害等原因，造成存货实际结存数量与账面结存数量不相符的情况。因此，企业应该定期或不定期地进行存货的清查，以保证账实相符、资产安全完整。

（一）存货清查的种类

1. 按时间划分

存货的清查按照时间划分为定期清查和不定期清查。定期清查是指按照规定的时间进行的清查，如在月度、季度、年度末进行的清查。

2. 按清查的范围划分

按照清查的范围来划分，存货的清查可以分为全面清查和局部清查。全面清查是对企业所有的存货进行的盘点、核对；局部清查是对某一部分存货进行的清查、核对。

（二）清查的方法

企业存货的清查，一般采取实地盘点的方法，对各种存货逐一进行清点、核对；但对一些数量较大、难以逐一清点的存货，如堆放在一起的煤炭、圆木等，可以采取技术推算的方法。

二、存货清查的账务处理

（一）设置科目

企业存货清查中，发现盘盈、盘亏或毁损的存货时，应通过"待处理财产损溢——待处理流动资产损溢"科目进行核算。该科目借方登记盘亏、毁损的存货金额及处理转销的盘盈金额，贷方登记盘盈的存货金额及处理转销的盘亏、毁损金额。企业财产清查的损溢，应及时查明原因，根据管理权限，经股东大会或董事会或经理会议等类似机构批准后，在期末结账前处理完毕，处理后本科目应无余额。

（二）存货盘盈的核算

对于盘盈的存货，在批准处理转销前，一般按照其重置成本，借记相关存货科目，贷记"待处理财产损溢"科目；报批准后，一般冲减企业的管理费用，借记"待处理财产损溢"科目，贷记"管理费用"科目。

【例4－37】 泰峰公司在年末财产清查中，发现盘盈 C 产品 20 件，价值 800 元。经查明原因，属于收发计量失误造成，报批准后冲减管理费用。

泰峰公司的相关会计处理如下。

（1）盘盈产品时：

借：库存商品——C 产品   800

    贷：待处理财产损溢——待处理流动资产损溢   800

（2）报批准处理转销时：

借：待处理财产损溢——待处理流动资产损溢   800

    贷：管理费用   800

（三）存货盘亏、毁损的核算

对于盘亏、毁损的存货，在批准处理前，按存货的实际成本借记"待处理财产损溢"科目，贷记相关存货科目。如果存货价值中包含了不得从增值税销项税额中进行抵扣的增值税进项税额，也一并转出。

盘亏毁损的存货损失，应区别不同原因进行不同的处理。如果属于定额内合理损失，应在企业的管理费用中列支；属于自然灾害造成的损失，扣除存货残料价值和应向保险公司收取的赔偿外的净损失，计入营业外支出；如果属于责任人责任，应向有关责任人追究责任，收取赔偿。

【例4－38】泰峰公司财产清查中，发现库存的外购甲材料毁损300千克，单位采购成本5.20元，计1 560元，增值税265.20元。经查明原因属自然灾害造成，应由保险公司赔偿1 000元，其余损失计入营业外支出。

泰峰公司的相关会计处理如下：

（1）盘亏毁损材料时：

借：待处理财产损溢——待处理流动资产损溢   1 825.20

    贷：原材料——原料及主要材料——甲材料   1 560

       应交税费——应交增值税（进项税额转出）   265.20

（2）报批准处理转销时：

借：其他应收款——保险公司   1 000

   营业外支出——非常损失   825.20

    贷：待处理财产损溢——待处理流动资产损溢   1 825.20

第五章 投 资

第一节 投资的概述

【学习目的】通过本章的学习，了解投资的概念、特点、目的和分类；掌握交易性金融资产、持有至到期投资、可供出售金融资产、长期股权投资的核算。

一、投资的概念、特点和目的

（一）投资的概念

投资是指"企业为通过分配来增加财富，或为谋求其他利益，而将资产让渡给其他单位所获得的另一项资产"。投资有广义和狭义之分，广义的投资包括对外的权益性投资、债权性投资、期货投资和房地产投资，以及对内的固定资产投资、存货投资等；狭义的投资一般仅包括对外的投资，不包括对内投资。财务会计中的投资一般指狭义投资，不包括固定资产、存货等对内投资。

（二）投资的特点

投资主要具有以下特点。

1. 投资是通过让渡其他资产而换取的另一项资产

投资是企业将所拥有的现金、固定资产等资产让渡给其他单位使用，以换取债权投资或股权投资等。如支付现金以购买债券或房地产、以固定资产向其他单位投资以取得其他单位的股权，也包括通过让渡一项股权换取另一项股权等。

2. 投资所带来的经济利益，与其他资产为企业带来的经济利益在形式上有所不同

企业所拥有或控制的除投资以外的其他资产，通常能为企业带来直接的经济利益。如商业企业的库存商品是为出售而储备的，对这些存货的出售可以直接为企业带来经济利益；又如工业生产企业所拥有的为生产产品而持有的固定资产，是企业为生产产品所不可或缺的一部分，其为企业带来的经济利益不很直观，需通过其生产的产品所创造的经济利益得到体现，但这种经济利益的流入是企业本身经营所产生的，从这个意义上看，固定资产也能为企业带来直接的经济利益。而投资通常是将企业的一部分资产让渡给其他单位使用，通过其他单位使用投资者投入的资产所创造的效益后分配取得的，或者通过投资改善贸易关系等手段达到获取利益的目的。

（三）投资的目的

企业对其他单位进行投资，目的多种多样，但其最终目的都是为了获得一定的经济利益。具体而言，企业投资的目的一般有以下几个方面。

1. 利用暂时闲置的资金获利

有的公司投资于其他企业或政府发行的证券，是为了利用暂时闲置的资金谋求更高的回报，提高资金的利用效率，在公司需要资金时，再将这些投资出售变现。资金的暂时闲置决定了这类投资应当将安全性和流动性放在第一位，在满足安全性和流动性的基础上尽量提高企业的投资收益率。

2. 建立业务联系和贸易伙伴关系，以分散经营风险

为了控制本公司的上、下游企业以进行战略联盟，提高产品供应链管理效率，增进各方的长期性资本支出的收益，企业可以通过对另一企业的投资，建立良好的业务联系，分散经营风险，保证生产经营活动的顺利进行。

3. 对外扩张，以扩大经营规模或改变经营方向

有的企业对外投资是出于对外扩张、以扩大经营规模或改变经营方向，实现经营多元化、规模扩大化的目标。

4. 积累整笔资金，用于清偿债务或其他用途

有的企业对外投资，是按照既定的理财方针，为清偿长期债务、更新改造厂房设备而按期陆续积累成整笔资金。

二、投资的分类

对投资进行适当的分类，是确定投资会计核算方法和如何在会计报表中披露的前提，投资按照不同的标准有各种不同的分类，主要有以下几种。

（一）按照投资的对象分类

按照投资的对象分类，投资可以分为股票投资、债券投资、基金投资和其他投资。

1. 股票投资

股票投资是指企业通过取得其他公司的股票所进行的投资，包括普通股股票投资和优先股股票投资。普通股股票是相对于优先股股票而言的。普通股是公司组织的基本股份，在公司只发行一种股份时，这种股份就称为普通股。普通股的股东可以按照其所持有股份占全部股份的比例，享有一定的平等权利，通常一股一权。普通股的基本权利有：投票表决权、盈余分配权、优先认股权以及剩余财产分配权等。比普通股在某些方面如股利的分配方面享有优先权利的股票，称为优先股。通常优先股没有选举权，或只有有限的选举权。各种优先股的优先权利都在公司章程或股票上详细载明，大多数优先股股票具有以下特点：①在给普通股股东分派股利前，按照设定的股利率或金额，优先分派股利。②在公司清理、解散时，清偿企业全部负债后，可先于普通股股东优先分得剩余财产。③公司可以根据具体情况随时将优先股股票赎回。④优先股股东一般没有投票表决权。

2. 债券投资

债券投资是指企业以购买债券的方式所进行的投资。债券按发行主体可以分为三类：①政府债券。政府债券是指政府根据信用原则，以承担还本付息责任为前提而筹措资金的债务凭证，包括中央政府债券和地方政府债券。②金融债券。金融债券是指银行及非银行金融机构为筹措信贷资金而向社会发行的一种债务凭证。金融债券的风险一般介于政府债券和企业债券之间。③企业债券。企业债券是指企业为筹措资金而向投资者出具的在一定期限还本付息的债务凭证。

3. 基金投资

基金投资是指企业以购买基金的方式进行的投资。证券投资基金把众多投资者的资金汇集起来，由基金托管人托管，由专业的基金管理公司管理和运用，通过投资于股票和债券等证券，来获取收益。投资者购买基金进行投资，可以利用基金管理公司雄厚的资金实力、丰富的投资经验、多样的投资组合来规避风险、实现收益。

4. 其他投资

其他投资是指企业除股票投资、债券投资、基金投资以外所进行的投资。主要指联营投资。

（二）按照投资的性质分类

按照投资的性质分类，可以分为权益性投资、债权性投资、混合性投资等。

1. 权益性投资

权益性投资是指企业为获取另一企业的权益或净资产所作的投资，如对另一企业的普通股股票投资，就属于权益性投资。权益性投资的主要特点是投资者有权参与投资企业的经营管理，投资收益不确定，投资风险高。企业进行权益性投资，应主要考虑被投资企业的获利能力，以及该投资是否有利于本企业的长远利益等。

2. 债权性投资

债权性投资是指为取得债权所作的投资。这种投资的目的不是为了获得另一企业的剩余资产，而是为了获取高于银行存款利率的利息，并能按期收回本息，如购买公司债券就属于债权性投资。相对于权益性投资而言，债权性投资风险小、收益较低、投资者一般无权参与被投资企业的经营管理。企业进行债权性投资，主要应考虑被投资企业的偿债能力、企业能否按期收回本息等。

3. 混合性投资

混合性投资是指同时具有权益性和债权性双重性质的投资，如购买优先股股票、可转换公司债券等，就属于混合性投资。由于混合性投资兼有权益性投资和债权性投资的特点，有利于投资企业转换投资性质或选择投资对象。例如，优先股股票一般定期派发股利，股利率预先约定，优先股股东一般不参与被投资企业的经营管理，这点类似债权性债券；但优先股股票没有到期日，股东不能退股，它也代表发行企业资产中的剩余所有权，这一点又类似于权益性证券。可转换公司债券是指公司债券的持有人有权按照约定将其转换为发行公司的其他证券，如普通股股票等，在未转换之前，它属于债权性债券，在转换为股票后则属于权益性证券。

（三）按照投资对象的变现能力分类

投资按照投资对象的变现能力分类，可以分为易于变现和不易于变现两类。

1. 易于变现的投资

易于变现的投资是指在证券市场上能够随时变现的投资。这类投资必须是能够上市交易的股票、债券、期货等。

2. 不易于变现的投资

不易于变现的投资是指不能在证券市场上变现的投资。这类投资通常不能上市交易，要将所持投资转换为现金并非轻而易举。

（四）按照投资者的意图分类

按照管理者持有投资的意图，可以将投资分为以公允价值计量且其变动计入当期损益的交易性金融资产、持有至到期投资、可供出售金融资产、长期股权投资等。

1. 交易性金融资产

交易性金融资产主要是指企业为了近期内出售而持有的投资。比如，企业以赚取差价为目的从二级市场购入的股票、债券、基金等。

2. 持有至到期投资

持有至到期投资是指企业从二级市场上购入的符合持有至到期投资条件的固定利率国债、浮动利率公司债券等。购入的股权投资因其没有固定的到期日，不符合持有至到期投资的条件，不能划分为持有至到期投资。持有至到期投资通常具有长期性质，但期限较短（1 年以内）的债券投资，符合持有至到期投资条件的，也可将其划分为持有至到期投资。

3. 可供出售金融资产

可供出售金融资产通常是指企业没有划分为以公允价值计量且其变动计入当期损益的金融资产、持有至到期投资、贷款和应收款项的金融资产。比如，企业购入的在活跃市场上有报价的股票、债券和基金等，没有划分为以公允价值计量且其变动计入当期损益的金融资产或持有至到期投资等金融资产的，可归为此类。

4. 长期股权投资

长期股权投资是指持有时间准备超过 1 年（不含 1 年）的各种股权性质的投资，包括长期股票投资和其他长期股权投资。这种投资主要是为了达到控制其他单位或对其他单位施加重大影响，或出于其他长期性质的目的而进行的投资。

第二节 交易性金融资产

一、交易性金融资产的含义及特点

交易性金融资产，主要是指企业为了近期内出售而持有的、在活跃市场上有公开报价，公允价值能够持续可靠获得的金融资产。例如，企业以赚取差价为目的从二级市场购入的股票、债券、基金等，就属于交易性金融资产。

交易性金融资产一般具有以下特点：

（1）投资的变现能力强。

交易性金融资产在活跃的市场中有公开报价，具有很强的变现能力，其流动性仅次于货币资金，当企业急需资金时可以立即将其兑现。

活跃市场是指同时具有下列特征的市场：①市场内交易的对象具有同质性；②可随时找到自愿交易的买方和卖方；③市场价格信息是公开的。

（2）投资目的是为了利用生产经营过程的暂时闲置资金获得一定的收益。

在企业正常的生产经营过程中，有时会形成一笔暂时闲置的资金，这在季节性的生产企业中尤为明显。企业可以在充分考虑风险的前提下，用这笔资金购买随时可以变现的投资，以期获得高于银行存款利息的投资收益。

（3）近期内出售，回收金额不固定或不可确定。

企业用于交易性金融资产的资金一般是暂时闲置的，一旦企业生产经营需要资金或者出现较好的获利机会，企业可能随时将交易性金融资产转为货币资金，但是由于投资具有一定的风险性，交易性金融资产的回收金额不固定或不确定，可能盈利也可能发生亏损。

正是因为交易性金融资产具有以上特征，所以《企业会计准则第22号——金融工具的确认与计量》将交易性金融资产划分为以公允价值计量且其变动计入损益的金融资产。

二、交易性金融资产取得的核算

（一）交易性金融资产的入账时间及初始成本的确定

企业取得交易性金融资产同取得其他资产一样，必须明确入账时间和入账金额。

交易性金融资产的入账时间，应以付款或投出资产的时间作为入账时间。

企业取得交易性金融资产时，应当按照取得时的公允价值作为初始确认金额，相关的交易费用在发生时计入当期损益。支付的价款中包含已宣告但尚未领取的现金股利或已到付息期但尚未领取的债券利息，应当单独确认为应收项目。

这里需要解释的有以下几点。

（1）公允价值。

公允价值是指一种会计计量属性，是指熟悉情况的双方自愿进行资产交易或者债务清偿的金额。在公平交易中，交易双方应当是持续经营企业，不打算或不需要进行清算、重大缩减经营规模，或在不利条件下仍进行交易。

对于存在活跃市场的金融资产或金融负债，活跃市场中的报价应当用于确定其公允价值。活跃市场中的报价是指易于定期从交易所、经纪商、行业协会、定价服务机构等获得的价格，且代表了在公平交易中实际发生的市场交易的价格。

对于企业的交易性金融资产，交易价格应当作为确认其公允价值的最好证据，即对于企业拟取得交易性金融资产，公允价值就是活跃市场上的现行要价；对于企业已取得的交易性金融资产，其公允价值应当是活跃市场上的现行出价。

（2）交易费用。

交易费用是指可直接归属于购买、发行或处置金融工具新增的外部费用。新增的外部费用，是指企业不购买、发行或处置金融工具就不会发生的费用。

交易费用包括支付给代理机构、咨询公司、券商等的手续费、佣金及其他必要支出，不包括债券溢价、折价、融资费用、内部管理成本及其他与交易不直接相关的费用。

（3）支付的价款中包含的已宣告但尚未领取的现金股利或已到付息期但尚未领取的债券利息。

如果投资者是在现金股利的宣告日和登记日之间购买股票，那么实际支付的价款就会包含已宣告但尚未领取的现金股利；同样，如投资者是在付息期和发放日之间购买的债券，那么实际支付的价款中就会包含已到付息期但尚未领取的债券利息。它们属于在购买时暂时垫付的资金，是在投资时所取得的一项债权，因此不应计入交易性金融资产的初始投资成本。

（二）交易性金融资产取得的会计处理

1. "交易性金融资产"科目

"交易性金融资产"科目属于资产类科目，用来核算企业为交易目的持有的债券投资、股票投资、基金投资、权证投资等交易性金融资产的公允价值。该科目借方登记交易性金融资产的取得成本和持有期间公允价值的增加；贷方登记期末企业持有的交易性金融资产的公允价值的减少，以及处置交易性金融资产时转出的账面价值；期末借方余额反映结存的交易性金融资产的公允价值。该科目应当按照交易性金融资产的类别和品种，分别"成本"、"公允价值变动"进行明细核算。

2. 交易性金融资产取得时的账务处理

一般情况下，取得交易性金融资产时，应按交易性金融资产的公允价值，借记"交易性金融资产——成本"科目，按发生的交易费用，借记"投资收益"科目，按实际支付的款项，贷记"银行存款"或"其他货币资金"科目。

如果取得交易性金融资产时实际支付的价款中包含已宣告但尚未发放的现金股利或已到付息期但尚未领取的债券利息，则应按交易性金融资产的公允价值，借记"交易性金融资产——成本"科目，按发生的交易费用，借记"投资收益"科目，对已宣告但尚未发放的现金股利或已到付息期但尚未领取的债券利息，借记"应收股利"或"应收利息"科目，按照按实际支付的款项，贷记"银行存款"或"其他货币资金"科目。

【例5-1】甲公司20×9年3月1日以存出投资款购入A公司发行在外的普通股10 000股，作为交易性金融资产。每股买入价为7.2元，另支付税金和手续费400元。甲公司应作会计分录如下：

借：交易性金融资产——A公司股票（成本）　　　　　　　　72 000

　　投资收益——交易费用　　　　　　　　　　　　　　　　　 400

贷：其他货币资金——存出投资款　　　　　　　　　　　72 400

【例5-2】乙公司于20×9年5月16日以存出投资款购入B公司发行在外的普通股股票40 000股，作为交易性金融资产。每股买入价为9.5元，其中0.4元为B公司于5月1日宣告但尚未分派的现金股利，登记日为5月20日，股利发放日为6月5日。乙公司另支付税金和手续费3 000元。乙公司应作会计分录如下：

借：交易性金融资产——B公司股票（成本）　　　　　　364 000

应收股利——B公司　　　　　　　　　　　　　　　　16 000

投资收益——交易费用　　　　　　　　　　　　　　　3 000

贷：其他货币资金——存出投资款　　　　　　　　　　383 000

【例5-3】丙公司于20×9年4月6日以存出投资款190 000元购入C公司于同年1月1日发行的三年期债券作为交易性金融资产。该债券年利率为6%，到期一次还本付息，另支付手续费1 600元。丙公司应作会计分录如下：

借：交易性金融资产——C公司债券（成本）　　　　　　190 000

投资收益——交易费用　　　　　　　　　　　　　　　1 600

贷：其他货币资金——存出投资款　　　　　　　　　　191 600

【例5-4】丁公司20×9年1月5日以银行存款108 000元买入D公司于20×7年1月1日发行的三年期债券作为交易性金融资产，其中已到期但尚未领取的债券利息为6 000元。该债券按年付息，到期还本，利息发放日为1月10日，年利率为6%，票面金额为100 000元。丁公司购买该债券时另支付相关税费500元。丁公司应作会计分录如下：

借：交易性金融资产——D公司债券（成本）　　　　　　102 000

投资收益——交易费用　　　　　　　　　　　　　　　500

应收利息　　　　　　　　　　　　　　　　　　　　　6 000

贷：其他货币资金——存出投资款　　　　　　　　　　108 500

三、交易性金融资产持有期间收到现金股利或债券利息的核算

根据《企业会计准则第22号——金融工具的确认与计量》的规定，交易性金融资产持有期间收到的现金股利或债券利息，应按以下方法进行处理：

（1）交易性金融资产取得时实际支付的价款中包含的已宣告但尚未领取的现金股利，或已到付息期但尚未领取的债券的利息，属于在购买时暂时垫付的资金，因此，在实际收到时冲减已记录的应收股利或应收利息，不确认为投资收益。

（2）除上述情况外，交易性金融资产持有期间所获得的现金股利或分期付息债券的利息，应在股利宣告日或计息日确认为投资收益，同时记入"应收股利"或"应收利息"科目，实际收到时，借记"其他货币资金"或"银行存款"科目，贷记"应收股利"或"应收利息"科目。

【例5-5】承【例5-1】，假设20×9年8月8日，A公司宣告将于9月10日按每10股5元发放现金股利。股权截止日为8月25日。甲公司应作会计分录如下：

20×9年8月8日：

借：应收股利——A公司　　　　　　　　　　　　　　　　5 000
　　贷：投资收益　　　　　　　　　　　　　　　　　　　　　　5 000
20×9年9月10日：
借：其他货币资金——存出投资款　　　　　　　　　　　5 000
　　贷：应收股利——A公司　　　　　　　　　　　　　　　　5 000

【例5-6】 承【例5-2】，乙公司于20×9年6月5日收到B公司的现金股利16 000元。乙公司应作会计分录如下：

借：其他货币资金——存出投资款　　　　　　　　　　　16 000
　　贷：应收股利　　　　　　　　　　　　　　　　　　　　　16 000

【例5-7】 承【例5-4】，20×9年1月10日丁公司收到未领取的债券利息6 000元，应作会计分录如下：

借：其他货币资金——存出投资款　　　　　　　　　　　6 000
　　贷：应收利息　　　　　　　　　　　　　　　　　　　　　6 000

【例5-8】 仍承【例5-4】，丁公司于20×9年12月31日计息时作如下会计分录：

借：应收利息——D公司　　　　　　　　　　　　　　　6 000
　　贷：投资收益　　　　　　　　　　　　　　　　　　　　　6 000
2×10年1月10日收到上述购入债券一年的利息，应作会计分录如下：
借：其他货币资金——存出投资款　　　　　　　　　　　6 000
　　贷：应收利息——D公司　　　　　　　　　　　　　　　6 000

四、交易性金融资产的期末计价

根据《企业会计准则第22号——金融工具》的规定，在资产负债表日，应编制调整分录，将公允价值的变动计入当期损益。交易性金融资产期末以公允价值计价，能够公允地反映企业财务状况和经营成果，满足会计报表使用者对会计信息的需求。

为了核算和监督交易性金融资产公允价值的变动情况，企业应设置"公允价值变动损益"科目。它属于损益类科目，用来核算企业持有的交易性金融资产公允价值变动形成的应计入当期损益的利得或损失。贷方登记期末企业持有的交易性金融资产的公允价值高于账面价值的差额、处置交易性金融资产时结转的从购入起至出售止累计发生的公允价值变动损失；借方登记期末企业持有的交易性金融资产的公允价值低于账面价值的差额，以及处置交易性金融资产时结转的从购入起至出售止累计发生的公允价值变动收益；期末该科目的余额转入"本年利润"后，没有余额。

在资产负债表日，如果交易性金融资产的公允价值高于其账面余额，则应按差额借记"交易性金融资产——公允价值变动"科目，贷记"公允价值变动损益"科目；如果交易性金融资产的公允价值低于其账面余额，则应按差额借记"公允价值变动损益"科目，贷记"交易性金融资产——公允价值变动"科目。

【例5-9】 20×9年12月31日A公司拥有的交易性金融资产的公允价值与其账面余额的资料如表5-1所示。

表5-1　　　　　　　　　　交易性金融资产期末公允价值变动表　　　　　　　　单位：元

项　目	20×9年12月31日		
	账面余额	公允价值	公允价值变动损益
股票：			
B公司股票	113 600	107 000	-6 600
C公司股票	96 200	97 800	1 600
小计	209 800	204 800	5 000
债券：			
D公司债券	257 400	248 200	-9 200
E公司债券	167 200	173 200	6 000
小计	424 600	421 400	3 200
合计	634 400	626 200	8 200

根据以上资料作如下会计分录：

（1）确认公允价值变动的利得：

借：交易性金融资产——C公司股票（公允价值变动）　　　　　1 600

　　　　　　　　　——E公司债券（公允价值变动）　　　　　6 000

　　贷：公允价值变动损益　　　　　　　　　　　　　　　　　　　　7 600

（2）确定公允价值变动的损失：

借：公允价值变动损益　　　　　　　　　　　　　　　　　　　15 800

　　贷：交易性金融资产——B公司股票（公允价值变动）　　　　　6 600

　　　　　　　　　　——D公司债券（公允价值变动）　　　　　9 200

五、交易性金融资产处置的核算

企业在需要周转资金或决定进行更有利的投资时，可以随时将持有的交易性金融资产在证券市场上出售。企业处置交易性金融资产时，其公允价值与初始入账金额之间的差额应确认为投资收益，同时调整公允价值变动损益。

企业出售交易性金融资产时应按实际收到的金额，借记"银行存款"、"其他货币资金"等科目，按其账面余额，贷记"交易性金融资产——成本、公允价值变动"科目，按借贷方的差额贷记或借记"投资收益"科目。同时，按"交易性金融资产——公允价值变动"科目余额，借记或贷记"公允价值变动损益"，贷记或借记"投资收益"科目。

企业处置交易性金融资产时，其账面余额应根据不同情况予以结转：①全部处置某项交易性金融资产时，其账面余额全部结转；②部分处置某项投资时，应按出售的比例和该项投资的总平均成本确定处置部分的成本。

现举例说明交易性金融资产处置的核算。

【例 5－10】某企业将 3 个月前购入的 E 公司股票全部出售，扣除相关税费后实际收到价款 110 000 元。该股票的账面余额为："交易性金融资产——E 公司股票（成本）"的借方余额为 105 000 元，"交易性金融资产——E 公司股票（公允价值变动）"的贷方余额为 5 000 元，该企业应作会计分录如下：

借：其他货币资金——存出投资款　　　　　　　　　　　　　110 000
　　交易性金融资产——E 公司股票（公允价值变动）　　　　　　5 000
　　贷：交易性金融资产——E 公司股票（成本）　　　　　　　105 000
　　　　投资收益　　　　　　　　　　　　　　　　　　　　　 10 000
同时将持有交易性金融资产期间的公允价值变动转入投资收益，作如下会计分录：
借：投资收益　　　　　　　　　　　　　　　　　　　　　　　5 000
　　贷：公允价值变动损益　　　　　　　　　　　　　　　　　　5 000

第三节　持有至到期投资的核算

一、持有至到期投资的含义及特征

（一）持有至到期投资的含义

持有至到期投资，是指到期日固定、回收金额固定或可确定，且企业有明确意图和能力持有至到期的非衍生金融资产。企业不能将下列非衍生金融资产划分为持有至到期投资：①在初始确认时即被指定为以公允价值计量且其变动计入当期损益的非衍生金融资产；②在初始确认时被指定为可供出售的非衍生金融资产；③符合贷款和应收款项定义的非衍生金融资产。

（二）持有至到期投资的特征

持有至到期投资具有以下特征。

1. 到期日固定，回收金额固定或可确定
"到期日固定，回收金额固定或可确定"是指相关合同明确了投资者在确定的期间内获得或应收取现金流量的金额和时间。因此，从投资者的角度看，如果不考虑其他条件，在将某项投资划分为持有至到期投资时可以不考虑可能存在的发行方重大支付风险。购入的股权投资因其没有固定的到期日，不符合持有至到期投资的条件，不能划分为持有至到期投资。持有至到期投资通常具有长期性质，但期限较短（1 年以内）的债券投资，符合持有至到期投资条件的，也可将其划分为持有至到期投资。

2. 持有到期投资属于非衍生金融资产
衍生金融资产是指具有以下特征的金融资产：
（1）其价值随特定利率、金融工具价格、商品价格、汇率、价格指数、费率指数、信用等级、信用指数或其他类似变量的变动而变动，变量为非金融变量的，该变量与合同的任一方不存在特定关系。

（2）不要求初始净投资，或与对市场情况变化有类似反应的其他类型合同相比，要求很少的初始净投资。

（3）在未来某一日期结算。

衍生金融资产包括远期合同、期货合同、互换和期权，以及具有远期合同、期货合同、互换和期权中一种或一种以上特征的工具。持有至到期投资由于到期日固定，回收金额固定或可确定，不属于衍生金融资产。

3. 有明确意图持有至到期

"有明确意图持有至到期"是指投资者在取得投资时意图就是明确的，除非遇到一些企业所不能控制的、预期不会重复发生且难以合理预计的独立事件，否则将持有至到期。企业没有明确意图持有到期的，不应当划分为持有至到期投资，存在下列情况之一的，表明企业没有明确意图将金融资产投资持有至到期：

（1）持有该金融资产的期限不确定。

（2）发生市场利率变化、流动性需要变化、替代投资机会及其投资收益率变化、融资来源和条件变化、外汇风险变化等情况时，将出售该金融资产。但是，无法控制、预期不会重复发生且难以合理预计的独立事项引起的金融资产出售除外。

（3）该金融资产的发行方可以按照明显低于其摊余成本的金额清偿。

（4）其他表明企业没有明确意图将该金融资产持有至到期的情况。

4. 有能力持有至到期

"有能力持有至到期"是指企业有足够的财务资源，并不受外部因素影响将企业持有到期。存在下列情况之一的，表明企业没有能力将具有固定期限的金融资产投资持有至到期：

（1）没有可利用的财务资源持续地为该金融资产投资提供资金支持，以使该金融资产投资持有至到期。

（2）受法律、行政法规的限制，使企业难以将该金融资产投资持有至到期。

（3）其他表明企业没有能力将具有固定期限的金融资产投资持有至到期的情况。

根据持有至到期投资的特征，下列非衍生金融资产不应当划分为持有至到期投资：

（1）初始确认时被指定为以公允价值计量且其变动计入当期损益的非衍生金融资产。

（2）初始确认时被指定为可供出售的非衍生金融资产。

（3）贷款和应收款项。

二、持有至到期投资取得的核算

（一）持有至到期投资初始投资成本的确定

《企业会计准则第22号——金融工具的确认与计量》规定：持有至到期投资应当按取得时的公允价值和相关交易费用之和作为初始确认金额。支付的价款中包含的已到付息期但尚未领取的债券利息，应单独确认为应收项目。

（二）持有至到期投资取得时的核算

为了核算企业持有至到期投资的价值，应设置"持有至到期投资"科目。该科目属于资产类科目。借方登记持有至到期投资的面值、溢价金额、到期一次还本付息债券投资按票面利率计算的应收未收利息以及折价的摊销；贷方登记持有至到期投资的折价金额、溢价的摊销金额，以及处置持有至到期投资时转出的账面余额；期末余额在借方，反映企业持有至到期投资的摊余成本。本科目应当按照持有至到期投资的类别和品种，分别"成本"、"利息调整"、"应计利息"进行明细核算。

企业取得的持有至到期投资，应按该投资的面值，借记"持有至到期投资——成本"，按支付的价款中包含的已到付息期但尚未领取的利息，借记"应收利息"科目，按实际支付的金额，贷记"银行存款"等科目，按其差额借记或贷记"持有至到期投资——利息调整"科目。

现举例说明持有至到期投资取得的核算：

【例5-11】2009年1月3日，甲公司购买了乙公司2008年1月1日发行的债券800张，该债券剩余年限5年，划分为持有至到期投资，该债券的面值每张为100元，票面利率为12%，按年付息，付息日为每年的1月10日。成交价为每张114元，其中12元为已到付息期但尚未收取的利息。交易费用共为2 400元。

取得该持有至到期投资时应作如下会计分录：

借：持有至到期投资——成本   80 000
    应收利息   9 600
    持有至到期投资——利息调整   4 000
    贷：银行存款   93 600

2009年1月10日收到债券利息时，应作如下会计分录：

借：银行存款   9 600
    贷：应收利息   9 600

三、资产负债表日持有至到期投资的核算

根据《企业会计准则第22号——金融工具的确认与计量》的规定，资产负债表日，持有至到期投资为分期付息、一次还本的债券投资的，应按面值和票面利率计算应收未收的利息，借记"应收利息"科目，按持有至到期投资的摊余成本和实际利率计算确定的利息收入的金额，贷记"投资收益"科目，按其差额，借记或贷记"持有至到期投资——利息调整"科目。

持有至到期投资为到期一次还本付息的债券的，应于资产负债表日按面值和票面利率计算应收未收的利息，借记"持有至到期投资——应计利息"科目，按持有至到期投资的摊余成本和实际利率计算确定的利息收入的金额，贷记"投资收益"科目，按其差额，借记或贷记"持有至到期投资——利息调整"科目。

收到持有至到期投资按合同支付的利息时，借记"银行存款"等科目，贷记"应收利息"科目或"持有至到期投资——应计利息"科目。

这里需明确以下概念。

（1）实际利率。

实际利率是指将金融资产或金融负债在预期存续期间或适用的更短期间内的未来现金流量，折现为该金融资产或金融负债当前账面价值所使用的利率。

在确定实际利率时，应当在考虑金融资产或金融负债所有合同条款（如提前还款权等）的基础上预计未来现金流量，但不应当考虑未来信用损失。

金融资产或金融负债合同各方之间支付或收取的、属于实际利率组成部分的各项收费、交易费用及溢价或折价等，应当在确定实际利率时予以考虑。金融资产或金融负债的未来现金流量或存续期间无法可靠预计时，应当采用该金融资产或金融负债在整个合同期内的合同现金流量。

实际利率应当在取得持有至到期投资时确定，在该持有至到期投资预期存续期间或适用的更短期间内保持不变。实际利率与票面利率差别较小的，也可按票面利率计算利息收入，计入投资收益。

（2）实际利率法。

实际利率法，是指按照金融资产或金融负债（含一组金融资产或金融负债）的实际利率计算其摊余成本及各期利息收入或利息费用的方法。

（3）摊余成本。

金融资产或金融负债的摊余成本，是指该金融资产或金融负债的初始确认金额经下列调整后的结果：

①扣除已偿还的本金。

②加上或减去采用实际利率法将该初始确认金额与到期日金额之间的差额进行摊销形成的累计摊销额。

③扣除已发生的减值损失（仅适用于金融资产）。

【例5-12】承【例5-11】，在初始确认时，计算实际利率如下：

$9\,600 \times (1+r)^{-1} + 9\,600 \times (1+r)^{-2} + 9\,600 \times (1+r)^{-3} + 9\,600 \times (1+r)^{-4} + 9\,600 \times (1+r)^{-5} = 84\,000$

采用内插法，计算出【例5-11】的实际利率为10.66%。

各年的摊余成本、投资收益以及应收利息的计算如表5-2所示。

表5-2　　　持有至到期投资利息收益及利息调整摊销的计算（实际利率法）　　　单位：元

计息日期	各年期初的摊余成本（1）	投资收益（2）=（1）×10.66%	应收利息（3）=面值×12%	利息调整的摊销额（4）=（3）-（2）	各年期末的摊余成本（5）=（1）-（4）
2009.12.31	84 000	8 954	9 600	646	83 354
2010.12.31	83 354	8 886	9 600	714	82 640
2011.12.31	82 640	8 809	9 600	791	81 849
2012.12.31	81 849	8 725	9 600	875	80 974
2013.12.31	80 974	8 626①	9 600	974	80 000

注：按照上述公式计算的金额应为8 632元（80 974×10.66%），差额6元（8 632-8 626），这是由于计算时小数点保留位数造成的，在最后一年调整。

根据表5–2的计算结果，各年的会计分录如下：

2009年12月31日：

借：应收利息　　　　　　　　　　　　　　　　　　　　　9 600
　　贷：投资收益　　　　　　　　　　　　　　　　　　　　　　　8 954
　　　　持有至到期投资——利息调整　　　　　　　　　　　　　　646

2010年1月10日收到利息时，作如下会计分录：

借：银行存款　　　　　　　　　　　　　　　　　　　　　9 600
　　贷：应收利息　　　　　　　　　　　　　　　　　　　　　　　9 600

2010年12月31日：

借：应收利息　　　　　　　　　　　　　　　　　　　　　9 600
　　贷：投资收益　　　　　　　　　　　　　　　　　　　　　　　8 886
　　　　持有至到期投资——利息调整　　　　　　　　　　　　　　714

2011年1月10日收到利息时，作如下会计分录：

借：银行存款　　　　　　　　　　　　　　　　　　　　　9 600
　　贷：应收利息　　　　　　　　　　　　　　　　　　　　　　　9 600

2011年12月31日：

借：应收利息　　　　　　　　　　　　　　　　　　　　　9 600
　　贷：投资收益　　　　　　　　　　　　　　　　　　　　　　　8 809
　　　　持有至到期投资——利息调整　　　　　　　　　　　　　　791

2012年1月10日收到利息时，作如下会计分录：

借：银行存款　　　　　　　　　　　　　　　　　　　　　9 600
　　贷：应收利息　　　　　　　　　　　　　　　　　　　　　　　9 600

2012年12月31日：

借：应收利息　　　　　　　　　　　　　　　　　　　　　9 600
　　贷：投资收益　　　　　　　　　　　　　　　　　　　　　　　8 725
　　　　持有至到期投资——利息调整　　　　　　　　　　　　　　875

2013年1月10日收到利息时，作如下会计分录：

借：银行存款　　　　　　　　　　　　　　　　　　　　　9 600
　　贷：应收利息　　　　　　　　　　　　　　　　　　　　　　　9 600

2013年12月31日：

借：应收利息　　　　　　　　　　　　　　　　　　　　　9 600
　　贷：投资收益　　　　　　　　　　　　　　　　　　　　　　　8 626
　　　　持有至到期投资——利息调整　　　　　　　　　　　　　　974

2014年1月10日收到利息时，作如下会计分录：

借：银行存款　　　　　　　　　　　　　　　　　　　　　9 600
　　贷：应收利息　　　　　　　　　　　　　　　　　　　　　　　9 600

四、持有至到期投资处置的核算

出售持有至到期投资时或持有至到期的投资到期时，应按收到的金额，借记"银行存款"等科目，已计提减值准备的，贷记"持有至到期投资减值准备"科目；按其账面余额，贷记"持有到期投资（成本、利息调整、应计利息）"科目；最后按借贷方的差额，贷记或借记"投资收益"科目。

现举例说明持有至到期投资处置的核算：

【例 5 – 13】假设因被投资单位信用严重恶化，甲公司将其拥有的持有至到期投资乙公司债券出售，实际得到价款 280 000 元，已存入银行。在出售前该持有至到期投资的账面余额为 281 000 元：其中"持有至到期投资——成本"为 200 000 元，"持有至到期投资——应计利息"为 100 000 元，"持有至到期投资——利息调整"为贷方余额 19 000 元。根据以上资料应作会计分录如下：

借：银行存款   280 000
    投资收益   1 000
    持有至到期投资——利息调整   19 000
  贷：持有至到期投资——成本   200 000
      持有至到期投资——应计利息   100 000

五、持有至到期投资的重分类

企业将尚未到期的某项持有至到期投资在本会计年度内出售或重分类为可供出售金融资产的金额，相对于该类投资在出售或重分类前的总额较大时，应当将该类投资的剩余部分重分类为可供出售金融资产，且在本会计年度及以后两个完整的会计年度内不得再将该金融资产划分为持有至到期投资。但是，下列情况除外：

（1）出售日或重分类日距离该项投资到期日或赎回日较近（如到期前 3 个月内），市场利率变化对该项投资的公允价值没有显著影响。

（2）根据合同约定的定期偿付或提前还款方式收回该投资几乎所有初始本金后，将剩余部分予以出售或重分类。

（3）出售或重分类是由于企业无法控制、预期不会重复发生且难以合理预计的独立事项所引起。此种情况主要包括：

①因被投资单位信用状况严重恶化，将持有至到期投资予以出售。

②因相关税收法规取消了持有至到期投资的利息税前可抵扣政策，或显著减少了税前可抵扣金额，将持有至到期投资予以出售。

③因发生重大企业合并或重大处置，为保持现行利率风险头寸或维持现行信用风险政策，将持有至到期投资予以出售。

④因法律、行政法规对允许投资的范围或特定投资品种的投资限额作出重大调整，将持有至到期投资予以出售。

⑤因监管部门要求大幅度提高资产流动性，或大幅度提高持有至到期投资在计算资本充足率时的风险权重，将持有至到期投资予以出售。

企业因持有至到期投资部分出售或重分类的金额较大，且不属于《企业会计准则》所允许的例外情况，使该投资的剩余部分不再适合划分为持有至到期投资的，企业应当将该投资的剩余部分重分类为可供出售金融资产，并以公允价值进行后续计量。重分类日，该投资剩余部分的账面价值与其公允价值之间的差额计入所有者权益，在该可供出售金融资产发生减值或终止确认时转出，计入当期损益。

【例5-14】20×9年3月，由于贷款基准利率的变动和其他市场因素的影响，乙公司持有的、原划分为持有至到期投资的某公司债券价格持续下跌。为此，乙公司于4月1日对外出售该持有至到期债券投资10%，收取价款600 000元（即所出售债券的公允价值）。

假定4月1日该债券出售前的账面余额（成本）为5 000 000元，不考虑债券出售等其他相关因素的影响，则乙公司相关的账务处理如下：

借：银行存款　　　　　　　　　　　　　　　　　　　600 000
　　贷：持有至到期投资——成本　　　　　　　　　　　500 000
　　　　投资收益　　　　　　　　　　　　　　　　　100 000
借：可供出售金融资产　　　　　　　　　　　　　　5 400 000
　　贷：持有至到期投资——成本　　　　　　　　　　4 500 000
　　　　资本公积——其他资本公积　　　　　　　　　900 000

假定4月23日，乙公司将该债券全部出售，收取价款5 900 000元，则乙公司相关账务处理如下：

借：银行存款　　　　　　　　　　　　　　　　　　5 900 000
　　贷：可供出售金融资产　　　　　　　　　　　　　5 400 000
　　　　投资收益　　　　　　　　　　　　　　　　　500 000
借：资本公积——其他资本公积　　　　　　　　　　900 000
　　贷：投资收益　　　　　　　　　　　　　　　　　900 000

六、持有至到期投资减值的核算

（一）持有至到期投资减值损失的确认和计量

对于企业的持有至到期投资，有客观证据表明发生了减值的，应当根据其账面价值与预计未来现金流量现值之间的差额计算确认减值损失。预计未来现金流量现值，应当按照持有至到期投资的原实际利率折现确定，原实际利率是初始确认该金融资产时计算确定的实际利率。

表明持有至到期投资发生减值的客观证据包括下列各项：
（1）发行方或债务人发生严重财务困难。
（2）债务人违反了合同条款，如偿付利息或本金发生违约或逾期等。
（3）债权人出于经济或法律等方面因素的考虑，对发生财务困难的债务人作出让步。

（4）债务人很可能倒闭或进行其他财务重组。

（5）因发行方发生重大财务困难，该金融资产无法在活跃市场继续交易。

（6）无法辨认一组金融资产中的某项资产的现金流量是否已经减少，但根据公开的数据对其进行总体评价后发现，该组金融资产自初始确认以来的预计未来现金流量确已减少且可计量。

（7）债务人经营所处的技术、市场、经济或法律环境等发生重大不利变化的，投资人可能无法收回成本。

（8）其他表明发生减值的客观证据。

已计提减值准备的持有至到期投资价值以后又得以恢复，应在原已计提的减值准备金额内确认恢复增加的金额。但是，该转回后的账面价值不应当超过假定不计提减值准备情况下该金融资产在转回日的摊余成本。

（二）持有至到期投资减值损失的核算

为了核算持有至到期投资发生的减值，企业应设置"持有至到期投资减值准备"科目。该科目属于资产类科目，是"持有至到期投资"的备抵科目。该科目贷方登记资产负债表日确认的持有至到期投资的减值准备；借方登记在原已计提的减值准备的金额内恢复增加的价值，以及处置持有至到期投资时转销的持有至到期投资减值准备的金额；该科目的余额在贷方反映企业已计提但尚未转销的持有至到期投资减值准备。本科目应当按照持有至到期投资类别和品种进行明细核算。

现举例说明持有至到期投资减值的核算方法如下。

【例5-15】20×9年1月1日，甲公司购入乙公司于当日发行且可上市交易的债券50万张，支付价款4 750万元，另支付手续费45.06万元。该债券期限为5年，每张面值为100元，票面年利率为6%，于每年12月31日支付当年度利息。该债券20×9年1月1日的实际利率为7%。

甲公司有充裕的现金，管理层拟持有该债券至到期。12月31日，甲公司收到20×9年度利息300万元。根据乙公司公开披露的信息，甲公司估计所持有乙公司债券的本金能够收回，未来年度每年能够自乙公司取得利息收入200万元。当日市场年利率为5%。

相关年金现金系数如下：

（P/A，5%，4）=3.5460；（P/A，7%，4）=3.3875

相关复利现值系数如下：

（P/S，5%，4）=0.8227；（P/S，7%，4）=0.7629

20×9年1月1日购入时，作如下会计分录：

借：持有至到期投资——成本　　　　　　　　（50×100）50 000 000

　　贷：银行存款　　　　　　　　　　　　　　　　　47 950 600

　　　　持有至到期投资——利息调整　　　　　　　　　2 049 400

甲公司20×9年度因持有乙公司债券应确认的收益=4 795.06×7%=335.65（万元）

相关的会计分录应该是：

借：应收利息　　　　　　　　　　　　　　　（5 000×6%）3 000 000

持有至到期投资——利息调整   356 500

  贷：投资收益   3 356 500

实际收到利息时：

 借：银行存款   3 000 000

  贷：应收利息   3 000 000

20×9 年 12 月 31 日持有至到期投资的预计未来现金流量的现值 = 200 ×（P/A，7%，4）+ 5 000 ×（P/S，7%，4）= 200 × 3.3872 + 5 000 × 0.7629 = 4 491.94（万元），此时的摊余成本 = 4 795.06 + 35.65 = 4 830.71（万元）

因为 4 830.71 万元 > 4 491.94 万元，所以发生了减值，计提的减值准备的金额 = 4 830.71 − 4 491.94 = 338.77（万元），账务处理为：

 借：资产减值损失   3 387 700

  贷：持有至到期投资减值准备   3 387 700

第四节 可供出售金融资产的核算

一、可供出售金融资产概念

可供出售金融资产是指初始确认时即被指定为可供出售的非衍生金融资产，以及除下列各类资产以外的金融资产：①贷款和应收款项；②持有至到期投资；③以公允价值计量且其变动计入当期损益的金融资产。

对于在活跃市场上有报价的金融资产，既可以划分为以公允价值计量且其变动计入当期损益的金融资产，也可以划分为可供出售金融资产；如果该金融资产属于有固定到期日、回收金额固定或可确定的金融资产，则该金融资产还可能划分为持有至到期投资。某项金融资产具体应分为哪一类，主要取决于企业管理层的风险管理、投资决策等因素。金融资产的分类应是管理层意图的如实表达。

二、可供出售金融资产取得时的核算

（一）"可供出售金融资产"科目

"可供出售金融资产"属于资产类科目。本科目用来核算企业持有的可供出售金融资产的价值，包括划分为可供出售的股票投资、债券投资等金融资产。该科目借方登记取得的可供出售金融资产的成本，期末企业持有的可供出售金融资产公允价值的增加；贷方登记期末企业持有的可供出售金融资产公允价值的减少，以及处置可供出售金融资产时转出的账面价值；期末借方余额反映结存的可供出售金融资产的公允价值。该科目应当按照可供出售金融资产的类别和品种，分别"成本"、"公允价值变动"进行明细核算。

（二）可供出售金融资产取得时的核算

（1）企业取得可供出售的金融资产为权益性投资的，应按其公允价值与交易费用之和，借记"可供出售金融资产——成本"科目；按支付的价款中包含的已宣告但尚未发放的现金股利，借记"应收股利"科目，按实际支付的金额，贷记"银行存款"等科目。

（2）企业取得的可供出售金融资产为债权性投资的，应按债权性投资的面值，借记"可供出售金融资产——成本"科目；按支付的价款中包含的已到付息期但尚未领取的利息，借记"应收利息"科目；按实际支付的金额，贷记"银行存款"等科目；按差额，借记或贷记"可供出售金融资产——利息调整"科目。

【例5－16】丙公司20×9年7月13日从二级市场购入股票100万股，每股市价18元，手续费30 000元；初始确认时，该股票划分为可供出售的金融资产。

借：可供出售金融资产——成本　　　　　　　　　　　　18 030 000
　　贷：银行存款　　　　　　　　　　　　　　　　　　　　18 030 000

【例5－17】甲公司20×9年1月3日以1 943.54万元的价格购买乙公司当日发行的面值为2 000万元、票面利率为5%的3年期公司债券。该债券次年年初付息，到期一次还本和最后一期利息。企业购入该债券支付手续费3万元。债券的实际利率为6%，购入的该债券被归类为可供出售金融资产。

借：可供出售金融资产——乙公司债券（面值）　　　　　20 000 000
　　贷：可供出售金融资产——乙公司债券（利息调整）　　　　534 600
　　　　银行存款　　　　　　　　　　　　　　　　　　　19 465 400

三、持有期间取得现金股利和利息的核算

根据《企业会计准则第22号——金融工具的确认与计量》的规定，可供出售金融资产持有期间收到的现金股利或债券利息，应按以下方法进行处理：

（1）可供出售金融资产取得时实际支付的价款中包含的已宣告但尚未领取的现金股利，或已到付息期但尚未领取的债券的利息，属于在购买时暂时垫付的资金，因此，在实际收到时冲减已记录的应收股利或应收利息，不确认为投资收益。

（2）除上述情况外，可供出售金融资产持有期间所获得的现金股利或分期付息债券的利息，应在股利宣告日或计息日确认为投资收益，同时记入"应收股利"或"应收利息"；实际收到时，借记"银行存款"等科目；贷记"应收股利"或"应收利息"科目。

【例5－18】承【例5－17】，20×9年12月31日计算应收的利息：

借：应收利息　　　　　　　　　　　　　　　　　　　　1 000 000
　　可供出售金融资产——乙公司债券（利息调整）　　　　167 924
　　贷：投资收益　　　　　　　　　　　　　　　　　　　　1 167 924

四、可供出售金融资产的期末计价

资产负债表日，可供出售金融资产应当以公允价值计量。可供出售金融资产的公允价值高于其账面余额的差额，借记"可供出售金融资产——公允价值变动"科目，贷记"资本公积——其他资本公积"科目；公允价值低于其账面余额的差额作相反的会计分录。

【例5-19】 2009 年 5 月 10 日，乙公司支付价款 2 032 000 元（含交易费用 10 000 元和已宣告但尚未发放的现金股利 22 000 元），购入丙公司发行的股票 200 000 股，占丙公司有表决权股份的 1%。乙公司将其划分为可供出售金融资产。其他资料如下：

(1) 2009 年 5 月 20 日，乙公司收到丙公司发放的现金股利 22 000 元。

(2) 2009 年 6 月 30 日，该股票市价为每股 10.5 元。

(3) 2009 年 12 月 31 日，乙公司仍持有该股票；当日该股票的市价为每股 9 元。

(4) 2010 年 4 月 5 日，丙公司宣告发放现金股利，每 10 股 2 元。

(5) 2010 年 4 月 25 日，乙公司收到丙公司发放的现金股利。

假定不考虑其他因素的影响，乙公司的账务处理如下：

(1) 2009 年 5 月 10 日购入股票：

借：可供出售金融资产——成本	2 010 000
应收股利	22 000
贷：银行存款	2 032 000

(2) 2009 年 5 月 20 日收到现金股利：

借：银行存款	22 000
贷：应收股利	22 000

(3) 2009 年 6 月 30 日确认股票的价格变动：

借：可供出售金融资产——公允价值变动	90 000
贷：资本公积——其他资本公积	90 000

(4) 2009 年 12 月 31 日，确认股票价格变动：

借：资本公积——其他资本公积	300 000
贷：可供出售金融资产——公允价值变动	300 000

(5) 2010 年 4 月 5 日确认应收现金股利：

借：应收股利	40 000
贷：投资收益	40 000

(6) 2010 年 4 月 25 日收到现金股利：

借：银行存款	40 000
贷：应收股利	40 000

【例5-20】 20×9 年 1 月 1 日甲公司以银行存款 102 824.4 元购入 A 公司发行的 3 年期公司债券，该公司债券的票面总金额为 100 000 元，票面利率为 4%，实际利率为 3%，每年年末支付利息，到期还本。甲公司将该公司债券划分为可供出售金融资产。20×9 年 12 月 31 日，该债券的市场价格为 100 100 元。假定无交易费用和其他因素的影响。甲公

司的账务处理如下：

（1）20×9 年 1 月 1 日购入债券：

借：可供出售金融资产——成本　　　　　　　　　　　　　100 000

　　　　　　　　　——利息调整　　　　　　　　　　　　2 824.4

　　贷：银行存款　　　　　　　　　　　　　　　　　　102 824.4

（2）20×9 年 12 月 31 日收到债券利息：

实际利息 = 102 824.4 × 3% ≈ 3 084.73（元）

年末摊余成本 = 102 824.4 - （4 000 - 3 084.4）= 101 908.8（元）

借：应收利息　　　　　　　　　　　　　　　　　　　　　4 000

　　贷：投资收益　　　　　　　　　　　　　　　　　　　3 084.73

　　　　可供出售金融资产——利息调整　　　　　　　　　　915.27

借：银行存款　　　　　　　　　　　　　　　　　　　　　4 000

　　贷：应收利息　　　　　　　　　　　　　　　　　　　　4 000

（3）20×9 年 12 月 31 日确认公允价值变动：

借：资本公积——其他资本公积　　　　　　　　　　　　　1 808.8

　　贷：可供出售金融资产——公允价值变动　　　　　　　　1 808.8

五、可供出售金融资产减值的核算

可供出售债权性投资的减值判断和上节中的持有至到期投资相同，这里不再赘述。

对于可供出售权益性投资，其公允价值低于成本本身不足以说明可供出售权益性投资已发生减值，而应当综合相关因素判断该投资公允价值下降是否为严重的或非暂时性下跌。如果是严重的或非暂时性的下跌，应当对可供出售金融资产计提减值损失。

可供出售金融资产发生减值的，应按减计的金额（可收回金额和账面价值的差额），借记"资产减值损失"科目，贷记"可供出售金融资产——公允价值变动"科目。原直接计入所有者权益中的因公允价值下降形成的累计损失，也应当予以转出，借记"资产减值损失"科目，贷记"资本公积——其他资本公积"科目。

对于已确认减值损失的可供出售债权投资，在随后的会计期间公允价值已上升且客观上与确认原减值损失后发生的事项有关的，原确认的减值损失应当予以转回，计入当期损益。即借记"可供出售金融资产——公允价值变动"科目，贷记"资产减值损失"科目。

可供出售权益性投资发生的减值损失，不得通过损益转回，转回时，借记"可供出售金融资产——公允价值变动"科目，贷记"资本公积——其他资本公积"科目。

【例 5-21】20×7 年 1 月 1 日，甲公司按面值从债券二级市场购入乙公司发行的债券 20 000 张，每张面值 100 元，票面利率为 6%，划分为可供出售的金融资产，该债券每年付息一次，付息日为每年的 12 月 31 日。20×7 年 12 月 31 日，该债券的市场价格为每张 100 元。20×8 年，乙公司投资失误，发生严重的财务困难，但仍可支付该债券当年的票面利息。20×8 年 12 月 31 日，该债券的公允价值下降为每张 80 元。甲公司预计，如果乙公司不采取措施，该债券的公允价值预计会持续下跌。20×9 年乙公司调整产品结构并整合其他资源，致使上年发生的财务困难大为好转。20×9年12月31日，该债券的公允价值已上升至每张95元。假定甲公司初始确认该债券时计算确定的债券实际利率为6%，且不考虑其他因素，则甲公司有关的账务处理如下：

（1）20×7年1月1日购入债券：

借：可供出售金融资产——成本		2 000 000
贷：银行存款		2 000 000

（2）20×7年12月31日确认利息、公允价值变动：

借：应收利息		120 000
贷：投资收益		120 000
借：银行存款		120 000
贷：应收利息		120 000

（3）20×8年12月31日确认利息收入：

借：应收利息		120 000
贷：投资收益		120 000
借：银行存款		120 000
贷：应收利息		120 000

（4）由于该债券的公允价值预计会持续下跌，甲公司应确认减值损失＝（100－80）×20 000＝400 000（元）。

借：资产减值损失		400 000
贷：可供出售金融资产——公允价值变动		400 000

（5）2009年12月31日确认利息收入及减值损失转回：

应确认的利息收入＝（期初摊余成本2 000 000－发生的减值损失400 000）×6%
＝96 000（元）

借：应收利息		120 000
贷：投资收益		96 000
可供出售金融资产——利息调整		24 000
借：银行存款		120 000
贷：应收利息		120 000

减值损失转回前，该债券的摊余成本＝2 000 000－400 000－24 000＝1 576 000（元）

20×9年12月31日，该债券的公允价值为190万元。

应转回的金额＝1 900 000－1 576 000＝324 000（元）

借：可供出售金融资产——公允价值变动		324 000
贷：资产减值损失		324 000

【例5－22】2007年5月10日，A公司从股票二级市场以每股15.2元的价格（含已宣告发放但尚未领取的现金股利0.2元）购入B公司发行的股票200 000万股，占B公司有表决权股份的5%，对B公司无重大影响，A公司将该股票划分为可供出售金融资产。其他资料如下：

（1）2007年5月20日，A公司收到B公司发放的现金股利40 000元。

（2）2007 年 12 月 31 日，该股票的市场价格为每股 12 元，A 公司预计该股票的价格下跌是暂时的。

（3）2008 年，B 公司因违反相关证券法规，受到证券监管部门查处，受此影响，B 公司的股票价格发生下挫，至 20×8 年 12 月 31 日，该股票的市场价格下降为每股 6 元。

（4）2009 年，B 公司整改完成，加之市场宏观面好转，股票价格有所回升，至 20×9 年 12 月 31 日，该股票的市场价格为 8 元。

假定 2008 年、20×9 年均未分派现金股利，不考虑其他因素的影响，则 A 公司的有关会计处理如下：

（1）2007 年 5 月 10 日购入股票：

借：可供出售金融资产——成本   3 000 000

      应收股利   40 000

    贷：银行存款   3 040 000

（2）2007 年 5 月 20 日收到现金股利：

借：银行存款   40 000

    贷：应收股利   40 000

（3）2007 年 12 月 31 日确认股票公允价值变动：

借：资本公积——其他资本公积   600 000

    贷：可供出售金融资产——公允价值变动   600 000

（4）2008 年 12 月 31 日确认股票投资的减值损失：

借：资产减值损失   1 800 000

    贷：资本公积——其他资本公积   600 000

        可供出售金融资产——公允价值变动   1 200 000

（5）2009 年 12 月 31 日确认股票价格上涨：

借：可供出售金融资产——公允价值变动   400 000

    贷：资本公积——其他资本公积   400 000

六、可供出售金融资产处置的核算

处置可供出售金融资产时，应按实际收到的价款和账面价值的差额，计入投资损益；同时，将原直接计入所有者权益的公允价值变动累计额对应处置部分的金额转出，计入投资损益。

【例 5－23】承【例 5－22】，A 公司 2010 年 1 月 5 日将 B 公司的股票全部出售，实际所得款项为 1 700 000 元。

借：银行存款   1 700 000

    资本公积——其他资本公积   400 000

    可供出售金融资产——公允价值变动   1 400 000

    贷：可供出售金融资产——成本   3 000 000

        投资收益   500 000

第五节 长期股权投资

一、长期股权投资的概念和类型

（一）长期股权投资的概念

长期股权投资是指通过投资取得被投资单位的股权，作为被投资单位的股东，投资者按所持股份比例享有权利并承担责任。长期股权投资的期限一般较长，不准备随时出售。长期股权投资可以通过在证券市场上以货币资金购买其他单位的股票的方式获得，也可以直接以资产（包括货币资金、无形资产和其他实物资产）投资于其他单位获得。

（二）长期股权投资的类型

按照《企业会计准则第 2 号——长期股权投资》的规定，长期股权投资分为以下四种类型：

（1）企业持有的能够对被投资单位实施控制的权益性投资，即对子公司的投资。

能够对被投资单位实施控制的投资是指投资企业有权决定被投资企业的财务和经营政策，并能据以从该被投资企业的经营活动中获取利益。这里的控制包括：

①投资企业直接拥有被投资企业 50% 以上（不含 50%）的表决权资本。

②投资企业虽然直接拥有被投资企业 50% 或 50% 以下的表决权资本，但具有实质性控制权的。

投资企业对被投资企业是否具有实质性控制权，可以通过以下一项或若干项情况判断：

- 通过与其他投资者的协议，投资企业拥有被投资企业 50% 以上表决权资本的控制权。
- 根据章程或协议，投资企业有权控制被投资企业的财务和经营政策。
- 投资企业有权任免被投资企业董事会等类似权力机构的多数成员。
- 投资企业在董事会或类似权力机构会议上有半数以上投票权。

（2）企业持有的能够与其他合营方一同对被投资单位实施共同控制的权益性投资，即对合营企业投资。

共同控制，是指按照合同约定对某项经济活动所共有的控制。投资企业与其他方对被投资单位实施共同控制的，被投资单位为其合营企业。合营企业的合营各方均受到合营合同的限制和约束。一般在合营企业设立时，合营各方在投资合同或协议中约定在所设立合营企业的重要财务和生产经营决策制定过程中，必须由合营各方均同意才能通过。在实务中是否构成共同控制，应考虑以下情况：一是任何一个合营方均不能单独控制合营企业的生产经营活动。二是涉及合营企业基本经营活动的决策需要合营方一致同意。三是各合营方可能通过合同或协议的形式任命其中的一个合营方对合营企业的日常活动进行管理，但其必须在各合营方已经一致同意的财务和经营政策范围内行使管理权。

（3）企业持有的能够对被投资单位施加重大影响的权益性投资，即对联营企业投资。重大影响，是指对一个企业的财务和经营政策有参与决策的权力，但并不能够控制或者与其他方一起共同控制这些政策的制定。投资企业能够对被投资单位施加重大影响的，被投资单位为其联营企业。

当投资企业直接拥有被投资企业 20% 或以上至 50% 表决权资本时，一般认为对被投资企业有重大影响。此外，尽管投资企业直接拥有被投资企业 20% 以下的表决权资本，但符合下列情况之一的，实质上对被投资企业的财务和经营政策的决策有重大影响，也应确认为对被投资企业有重大影响的投资：

①在被投资企业的董事会或类似权力机构中派有代表。在这种情况下，由于在被投资企业的董事会或类似权力机构中派有代表，并享有相应的实质性的参与决策权，投资企业可以通过该代表参与被投资企业政策的制定，从而达到对该被投资企业施加重大影响的目的。

②参与被投资企业的政策的制定过程，包括股利分配政策等的制定。在这种情况下，由于可以参与被投资企业的政策的制定过程，在制定政策过程中可以根据自身利益提出建议和意见，从而达到对被投资企业施加重大影响的目的。

③向被投资企业派出管理人员。在这种情况下，管理人员有权力负责被投资企业的财务和经营活动，从而能对被投资企业施加重大影响。

④向被投资单位提供关键技术资料。由于被投资企业的生产经营需要依赖投资企业的技术或技术资料，从而表明投资企业对被投资企业有重大影响。

⑤与被投资单位之间发生重要交易。有关的交易因对被投资单位的日常经营具有重要性，进而在一定程度上可以影响到被投资单位的生产经营决策。

（4）企业对被投资单位不具有控制、共同控制或重大影响、在活跃市场中没有报价、公允价值不能可靠计量的权益性投资。

对被投资企业无控制、无共同控制且无重大影响的投资是指上述三种类型以外的投资。具体表现为：

①投资企业直接拥有被投资企业 20% 以下的表决权资本，且不存在对被投资企业实施其他重大影响的途径。

②投资企业直接拥有被投资企业 20% 或以上的表决权资本，但实质上对被投资企业不具有控制、共同控制和重大影响。

二、长期股权投资的取得的核算

（一）设置的会计科目

为了总括地核算和监督长期股权投资的增减变动和结存情况，企业应设置"长期股权投资"科目。它属于资产类科目，用来核算企业投出的期限在 1 年以上（不含 1 年）的各种股权性质的投资，包括购入的股票和其他股权投资等。其借方登记长期股权投资的增加数；贷方登记长期股权投资的减少数；期末借方余额反映企业持有的长期股权投资的价值。本科目应按被投资单位进行明细核算。长期股权投资核算采用权益法的，应当分别"成本"、"损益调整"、"其他权益变动"进行明细核算。

（二）企业合并取得的长期股权投资的核算

长期股权投资的取得方式不同，其初始投资成本确定也各不相同。具体来说，长期股权投资初始投资成本的确定，应当分为企业合并形成的长期股权投资和其他方式取得的长期股权投资两种形式。

在企业合并形成的长期股权投资中，还可进一步分为同一控制下的企业合并和非同一控制下的企业合并。

1. 同一控制下的企业合并取得的长期股权投资

（1）初始成本的确定。

同一控制下的企业合并是指参与合并的企业在合并前后均受同一方或相同的多方最终控制且该控制并非暂时性的。

同一方，是指对参与合并企业在合并前后均实施最终控制的投资者，如企业集团的母公司等。相同的多方，通常是指根据投资者之间的协议约定，在对被投资单位的生产经营决策行使表决权时发表一致意见的两个或两个以上的投资者。控制并非暂时性，是指参与合并各方在合并前后较长的时间内受同一方或相同的多方最终控制，控制时间通常在 1 年以上（含 1 年）。

例如，合并前母公司 A 有两个子公司 B 和 C，C 有一子公司 D，合并后 D 公司成为 B 公司的子公司，这种合并就属于同一控制下的合并。

不管哪种形式的同一控制下的合并，从最终控制方的角度看，合并前和合并后其拥有的资源并没有发生变化，变化的只是集团的布局、结构与资本链条，而且合并的交易价格往往不公允，所以同一控制下的企业合并取得的长期股权投资不以公允价值作为初始投资成本。

根据《企业会计准则第 2 号——长期股权投资》的规定，同一控制下的企业合并，合并方以支付现金、转让非现金资产或承担债务方式作为合并对价的，应当在合并日按照取得被合并方所有者权益账面价值的份额作为长期股权投资的初始投资成本。长期股权投资初始投资成本与支付的现金、转让的非现金资产以及所承担债务账面价值之间的差额，应当调整资本公积；资本公积不足冲减的，调整留存收益。

合并方以发行权益性证券作为合并对价的，应当在合并日按照取得被合并方所有者权益账面价值的份额作为长期股权投资的初始投资成本。按照发行股份的面值总额作为股本，长期股权投资初始投资成本与所发行股份面值总额之间的差额，应当调整资本公积；资本公积不足冲减的，调整留存收益。

上述在按照合并日应享有被合并方账面所有者权益的份额确定长期股权投资的初始投资成本时，前提是合并前合并方与被合并方采用的会计政策应当一致。企业合并前合并方与被合并方采用的会计政策不同的，应首先按照合并方的会计政策对被合并方资产、负债的账面价值进行调整，在此基础上计算确定形成长期股权投资的初始投资成本。

（2）合并方为进行企业合并发生的有关费用的处理。

合并方为进行企业合并发生的有关费用，指合并方为进行企业合并发生的各项直接相关费用，如为进行企业合并支付的审计费用、进行资产评估的费用以及有关的法律咨询费用等增量费用。

同一控制下企业合并进行过程中发生的各项直接相关的费用，应于发生时费用化计入当期损益。借记"管理费用"等科目，贷记"银行存款"等科目。但以下两种情况除外：

①以发行债券方式进行的企业合并，与发行债券相关的佣金、手续费等应按照《企业会计准则第22号——金融工具确认和计量》的规定进行核算。即该部分费用，虽然与筹集用于企业合并的对价直接相关，但其核算应遵照金融工具准则的原则，有关的费用应计入负债的初始计量金额中。其中债券如为折价发行的，该部分费用应增加折价的金额；债券如为溢价发行的，该部分费用应减少溢价的金额。

②发行权益性证券作为合并对价的，与所发行权益性证券相关的佣金、手续费等应按照《企业会计准则第37号——金融工具列报》的规定进行核算。即与发行权益性证券相关的费用，不管其是否与企业合并直接相关，均应自所发行权益性证券的发行收入中扣减，在权益性工具发行有溢价的情况下，自溢价收入中扣除；在权益性证券发行无溢价或溢价金额不足以扣减的情况下，应当冲减盈余公积和未分配利润。

企业专设的购并部门发生的日常管理费用，如果该部门的设置并不是与某项企业合并直接相关，而是企业的一个常设部门，其设置的目的是为了寻找相关的购并机会等，维持该部门日常运转的有关费用，不属于与企业合并直接相关的费用，应当于发生时费用化计入当期损益。

（3）账务处理程序。

同一控制下企业合并形成的长期股权投资，应在合并日按取得被合并方所有者权益账面价值的份额，借记"长期股权投资（成本）"科目，按享有被投资单位已宣告但尚未收取的现金股利或利润，借记"应收股利"科目，按支付的合并对价的账面价值，贷记有关资产或有关负债科目，按其差额的，贷记"资本公积——资本溢价或股本溢价"科目；如果为借方差额，则借记"资本公积——资本溢价或股本溢价"科目，资本公积（资本溢价或股本溢价）不足冲减的，应依次借记"盈余公积"、"利润分配——未分配利润"科目。

现举例说明同一控制下企业合并取得的长期股权投资的核算：

【例5-24】B公司和C公司同为A集团的子公司，20×8年1月2日，B公司和C公司达成合并协议，B公司以银行存款5 000万元作为对价，取得C公司60%的股权。合并日C公司的所有者权益的账面总额为8 000万元。假定B公司合并时"资本公积——股本溢价"科目的余额为500万元。

根据以上资料，B公司应作如下会计分录：

借：长期股权投资——C公司（成本）   48 000 000

    资本公积——股本溢价   2 000 000

  贷：银行存款   50 000 000

【例 5 - 25】承【例 5 - 24】，如果 B 公司以每股面值为 1 元的普通股 1 000 万股作为合并对价，则在取得长期股权投资时 B 公司应作如下会计分录：

借：长期股权投资——C 公司（成本）　　　　　　　　　　48 000 000
　　贷：股本　　　　　　　　　　　　　　　　　　　　　　　10 000 000
　　　　资本公积——股本溢价　　　　　　　　　　　　　　　38 000 000

2. 非同一控制下的企业合并形成的长期股权投资

（1）初始投资成本的确定。

非同一控制下的企业合并是指参与合并的各方在合并前后不属于同一方或相同的多方最终控制的情况下进行的合并。非同一控制下的合并一般以市价为基础，交易作价相对公平合理，因此，非同一控制下企业合并取得的长期股权投资以公允价值为基础计价。

根据《企业会计准则第 2 号——长期股权投资》的规定，非同一控制下的企业合并，购买方在购买日应当按照《企业会计准则第 20 号——企业合并》确定的合并成本作为长期股权投资的初始投资成本。即购买方应当区别下列情况确定合并成本：一次交换交易实现的企业合并，合并成本为购买方在购买日为取得被购买方的控制权而付出的资产、发生或承担的负债以及发行的权益性证券的公允价值；通过多次交换交易分步实现的企业合并，合并成本为购买日之前所持被购买方的股权投资的账面价值与购买日新增投资成本之和；在合并合同或协议中对可能影响合并成本的未来事项作出约定的，购买日如果估计未来事项很可能发生并且对合并成本的影响金额能够可靠计量的，购买方应当将其计入合并成本。

购买方在购买日对作为企业合并对价付出的资产、发生或承担的负债应当按照公允价值计量，公允价值与其账面价值的差额，计入当期损益。

（2）合并方为进行企业合并发生的有关费用的处理。

根据《企业会计准则解释第 4 号》，非同一控制下的企业合并中，合并方为进行企业合并发生的有关费用的处理，和同一控制下的企业合并的会计处理相同。

（3）账务处理程序。

非同一控制下企业合并形成的长期股权投资，应在购买日按企业合并成本（不含应向被投资单位收取的现金股利或利润），借记“长期股权投资——成本”科目，按享有被投资单位已宣告但尚未发放的现金股利或利润，借记“应收股利”科目，按支付合并对价的账面价值，贷记有关资产或有关负债科目，按其差额，贷记“营业外收入”或借记“营业外支出”等科目。非同一控制下涉及以库存商品等存货作为合并对价的，应按存货的公允价值，贷记“主营（其他）业务收入”科目，并同时结转相关的成本。涉及增值税的还需进行相应的处理。

现举例说明非同一控制下企业合并取得的长期股权投资的核算。

【例 5 - 26】20×8 年 4 月 1 日，甲公司与丙公司达成合并协议，约定甲公司以一批产品向丙公司投资，占丙公司股份总额的 60%。该产品的成本为 400 万元，公允价值为 600 万元，该产品适用的增值税税率为 17%。假定甲公司与丙公司在此之前不存在任何投资关系，不考虑其他相关税费。根据以上资料甲公司应作如下会计分录：

借：长期股权投资——丙公司（成本）　　　　　　　　　　　7 020 000
　　　贷：主营业务收入　　　　　　　　　　　　　　　　　　　6 000 000
　　　　　应交税费——应交增值税（销项税额）　　　　　　　1 020 000
同时结转该批产品的成本：
借：主营业务成本　　　　　　　　　　　　　　　　　　　　4 000 000
　　　贷：库存商品　　　　　　　　　　　　　　　　　　　　　4 000 000

【例 5 - 27】20×8 年 3 月 11 日，A 公司与 B 公司达成合并协议，约定 A 公司以一项专利权向 B 公司投资，占 B 公司股份总额的 60%。该专利权的账面原价为 1 000 万元，已累计摊销 200 万元，已计提无形资产减值准备 50 万元，公允价值为 900 万元，转让该专利权的营业税税率为 5%。假定 A 公司和 B 公司在此之前不存在任何投资关系。根据以上资料，A 公司应作如下会计分录：

借：长期股权投资——B 公司（成本）　　　　　　　　　　9 000 000
　　累计摊销——专利权　　　　　　　　　　　　　　　　　2 000 000
　　资产减值准备——无形资产减值准备　　　　　　　　　　　500 000
　　　贷：无形资产——专利权　　　　　　　　　　　　　　10 000 000
　　　　　应交税费——应交营业税　　　　　　　　　　　　　　450 000
　　　　　营业外收入　　　　　　　　　　　　　　　　　　　1 050 000

（三）其他方式取得长期股权投资的核算

除企业合并形成的长期股权投资以外，其他方式取得的长期股权投资，应当按照下列规定确定其初始投资成本：

（1）以支付现金取得的长期股权投资，应当按照实际支付的购买价款作为初始投资成本。初始投资成本包括与取得长期股权投资直接相关的费用、税金及其他必要支出。

（2）以发行权益性证券取得的长期股权投资，应当按照发行权益性证券的公允价值作为初始投资成本。

（3）投资者投入的长期股权投资，应当按照投资合同或协议约定的价值作为初始投资成本，但合同或协议约定价值不公允的除外。

（4）通过非货币性资产交换取得的长期股权投资，其初始投资成本应当按照《企业会计准则第 7 号——非货币性资产交换》确定。

（5）通过债务重组取得的长期股权投资，其初始投资成本应当按照《企业会计准则第 12 号——债务重组》确定。

现举例说明其他方式取得长期股权投资的核算。

【例 5 - 28】为保证原料的供应，20×8 年 1 月 2 日 M 公司在公开交易的股票市场上购买 N 公司 5%的股票 100 万股，每股 12.2 元，其中 0.2 元为已宣告但尚未收取的现金股利，另支付相关税费 24 000 元，所有款项已通过银行存款支付。根据以上资料，M 公司应作如下会计分录：

借：长期股权投资——N 公司（成本）　　　　　　　　　　12 024 000
　　应收股利　　　　　　　　　　　　　　　　　　　　　　　200 000

贷：银行存款   12 224 000

【例5-29】20×8年4月1日，A公司接受B公司所持有的对C公司的长期股权投资。B公司对C公司长期股权投资的账面价值为2 400万元，未计提长期股权投资减值准备。A公司和B公司约定，对C公司的长期股权投资的作价为3 500万元，该作价是按照C公司股票的市价经考虑相关调整因素后确定的。在20×8年4月1日，A公司所有者权益总额为1.5亿元，B公司出资占A公司所有者权益的20%。假定不考虑其他相关税费。根据以上资料A公司应作如下会计分录：

借：长期股权投资——C公司（成本）   35 000 000

贷：实收资本   30 000 000

资本公积——资本溢价   5 000 000

三、长期股权投资的后续计量

企业对外进行的长期股权投资，应当根据不同的情况采用成本法和权益法核算。

（一）长期股权投资核算的成本法

1. 成本法的含义

成本法是指长期股权投资按投资成本计价核算的方法。在成本法下，长期股权投资以取得股权时的初始投资成本计价，其后，除了投资企业追加投资，收到被投资单位分派的属于投资前累积盈余的分配额，或收回投资外，长期股权投资的账面价值一般保持不变。即长期股权投资的价值一经入账，无论被投资单位的生产经营情况如何，是实现利润还是发生亏损，净资产是增加还是减少，投资企业均不改变其长期股权投资的账面价值，仍以初始投资成本反映企业的长期股权投资。

2. 成本法的适用范围

根据《企业会计准则第2号——长期股权投资》的规定，企业持有的长期股权投资，在下列情况下应采用成本法核算：

（1）投资企业能够对被投资单位实施控制的长期股权投资。

（2）投资企业对被投资单位不具有共同控制或重大影响，并且在活跃市场中没有报价、公允价值不能可靠计量的长期股权投资。

3. 成本法的核算方法

采用成本法核算长期股权投资的一般程序如下：

（1）企业初始投资或追加投资时，按照初始投资或追加投资时的投资成本，增加长期股权投资的账面价值。

（2）被投资企业宣告分派的利润或现金股利，投资企业按应享有的部分，确认为当期投资收益。

现举例说明长期股权投资成本法的核算。

【例5-30】甲公司20×9年6月20日以1 500万元的价格购入乙公司6%的股份，甲公司在取得该部分投资后，未参与被投资单位的生产经营决策，同样也未以任何其他方式对乙公司施加控制、共同控制或重大影响。同时，该股权不存在活跃的市场，其公允价值不能可靠计量。20×8年9月30日，乙公司宣告分派现金股利，甲公司按照其持股比例确定可分回20万元。

甲公司对乙公司的长期股权投资应进行的账务处理为：

借：长期股权投资   15 000 000
    贷：银行存款   15 000 000
借：应收股利   200 000
    贷：投资收益   200 000

（二）长期股权投资核算的权益法

1. 权益法的含义

长期股权投资的权益法是指投资最初以初始投资成本计价，以后根据投资企业享有被投资单位所有者权益份额的变动对投资的账面价值进行调整的方法。在权益法下，长期股权投资的账面价值反映的不是企业的初始投资成本，而是企业占被投资企业所有者权益的份额。

2. 权益法的适用范围

根据《企业会计准则第2号——长期股权投资》的规定，投资企业对被投资单位具有共同控制或重大影响的长期股权投资，应当采用权益法核算。

3. 权益法的核算方法

（1）初始投资成本的调整。

企业初始投资或追加投资时，按照初始投资或追加投资时的投资成本，增加长期股权投资的账面价值。对于投资成本与应享有被投资单位可辨认净资产公允价值份额之间的差额，应区别情况分别处理。

①长期股权投资的初始投资成本大于投资时应享有被投资单位可辨认净资产公允价值份额的，该部分差额是投资企业对被投资企业未入账的商誉和其他不符合确认条件的资产价值的补偿，不调整已确认的初始投资成本。

②长期股权投资的初始投资成本小于投资时应享有被投资单位可辨认净资产公允价值份额的，两者之间的差额体现为双方在交易作价过程中转让方的让步，该部分经济利益流入应作为收益处理，计入取得投资当期的营业外收入，同时调整增加长期股权投资的账面价值。借记"长期股权投资（成本）"科目，贷记"营业外收入"科目。

【例5-31】A企业于20×9年1月取得B公司30%的股权，支付价款9 800万元。取得投资时被投资单位净资产账面价值为22 500万元（假定被投资单位各项可辨认资产、负债的公允价值与其账面价值相同）。

在B公司的生产经营决策过程中，所有股东均按持股比例行使表决权。A企业在取得B公司的股权后，派人参与了B公司的生产经营决策。因能够对B公司施加重大影响，A企业对该投资应当采用权益法核算。取得投资时，A企业应进行以下账务处理：

借：长期股权投资——成本   98 000 000
    贷：银行存款   98 000 000

长期股权投资的初始投资成本 9 800 万元大于取得投资时应享有被投资单位可辨认净资产公允价值的份额 6 750（22 500×30%）万元，两者之间的差额不调整长期股权投资的账面价值。

如果本例中取得投资时被投资单位可辨认净资产的公允价值为 36 000 万元，A 企业按持股比例 30% 计算确定应享有 10 800 万元，则初始投资成本与应享有被投资单位可辨认净资产公允价值份额之间的差额 1 000 万元应计入取得投资当期的营业外收入，账务处理如下：

借：长期股权投资——成本	108 000 000
贷：银行存款	98 000 000
营业外收入	10 000 000

（2）投资损益的确认。

资产负债表日，企业应根据被投资单位实现的净利润或经调整的净利润计算应享有的份额，借记"长期股权投资（损益调整）"科目，贷记"投资收益"科目。被投资单位发生亏损的应作相反的会计分录。需要注意的是，在根据被审计单位账面净利润或净亏损进行调整时，应充分考虑以下因素：

一是被投资单位采用的会计政策及会计期间与投资企业不一致的，应当按照投资企业的会计政策及会计期间对被投资单位的财务报表进行调整，并据以确认投资损益。

二是以取得投资时被投资单位固定资产、无形资产的公允价值为基础计提的折旧额或摊销额，以及以投资企业取得投资时的公允价值为基础计算确定的资产减值准备金额等对被投资单位净利润的影响。

在针对上述情况对被审计单位实现的净利润进行调整时，应遵循重要性原则，不具有重要性的项目可不予以调整。符合下列条件之一的，投资企业可按被投资单位的账面净利润为基础，计算确认投资损益，同时在附注中说明不能按照准则的规定进行核算的原因：①投资企业无法合理确定取得投资时被投资单位各项可辨认资产等的公允价值。②投资时被投资单位可辨认资产的公允价值与其账面价值相比，两者之间的差额不具有重要性。③其他原因导致无法取得被审计单位的有关资料，不能按照准则的规定进行调整。

【例 5-32】沿用【例 5-31】，假定长期股权投资的成本大于取得投资时被投资单位可辨认净资产公允价值份额的情况下，取得投资当年被投资单位实现净利润 2 000 万元。投资企业与被投资单位均以公历年度作为会计年度，两者之间采用的会计政策相同。由于投资时被投资单位各项资产、负债的账面价值与其公允价值相同，且假定投资企业与被投资单位未发生任何内部交易，不需要对被投资单位实现的净损益进行调整，投资企业应确认的投资收益为 600（2 000×30%）万元。

【例 5-33】甲公司于 20×9 年 1 月 10 日购入乙公司 30% 的股份，购买价款为 3 000 万元，并自取得投资之日起派人参与乙公司的生产经营决策。取得投资当日，乙公司可辨认净资产公允价值为 9 000 万元，除表 5-3 所列项目外，乙公司其他资产、负债的公允价值与账面价值相同。

表 5 – 3

项　目	账面原价 （万元）	已提折旧或摊销 （万元）	公允价值 （万元）	乙公司预计 使用年限	甲公司取得投资后 剩余使用年限
存货	750		1 050		
固定资产	1 800	360	2 400	20	16
无形资产	1 050	210	1 200	10	8
合计	3 600	570	4 650		

假定乙公司于 20×9 年实现净利润 1 000 万元，其中，在甲公司取得投资时的账面存货有 80% 对外出售。甲公司与乙公司的会计年度及采用的会计政策相同。固定资产、无形资产均按直线法提取折旧或摊销，预计净残值均为 0。假定甲、乙公司间未发生任何内部交易。

甲公司在确定其应享有的投资收益时，应在乙公司实现净利润的基础上，根据取得投资时乙公司有关资产的账面价值与其公允价值差额的影响进行调整（假定不考虑所得税影响）：

存货账面价值与公允价值的差额应调减的利润 =（1 050 – 750）×80% = 240（万元）

固定资产公允价值与账面价值差额应调整增加的折旧额 =（2 400 ÷ 16）–（1 800 ÷ 20）

$$= 60（万元）$$

无形资产公允价值与账面价值差额应调整增加的摊销额 =（1 200 ÷ 8）–（1 050 ÷ 10）

$$= 45（万元）$$

调整后的净利润 = 1 000 – 240 – 60 – 45 = 655（万元）

甲公司应享有份额 = 655 × 30% = 196.50（万元）

确认投资收益的账务处理为：

借：长期股权投资——损益调整　　　　　　　　　　　　1 965 000

　　贷：投资收益　　　　　　　　　　　　　　　　　　　　1 965 000

三是在确认投资收益时，除考虑公允价值的调整外，对于投资企业与其联营企业及合营企业之间发生的未实现内部交易损益应予抵销。即投资企业与联营企业及合营企业之间发生的未实现内部交易损益按照持股比例计算归属于投资企业的部分应当予以抵销，在此基础上确认投资损益。投资企业与被投资单位发生的内部交易损失，按照《企业会计准则第 8 号——资产减值》等规定属于资产减值损失的，应当全额确认。投资企业对于纳入其合并范围的子公司与其联营企业及合营企业之间发生的内部交易损益，也应当按照上述原则进行抵销，在此基础上确认投资损益。

应当注意的是，该未实现内部交易损益的抵销既包括顺流交易也包括逆流交易，其中，顺流交易是指投资企业向其联营企业或合营企业出售资产；逆流交易是指联营企业或合营企业向投资企业出售资产。当该未实现内部交易损益体现在投资企业或其联营企业、合营企业持有的资产账面价值中时，相关的损益在计算确认投资损益时应予抵销。

【例 5 – 34】甲企业于 20×9 年 1 月取得乙公司 20% 有表决权股份，能够对乙公司施加重大影响。假定甲企业取得该项投资时，乙公司各项可辨认资产、负债的公允价值与其账面价值相同。20×9年8月，乙公司将其成本为500万元的某商品以800万元的价格出售给甲企业，甲企业将取得的商品作为存货。至20×9年资产负债表日，甲企业仍未对外出售该存货。乙公司20×9年实现净利润为3 000万元。假定不考虑所得税因素。

甲公司在按照权益法确认应享有乙公司20×9年的净收益=(30 000 000 – 3 000 000)×20% = 5 400 000（元），应进行以下账务处理：

借：长期股权投资——损益调整   5 400 000

       贷：投资收益   5 400 000

（3）取得现金股利或利润的处理。

按照权益法核算的长期股权投资，投资企业自被投资单位取得的现金股利或利润，应抵减长期股权投资的账面价值。在被投资单位宣告分派现金股利或利润时，借记"应收股利"科目，贷记"长期股权投资（损益调整）"科目；自被投资单位取得的现金股利或利润超过已确认损益调整的部分应视同投资成本的收回，冲减长期股权投资的账面价值。

收到被投资单位发放的股票股利，不进行账务处理，但应在备查簿中登记。

（4）超额亏损的确认。

按照权益法核算的长期股权投资，投资企业确认应分担被投资单位发生的损失，原则上应以长期股权投资及其他实质上构成被投资单位净投资的长期权益减计至零为限。投资企业负有承担额外损失义务的除外。

"其他实质上构成对被投资单位净投资的长期权益"通常是指长期应收项目，例如，企业对被投资单位的长期债权，该债权没有明确的清收计划，且在可预见的未来期间不准备收回的，实质上构成对被投资单位的净投资。应予说明的是，该类长期权益不包括投资企业与被投资单位之间因销售商品、提供劳务等日常活动所产生的长期债权。

企业在实务操作过程中，在发生投资损失时，应借记"投资收益"科目，贷记"长期股权投资——损益调整"科目。在长期股权投资的账面价值减计至零以后，考虑其他实质上构成对被投资单位净投资的长期权益，继续确认的投资损失，应借记"投资收益"科目，贷记"长期应收款"科目；因投资合同或协议约定导致投资企业需要承担额外义务的，按照或有事项准则的规定，对于符合确认条件的义务，应确认为当期损失，同时确认预计负债，借记"投资收益"科目，贷记"预计负债"科目。除上述情况仍未确认的应分担被投资单位的损失，应在账外备查登记。

在确认了有关的投资损失以后，被投资单位于以后期间实现盈利的，应按以上相反顺序分别减计账外备查登记的金额、已确认的预计负债、恢复其他长期权益及长期股权投资的账面价值，同时确认投资收益。即应当按顺序分别借记"预计负债"、"长期应收款"、"长期股权投资"科目，贷记"投资收益"科目。

【例5–35】甲企业持有乙企业40%的股权，能够对乙企业施加重大影响。20×8年12月31日该项长期股权投资的账面价值为5 000万元。乙企业20×9年由于一项主要经营业务市场条件发生变化，当年度亏损8 000万元。假定甲企业在取得该投资时，乙企业各项可辨认资产、负债的公允价值与其账面价值相等，双方所采用的会计政策及会计期间也相同。则甲企业当年度应确认的投资损失为3 200万元。确认上述投资损失后，长期股权投资的账面价值变为1 800万元。

上述如果乙企业当年度的亏损额为 15 000 万元，则甲企业按其持股比例确认应分担的损失为 6 000 万元，但长期股权投资的账面价值仅为 5 000 万元，如果没有其他实质上构成对被投资单位净投资的长期权益项目，则甲企业应确认的投资损失仅为 5 000 万元，超额损失在账外进行备查登记；在确认了 5 000 万元的投资损失，长期股权投资的账面价值减计至零以后，如果甲企业账上仍有应收乙企业的长期应收款 2 000 万元，该款项从目前情况看，没有明确的清偿计划（并非产生于商品购销等日常活动），则在长期应收款的账面价值大于 1 000 万元的情况下，应以长期应收款的账面价值为限进一步确认投资损失 1 000 万元。甲企业应进行的账务处理为：

借：投资收益　　　　　　　　　　　　　　　　　　　50 000 000
　　贷：长期股权投资——损益调整　　　　　　　　　　　50 000 000
借：投资收益　　　　　　　　　　　　　　　　　　　10 000 000
　　贷：长期应收款　　　　　　　　　　　　　　　　　10 000 000

（5）被投资单位除净损益以外所有者权益的其他变动。

采用权益法核算时，投资企业对被投资单位除净损益以外所有者权益的其他变动，在持股比例不变的情况下，应按持股比例计算应享有的份额，借记"长期股权投资（其他权益变动）"，贷记"资本公积——其他资本公积"科目。

现举例说明长期股权投资权益法的核算。

【例 5－36】A 企业持有 B 企业 40% 的股份，能够对 B 企业施加重大影响。当期 B 企业因持有的可供出售金融资产公允价值的变动计入资本公积的金额为 2 000 万元，除该事项外，B 企业当期实现的净损益为 10 000 万元。假定 A 企业与 B 企业适用的会计政策、会计期间相同，投资时 B 企业有关资产、负债的公允价值与其账面价值亦相同，双方当期及以前期间未发生任何内部交易。

A 企业在确认应享有被投资单位所有者权益的变动时，应进行的账务处理为：

借：长期股权投资——损益调整　　　　　　　　　　　40 000 000
　　　　　　　　——其他权益变动　　　　　　　　　　 8 000 000
　　贷：投资收益　　　　　　　　　　　　　　　　　　40 000 000
　　　　资本公积——其他资本公积　　　　　　　　　　 8 000 000

（6）股票股利的处理。

被投资单位分派的股票股利，投资企业不作账务处理，但应于除权日注明所增加的股数，以反映股份的变化情况。

四、成本法与权益法之间转换的会计处理

长期股权投资在持有期间，因各方面情况的变化，可能导致其核算需要由一种方法转换为另外的方法。

（一）成本法转换为权益法

长期股权投资的核算由成本法转换为权益法时，应以成本法下长期股权投资的账面价

值作为按照权益法核算的初始投资成本，并在此基础上比较该初始投资成本与应享有被投资单位可辨认净资产公允价值的份额，确认是否需要对长期股权投资的账面价值进行调整。

1. 因持股比例上升由成本法转换为权益法

原持有的对被投资单位不具有控制、共同控制或重大影响、在活跃市场中没有报价、公允价值不能可靠计量的长期股权投资，因追加投资导致持股比例上升，能够对被投资单位施加重大影响或是实施共同控制的，在自成本法转为权益法时，应区分原持有的长期股权投资以及新增长期股权投资两部分分别处理。

（1）原持股比例部分。

①原取得投资时长期股权投资的账面余额大于应享有原取得投资时被投资单位可辨认净资产公允价值的份额，不调整长期股权投资的账面价值；原取得投资时长期股权投资的账面余额小于应享有原取得投资时被投资单位可辨认净资产公允价值份额，调整长期股权投资的账面价值和留存收益。

②原取得投资后至新取得投资的交易日之间被投资单位可辨认净资产的公允价值变动相对于原持股比例的部分，属于在此之间被投资单位实现净损益中应享有份额的，调整长期股权投资和留存收益，其余部分调整长期股权投资和资本公积。

（2）新增持股比例部分。

新增的投资成本大于应享有取得投资时被投资单位可辨认净资产公允价值，不调整长期股权投资的账面价值；新增的投资成本小于应享有取得投资时被投资单位可辨认净资产公允价值，调整长期股权投资和营业外收入。

上述与原持股比例相对应的商誉、留存收益与新取得投资过程中体现的商誉、计入当期损益的金额应综合考虑，在此基础上确定与整体投资相关的商誉、留存收益或营业外收入。

【例5-37】甲公司于20×7年1月1日取得乙公司10%的股权，成本为500万元，取得投资时乙公司可辨认净资产公允价值总额为4 900万元（假定公允价值与账面价值相同）。因对被投资单位不具有重大影响且无法可靠确定该项投资的公允价值，甲公司对其采用成本法核算。甲公司按照净利润的10%提取盈余公积。

20×8年1月1日，甲公司又以1 350万元的价格取得乙公司20%的股权，当日乙公司可辨认净资产公允价值总额为6 500万元。取得该部分股权后，按照乙公司章程规定，甲公司能够派人参与乙公司的生产经营决策，对该项长期股权投资转为采用权益法核算。假定甲公司在取得对乙公司10%股权后至新增投资日，乙公司通过生产经营活动实现的净利润为1 000万元，未派发现金股利或利润。除所实现净利润外，未发生其他计入资本公积的交易或事项。

（1）对长期股权投资账面价值的调整。

①对于原10%股权的成本500万元与原投资时应享有被投资单位可辨认净资产公允价值份额490万元（4 900×10%）之间的差额10万元，属于原投资时体现的商誉，该部分差额不调整长期股权投资的账面价值。

对于被投资单位可辨认净资产在原投资时至新增投资交易日之间公允价值的变动相对

于原持股比例的部分160万元 [(6 500 - 4 900) ×10%]，其中属于投资后被投资单位实现净利润部分100万元（1 000 ×10%），应调整增加长期股权投资的账面余额，同时调整留存收益；除实现净损益外其他原因导致的可辨认净资产公允价值的变动60万元，应当调整增加长期股权投资的账面余额，同时计入资本公积（其他资本公积）。针对该部分投资的账务处理为：

借：长期股权投资　　　　　　　　　　　　　　　　　　　1 600 000
　　贷：资本公积——其他资本公积　　　　　　　　　　　　　　600 000
　　　　盈余公积　　　　　　　　　　　　　　　　　　　　　　100 000
　　　　利润分配——未分配利润　　　　　　　　　　　　　　　900 000

（2）20 ×8 年 1 月 1 日，甲公司应确认对乙公司的长期股权投资。

借：长期股权投资　　　　　　　　　　　　　　　　　　13 500 000
　　贷：银行存款　　　　　　　　　　　　　　　　　　　　13 500 000

对于新取得的股权，其成本为 1 350 万元，与取得该投资时按照持股比例计算确定应享有被投资单位可辨认净资产公允价值的份额 1 300 万元（6 500 ×20%）之间的差额为投资作价中体现出的商誉，该部分商誉不要求调整长期股权投资的成本。

【例 5 - 38】承【例 5 - 37】，如果 20 ×8 年 1 月 1 日甲公司支付 1 200 万元取得乙公司 20% 的股权，则应编制会计分录如下：

借：长期股权投资　　　　　　　　　　　　　　　　　　12 000 000
　　贷：银行存款　　　　　　　　　　　　　　　　　　　　12 000 000

对于新取得的股权，其成本为 1 200 万元，与取得该投资时按照持股比例计算确定应享有被投资单位可辨认净资产公允价值的份额 1 300 万元（6 500 ×20%）之间的差额应确认营业外收入 100 万元，但原持股比例 10% 部分长期股权投资中含有商誉 10 万元，所以综合考虑追加投资部分应确认营业外收入 90 万元。

借：长期股权投资　　　　　　　　　　　　　　　　　　　900 000
　　贷：营业外收入　　　　　　　　　　　　　　　　　　　　900 000

【例 5 - 39】承【例 5 - 38】，如果 20 ×8 年 1 月 1 日甲公司支付 1 295 万元取得乙公司 20% 的股权，则应编制会计分录如下：

借：长期股权投资　　　　　　　　　　　　　　　　　　12 950 000
　　贷：银行存款　　　　　　　　　　　　　　　　　　　　12 950 000

对于新取得的股权，其成本为 1 295 万元，与取得该投资时按照持股比例计算确定应享有被投资单位可辨认净资产公允价值的份额 1 300 万元（6 500 ×20%）之间的差额应确认营业外收入 5 万元，但原持股比例 10% 部分长期股权投资中含有商誉 10 万元，所以综合考虑含在长期股权投资中的商誉为 5 万元，追加投资部分不应确认营业外收入。

2. 因持股比例下降由成本法改为权益法

因处置投资导致对被投资单位的影响能力由控制转为具有重大影响或是与其他投资方一起实施共同控制的情况下，首先应按处置或收回投资的比例结转应中止确认的长期股权投资成本。

在此基础上，应比较剩余的长期股权投资成本与按照剩余持股比例计算原投资时应享有被投资单位可辨认净资产公允价值的份额，如果前者大于后者，属于投资作价中体现的商誉部分，不调整长期股权投资的账面价值；如果后者大于前者，属于交易作价过程中转让方的让步，应调整长期股权投资的账面价值，同时调整留存收益。

对于原取得投资后至转变为权益法之间被投资单位实现净损益中应享有份额的，调整长期股权投资和留存收益，其余原因导致被投资单位所有者权益变动中应享有的份额，调整长期股权投资和资本公积。

【例5－40】A公司原持有B公司60%的股权，其账面余额为6000万元，未计提减值准备。20×7年12月6日，A公司将其持有的对B公司长期股权投资中的1/3出售给某企业，出售取得价款3800万元，当日被投资单位可辨认净资产公允价值总额为16000万元。A公司原取得B公司60%股权时，B公司可辨认净资产公允价值总额为9000万元（假定公允价值与账面价值相同）。自A公司取得对B公司长期股权投资后至部分处置投资前，B公司实现净利润5000万元。假定B公司一直未进行利润分配。除所实现净损益外，B公司未发生其他计入资本公积的交易或事项。假定A公司按净利润的10%提取盈余公积。

在出售20%的股权后，A公司对B公司的持股比例为40%，在被投资单位董事会中派有代表，但不能对B公司生产经营决策实施控制。对B公司长期股权投资应由成本法改为按照权益法核算。

（1）确认长期股权投资处置损益：

借：银行存款　　　　　　　　　　　　　　　　　　　38 000 000
　　贷：长期股权投资　　　　　　　　　　　　　　　　20 000 000
　　　　投资收益　　　　　　　　　　　　　　　　　　18 000 000

（2）调整长期股权投资账面价值：

剩余长期股权投资的账面价值为4000万元，与原投资时应享有被投资单位可辨认净资产公允价值份额之间的差额400万元（4000－9000×40%）为商誉，该部分商誉的价值不需要对长期股权投资的成本进行调整。

处置投资以后按照持股比例计算享有被投资单位自购买日至处置投资日期间实现的净损益为2000万元（5000×40%），应调整增加长期股权投资的账面价值，同时调整留存收益。企业应进行以下账务处理：

借：长期股权投资　　　　　　　　　　　　　　　　　20 000 000
　　贷：盈余公积　　　　　　　　　　　　　　　　　　2 000 000
　　　　利润分配——未分配利润　　　　　　　　　　　18 000 000

（二）权益法转换为成本法

因追加投资等原因导致原持有的对联营企业或合营企业的投资转变为对子公司投资的，在个别财务报表中，应当以购买日之前所持被购买方的股权投资的账面价值与购买日新增投资成本之和，作为该项投资的初始投资成本；购买日之前持有的被购买方的股权涉及其他综合收益的，应当在处置该项投资时将与其相关的其他综合收益（如可供出售金融资产公允价值变动计入资本公积的部分，下同）转入当期投资收益。

因投资收回等原因导致长期股权投资的核算由权益法转换为成本法的，应以转换时长期股权投资的账面价值作为按照成本法核算的基础。在以后期间，自被投资单位分得的现金股利或利润未超过转换时被投资单位账面留存收益中本企业享有份额的，确认为当期损益。

【例5－41】丙公司20×7年对乙公司投资，占乙公司注册资本的30%，对乙公司能够施加重大影响。至20×8年12月31日，丙公司对乙公司投资的账面价值为400万元，其中，投资成本为300万元，损益调整为100万元。20×9年1月2日，丙公司将持有乙公司的股份对外转让一半，收到220万元款项存入银行，并失去了重大影响力。为此，丙公司改按成本法核算。

(1) 出售15%的股份：

借：银行存款 2 200 000
　　贷：长期股权投资——乙公司（投资成本） 1 500 000
　　　　　　　　　　　　——乙公司（损益调整） 500 000
　　　　投资收益 200 000

(2) 权益法改为成本法：

借：长期股权投资——乙公司 2 000 000
　　贷：长期股权投资——乙公司（投资成本） 1 500 000
　　　　　　　　　　　　——乙公司（损益调整） 500 000

五、长期股权投资的处置

企业处置长期股权投资时，应相应结转与所售股权相对应的长期股权投资的账面价值，出售所得价款与处置长期股权投资账面价值之间的差额，应确认为处置损益。

采用权益法核算的长期股权投资，因被投资单位除净损益以外的所有者权益变动而计入资本公积的金额，处置该项投资时应当按出售的比例将其转入当期损益。

现举例说明长期股权投资处置的核算。

【例5－42】丙公司20×9年2月10日将持有的对乙公司的长期股权投资予以出售，出售实际得到的价款为380 000元，已存入银行。出售前该投资按权益法核算，"长期股权投资"各明细科目均为贷方余额，分别为：成本250 000元，损益调整50 000元，其他权益变动20 000元，计提的长期股权投资减值准备为15 000元。

根据以上资料编制如下会计分录：

借：银行存款 380 000
　　长期股权投资减值准备 15 000
　　贷：长期股权投资——成本 250 000
　　　　　　　　　　　——损益调整 50 000
　　　　　　　　　　　——其他权益变动 20 000
　　　　投资收益 75 000

同时将原计入"资本公积——其他资本公积"的部分转为出售当期的投资收益：

借：资本公积——其他资本公积　　　　　　　　　　　　　　　20 000
　　贷：投资收益　　　　　　　　　　　　　　　　　　　　　　　　20 000

六、长期股权投资减值的核算

长期股权投资的减值，是指长期股权投资未来可收回金额低于账面价值所发生的损失。企业应对长期股权投资的账面价值定期地逐项进行检查，至少于每年年末检查一次。如果由于市价持续下跌或被投资单位经营状况变化等原因导致可收回金额低于投资的账面价值，应当计提减值准备。

企业持有的长期股权投资，有的在活跃市价中有报价，有的在活跃的市场中没有报价。在这两种情况下，对持有的长期投资是否计提减值准备，分别适用不同的判断标准。

1. 在活跃市场中有报价的长期股权投资

在活跃市场中有报价的长期股权投资是否应计提减值准备，可以根据下列迹象判断：

（1）市价持续2年低于账面价值。

（2）该项投资暂停交易1年或1年以上。

（3）被投资单位当年发生严重亏损。

（4）被投资单位持续2年发生亏损。

（5）被投资单位进行清理整顿、清算或出现其他不能持续经营的迹象。

2. 在活跃市场中没有报价的长期股权投资

如果企业持有的长期投资在活跃的市场中没有报价，是否应当计提减值准备，可以根据下列迹象判断：

（1）影响被投资单位经营的政治或法律环境的变化，如税收、贸易等法规的颁布或修订，可能导致被投资单位出现巨额亏损。

（2）被投资单位所供应的商品或提供的劳务因产品过时或消费者偏好改变而使市场的需求发生变化，从而导致被投资单位财务状况发生严重恶化。

（3）被投资单位所在行业的生产技术等发生重大变化，被投资单位已失去竞争能力，从而导致财务状况发生严重恶化，如进行清理整顿、清算等。

（4）有证据表明该项投资实质上已经不能再给企业带来经济利益的其他情形。

在核算长期股权投资的减值时，应将长期股权投资分为两类：一类是按成本法核算的、在活跃市场中没有报价、公允价值不能可靠计量的长期股权投资，其减值应当按照《企业会计准则第22号——金融工具的确认和计量》处理。由于公允价值不能可靠计量，所以期末应将这类长期股权投资的账面价值，与按照类似金融资产当时市场收益率对未来现金流量折现确定的现值之间的差额，确认为减值损失，计入当期损益；对于除此以外的其他长期股权投资，其减值应当按照《企业会计准则第8号——资产减值》处理，期末，将长期股权投资的账面价值与可收回金额之间的差额，确认为减值损失，计入当期损益，这里的"可收回金额"是指长期股权投资的公允价值减去处置费用与预期从该资产的持有和投资到期处置中形成的预计未来现金流量的现值两者中的较高者。

为了核算长期股权投资减值准备的计提情况，应设置"长期股权投资减值准备"科目。本科目属于资产类科目，是"长期股权投资"的备抵调整科目。其贷方登记长期股权投资减值准备的计提；借方登记处置长期股权投资时转出的长期股权投资减值准备；期末余额在贷方，反映企业已计提但尚未转销的长期股权投资减值准备。该科目按被投资单位进行明细核算。

计提长期股权投资的减值时，借记"资产减值损失"科目，贷记"长期股权投资减值准备"科目。根据《企业会计准则第 8 号——资产减值》和《企业会计准则第 22 号——金融工具的确认和计量》的规定，长期股权投资确认减值损失后，原确认的减值损失不得转回。

现举例说明长期股权投资减值的核算。

【例 5 - 43】20×9 年 12 月 31 日，丙公司持有的乙上市公司的普通股股票的账面价值为 850 000 元，该投资采用权益法进行核算。由于乙公司连年经营不善，资金周转发生困难，使得其股票市价下跌，丙公司持有的乙公司普通股的可收回金额为 570 000 元，短期内难以恢复，20×9 年 12 月 31 日丙公司应作如下会计分录：

借：资产减值损失　　　　　　　　　　　　　　　　　　280 000
　　贷：长期股权投资减值准备——乙公司　　　　　　　　　　280 000

第六章　固定资产

【学习目的】通过本章的学习，理解固定资产的概念和确认条件；掌握固定资产的初始计量及取得的账务处理；掌握固定资产折旧的各种计提方法；掌握固定资产的后续支出、减值准备及处置的账务处理。

第一节　固定资产概述

一、固定资产的概念及特征

固定资产是企业的重要生产要素之一，是企业赖以生存的物质基础，是企业产生效益的源泉。固定资产的结构、状况、管理水平等直接影响着企业的竞争力，关系到企业的运营和发展。企业科学管理和正确核算固定资产，有利于促进企业正确评估固定资产的整体情况，提高资产使用效率，降低生产成本，保护固定资产的安全完整，实现资产的保值增值，增强企业的综合竞争力。

《企业会计准则第4号——固定资产》规定，固定资产是指同时具有下列特征的有形资产：①为生产商品、提供劳务、出租或经营管理而持有的；②使用寿命超过一个会计年度。从固定资产的定义看，固定资产具有以下三个特征：

第一，固定资产是为生产商品、提供劳务、出租或经营管理而持有的。企业持有固定资产的目的是为了生产商品、提供劳务、出租或经营管理，这意味着企业持有的固定资产是企业的劳动工具或手段，而不是直接用于出售的产品。

第二，固定资产的使用寿命超过一个会计年度。固定资产的使用寿命，是指企业使用固定资产的预计期间，或者该固定资产所能生产产品或提供劳务的数量。通常情况下，固定资产的使用寿命是指固定资产的预计期间，如自用房屋建筑物的使用寿命按使用年限表示。对于某些机器设备或运输设备等固定资产，其使用寿命往往以该固定资产所能生产产品或提供劳务的数量来表示，例如，发电设备按其预计发电量估计使用寿命，汽车或飞机等按其预计行驶里程估计使用寿命。

固定资产使用寿命超过一个会计年度，意味着固定资产属于长期资产，随着使用和磨损，通过计提折旧方式逐渐减少账面价值。

第三，固定资产为有形资产。固定资产具有实物特征，这一特征将固定资产与无形资产区分开来。有些无形资产可能同时符合固定资产的其他特征，如无形资产为生产商品、提供劳务而持有，使用寿命超过一个会计年度，但是由于其没有实物形态，所以不属于固定资产。

二、固定资产的确认条件

对于符合固定资产定义的资产，要确认为企业的固定资产在资产负债表中列示，还必须同时满足两个条件：

（1）该资产包含的经济利益很可能流入企业。企业持有固定资产的目的，就是要通过对其的使用获取其内在所具有的服务潜力，并继而产生归属于企业的经济利益。一般而言，对于某项固定资产所包含的经济利益是否能够流入企业，应当以是否拥有该项资产的所有权为判断标准。

（2）该资产的成本能够可靠计量。作为一项资产，其成本应当能够可靠地计量，这是资产确认的一项基本条件，否则，资产的入账价值就无法确定。而某项资产的成本能够可靠地计量，需要依据确凿、可靠的证据来证明为取得其所发生的支出，并具有可检验性。

需要注意的是，当一项固定资产的各组成部分具有不同使用寿命或者以不同方式为企业提供经济利益时，因各该组成部分在使用效能上与该资产相对独立，因此，应将各组成部分单独确认为固定资产。

在实际工作中，各企业应当根据固定资产的定义和确认条件，结合各自的具体情况规范固定资产的确认，并制定出适合本企业实际情况的固定资产目录，作为固定资产核算的依据。

三、固定资产的分类

在企业中，固定资产的数量是很多的，为了便于固定资产的实物管理和价值核算，需要对固定资产进行科学、合理的分类。一般可以按如下的标准对固定资产进行分类。

（一）按固定资产的经济用途分类

固定资产按经济用途的不同，可以分为生产经营用固定资产和非生产经营用固定资产。这种分类主要在于归类反映不同经济用途的固定资产的构成情况，以分析其构成的合理性，促使企业合理配置各类固定资产。

生产经营用固定资产是指直接参与或直接服务于生产经营过程的各种固定资产，如用于企业生产经营的房屋、建筑物、机器设备、运输设备、工具器具等。

非生产用固定资产是指不直接服务于生产经营过程的各种固定资产，如用于职工住宅、公共福利设施、文化娱乐、卫生保健等方面的房屋、建筑物、设施和器具等。

（二）按固定资产的使用情况分类

固定资产按使用情况的不同，可以分为使用中的固定资产、未使用的固定资产和不需用的固定资产。这种分类有利于分析掌握固定资产的有效利用程度，促使企业对固定资产的合理使用，充分挖掘固定资产的使用潜力，对不需用的固定资产及时进行处理。

在用固定资产是指企业正在使用的经营用固定资产和非经营用固定资产。企业的房屋及建筑物无论是否在被实际使用，都应视为在用固定资产。由于季节性生产经营或进行大修理等原因而暂时停止使用，以及存放在生产车间或经营场所备用、轮换使用的固定资产，也属于使用中固定资产。

未使用固定资产是指已购建完成但尚未交付使用的新增固定资产以及进行改建、扩建等暂时脱离生产经营过程的固定资产。

不需用的固定资产是指本企业多余或不适用、等待处置的固定资产。

（三）按固定资产的所有权分类

固定资产按所有权的不同，可以分为自有固定资产和租入固定资产。租入固定资产又可分为经营性租入固定资产和融资租入固定资产。需要特别指出的是：对于企业租入的固定资产，按照与租赁资产所有权有关的风险和报酬的归属，以融资租赁方式租入的固定资产，应视同企业自有固定资产进行核算；以经营租赁方式租入的固定资产，则不纳入本企业固定资产的核算范围。

（四）固定资产的综合分类

在会计实务中，企业为了更好地满足固定资产管理和核算的需要，而将几种分类标准结合起来，采用综合的标准对固定资产进行分类。具体分类如下：生产经营用固定资产、非生产经营用固定资产、租出固定资产（经营性）、未使用固定资产、不需用的固定资产、土地、融资租入的固定资产。

第二节　固定资产的取得

企业以不同来源取得固定资产，应当按照《企业会计准则》的相关规定进行初始计量，即确定固定资产的入账价值，并在此基础上进行有关取得固定资产业务的核算。

一、固定资产的初始计量

固定资产的初始计量，是指固定资产初始成本的确定，企业的固定资产应当按照成本进行初始计量。固定资产的成本，是指企业购建某项固定资产达到预定可使用状态前所发生的一切合理的、必要的支出，即固定资产的原始价值（简称原值或原价）。这些支出包括直接发生的价款、运杂费、包装费和安装成本等；也包括间接发生的，如应承担的借款利息、外币资本折算差额以及应分摊的其他间接费用。对于特定行业的特定固定资产，确定其成本时，还应考虑预计弃置费用因素，如核电站核废料的处置等。

企业的固定资产主要通过外购、自行建造及接受投资者投资所取得，固定资产的取得方式不同，其成本具体内容的构成存在一定的差异，初始计量的方法也各不相同。

（一）外购的固定资产

企业外购的固定资产，其成本包括实际支付的买价、进口关税和其他税费，以及使固定资产达到预定可使用状态前所发生的可归属于该项资产的费用，如场地整理费、运输费、装卸费、安装费和专业人员服务费等。

若企业为增值税一般纳税人，则企业购进机器设备等固定资产的进项税额不计入固定资产的成本，单独在"应交税费——应交增值税（进项税额）"中核算。

以一笔款项购入多项没有单独标价的固定资产，应当按照各项固定资产的公允价值比例对总成本进行分配，分别确定各项固定资产的成本。

（二）自行建造的固定资产

企业自行建造的固定资产，应按照建造该项资产达到预定可使用状态前所发生的必要支出，作为入账价值。其中"建造该项资产达到预定可使用状态前所发生的必要支出"，包括工程用物资成本、人工成本、交纳的相关税费、应予以资本化的借款费用以及应分摊的间接费用等。

企业的自营工程，应当按照直接材料、直接人工、直接机械施工费等计量；采用出包工程方式的企业，按照应支付的工程价款等计量。设备安装工程，按照所安装设备的价值、工程安装费用、工程试运转等所发生的支出等确定工程成本。

（三）投资者投入的固定资产

投资者投入固定资产的成本，应当按照投资合同或协议约定的价值确定，但合同或协议约定价值不公允的除外。

（四）盘盈的固定资产

盘盈的固定资产，应按以下规定确定其入账价值：如果同类或类似固定资产存在活跃市场的，按同类或类似固定资产的市场价格，减去按该项资产的新旧程度估计的价值损耗后的余额，作为入账价值；如果同类或类似固定资产不存在活跃市场的，按该项固定资产的预计未来现金流量的现值，作为入账价值。

企业的固定资产除上述来源外，还可能通过融资租赁、非货币性资产交换、债务重组，以及企业合并等方式取得，这些固定资产的成本应按照相关会计准则的规定确定。

二、固定资产取得的核算

（一）固定资产取得核算需要设置的主要账户

（1）"固定资产"账户。"固定资产"账户用于核算企业固定资产的原价。该账户借方登记增加的固定资产的原价，贷方登记减少的固定资产的原价，期末余额在借方，反映企业现有的固定资产原价。该账户按照固定资产的类别设置明细分类账户进行明细分类核算。

（2）"工程物资"账户。"工程物资"账户主要用于核算企业为在建工程准备的各项物资的成本，包括工程用材料、尚未安装的设备以及为生产准备的工器具等。该账户借方登记购入的工程物资的实际成本，贷方登记领用的工程物资的实际成本，期末余额在借方，反映为工程购入但尚未领用的工程物资的实际成本。

（3）"在建工程"账户。"在建工程"账户主要核算企业基建、更新改造等在建工程实际发生的支出。该账户的借方登记工程在达到预定可使用状态前发生的、应计入工程成本的实际支出，贷方登记完工工程结转的实际成本，期末余额在借方，反映尚未完工工程的实际成本。企业在原有固定资产基础上进行更新改造等，原固定资产的账面价值也应转入该账户核算。该账户按照工程项目的性质分项进行明细分类核算。

（二）外购固定资产的核算

（1）购入不需安装的固定资产的核算。不需安装的固定资产，是指购入后即可直接交付使用的固定资产。购入不需安装的固定资产，应按购置过程中实际发生的各项支出，包括购买价款、进口关税等相关税费，以及为使固定资产达到预定可使用状态前所发生的可直接归属于该资产的其他支出等，借记"固定资产"科目；按照可以抵扣的增值税进项税额，借记"应交税费——应交增值税（进项税额）"科目，贷记"银行存款"等科目。

【例6-1】甲公司购入一台不需要安装的生产经营用设备，取得的增值税专用发票上注明：设备买价为200 000元，增值税税额为34 000元，另支付运输费及包装费共计1 000元，上述款项均以银行存款支付。假设甲公司属于增值税一般纳税人，增值税进项税额不纳入固定资产成本核算。甲公司编制的会计分录如下：

借：固定资产 201 000
　应交税费——应交增值税（进项税额） 34 000
　　贷：银行存款 235 000

（2）购入需要安装的固定资产的核算。需要安装的固定资产，是指必须在完成安装后才能交付使用的固定资产。购入需要安装的固定资产，应通过"在建工程"账户归集购置和安装过程中所发生的全部支出，以确定其总成本。安装完毕交付使用时，再将其总成本由"在建工程"账户转入"固定资产"账户。

【例6-2】甲公司用银行存款购入一台需要安装的设备，增值税专用发票上注明的设备买价为200 000元，增值税税额为34 000元，支付运输费为10 000元，支付安装费30 000元。甲公司为增值税一般纳税人。甲公司应编制如下的会计分录：

①购入设备时：
借：在建工程 210 000
　应交税费——应交增值税（进项税额） 34 000
　　贷：银行存款 244 000
②支付安装费用时：
借：在建工程 30 000

```
        贷：银行存款                                              30 000
```
（3）设备安装完毕并交付使用时，确定固定资产成本。

固定资产成本 = 210 000 + 30 000 = 240 000（元）
```
借：固定资产                                                240 000
    贷：在建工程                                            240 000
```

（三）自行建造固定资产的核算

企业自行建造的固定资产，应先通过"在建工程"账户核算，工程达到预定可使用状态时，再从"在建工程"账户转入"固定资产"账户。企业自建固定资产，主要有"自营"和"出包"两种方式，由于采用的建设方式不同，其会计处理也不同。

（1）自营方式建造固定资产的核算。自营工程是指企业自行组织工程物资采购、自行组织施工人员施工的建筑工程和安装工程。以自营方式建造固定资产，其核算的主要内容包括以下三个方面：

①采购工程所需物资。购入为工程准备的各项物资时，应以实际发生的买价、运输费、保险费等相关支出作为购入物资的实际成本，借记"工程物资"科目；根据可以抵扣的增值税进项税额（企业自行建造的固定资产如为房屋及建筑物，则购进货物或接受劳务支付的增值税的进项税额不得抵扣，应计入自行建造房屋及建筑物成本），借记"应交税费——应交增值税（进项税额）"科目；贷记"银行存款"等科目。

②工程实际发生的各项支出。自营工程自开始建造直至达到预定可使用状态至所发生的、应计入工程成本的各项支出，均应通过"在建工程"账户核算，包括工程消耗的材料、人工和其他应由工程成本负担的各项费用等。

工程施工领用各种工程物资时，应按物资的实际成本，借记"在建工程"账户，贷记"工程物资"账户。工程发生的其他各项费用，如工程人员的职工薪酬、工程管理费、应计入工程成本的借款费用，以及企业辅助生产部门为工程提供有关劳务所发生的费用等，均应按实际发生额，借记"在建工程"账户，贷记"应付职工薪酬"、"银行存款"、"应付利息"和"生产成本"等账户。

③工程完工交付使用。自营工程完工，固定资产达到预定可使用状态交付使用时，应将计算确定的工程的实际成本从"在建工程"账户转入"固定资产"账户。

如果建造的固定资产已达到预定可使用状态，但尚未办理竣工结算，则应根据工程预算、造价或工程成本等，按暂估价值转入"固定资产"账户，待办理了竣工结算手续后，再按照结算实际成本调整原来的暂估价值。

【例6-3】甲公司采用自营方式建造生产流水线，发生的有关业务如下：以银行存款292 500元购入工程专用物资一批，增值税专用发票上注明的买价为250 000元，增值税税额为42 500元。所购入的物资全部投入工程建设，分配工程建设人员的职工薪酬为57 000元，以银行存款支付工程管理费用10 000元，应由工程成本负担的分期支付的长期借款利息40 500元。工程完工，经验收交付使用。甲公司编制的会计分录如下：

购入工程物资时：
```
借：工程物资                                                250 000
```

应交税费——应交增值税（进项税额）	42 500
贷：银行存款	292 500

工程领用工程物资时：

借：在建工程	250 000
贷：工程物资	250 000

分配工程建设人员的职工薪酬时：

借：在建工程	57 000
贷：应付职工薪酬	57 000

支付工程管理费时：

借：在建工程	10 000
贷：银行存款	10 000

计算应由工程成本负担的借款利息时：

借：在建工程	40 500
贷：应付利息	40 500

工程完工交付使用时：

借：固定资产	357 500
贷：在建工程	357 500

（2）出包方式建造固定资产的核算。出包工程是指企业通过招标等方式将工程项目发包给建造承包商，由建造承包商组织施工的建筑工程和安装工程。

企业采用出包方式进行的固定资产工程，其工程的具体支出主要由建造承包商核算，在这种方式下，"在建工程"科目主要是企业与建造承包商办理工程价款的结算科目，企业支付给建造承包商的工程价款作为工程成本，通过"在建工程"科目核算。企业按合理估计的发包工程进度和合同规定向建造承包商结算的进度款，借记"在建工程"科目，贷记"银行存款"等科目；工程完成时按合同规定补付的工程款，借记"在建工程"科目，贷记"银行存款"等科目；工程达到预定可使用状态时，按其成本，借记"固定资产"科目，贷记"在建工程"科目。

【例 6-4】甲公司将一幢厂房的建造工程出包给丙公司承建，按合理估计的发包工程进度和合同规定向丙公司结算进度款 700 000 元，工程完工后，收到丙公司有关工程结算单据，补付工程款 500 000 元，工程完工并达到预定可使用状态。该企业应作如下会计处理：

①按合理估计的发包工程进度和合同规定向丙公司结算进度款时：

借：在建工程	700 000
贷：银行存款	700 000

②补付工程款时：

借：在建工程	500 000
贷：银行存款	500 000

③工程完工并达到预定可使用状态时：

借：固定资产	1 200 000

| 贷：在建工程 | 1 200 000 |

（四）投资者投入固定资产的核算

投资者投入的固定资产，是指企业的投资者以实物形式向企业投资而转入企业的固定资产。投资者投入的固定资产应在办理了有关移交手续后，按投资合同或协议约定的价值入账，借记"固定资产"或"在建工程"账户，贷记"实收资本"等账户；若发生应由企业支付的相关税费，也应计入固定资产入账价值，并贷记"银行存款"等账户。

【例6－5】甲公司接受安信公司投资转入的不需要安装的设备一台。该设备的原价为300 000元，已计提折旧50 000元，投资合同确认的价值为200 000元。假定不考虑其他因素，甲公司编制的会计分录如下：

| 借：固定资产 | 200 000 |
| 贷：实收资本 | 200 000 |

（五）盘盈固定资产的核算

企业在财产清查中盘盈的固定资产，作为前期差错处理，通过"以前年度损益调整"科目核算。"以前年度损益调整"账户为损益类账户，用以核算企业本年度发生的调整以前年度损益的事项以及本年度发现的重要前期差错更正涉及调整以前年度损益的事项。企业在资产负债表日至财务报告批准报出日之间发生的需要调整年度报告损益的事项，也可以通过本科目核算。

盘盈固定资产的账务处理，主要涉及以下环节：

（1）盘盈的固定资产，应按同类或类似固定资产的市场价格，减去按该项资产的新旧程度估计的价值损耗后的金额，作为入账价值，借记"固定资产"账户，同时调整增加以前年度利润，贷记"以前年度损益调整"账户。

（2）因调整以前年度利润而增加的所得税费用，借记"以前年度损益调整"账户，贷记"应交税费"账户。

（3）结转以前年度损益调整增加的净额，借记"以前年度损益调整"账户，贷记"利润分配"、"盈余公积"账户。

【例6－6】甲公司在财产清查中发现未入账的不需要安装的设备一台，估计该设备八成新，同类设备的市场价格为72 000元（假定其价值与计税基础上不存在差异）。该公司的所得税税率为25%，假定甲公司按净利润的10%计提法定盈余公积。甲公司编制的会计分录如下：

①盘盈固定资产，调整增加以前年度利润：

| 借：固定资产 | 57 600 |
| 贷：以前年度损益调整 | 57 600 |

②因调整增加以前年度利润而增加的所得税费用：

| 借：以前年度损益调整 | 14 400 |
| 贷：应交税费——应交所得税 | 14 400 |

③结转以前年度利润调整增加的净额：

借：以前年度损益调整　　　　　　　　　　　　　　　43 200
　　贷：盈余公积——法定盈余公积　　　　　　　　　　　4 320
　　　　利润分配——未分配利润　　　　　　　　　　　38 880

第三节　固定资产折旧

一、固定资产折旧的含义

固定资产折旧，是指在固定资产使用寿命内，按照确定的方法对应计折旧额进行系统分摊。

固定资产的特点之一，就是它在投入使用后不改变原有实物形态，呈现出形态的"稳定性"。但固定资产在使用过程中，会发生各种损耗，包括有形损耗和无形损耗两种。有形损耗是指固定资产由于使用和自然力侵蚀而引起的使用价值和价值的损失；无形损耗是指由于科学技术进步等原因而引起的固定资产价值损失。在知识经济条件下，随着研究和创新的步伐日趋加快，固定资产无形损耗对固定资产价值的影响越来越大。由于损耗，固定资产服务潜力会逐渐降低，因而其价值会逐渐丧失。基于这一原因，会计上采用一定的方法将固定资产的价值在固定资产的使用寿命内进行系统的分摊，将其逐渐地转移到有关的成本费用中去。这种对固定资产价值进行系统分配的方式，即计提固定资产折旧。

将固定资产的成本在固定资产的使用寿命内进行分摊，并转移到有关成本费用中去，从各会计期间实现的收入中逐步得到补偿。一方面是为固定资产实物补偿做准备，以形成未来固定资产更新的资金来源；另一方面则是遵循权责发生制原则，以合理地计算各期经营成本和费用，从而正确地确定各期损益。

二、影响固定资产折旧的因素

根据固定资产折旧的经济实质，影响固定资产折旧的因素主要有以下三个方面。

（一）固定资产的原始价值

固定资产的原始价值也就是固定资产账面上的历史成本，它是计算固定资产折旧额的基础。

（二）固定资产的预计净残值

预计净残值，是指假定固定资产预计使用寿命已满并处于使用寿命终了时的预期状态，企业目前从该项资产的处置中获得的扣除预计处置费用后的金额。也就是说，预计净残值是指固定资产使用寿命终了时，可能流入企业的现金净额的现值。在计算固定资产折旧时，预计净残值应从固定资产的原始价值中扣除。

从应当计提折旧的固定资产的原价扣除其预计净残值后的金额，我们称为应计折旧额，对于已计提减值准备的固定资产，其应计折旧额还应当扣除已计提的固定资产减值准备的累计金额。

（三）固定资产的使用寿命

固定资产的使用寿命，是指企业使用固定资产的预计期间，或者该固定资产所能生产产品或提供劳务的数量。固定资产使用寿命的长短，直接影响使用寿命内各会计期间折旧额的大小。

在上述影响固定资产折旧的三个因素中，固定资产的预计净残值和使用寿命都是人为予以估计的，这就不可避免地会受到主观因素的影响。因此，企业应当根据固定资产的性质和使用情况，合理确定固定资产的预计净残值和使用寿命，一经确定，不得随意变更。

三、固定资产折旧的范围

对于固定资产折旧范围的界定，包括以下两个方面。

（一）固定资产折旧的空间范围

除以下情况外，企业应对所有的固定资产计提折旧：
（1）已提足折旧仍继续使用的固定资产。
（2）按照规定单独估价作为固定资产入账的土地。
其中，已提足折旧，是指已经提足该项固定资产的应计折旧额。

需要注意的是，以融资租赁方式租入的固定资产（视同自有固定资产）和以经营租赁方式租出的固定资产应计提折旧；以经营租赁方式租入的固定资产，则不应计提折旧；对于已达到预定可使用状态，但尚未办理竣工结算的固定资产，应按估计的价值入账，并计提折旧，待办理了竣工结算手续后，再按实际价值对原估计的价值进行调整，但不需要调整已计提的折旧；处于更新改造过程停止使用的固定资产，应将其账面价值转入在建工程，不再计提折旧，更新改造项目达到预定可使用状态转为固定资产后，再按照重新确定的折旧方法和该项固定资产尚可使用寿命计提折旧。

（二）固定资产折旧的时间范围

企业应当按月计提折旧，并应当以月初应计折旧的固定资产为依据，即：当月增加的固定资产，当月不计提折旧，从下月起计提折旧；当月减少的固定资产，当月仍计提折旧，从下月起停止计提折旧。

四、固定资产折旧的方法

企业应当根据与固定资产有关的经济利益的预期实现方式，合理选择固定资产折旧方法。可选用的折旧方法包括年限平均法、工作量法、双倍余额递减法和年数总和法等。固定资产的折旧方法一经确定，不得随意变更。

（一）年限平均法

年限平均法又称直线法，是将固定资产的应计折旧额在固定资产的使用寿命内平均分摊到各期的一种方法。采用这一折旧方法各期计算的折旧额相等。年限平均法的计算公式如下：

$$年折旧率 = （1 - 预计净残值率）÷ 预计使用年限（年）× 100\%$$
$$月折旧率 = 年折旧率 ÷ 12$$
$$月折旧额 = 固定资产原价 × 月折旧率$$

【例6-7】甲公司一幢厂房原值1 200 000元，预计使用寿命20年，预计净残值率为4%。该厂房的折旧率和折旧额的计算如下：

年折旧率 =（1 - 4%）÷ 20 × 100% = 4.8%

月折旧率 = 4.8% ÷ 12 = 0.4%

月折旧额 = 1 200 000 × 0.4% = 4 800（元）

计算的折旧率是按每一项固定资产单独计算的，称为个别折旧率。此外，也可以将性质、结构和使用年限相近的固定资产归类计算分类折旧率，还可以按全部固定资产计算综合折旧率。在会计实务中，一般按个别折旧率或分类折旧率计算固定资产各期折旧额。

（二）工作量法

工作量法是将固定资产的应计折旧额，在固定资产的使用寿命内按各期完成的工作量进行分摊的一种方法。采用这一方法，各期计算的折旧额与该期固定资产实际完成的工作量成正比。工作量法的计算公式如下：

$$单位工作量折旧额 = 固定资产原价 ×（1 - 预计净残值率）÷ 预计总工作量$$
$$某项固定资产月折旧额 = 该项固定资产当月工作量 × 单位工作量折旧额$$

【例6-8】甲公司的一辆运货卡车的原价为600 000元，预计总行驶里程为500 000公里，预计报废时的净残值率为5%，本月行驶4 000公里。该辆汽车的月折旧额计算如下：

单位行驶里程折旧额 = 600 000 ×（1 - 5%）÷ 500 000 = 1.14（元/公里）

本月折旧额 = 4 000 × 1.14 = 4 560（元）

（三）双倍余额递减法

双倍余额递减法，是指在不考虑固定资产预计净残值的情况下，根据每期期初固定资产原价减去累计折旧后的金额和双倍的直线法折旧率计算固定资产折旧的一种方法。应用这种方法计算折旧额时，由于每年年初固定资产净值没有扣除预计净残值，所以在计算固定资产折旧额时，应在其折旧年限到期前两年内，将固定资产净值扣除预计净残值后的余额平均摊销。计算公式如下：

$$年折旧率 = 2 ÷ 预计使用寿命（年）× 100\%$$
$$月折旧率 = 年折旧率 ÷ 12$$
$$月折旧额 = 每月月初固定资产账面净值 × 月折旧率$$

【例6－9】甲公司一项固定资产的原价为1 000 000元，预计使用年限为5年，预计净残值为4 000元。按双倍余额递减法计提折旧，每年的折旧额计算如下：

年折旧率＝2÷5×100%＝40%

第1年应计提的折旧额＝1 000 000×40%＝400 000（元）

第2年应计提的折旧额＝（1 000 000－400 000）×40%＝240 000（元）

第3年应计提的折旧额＝（1 000 000－400 000－240 000）×40%＝144 000（元）

从第4年起改用年限平均法（直线法）计提折旧：

第4年、第5年的折旧额＝（1 000 000－400 000－240 000－144 000－4 000）÷2

＝10 600（元）

（四）年数总和法

年数总和法，是指将固定资产的原价减去预计净残值后的余额，乘以一个以固定资产尚可使用寿命为分子、以预计使用寿命逐年数字之和为分母的逐年递减的分数计算每年的折旧额。计算公式如下：

年折旧率＝尚可使用年限÷预计使用寿命的年数总和×100%

月折旧率＝年折旧率÷12

月折旧额＝（固定资产原价－预计净残值）×月折旧率

【例6－10】承【例6－9】，假如采用年数总和法，计算的各年折旧额如表6－1所示。

表6－1   折旧计算表（年数总和法）

年份	尚可使用年限（年）	原价－净残值（元）	变动折旧率	年折旧额（元）	累计折旧（元）
1	5	996 000	5/15	332 000	332 000
2	4	996 000	4/15	265 600	597 600
3	3	996 000	3/15	199 200	796 800
4	2	996 000	2/15	132 800	929 600
5	1	996 000	1/15	66 400	996 000

五、固定资产折旧的核算

固定资产应按月计提折旧，计提的折旧应记入"累计折旧"账户，并根据用途计入相关资产的成本或者当期损益。企业自行建造固定资产过程中使用的固定资产，其计提的折旧应计入在建工程的成本；基本生产车间所使用的固定资产，其计提的折旧应计入制造费用；管理部门所使用的固定资产，其计提的折旧应计入管理费用；销售部门所使用的固定资产，其计提的折旧应计入销售费用；经营租出的固定资产，其应提的折旧额应计入其他业务成本。企业计提固定资产折旧时，借记"制造费用"、"销售费用"、"管理费用"等账户，贷记"累计折旧"账户。

【例6－11】甲公司2010年6月固定资产计提折旧的情况如下：一车间厂房计提折旧

3 800 000 元，机器设备计提折旧 4 500 000 元；管理部门房屋建筑物计提折旧 6 500 000 元，运输工具计提折旧 2 400 000 元；销售部门房屋建筑物计提折旧 3 200 000 元，运输工具计提折旧 2 630 000 元。当月新购置机器设备一台，价值为 5 400 000 元，预计使用寿命为 10 年，该企业同类设备计提折旧采用年限平均法。

分析：本例中，新购置的机器设备本月不计提折旧。当月计提的折旧费用中，车间使用的固定资产计提的折旧费用计入制造费用，管理部门使用的固定资产计提的折旧费用计入管理费用，销售部门使用的固定资产计提的折旧费用计入销售费用。甲公司编制的会计分录如下：

借：制造费用	8 300 000
管理费用	8 900 000
销售费用	5 830 000
贷：累计折旧	23 030 000

第四节　固定资产的后续支出和减值

一、固定资产的后续支出

固定资产的后续支出是指固定资产使用过程中发生的更新改造支出、修理费用等。企业在持有固定资产期间，为了改进固定资产的质量、提高固定资产的使用效能或为了保持其正常的运转和使用，必然发生必要的后续支出。

后续支出的处理原则为：与固定资产有关的更新改造等后续支出，符合固定资产确认条件的，应当计入固定资产成本，同时将被替换部分的账面价值扣除；与固定资产有关的修理费用等后续支出，不符合固定资产确认条件的，应当计入当期损益。即固定资产后续支出的会计处理方法有两种：一是资本化；二是费用化。

（一）资本化的后续支出

固定资产发生可资本化的后续支出时，企业一般应将该固定资产的原价、已计提的累计折旧和减值准备转销，将固定资产的账面价值转入在建工程，并停止计提折旧。发生的后续支出，通过"在建工程"科目核算。在固定资产发生的后续支出完工并达到预定可使用状态时，再从在建工程转为固定资产，并按重新确定的使用寿命、预计净残值和折旧方法计提折旧。

【例 6 – 12】甲公司是一家从事印刷业的企业，有关资料如下：

（1）2004 年 12 月，该公司自行建成了一条印刷生产线，建造成本为 568 000 元，采用年限平均法计提折旧，预计净残值率为固定资产原价的 3%，预计使用年限为 6 年。

（2）2007 年 1 月 1 日，由于生产的产品适销对路，现有生产线的生产能力以难以满足公司生产发展的需要，但若新建生产线成本过高，周期过长，于是公司决定对现有生产线进行改扩建，以提高其生产能力。假定该生产线未发生减值。

（3）2007年1月1日至3月31日，经过3个月的改扩建，完成了对这条印刷生产线的改扩建工程，共发生支出268 900元，全部以银行存款支付。

（4）该生产线改扩建工程达到预定可使用状态后，大大提高了生产能力，预计将其使用年限延长了4年，即预计使用年限为10年。假定改扩建后的生产线的预计净残值率为改扩建后的账面价值的3%，折旧方法仍为年限平均法。

（5）为简化计算过程，整个过程不考虑其他相关税费，公司按年度计提固定资产折旧。

分析：本例中，印刷生产线改扩建后生产能力将大大提高，能够为企业带来更多的经济利益，改扩建的支出金额也能可靠计量，因此该后续支出符合固定资产的确认条件，应计入固定资产的成本。有关的会计处理如下：

（1）2005年1月1日至2006年12月31日两年间，即固定资产后续支出发生前：

该条生产线的应计折旧额 = 568 000 × （1 - 3%） = 550 960 （元）

年折旧额 = 550 960 ÷ 6 = 91 826.67 （元）

各年计提固定资产折旧的会计分录为：

借：制造费用　　　　　　　　　　　　　　　　　　　　　91 826.67

　　贷：累计折旧　　　　　　　　　　　　　　　　　　　　　91 826.67

（2）2007年1月1日，固定资产的账面价值为：

固定资产的账面价值 = 568 000 - 91 826.67 × 2 = 384 346.66 （元）

该固定资产转入改扩建：

借：在建工程　　　　　　　　　　　　　　　　　　　　　384 346.66

　　累计折旧　　　　　　　　　　　　　　　　　　　　　183 653.34

　　贷：固定资产　　　　　　　　　　　　　　　　　　　　　568 000

（3）2007年1月1日至3月31日，发生改扩建工程支出：

借：在建工程　　　　　　　　　　　　　　　　　　　　　268 900

　　贷：银行存款　　　　　　　　　　　　　　　　　　　　　268 900

（4）2007年3月31日，生产线改扩建工程达到预定可使用状态，固定资产的入账价 = 384 346.66 + 268 900 = 653 246.66 （元）。

借：固定资产　　　　　　　　　　　　　　　　　　　　　653 246.66

　　贷：在建工程　　　　　　　　　　　　　　　　　　　　　653 246.66

（5）2007年3月31日，转为固定资产后，按重新确定的使用寿命、预计净残值和折旧方法计提折旧。

应计折旧额 = 653 246.66 × （1 - 3%） = 633 649.26 （元）

月折旧额 = 633 649.26 ÷ （7 × 12 + 9） = 6 813.43 （元）

年折旧额 = 6 813.43 × 12 = 81 761.16 （元）

会计分录为：

借：制造费用　　　　　　　　　　　　　　　　　　　　　81 761.16

　　贷：累计折旧　　　　　　　　　　　　　　　　　　　　　81 761.16

企业发生的固定资产的一些后续支出可能涉及替换原固定资产的某组成部分，当发生的后续支出符合固定资产的确认条件时，应将其计入固定资产的成本，同时将被替换部分的账面价值扣除，这样可以避免将替换部分的成本和被替换部分的成本同时计入固定资产的成本，导致固定资产成本虚高。

（二）费用化的后续支出

与固定资产有关的修理费用等后续支出，不符合固定资产确认条件的，应当根据不同情况分别在发生时计入当期管理费用或销售费用。

一般情况下，固定资产投入使用之后，由于固定资产磨损、各组成部分耐用程度不同，可能导致固定资产的局部损坏，为了维护固定资产的正常运转和使用，充分发挥其使用效能，企业将对固定资产进行必要的维护。固定资产的日常修理费用、大修理费用等支出只是确保固定资产的正常工作状况，一般不产生未来的经济利益。因此，通常不符合固定资产的确认条件，在发生时应直接计入当期损益。

企业生产车间（部门）和行政管理部门等发生的固定资产修理费用等后续支出记入"管理费用"；企业专设销售机构的，其发生的与专设销售机构相关的固定资产修理费用等后续支出，记入"销售费用"。对于处于修理、更新改造过程而停止使用的固定资产，如果其修理、更新改造支出不满足固定资产的确认条件，在发生时也应直接计入当期损益。

【例 6－13】2010 年 6 月 1 日，甲公司对现有的一台生产机器设备进行日常修理，修理过程中发生的材料费 100 000 元，应支付的维修人员工资为 20 000 元。

分析：本例中，对机器设备的日常修理不满足固定资产的确认条件，因此，应将该项固定资产后续支出在其发生时计入当期损益，属于生产车间（部门）和行政管理部门等发生的固定资产修理费用等后续支出，应记入"管理费用"科目。甲公司编制的会计分录如下：

借：管理费用　　　　　　　　　　　　　　　　　　　　　　　120 000
　　贷：原材料　　　　　　　　　　　　　　　　　　　　　　100 000
　　　　应付职工薪酬　　　　　　　　　　　　　　　　　　　 20 000

二、固定资产的减值核算

（一）固定资产减值概念

资产的主要特征之一是它必须能够为企业带来未来经济利益的流入，如果资产不能够为企业带来经济利益或者带来的经济利益低于其账面价值，那么该资产就不能予以确认，或者不能再以原账面价值予以确认，否则将不符合资产的定义，也无法反映资产的实际价值，其结果会导致企业资产虚增和利润虚增。因此，当企业资产的可回收金额低于其账面价值时，即表明资产发生了减值，企业应当确认资产减值损失，并把资产的账面价值减计至可回收金额。

固定资产的减值，是指固定资产的可回收金额低于其账面价值。根据《企业会计准则第8号——资产减值》的规定，固定资产可回收金额的估计，应当根据其公允价值减去处置费用后的净额与资产预计未来现金流量的现值两者之间较高者确定。需要注意的是，资产的公允价值减去处置费用的净额与资产预计未来现金流量的现值，只要有一项超过了资产的账面价值，就表明资产没有发生减值，不需要再估计另一项的金额。

企业应当根据实际情况来认定资产可能发生减值的迹象，有确凿证据证明资产存在减值迹象的，应当在资产负债表日进行减值测试，估计资产的可回收金额，并与其账面价值相比较，以确定资产是否发生了减值，以及是否需要计提资产减值准备并确认相应的减值损失。

（二）固定资产减值的核算

企业应设置"固定资产减值准备"账户对固定资产减值准备进行核算，该账户是"固定资产"账户的备抵调整账户。同时设置"资产减值损失"账户对企业计提的各项资产减值准备所形成的损失进行核算，该账户属于损益类账户。

在资产负债表日，固定资产的可回收金额低于账面价值的，企业应当将该固定资产的账面价值减计至可回收金额，计提相应的资产减值准备，借记"资产减值损失——计提的固定资产减值准备"账户，同时将减计的金额确认为减值损失，贷记"固定资产减值准备"账户。固定资产减值损失一经确认，在以后会计期间不得转回。

对于已经确认减值损失的固定资产，其折旧应当在未来期间作相应调整，即按照其账面价值以及尚可使用寿命重新计算确定折旧率和折旧额，在处置已计提减值准备的固定资产时，应当同时结转与该项资产相对应的减值准备。

【例6-14】甲公司2005年12月25日购入不需要安装的管理用设备一台，价值500 000元。预计该设备的使用寿命为6年，预计净残值为20 000元，假定采用年限平均法于每年年末计提折旧。2007年年末，公司在对固定资产进行全面清查中发现该设备市价已大幅度下跌，且预计在近期内无望恢复。经计算确定该设备可回收金额为280 000元，此前未计提过减值准备。假设在设备的整个使用过程中，折旧方法、预计使用年限和预计净残值未发生变更。为简化计算过程，公司按年度计提固定资产折旧。该公司编制的会计分录如下：

（1）2005年12月购入设备时：

借：固定资产 500 000
　　贷：银行存款 500 000

（2）2006年年末计提折旧时：

借：管理费用 80 000
　　贷：累计折旧 80 000

（3）2007年年末计提折旧时：

借：管理费用 80 000
　　贷：累计折旧 80 000

（4）2007年年末确认设备减值损失，计提减值准备：

应计提的减值准备=（500 000-160 000）-280 000=60 000（元）

借：资产减值损失——计提的固定资产减值准备   60 000

  贷：固定资产减值准备   60 000

（5）2008 年年末计提折旧：

自 2008 年起，每年计提的折旧额应调整为：（280 000 − 20 000）÷ 4 = 65 000（元）

借：管理费用   65 000

  贷：累计折旧   65 000

第五节 固定资产的处置

一、固定资产终止确认的条件

《企业会计准则第 4 号——固定资产》规定，固定资产满足下列条件之一的，应当予以终止确认：

（1）该固定资产处于处置状态。固定资产处置包括固定资产的出售、转让、报废或毁损、对外投资、非货币性交换、资产重组等。处于处置状态的固定资产不再用于生产商品、提供劳务、出租或经营管理，因此不再符合固定资产的定义，应予以终止确认。

（2）该固定资产预期通过使用或处置不能产生经济利益。固定资产的确认条件之一是"与该固定资产有关的经济利益很可能流入企业"，如果一项固定资产预期通过使用或处置不能产生经济利益，那么它就不再符合固定资产的定义和确认条件，应予以终止确认。

二、固定资产处置的账务处理

固定资产处置一般通过"固定资产清理"账户进行核算，其会计处理一般经过以下几个步骤。

（一）固定资产转入清理

固定资产转入清理时，按固定资产的账面价值，借记"固定资产清理"账户，按已计提的累计折旧，借记"累计折旧"账户，按已计提的减值准备，借记"固定资产减值准备"账户，按固定资产账面余额，贷记"固定资产"账户。

（二）发生清理费用等

固定资产清理过程中发生的有关费用以及应支付的相关税费，借记"固定资产清理"账户，贷记"银行存款"、"应交税费"等账户。

（三）出售收入和残料等的处理

企业收回出售固定资产的价款、残料价值和变现收入等，应冲减清理支出。按实际收到的出售价款以及残料变价收入等，借记"银行存款"、"原材料"等账户，贷记"固定资产清理"账户。

（四）保险赔偿等的处理

企业计算或收到的应由保险公司或过失人赔偿的损失，应冲减清理支出，借记"其他应收款"、"银行存款"等账户，贷记"固定资产清理"账户。

（五）清理净损益的处理

固定资产清理完成后的净损失，属于生产经营期间正常的处理损失，借记"营业外支出——非流动资产处置损失"账户，贷记"固定资产清理"账户；属于生产经营期间由于自然灾害等非正常原因造成的，借记"营业外支出——非常损失"账户，贷记"固定资产清理"账户。固定资产清理完成后的净收益，借记"固定资产清理"账户，贷记"营业外收入——非流动资产处置利得"账户。

【例6-15】甲公司出售一座建筑物，原价2 000 000元，已计提折旧350 000元，未计提减值准备，出售所得价款1 800 000元已存入银行，出售该建筑物适用的营业税税率为5%，甲公司编制的会计分录如下。

（1）结转固定资产账面价值：

借：固定资产清理	1 650 000
累计折旧	350 000
贷：固定资产	2 000 000

（2）出售取得的价款：

| 借：银行存款 | 1 800 000 |
| 　贷：固定资产清理 | 1 800 000 |

（3）计算出售不动产应缴纳的营业税1 800 000×5% =90 000（元）。

| 借：固定资产清理 | 90 000 |
| 　贷：应交税费——应交营业税 | 90 000 |

（4）处置完毕，结转固定资产清理净收益：

| 借：固定资产清理 | 60 000 |
| 　贷：营业外收入——非流动资产处置利得 | 60 000 |

【例6-16】甲公司因发生火灾而毁损仓库一座，该仓库原价为500 000元，已计提折旧120 000元，未计提减值准备，清理中以银行存款支付清理费用8 000元，应由保险公司赔偿损失150 000元，款项尚未收到。甲公司编制的会计分录如下。

（1）结转固定资产账面价值：

借：固定资产清理	380 000
累计折旧	120 000
贷：固定资产	500 000

（2）支付清理费用：

| 借：固定资产清理 | 8 000 |

　　　　贷：银行存款　　　　　　　　　　　　　　　　　　　　　　8 000
　　（3）确认应由保险公司赔偿的损失：
　　借：其他应收款　　　　　　　　　　　　　　　　　　　150 000
　　　　贷：固定资产清理　　　　　　　　　　　　　　　　　　　150 000
　　（4）处置完毕，结转固定资产清理净损失：
　　借：营业外支出——非常损失　　　　　　　　　　　　238 000
　　　　贷：固定资产清理　　　　　　　　　　　　　　　　　　　238 000

三、固定资产盘亏核算

　　企业在财产清查中盘亏的固定资产，通过"待处理财产损溢——待处理固定资产损溢"科目核算。盘亏固定资产的账务处理，主要涉及以下环节：

　　（1）按盘亏固定资产的账面价值，借记"待处理财产损溢——待处理固定资产损溢"账户，按已计提的累计折旧，借记"累计折旧"账户，按已计提的减值准备，借记"固定资产减值准备"账户，按固定资产的原价，贷记"固定资产"账户。

　　（2）按管理权限报经批准处理时，按可回收的保险赔偿或过失赔偿，借记"其他应收款"账户，按应计入营业外支出的金额，借记"营业外支出——盘亏损失"账户，同时贷记"待处理财产损溢——待处理固定资产损溢"账户。

　　【例6-17】甲公司在财产清查中盘亏设备一台，该设备账面原价20 000元，已计提折旧6 000元，未计提减值准备。甲公司编制的会计分录如下。
　　（1）盘亏固定资产时：
　　借：待处理财产损溢——待处理固定资产损溢　　　　　14 000
　　　　累计折旧　　　　　　　　　　　　　　　　　　　6 000
　　　　贷：固定资产　　　　　　　　　　　　　　　　　　　　20 000
　　（2）报经批准转销盘亏损失时：
　　借：营业外支出——盘亏损失　　　　　　　　　　　　14 000
　　　　贷：待处理财产损溢——待处理固定资产损溢　　　　　14 000

第七章　无形资产及其他资产

【学习目的】通过本章的学习，理解无形资产的概念、特征及构成；掌握无形资产的初始计量及取得时的账务处理；掌握无形资产的后续计量及价值摊销、计提减值准备的账务处理；掌握无形资产处置时的账务处理。

第一节　无形资产概述

一、无形资产概念及特征

根据我国《企业会计准则第6号——无形资产》，无形资产是指企业拥有或者控制的没有实物形态的可辨认的非货币性资产。无形资产具有三个主要特征。

（一）无形资产不具有实物形态

无形资产通常表现为某种权利、某项技术或是某种获取超额利润的综合能力。它们不具有实物形态，看不见、摸不着，如土地使用权、非专利技术等。无形资产为企业带来经济利益的方式与固定资产不同，固定资产是通过实物价值的磨损和转移来为企业带来未来经济利益，而无形资产很大程度上是通过自身所具有的技术等优势为企业带来未来经济利益，不具有实物形态是无形资产区别于其他资产的特征之一。

（二）无形资产具有可辨认性

要作为无形资产进行核算，该资产必须是能够区别于其他资产可单独辨认的，如企业持有的专利权、非专利技术、商标权、土地使用权等。从可辨认性角度考虑，商誉是与企业整体价值联系在一起的，由于商誉的存在无法与企业自身分离，不具有可辨认性，所以不属于无形资产核算的范围。

符合以下条件之一的，则认为其具有可辨认性：

（1）能够从企业中分离或者划分出来，并能单独用于出售或转让等，而不需要同时处置在同一获利活动中的其他资产，则说明无形资产可以辨认。某些情况下无形资产可能需要与有关的合同一起用于出售、转让等，这种情况下也视为可辨认无形资产。

（2）产生于合同性权利或其他法定权利，无论这些权利是否可以从企业或其他权利和义务中转移或者分离。如一方通过与另一方签订特许权合同而获得的特许使用权，通过法律程序申请获得的商标权、专利权等。

（三）无形资产属于非货币性长期资产

非货币性资产，是指企业持有的货币资金和将以固定或可确定的金额收取的资产以外的其他资产。无形资产由于没有发达的交易市场，一般不容易转化为现金，在持有过程中为企业带来未来经济利益的情况不确定，不属于以固定或可确定的金额收取的资产，属于非货币性资产。货币性资产主要有现金、银行存款、应收账款、应收票据和短期有价证券等，它们的共同特点是直接表现为固定的货币数额，或在将来收到一定货币数额的权利。应收款项等资产也没有实物形态，其与无形资产的区别在于无形资产属于非货币性资产，而应收款项等资产则不属于非货币性资产。另外，虽然固定资产也属于非货币性资产，但其为企业带来经济利益的方式与无形资产不同，固定资产是通过实物价值的磨损和转移来为企业带来未来经济利益，而无形资产很大程度上是通过某些权利、技术等优势为企业带来未来经济利益。

无形资产是长期资产，能够在多个会计期间为企业带来经济利益。无形资产的使用年限在一年以上，其价值将在各个受益期间逐渐摊销。

二、无形资产的构成

无形资产主要包括专利权、非专利技术、商标权、著作权、特许权、土地使用权等。

（一）专利权

专利权，是指国家专利主管机关依法授予发明创造专利申请人，对其发明创造在法定期限内所享有的专有权利，包括发明专利权、实用新型专利权和外观设计专利权。发明，是指对产品、方法或者其改进所提出的新的技术方案。实用新型，是指对产品的形状、构造或者其结合所提出的适于实用的新的技术方案。外观设计，是指对产品的形状、图案或者其结合以及色彩与形状、图案的结合所作出的富有美感并适用于工业应用的新设计。

专利权给予持有者独家使用或控制某项发明的特殊权利。《中华人民共和国专利法》明确规定，专利人拥有的专利权受到国家法律保护。专利权是允许其持有者独家使用或控制的特权，但它并不保证一定能给持有者带来经济效益，如有的专利可能会被另外更有经济价值的专利所淘汰等。因此，企业不应将其所拥有的一切专利权都予以资本化，作为无形资产管理和核算。一般而言，只有从外单位购入的专利或者自行开发并按法律程序申请取得的专利，才能作为无形资产管理和核算。这种专利可以降低成本，或者提高产品质量，或者将其转让出去获得转让收入。

（二）非专利技术

非专利技术，也称专有技术，或技术秘密、技术诀窍，是指先进的、未公开的、未申请专利、可以带来经济效益的技术及诀窍。其主要内容包括：一是工业专有技术，即在生产上已经采用，仅限于少数人知道，不享有专利权或发明权的生产、装配、修理、工艺或加工方法的技术知识；二是商业贸易专有技术，即具有保密性质的市场情报、原材料价格情报以及用户、竞争对象的情况和有关知识；三是管理专有技术，即生产组织的经营方式、管理方式、培训职工方法等保密知识。非专利技术并不是专利法的保护对象，专有技术所有人依靠自我保密的方式来维持其独占权，可以用于转让和投资。

企业的非专利技术，有些是自己开发研究的，有些是根据合同规定从外部购入的。如果是企业自己开发研究的，应将符合《企业会计准则第 6 号——无形资产》规定的开发支出资本化条件的，确认为无形资产。对于从外部购入的非专利技术，应将实际发生的支出予以资本化，作为无形资产入账。

（三）商标权

商标是用来辨认特定的商品或劳务的标记。商标权是指专门在某类指定的商品或产品上使用特定的名称或图案的权利。商标经过注册登记，就获得了法律上的保护。《中华人民共和国商标法》明确规定，经商标局核准注册的商标为注册商标，商标注册人享有商标专用权，受法律的保护。

企业自创的商标并将其注册登记，所花费用不大，是否将其资本化并不重要。能够给拥有者带来获利能力的商标，往往是通过多年的广告宣传和其他传播商标的手段，以及客户的信赖等建立起来的。广告费一般不作为商标权的成本，而是在发生时直接计入当期损益。

根据《中华人民共和国商标法》的规定，商标可以转让，但受让人应保证使用该商标的产品质量。如果企业购买他人的商标，一次性支出费用较大的，可以将其资本化，作为无形资产管理。这时，应根据购入商标的价款、支付的手续费及有关费用作为商标的成本。

（四）著作权

著作权又称版权，指作者对其创作的文学、科学和艺术作品依法享有的某种特殊权利。著作权包括两方面的权利，即精神权利（人身权利）和经济权利（财产权利）。前者指作品署名权、发表作品、确认作者身份、保护作品完整性、修改已经发表的作品等各项权利，包括发表权、署名权、修改权和保护作品完整权；后者指以出版、表演、广播、展览、录制唱片、摄制影片等方式使用作品以及因授权他人使用作品而获得经济利益的权利。

（五）特许权

特许权，又称经营特许权、专营权，指企业在某一地区经营或销售某种特定商品的权利或是一家企业接受另一家企业使用其商标、商号、技术秘密等的权利。通常有两种形式：一种是由政府机构授权，准许企业使用或在一定地区享有经营某种业务的特权，如水、电、邮电通信等专营权、烟草专卖权等等；另一种指企业间依照签订的合同，有限期或无限期使用另一家企业的某些权利，如连锁店分店使用总店的名称等。特许权业务涉及特许权受让人和让与人两个方面。通常在特许权转让合同中规定了特许权转让的期限、转让人和受让人的权利和义务。转让人一般要向受让人提供商标、商号等使用权，传授专有技术，并负责培训营业人员，提供经营所必需的设备和特殊原料。受让人则需要向转让人支付取得特许权的费用，开业后则按营业收入的一定比例或其他计算方法支付享用特许权费用。此外，还要为转让人保守商业秘密。

（六）土地使用权

土地使用权是指国家准许某一企业或单位在一定期间内对国有土地享有开发、利用、经营的权利。根据我国《土地管理法》的规定，我国土地实行公有制，任何单位和个人不得侵占、买卖或者以其他形式非法转让。企业取得土地使用权的方式大致有行政划拨取得、外购取得（例如以缴纳土地出让金方式取得）及投资者投资取得几种。通常情况下，作为投资性房地产或者作为固定资产核算的土地，按照投资性房地产或者固定资产核算；以缴纳土地出让金等方式外购的土地使用权、投资者投入等方式取得的土地使用权，作为无形资产核算。

三、无形资产的确认条件

无形资产应当在符合定义的前提下，同时满足以下两个确认条件时，才能予以确认。

（一）与该资产有关的经济利益很可能流入企业

作为无形资产确认的项目，必须具备产生的经济利益很可能流入企业的条件。通常情况下，无形资产产生的未来经济利益可能包括在销售商品、提供劳务的收入中，或者企业使用该项无形资产而减少或节约的成本中，或体现在获得的其他利益中。例如，生产加工企业在生产工序中使用了某种知识产权，使其降低了未来生产成本，而不是增加未来收入。实务中，要确定无形资产创造的经济利益是否很可能流入企业，需要实施职业判断。在实施这种判断时，需要对无形资产在预计使用寿命内可能存在的各种经济因素作出合理估计，并且应当有明确的证据支持，比如，企业是否有足够的人力资源、高素质的管理队伍、相关的硬件设备、相关的原材料等来配合无形资产为企业创造经济利益，同时，更为重要的是关注一些外界因素的影响，比如是否存在相关的新技术、新产品冲击与无形资产相关的技术或据其生产的产品的市场等。在实施判断时，企业的管理当局应对无形资产的预计使用寿命内存在的各种因素作出最稳健的估计。

（二）该无形资产的成本能够可靠地计量

成本能够可靠地计量是资产确认的一项基本条件。对于无形资产来说，这个条件相对更为重要。比如，企业内部产生的品牌、报刊名等，因其成本无法可靠计量，不作为无形资产确认。又比如，一些高新科技企业的科技人才，假定其与企业签订了服务合同，且合同规定其在一定期限内不能为其他企业提供服务，在这种情况下，虽然这些科技人才的知识在规定的期限内预期能够为企业创造经济利益，但由于这些技术人才的知识难以辨认，且形成这些知识所发生的支出难以计量，因而不能作为企业的无形资产加以确认。

第二节 无形资产的初始计量及取得核算

无形资产通常按实际成本进行初始计量，即以取得无形资产并使之达到预定用途而发生的全部支出，作为无形资产的成本。对于不同来源取得的无形资产，其初始成本构成也不尽相同，企业取得无形资产的主要方式有外购、投资者投入、自行研究开发等。取得的方式不同，其会计处理也有所差别。

一、外购无形资产

外购无形资产的成本包括购买价款、相关税费以及直接归属于使该项资产达到预定用途所发生的其他支出。其中，直接归属于使该项资产达到预定用途所发生的其他支出包括使无形资产达到预定用途所发生的专业服务费用、测试无形资产是否能够正常发挥作用的费用等。下列各项不包括在无形资产的初始成本中：

（1）为引入新产品进行宣传发生的广告费、管理费用及其他间接费用。

（2）无形资产已经达到预定用途以后发生的费用。

无形资产核算通过"无形资产"账户进行，"无形资产"账户核算企业持有的无形资产的成本，该账户借方登记取得无形资产的成本，贷方登记无形资产处置时转出的账面余额，期末余额在借方，反映企业期末无形资产的成本。"无形资产"账户应按无形资产项目设置明细账进行明细核算。

【例7-1】甲公司购入一项非专利技术，支付的买价和有关费用合计 900 000 元，以银行存款支付。甲公司应作如下会计处理：

借：无形资产——非专利技术   900 000

  贷：银行存款   900 000

二、接受投资的无形资产

投资者投入的无形资产的成本，应当按照投资合同或协议约定的价值确定无形资产的取得成本。如果投资合同或协议约定价值不公允的，应按无形资产的公允价值作为无形资产初始成本入账。

【例7-2】乙公司以其商标权投资于甲公司，双方协议价格（等于公允价值）为300万元，甲公司另支付印花税等相关税费2万元，款项已通过银行转账支付。

该商标权的初始计量，应当以取得时的成本为基础。取得时的成本为投资协议约定的价格300万元，加上支付的相关税费2万元。

甲公司接受乙公司作为投资的商标权的成本 = 300 + 2 = 302（万元）

甲公司的账务处理如下：

借：无形资产——商标权   3 020 000

     贷：实收资本（或股本）   3 000 000

          银行存款   20 000

三、自行研究开发的无形资产

通常情况下，企业自创商誉以及企业内部产生的无形资产不确认为无形资产，如企业内部产生的品牌、报刊名等。但是，由于确定研究与开发费用是否符合无形资产的定义和相关特征（如可辨认性）、能否或者何时能够为企业产生预期未来经济利益，以及成本能否可靠地计量尚存在不确定因素，因此，研究与开发活动发生的费用，除了要遵循无形资产确认和初始计量的一般要求外，还需要满足其他特定的条件，才能够确定为一项无形资产。首先，为评价内部产生的无形资产是否满足确认标准，企业应当将资产的形成过程分为研究阶段与开发阶段两部分；其次，对于开发过程中发生的费用，在符合一定条件的情况下，才可确认为一项无形资产。在实务工作中，具体划分研究阶段与开发阶段，以及是否符合资本化的条件，应当根据企业的实际情况以及相关信息予以判断。

（一）研究阶段和开发阶段的划分

对于企业自行进行的研究开发项目，应当区分研究阶段与开发阶段两个部分分别进行核算。

1. 研究阶段

研究阶段，是指为获取并理解新的科学或技术知识而进行的独创性的有计划的调查。研究阶段的特点在于其属于探索性的过程，是为了进一步的开发活动进行资料及相关方面的准备。从已经进行的研究活动看，将来是否能够转入开发、开发后是否会形成无形资产等具有较大的不确定性。为此，企业研究阶段发生的支出，应予以费用化。

2. 开发阶段

开发阶段是指在进行商业性生产或使用前，将研究成果或其他知识应用于某项计划或设计，以生产出新的或具有实质性改进的材料、装置、产品等。开发阶段相对于研究阶段而言，应当是完成了研究阶段的工作，在很大程度上形成一项新产品或新技术的基本条件已经具备。此时如果企业能够证明满足无形资产的定义及相关确认条件，所发生的开发支出可资本化，确认为无形资产的成本。

（二）开发阶段有关支出资本化的条件

企业自行研究开发项目在开发阶段发生的支出，同时满足下列条件的，应将有关支出资本化计入无形资产成本。

（1）完成该无形资产以使其能够使用或出售在技术上具有可行性。企业在判断是否满足该条件时，应以目前阶段的成果为基础，说明在此基础上进一步进行开发所需的技术条件等已经具备，基本上不存在技术上的障碍或其他不确定性，企业在判断时，应提供相关的证据和材料。

（2）具有完成该无形资产并使用或出售的意图。开发某项产品或专利技术产品等，是使用或出售通常是根据管理当局决定该项研发活动的目的或者意图所决定，即研发项目形成成果以后，是出售，还是自己使用并从使用中获得经济利益，应当依管理当局的意图而定。因此，企业的管理当局应能够说明其持有拟开发无形资产的目的，并具有完成该项无形资产开发并使其能够使用或出售的可能性。

（3）无形资产产生经济利益的方式，包括能够证明运用该无形资产生产的产品存在市场或无形资产自身存在市场，无形资产将在内部使用的，应当证明其有用性。

（4）有足够的技术、财务资源和其他资源支持，以完成该无形资产的开发，并有能力使用或出售该无形资产。这一条件主要包括：①为完成该项无形资产开发具有技术上的可靠性。开发的无形资产并使其形成成果在技术上的可靠性，是继续开发活动的关键。因此，必须有确凿证据证明企业继续开发该项无形资产有足够的技术支持和技术能力。②财务资源和其他资源支持。财务和其他资源支持是能够完成该项无形资产开发的经济基础，因此，企业必须能够证明为完成该项无形资产的开发所需的财务和其他资源，是否能够足以支持完成该项无形资产的开发。③能够证明企业在开发过程中所需的技术、财务和其他资源，以及企业获得这些资源的相关计划等。例如，在企业自有资金不足以提供支持的情况下，是否存在外部其他方面的资金支持，如银行等金融机构愿意为该无形资产的开发提供所需资金的声明等来证实，并有能力使用或出售该无形资产。

（5）归属于该无形资产开发阶段的支出能够可靠地计量。企业对于开发活动发生的支出应单独核算，如发生的开发人员的工资、材料费等。在企业同时从事多项开发活动的情况下，所发生的支出同时用于支持多项开发活动的，应按照一定的标准在各项开发活动之间进行分配，无法明确分配的，应予费用化计入当期损益，不计入开发活动的成本。

（三）自行研究开发无形资产的计量

内部研发活动形成的无形资产成本，由可直接归属于该资产的创造、生产并使该资产能够以管理层预定的方式运作的所有必要支出组成。可直接归属成本包括：开发该无形资产时耗费的材料、劳务成本、注册费、在开发该无形资产过程中使用的其他专利权和特许权的摊销，以及按照借款费用的处理原则可资本化的利息支出。在开发无形资产过程中发生的除上述可直接归属于无形资产开发活动的其他销售费用、管理费用等间接费用、无形资产达到预定用途前发生的可辨认的无效和初始运作损失、为运行该无形资产发生的培训支出等不构成无形资产的开发成本。

值得说明的是，自行研究开发无形资产的成本仅包括在满足资本化条件的时点至无形资产达到预定用途前发生的支出总和，对于同一项无形资产在开发过程中达到资本化条件之前已经费用化计入当期损益的支出不再进行调整。

（四）自行研究开发无形资产的会计处理

企业自行研究开发无形资产发生的研发支出，不满足资本化条件的（包括研究阶段的全部支出和开发阶段中不符合资本化条件的支出等），在其发生时借记"研发支出——费用化支出"科目，满足资本化条件的，借记"研发支出——资本化支出"科目，同时贷记"原材料"、"银行存款"、"应付职工薪酬"等科目。研究开发项目达到预定用途形成无形资产的，应按"研发支出——资本化支出"科目的余额，借记"无形资产"科目，贷记"研发支出——资本化支出"科目。期（月）末，应将"研发支出——费用化支出"科目归集的金额转入"管理费用"科目，借记"管理费用"科目，贷记"研发支出——费用化支出"科目。

【例7-3】甲公司自行研究、开发一项技术，截止到2008年12月31日，发生研发支出合计2 000 000元，经测试该项研发活动完成了研究阶段，从2009年1月1日开始进入开发阶段。2009年发生开发支出300 000元，假定符合《企业会计准则第6号——无形资产》规定的开发支出资本化的条件。2009年6月30日，该项研发活动结束，最终开发出一项非专利技术。甲公司应作如下会计处理：

（1）2008年发生的属于研究阶段的研发支出：

借：研发支出——费用化支出　　　　　　　　　　　　　　　　　　　2 000 000

　　贷：银行存款等　　　　　　　　　　　　　　　　　　　　　　　　2 000 000

（2）2008年12月31日，将发生的属于研究阶段的研发支出结转：

借：管理费用　　　　　　　　　　　　　　　　　　　　　　　　　　2 000 000

　　贷：研发支出——费用化支出　　　　　　　　　　　　　　　　　　2 000 000

（3）2009年，发生开发支出并满足资本化确认条件：

借：研发支出——资本化支出　　　　　　　　　　　　　　　　　　　　300 000

　　贷：银行存款等　　　　　　　　　　　　　　　　　　　　　　　　　300 000

（4）2009年6月30日，该技术研发完成并形成无形资产：

借：无形资产　　　　　　　　　　　　　　　　　　　　　　　　　　　300 000

　　贷：研发支出——资本化支出　　　　　　　　　　　　　　　　　　　300 000

第三节　无形资产的后续计量及核算

一、无形资产后续计量的原则

无形资产经过初始确认和计量后，在其后使用该项无形资产期间内应以成本减去累计摊销额和累计减值损失后的余额计量。要确定无形资产在使用过程中的累计摊销额，基础是估计其使用寿命，只有使用寿命有限的无形资产才需要在估计使用寿命内采用系统合理的方法进行摊销，对于使用寿命不确定的无形资产则不需要摊销。

（一）估计无形资产的使用寿命

企业应当于取得无形资产时分析判断其使用寿命。无形资产的使用寿命如为有限的，应当估计该使用寿命的年限或者构成使用寿命的产量等类似计量单位数量；无法预见无形资产为企业带来未来经济利益期限的，应当视为使用寿命不确定的无形资产。

估计无形资产使用寿命应考虑的主要因素包括：

（1）该资产通常的产品寿命周期，以及可获得的类似资产使用寿命的信息。

（2）技术、工艺等方面的现实情况及对未来发展的估计。

（3）该资产在该行业运用的稳定性和生产的产品或服务的市场需求情况。

（4）现在或潜在的竞争者预期采取的行动。

（5）为维持该资产产生未来经济利益的能力所需要的维护支出，以及企业预计支付有关支出的能力。

（6）对该资产的控制期限，以及对该资产使用的法律或类似限制，如特许使用期间、租赁期间等。

（7）与企业持有的其他资产使用寿命的关联性等。

（二）无形资产使用寿命的确定

某些无形资产的取得源自合同性权利或其他法定权利，其使用寿命不应超过合同性权利或其他法定权利的期限。但如果企业使用资产的预期期限短于合同性权利或其他法定权利规定的期限的，则应当按照企业预期使用的期限确定其使用寿命。

如果合同性权利或其他法定权利能够在到期时因续约等延续，则仅当有证据表明企业续约不需要付出重大成本时，续约期才能够包括在使用寿命的估计中。

没有明确的合同或法律规定无形资产的使用寿命的，企业应当综合各方面情况，例如企业经过努力，聘请相关专家进行论证、与同行业的情况进行比较以及参考企业的历史经验等，来确定无形资产为企业带来未来经济利益的期限。如果经过这些努力，仍确实无法合理确定无形资产为企业带来经济利益的期限的，才能将该无形资产作为使用寿命不确定的无形资产。

（三）无形资产使用寿命的复核

企业至少应当于每年年度终了，对无形资产的使用寿命及摊销方法进行复核，如果有证据表明无形资产的使用寿命及摊销方法不同于以前的估计，如由于合同的续约或无形资产应用条件的改善，延长了无形资产的使用寿命，则对于使用寿命有限的无形资产，应改变其摊销年限及摊销方法，并按照会计估计变更进行处理。

对于使用寿命不确定的无形资产，如果有证据表明其使用寿命是有限的，则应视为会计估计变更，应当估计其使用寿命并按照使用寿命有限的无形资产的处理原则进行处理。

二、无形资产的摊销

使用寿命有限的无形资产，应在其预计的使用寿命内采用系统合理的方法对应摊销金额进行摊销。

（一）无形资产的应摊销金额及残值的确定

无形资产的应摊销金额，是指无形资产的成本扣除残值后的金额。已计提减值准备的无形资产，还应扣除已计提的无形资产减值准备累计金额。

除下列情况外，无形资产的残值一般为零：

（1）有第三方承诺在无形资产使用寿命结束时购买该项无形资产。

（2）可以根据活跃市场得到无形资产预计残值信息，并且该市场在该项无形资产使用寿命结束时可能存在。

无形资产的残值意味着，在其经济寿命结束之前企业预计将会处置该无形资产，并且从该处置中取得利益。估计无形资产的残值应以资产处置时的可收回金额为基础，此时的可收回金额是指在预计出售日，出售一项使用寿命已满且处于类似使用状况下，同类无形资产预计的处置价格（扣除相关税费）。残值确定以后，在持有无形资产的期间，至少应于每年年末进行复核，预计其残值与原估计金额不同的，应按照会计估计变更进行处理。如果无形资产的残值重新估计以后高于其账面价值的，则无形资产不再摊销，直至残值降至低于账面价值时再恢复摊销。

（二）摊销期和摊销方法

无形资产的摊销期自其可供使用（即其达到预定用途）时起至终止确认时止，即无形资产摊销的起始和停止日期为：当月增加的无形资产，当月开始摊销；当月减少的无形资产，当月不再摊销。

在无形资产的使用寿命内系统地分摊其应摊销金额，存在多种方法。这些方法包括直线法、产量法等。企业选择的无形资产摊销方法，应当能够反映与该项无形资产有关的经济利益的预期实现方式，并一致地运用于不同会计期间。例如，受技术陈旧因素影响较大的专利权和专有技术等无形资产，可采用类似固定资产加速折旧的方法进行摊销；有特定产量限制的特许经营权或专利权，应采用产量法进行摊销；无法可靠确定其预期实现方式的，应当采用直线法进行摊销。

（三）无形资产摊销的账务处理

为了核算无形资产的摊销过程，应设置"累计摊销"科目，该科目属于"无形资产"的抵减科目，核算企业对使用寿命有限的无形资产计提的累计摊销，贷方登记企业计提的无形资产摊销，借方登记处置无形资产转出的累计摊销，期末余额在贷方，反映企业无形资产的累计摊销额。企业应当按月对无形资产进行摊销。无形资产的摊销额一般应当计入当期损益，企业自用的无形资产，其摊销金额计入管理费用，借记"管理费用"，贷记"累计摊销"；出租的无形资产，其摊销金额计入其他业务成本，借记"其他业务成本"，贷记"累计摊销"；某项无形资产包含的经济利益通过所生产的产品或其他资产实现的，其摊销金额应当计入相关资产成本。

【例7-4】甲公司购买了一项特许权，成本为4 800 000元，合同规定受益年限为10年，甲公司每月应摊销40 000元。每月摊销时，甲公司应作如下会计处理：

借：管理费用   40 000

    贷：累计摊销   40 000

【例7-5】2010年1月1日，甲公司将其自行开发完成的非专利技术出租给乙公司，该非专利技术成本为 3 600 000 元，双方约定的租赁期限为 10 年，甲公司每月应摊销 30 000 元。每月摊销时，甲公司应作如下会计处理：

借：其他业务成本　　　　　　　　　　　　　　　　　　　　30 000
　　贷：累计摊销　　　　　　　　　　　　　　　　　　　　　　　30 000

三、无形资产的减值核算

根据可获得的相关信息判断，如果无法合理估计某项无形资产的使用寿命的，应作为使用寿命不确定的无形资产进行核算。对于使用寿命不确定的无形资产，在持有期间内不需要摊销，但应当在每个会计期间进行减值测试。对于使用寿命有限的无形资产，会计期末对无形资产进行摊销以后，还应对其进行减值测试。如果无形资产已经发生减值，应对其计提减值准备。衡量无形资产是否发生减值的标准是其可回收金额。

会计期末，当无形资产的可收回金额低于其账面价值时，企业应将该无形资产的账面价值减计至可收回金额，减计的金额确认为减值损失，计入当期损益，同时计提相应的资产减值准备，即按应减计的金额，借记"资产减值损失——计提的无形资产减值准备"科目，贷记"无形资产减值准备"科目。无形资产减值损失一经确认，在以后会计期间不得转回。

【例 7 -6】甲公司 2006 年 1 月 5 日购入一项专利权，实际支付价款 300 000 元，预计使用年限为 10 年。2009 年 12 月 31 日，该项专利权发生减值，预计未来现金流量的现值为 150 000 元，无公允价值。该项专利权发生减值以后，预计使用年限为 5 年。根据上述资料，甲公司编制的会计分录如下：

（1）计算该项专利权在计提资产减值准备前的账面余额：

账面余额 = 300 000 - 300 000 ÷ 10 × 4 = 180 000（元）

（2）计提减值准备：

应计提的减值准备 = 180 000 - 150 000 = 30 000（元）

借：资产减值损失——计提的无形资产减值准备　　　　　　　30 000
　　贷：无形资产减值准备　　　　　　　　　　　　　　　　　　　30 000

（3）计算剩余使用年限内年摊销额：

剩余使用年限内年摊销额 = 150 000 ÷ 5 = 30 000（元）

第四节　无形资产的处置

无形资产的处置，主要是指无形资产出售、对外出租、对外捐赠，或者是无法为企业带来未来经济利益时，应予终止确认并转销。

一、无形资产的出售

企业出售某项无形资产，表明企业放弃无形资产的所有权，应将所取得的价款与该无形资产账面价值的差额作为资产处置利得或损失，记入"营业外收入"或"营业外支出"科目。

出售无形资产时，应按实际收到的金额，借记"银行存款"等科目，按已计提的累计摊销，借记"累计摊销"科目，原已计提减值准备的，借记"无形资产减值准备"科目；按应支付的相关税费，贷记"应交税费"等科目，按无形资产账面余额，贷记"无形资产"科目，按上述差额，贷记"营业外收入——处置非流动资产利得"科目或借记"营业外支出——处置非流动资产损失"科目。

【例7-7】201×年1月1日，B公司拥有某项专利技术的成本为1 000万元。已摊销金额为500万元，已计提的减值准备为20万元。该公司于201×年将该项专利技术出售给C公司，取得出售收入600万元，应缴纳的营业税等相关税费为36万元。

B公司的账务处理为：

借：银行存款	6 000 000
累计摊销	5 000 000
无形资产减值准备	200 000
贷：无形资产	10 000 000
应交税费——应交营业税	360 000
营业外收入——处置非流动资产利得	840 000

如果该公司转让该项专利技术取得的收入为400万元，应缴纳的营业税等相关税费为24万元。

则B公司的账务处理为：

借：银行存款	4 000 000
累计摊销	5 000 000
无形资产减值准备	200 000
营业外支出——处置非流动资产损失	1 040 000
贷：无形资产	10 000 000
应交税费——应交营业税	240 000

二、无形资产的出租

企业将所拥有的无形资产的使用权让渡给他人，并收取租金，属于与企业日常活动相关的其他经营活动取得的收入，在满足收入确认条件的情况下，应确认相关的收入及成本，并通过其他业务收支科目进行核算。让渡无形资产使用权而取得的租金收入，借记"银行存款"等科目，贷记"其他业务收入"等科目；摊销出租无形资产的成本并发生与转让有关的各种费用支出时，借记"其他业务成本"等科目，贷记"累计摊销"等科目。

【例7-8】201×年1月1日，A企业将一项专利技术出租给B企业使用，该专利技术账面余额为500万元，摊销期限为10年，出租合同规定，承租方每销售一件用该专利生产的产品，必须付给出租方10万元专利技术使用费。假定承租方当年销售该产品10万件，应缴的营业税为5万元。

A 企业的账务处理如下。

(1) 取得该项专利技术使用费时：

借：银行存款	1 000 000
贷：其他业务收入	1 000 000

(2) 按年对该项专利技术进行摊销：

借：其他业务成本	500 000
贷：累计摊销	500 000

(3) 按年计算确认应缴的营业税：

借：营业税金及附加	50 000
贷：应交税费——应交营业税	50 000

三、无形资产的报废

如果无形资产预期不能为企业带来未来经济利益，例如，该无形资产已被其他新技术所替代或超过法律保护期，不能再为企业带来经济利益的，则不再符合无形资产的定义，应将其报废并予以转销，其账面价值转作当期损益。转销时，应按已计提的累计摊销，借记"累计摊销"科目；按已计提的减值准备，借记"无形资产减值准备"科目；按其账面余额，贷记"无形资产"科目；按上述差额，借记"营业外支出"科目。

【例 7-9】A 企业拥有某项专利技术，根据市场调查，用其生产的产品已没有市场，决定应予转销。转销时，该项专利技术的账面余额为 600 万元，摊销期限为 10 年，采用直线法进行摊销，已累计摊销 300 万元，假定该项专利权的残值为零，已累计计提的减值准备为 160 万元，假定不考虑其他相关因素。则 A 公司的账务处理如下：

借：累计摊销	3 000 000
无形资产减值准备	1 600 000
营业外支出——处置非流动资产损失	1 400 000
贷：无形资产——专利权	6 000 000

第五节　其他资产

其他资产是指除货币资金、交易性金融资产、应收及预付款项、存货、长期股权投资、固定资产、无形资产等以外的资产，如长期待摊费用等。

长期待摊费用是指企业已经发生但应由本期和以后各期负担的分摊期限在一年以上的各项费用，如以经营租赁方式租入的固定资产发生的改良支出等。企业应设置"长期待摊费用"科目对此类项目进行核算，企业发生的长期待摊费用，借记"长期待摊费用"科目，贷记"原材料"、"银行存款"等科目；摊销长期待摊费用时，借记"管理费用"、"销售费用"等科目，贷记"长期待摊费用"科目；"长期待摊费用"科目期末借方余额，反映企业尚未摊销完毕的长期待摊费用。"长期待摊费用"科目可按费用项目进行明细核算。

【例 7 - 10】201×年 4 月 1 日，甲公司对其以经营租赁方式新租入的办公楼进行装修，发生以下有关支出：领用生产材料 500 000 元，购进该批原材料时支付的增值税进项税额为 85 000 元；辅助生产车间为该装修工程提供的劳务支出为 180 000 元；有关人员工资等职工薪酬 435 000 元。201×年 12 月 1 日，该办公楼装修完工，达到预定可使用状态并交付使用，并按租赁期 10 年开始进行摊销。假定不考虑其他因素，甲公司应作如下会计处理：

（1）装修领用原材料：

借：长期待摊费用   585 000

    贷：原材料   500 000

        应交税费——应交增值税（进项税额转出） 85 000

（2）辅助生产车间为装修工程提供劳务时：

借：长期待摊费用   180 000

    贷：生产成本——辅助生产成本   180 000

（3）确认工程人员职工薪酬时：

借：长期待摊费用   435 000

    贷：应付职工薪酬   435 000

（4）2009 年 12 月摊销当月装修支出时：

每月长期待摊费用的摊销额 = （585 000 + 180 000 + 435 000）÷（10 × 12）= 10 000（元）

借：管理费用   10 000

    贷：长期待摊费用   10 000

第八章 非货币性资产交换

【学习目的】通过本章的学习，理解非货币性资产交换的概念和确认条件；分别掌握具有商业实质且公允价值能够可靠计量的非货币性资产交换的会计处理和不具有商业实质或公允价值不能够可靠计量的非货币性资产交换的会计处理。

第一节 非货币性资产交换的概述

一、非货币性资产交换的概念及特征

非货币性资产交换是指交易双方主要以存货、固定资产、无形资产和长期股权投资等非货币性资产进行的交换。非货币性资产交换不涉及或只涉及少量的货币性资产（即补价）。其中，货币性资产，是指企业持有的货币资金和将以固定或可确定的金额收取的资产，包括现金、银行存款、应收账款和应收票据以及准备持有至到期的债券投资等。非货币性资产是指货币性资产以外的资产，包括存货、固定资产、无形资产、长期股权投资、不准备持有至到期的债券投资等。

非货币性资产有别于货币性资产的最基本特征是，其在将来为企业带来的经济利益，即货币金额，是不固定的或不可确定的。例如，企业持有固定资产的主要目的是用于生产经营，通过折旧方式将其磨损价值转移到成本费用中去，然后通过产品销售获利，固定资产在将来为企业带来的经济利益，即货币金额，是不固定的或不可确定的，因此，固定资产属于非货币性资产。资产负债表列示的项目中属于非货币性资产的项目通常包括存货、长期股权投资、投资性房地产、固定资产、在建工程、工程物资、无形资产等。

《企业会计准则第7号——非货币性资产交换》规定，认定涉及少量货币性资产的交换为非货币性资产交换，通常以补价占整个资产交换金额的比例低于25%作为参考，即支付的货币性资产占换入资产公允价值（或占换出资产公允价值与支付的货币性资产之和）的比例，或者收到的货币性资产占换出资产公允价值（或占换入资产公允价值和收到的货币性资产之和）的比例低于25%的，视为非货币性资产交换；高于25%（含25%）的，视为货币性资产交换。

实际工作中，交易双方通过非货币性资产交换，一方面可以满足各自生产经营的需要，另一方面可以在一定程度上减少货币性资产的流出。如甲企业需要一项乙企业拥有的

设备，乙企业需要甲企业生产的产品作为原材料，甲企业和乙企业双方就可能会出现非货币性资产交换的交易行为，同时也在一定程度上减少货币性资产的流出。

二、非货币性资产交换的确认和计量

在进行非货币性资产交换的情况下，《企业会计准则第7号——非货币性资产交换》规定有以下两种确定换入资产成本的计量基础和交换所产生损益的确认原则。

（一）公允价值

非货币性资产交换同时满足下列两个条件的，应当以公允价值和应支付的相关税费作为换入资产的成本，公允价值与换出资产账面价值的差额计入当期损益。

（1）该项交换具有商业实质。

（2）换入资产或换出资产的公允价值能够可靠地计量。

资产存在活跃市场，是资产公允价值能够可靠计量的明显证据，但不是唯一要求。属于以下三种情形之一的，公允价值视为能够可靠计量：

一是换入资产或换出资产存在活跃市场。

二是换入资产或换出资产不存在活跃市场，但同类或类似资产存在活跃市场。

三是换入资产或换出资产不存在同类或类似资产的可比市场交易，应当采用估值技术确定其公允价值。采用估值技术确定的公允价值必须符合以下条件之一，视为能够可靠计量：①采用估值技术确定的公允价值估计数的变动区间很小；②在公允价值估计数变动区间内，各种用于确定公允价值估计数的概率能够合理确定。

换入资产和换出资产公允价值均能够可靠计量的，应当以换出资产公允价值作为确定换入资产成本的基础。一般来说，取得资产的成本应当按照所放弃资产的对价来确定，在非货币性资产交换中，换出资产就是放弃的对价，如果其公允价值能够可靠计量并确定，应当优先考虑按照换出资产的公允价值作为确定换入资产成本的基础；如果有确凿证据证明换入资产的公允价值更加可靠，应当以换入资产公允价值为基础确定换入资产的成本，这种情况多发生在非货币性资产交换存在补价的情况下，因为存在补价表明换入资产和换出资产公允价值不相等，一般不能直接以换出资产的公允价值作为换入资产的成本。

（二）账面价值

非货币性资产交换不具有商业实质，或者虽然具有商业实质但交换所涉及的换入资产和换出资产的公允价值均不能可靠计量的，应当按照换出资产的账面价值和应支付的相关税费，作为换入资产的成本，无论是否支付补价，均不确认损益；收到或支付的补价作为确定换入资产成本的调整因素。

三、商业实质的判断

企业发生的非货币性资产交换，符合下列条件之一的，视为具有商业实质。

（一）换入资产的未来现金流量在风险、时间和金额方面与换出资产显著不同

换入资产的未来现金流量在风险、时间和金额方面与换出资产显著不同，通常包括以下几种情况：

（1）未来现金流量的风险、金额相同，时间不同。此种情形是指换入资产和换出资产产生的未来现金流量总额相同，获得这些现金流量的风险相同，但现金流量流入企业的时间不同。比如，甲公司以一批存货换入一项设备，因存货流动性强，能够在较短的时间内产生现金流量，设备作为固定资产要在较长的时间内为企业带来现金流量，两者产生现金流量的时间相差较大，则可以判断上述存货与固定资产的未来现金流量显著不同，因而该两项资产的交换具有商业实质。

（2）未来现金流量的时间、金额相同，风险不同。此种情形是指换入资产和换出资产产生的未来现金流量的时间和金额相同，但企业获得这些现金流量的不确定性程度存在显著不同。比如，某企业以其不准备持有至到期的国库券换入一幢房屋以备出租，该企业预计未来每年收到的国库券利息与房屋租金在金额和流入时间上相同，但是国库券利息通常风险很小，租金的取得需要依赖于承租人的财务及信用情况等，两者现金流量的风险或不确定性程度存在明显差异，上述国库券与房屋的未来现金流量在风险方面显著不同。

（3）未来现金流量的风险、时间相同，金额不同。此种情形是指换入资产和换出资产产生的现金流量总额相同，预计为企业带来现金流量的时间跨度相同，风险也相同，但各年产生的现金流量金额存在明显差异。比如，某企业以一项商标权换入另一企业的一项专利技术，预计两项无形资产的使用寿命相同，在使用寿命内预计为企业带来的现金流量总额相同，但是换入的专利技术是新开发的，预计开始阶段产生的未来现金流量明显少于后期，而该企业拥有的商标每年产生的现金流量比较均衡，两者产生的现金流量金额差异明显，则上述商标权与专利技术的未来现金流量显著不同，因而该两项资产的交换具有商业实质。

（二）换入资产与换出资产的预计未来现金流量现值不同，且其差额与换入资产和换出资产的公允价值相比是重大的

企业如按照上述第一项条件难以判断某项非货币性资产交换是否具有商业实质，可根据第二项条件，通过计算换入资产和换出资产的预计未来现金流量现值，进行比较后判断。其中，资产预计未来现金流量的现值，应当按照资产在持续使用过程和最终处置时预计产生的税后未来现金流量，根据企业自身而不是市场参与者对资产特定风险的评价，选择恰当的折现率对预计未来现金流量折现后的金额加以确定。

例如，甲企业以一项专利权换入乙企业拥有的长期股权投资，假定从市场参与者来看，该项专利权与该项长期股权投资的公允价值相同，两项资产未来现金流量的风险、时间和金额亦相同，但是对甲企业来讲，换入该项长期股权投资使该企业对被投资方由重大影响变为控制关系，从而对甲企业产生的预计未来现金流量现值与换出的专利权有较大差异；乙企业换入的专利权能够解决生产中的技术难题，从而对乙企业产生的预计未来现金流量现值与换出的长期股权投资有明显差异，因而该两项资产的交换具有商业实质。

不满足上述任何一项条件的非货币性资产交换，通常认为不具有商业实质。

第二节　具有商业实质且公允价值能够可靠计量的非货币性资产交换的会计处理

一、不涉及补价的会计处理

在以公允价值计量的情况下，不论是否涉及补价，只要换出资产的公允价值与其账面价值不相同，就一定会涉及损益的确认，因为非货币性资产交换损益通常是换出资产公允价值与换出资产账面价值的差额，通过非货币性资产交换予以实现。

非货币性资产交换的会计处理，根据换出资产的类别不同而有所区别：换出资产为存货的，应当视同销售处理；换出资产为固定资产、无形资产的，换出资产公允价值和换出资产账面价值的差额，计入营业外收入或营业外支出；换出资产为长期股权投资的，换出资产公允价值和换出资产账面价值的差额，计入投资收益。

换入资产与换出资产涉及相关税费的，如换出存货视同销售计算的销项税额，换入资产作为存货可抵扣的增值税进项税额，以及换出固定资产、无形资产视同转让应交纳的营业税等，按照相关税收规定计算确定。

【例8-1】20×8年10月，甲公司以生产经营过程中使用的一台设备交换乙公司生产的一批商品，换入的商品作为原材料核算。甲公司设备的账面原价为190万元，在交换日的累计折旧为70万元，已为该项设备计提资产减值准备10万元，公允价值为100万元（不含增值税）。乙公司商品的账面价值为90万元，在交换日的公允价值为100万元（不含增值税），计税价格等于公允价值。乙公司换入甲公司的设备用于生产经营。甲、乙公司均为一般纳税人，适用的增值税税率为17%。甲公司整个交易过程中，除支付运杂费10 000元外，没有发生其他相关税费。乙公司此前没有为库存商品计提存货跌价准备，其在整个交易过程中没有发生除增值税以外的其他税费。

本例中，整个资产交换过程没有涉及收付货币性资产，因此，该项交换属于非货币性资产交换。对甲公司来讲，换入的商品是经营过程中必需的材料，对乙公司来讲，换入的设备是生产商品过程中必须使用的机器，两项资产交换后对换入企业的特定价值显著不同，两项资产的交换具有商业实质；同时，两项资产的公允价值都能够可靠地计量，符合《企业会计准则第7号——非货币性资产交换》规定的以公允价值计量的两个条件，因此，甲公司和乙公司均应当以换出资产的公允价值为基础，确定换入资产的成本，并确认产生的损益。

甲公司以固定资产换入存货，具有商业实质，在不涉及补价的情况下，按转出固定资产的公允价值加上应支付的相关税费，减去可抵扣的增值税进项税额，借记"原材料"、"库存商品"等账户，按可抵扣的增值税进项税额，借记"应交税费——应交增值税（进项税额）"账户，按应支付的相关税费，贷记"银行存款"、"应交税费"等账户，按其差额，贷记"固定资产清理"账户。按投出固定资产已提折旧，借记"累计折旧"账户，按该项固定资产已计提的减值准备,借记"固定资产减值准备"账户,按投出固定资产的账面价值,借记"固定资产清理"账户,按投出固定资产的账面原价,贷记"固定资产"账户。按转出固定资产的公允价值与"固定资产清理"账户余额之间的差额,借记"固定资产清理"账户,贷记"营业外收入"账户,或借记"营业外支出"账户,贷记"固定资产清理"账户。

甲公司的账务处理如下:

借:原材料 1 000 000
　　应交税费——应交增值税(进项税额) 170 000
　　　贷:固定资产清理 1 000 000
　　　　　应交税费——应交增值税(销项税额) 170 000
借:固定资产清理 1 100 000
　　累计折旧 700 000
　　固定资产减值准备 100 000
　　　贷:固定资产 1 900 000
借:固定资产清理 10 000
　　　贷:银行存款 10 000
借:营业外支出 110 000
　　　贷:固定资产清理 110 000

乙公司根据增值税的有关规定,企业以库存商品换入其他资产,视同销售行为发生,应计算增值税销项税额,缴纳增值税。企业以库存商品换入固定资产,不涉及补价的情况下,应按换出库存商品的公允价值(不含增值税)加上应支付的相关的税费,减去可抵扣的增值税进项税额,借记"固定资产"账户,按可抵扣的增值税进项税额,借记"应交税费——应交增值税(进项税额)"账户,按换出库存商品的公允价值(不含增值税),贷记"主营业务收入"账户,按换出库存商品的增值税销项税额,贷记"应交税费——应交增值税(销项税额)"账户;同时,结转成本,借记"主营业务成本"、"存货跌价准备"等账户,贷记"库存商品"账户。

乙公司的账务处理如下:

换出商品的增值税销项税额 = 1 000 000 × 17% = 170 000(元)

借:固定资产 1 000 000
　　应交税费——应交增值税(进项税额) 170 000
　　　贷:主营业务收入 1 000 000
　　　　　应交税费——应交增值税(销项税额) 170 000
借:主营业务成本 900 000
　　　贷:库存商品 900 000

【例8-2】甲公司决定以一台非生产经营用设备交换乙公司一项专利权,甲公司的设备账面原值为496 000元,已提折旧240 000元,未提减值准备,公允价值为230 000元,假设无其他税费。乙公司专利权的账面原价为260 000元,已累计摊销30 000元,已提减值准备4 000元,公允价值为230 000元,假设没有发生相关税费,甲、乙公司不存在关联方关系，交易价格公允。

分析：该项资产交换没有涉及收付货币性资产，因此属于非货币性资产交换。

甲公司的账务处理如下：

借：无形资产	230 000	
贷：固定资产清理		230 000
借：累计折旧	240 000	
固定资产清理	256 000	
贷：固定资产		496 000
借：营业外支出	26 000	
贷：固定资产清理		26 000

乙公司的账务处理如下：

借：固定资产	230 000	
累计摊销	30 000	
无形资产减值准备	4 000	
贷：无形资产		260 000
营业外收入		4 000

【例 8-3】为了提高产品质量，甲公司以其持有的对丙公司的长期股权投资交换乙公司拥有的一项专利技术。在交换日，甲公司持有的长期股权投资账面余额为 850 万元，已计提长期股权投资减值准备为 80 万元，在交换日的公允价值为 700 万元；乙公司专利技术的账面原价为 900 万元，已累计摊销 182 万元，已计提减值准备为 40 万元，在交换日的公允价值为 700 万元。乙公司原已持有对丙公司的长期股权投资，从甲公司换入对丙公司的长期股权投资后，使丙公司成为乙公司的联营企业。税务机关核定乙公司转让专利技术应交 5% 的营业税。假设整个交易过程中没有发生其他相关税费，甲、乙公司不存在关联方关系，交易价格公允。

分析：该项资产交换没有涉及收付货币性资产，因此属于非货币性资产交换。

甲公司的账务处理如下：

借：无形资产——专利权	7 000 000	
长期股权投资减值准备	800 000	
投资收益	700 000	
贷：长期股权投资		8 500 000

乙公司的账务处理如下：

借：长期股权投资	7 000 000	
累计摊销	1 820 000	
无形资产减值准备	400 000	
营业外支出	130 000	
贷：无形资产——专利权		9 000 000
应交税费——应交营业税		350 000

二、涉及补价的会计处理

在以公允价值计量的情况下，发生补价的，支付补价方和收到补价方应当分别情况处理：

（1）支付补价方：应当以换出资产的公允价值加上支付的补价（即换入资产的公允价值）和应支付的相关税费，作为换入资产的成本；换入资产成本与换出资产账面价值加支付的补价、应支付的相关税费之和的差额，应当计入当期损益。

（2）收到补价方：应当以换入资产的公允价值（或换出资产的公允价值减去补价）和应支付的相关税费，作为换入资产的成本；换入资产成本加收到的补价之和与换出资产账面价值加应支付的相关税费之和的差额，应当计入当期损益。

在涉及补价的情况下，对于支付补价方而言，作为补价的货币性资产构成换入资产所放弃对价的一部分，对于收到补价方而言，作为补价的货币性资产构成换入资产的一部分。

【例8－4】甲公司以其使用中的账面价值为140万元（原价为160万元，累计折旧为20万元，未计提减值准备）的一台设备换入乙公司生产的一批钢材，钢材的账面价值为100万元。甲公司换入钢材作为原材料用于生产产品，乙公司换入设备作为固定资产管理。设备的公允价值为150万元，钢材的公允价值为120万元（不含增值税）。乙公司另支付9.6万元给甲公司。甲公司和乙公司均为增值税一般纳税人，适用的增值税税率均为17%，计税价格等于公允价值。假设甲、乙公司不存在关联方关系，交易价格公允，交易过程除增值税以外无其他税费，且乙公司因换入设备而涉及的增值税进项税额不得以销项税额抵扣。

分析：该项交换交易涉及补价，且补价所占比例分别如下：

甲公司：收到的补价9.6万元÷换出资产公允价值150万元＝6.4%＜25%

乙公司：支付补价9.6万元÷换入资产公允价值150万元＝6.4%＜25%

由于该项交易所涉及的补价占交换的资产价值的比例低于25%，甲、乙公司不存在关联方关系，该项交易属于具有商业实质且公允价值能够可靠计量、涉及补价的非货币性资产交换。

①甲公司的账务处理如下：

换入钢材的成本＝150－20.4－9.6＝120（万元）

借：固定资产清理　　　　　　　　　　　　　　　　1 400 000
　　累计折旧　　　　　　　　　　　　　　　　　　　200 000
　　　贷：固定资产　　　　　　　　　　　　　　　　　　　1 600 000
借：原材料　　　　　　　　　　　　　　　　　　　1 200 000
　　银行存款　　　　　　　　　　　　　　　　　　　 96 000
　　应交税费——应交增值税（进项税额）　　　　　　204 000
　　　贷：固定资产清理　　　　　　　　　　　　　　　　　1 500 000
借：固定资产清理　　　　　　　　　　　　　　　　　100 000

贷：营业外收入		100 000

②乙公司的账务处理如下：

借：固定资产		1 500 000
贷：主营业务收入		1 200 000
应交税费——应交增值税（销项税额）		204 000
银行存款		96 000
借：主营业务成本		1 000 000
贷：库存商品		1 000 000

【例8-5】为了提高产品质量，甲公司以其持有的对丙公司的长期股权投资交换乙公司拥有的一项生产设备。在交换日，甲公司持有的长期股权投资账面余额为550万元，已计提长期股权投资减值准备为40万元，在交换日的公允价值为520万元；乙公司设备的账面原价为680万元，已提折旧120万元，已计提减值准备为20万元，在交换日的公允价值为500万元（不含增值税）。甲公司支付给乙公司65万元，假设整个交易过程中没有发生其他相关税费，甲、乙公司不存在关联方关系，交易价格公允。

分析：该项交换涉及补价，且补价所占比例分别如下：

甲公司：支付的补价65万元÷换入资产公允价值585万元＝11.11%＜25%

乙公司：收到补价65万元÷换出资产公允价值585万元＝11.11%＜25%

由于该项交易所涉及的补价占交换的资产价值的比例低于25%，甲、乙公司不存在关联方关系，该项交易属于具有商业实质且公允价值能够可靠计量、涉及补价的非货币性资产交换。

①甲公司的账务处理如下：

借：固定资产		5 000 000
应交税费——应交增值税（进项税额）		850 000
长期股权投资减值准备		400 000
贷：长期股权投资		5 500 000
银行存款		650 000
投资收益		100 000

②乙公司的账务处理如下：

借：长期股权投资		5 200 000
银行存款		650 000
贷：固定资产清理		5 000 000
应交税费——应交增值税（销项税额）		850 000
借：固定资产清理		5 400 000
累计折旧		1 200 000
固定资产减值准备		200 000
贷：固定资产		6 800 000
借：营业外支出		400 000
贷：固定资产清理		400 000

三、涉及多项非货币性资产交换的会计处理

非货币性资产交换涉及多项资产的情况包括，企业以一项非货币性资产换入另一企业的多项非货币性资产，或同时以多项非货币性资产换入另一企业的一项非货币性资产，或以多项非货币性资产同时换入多项非货币性资产，也可能涉及补价。涉及多项资产的非货币性资产交换，企业无法将换出的某一资产与换入的某一特定资产相对应。与单项非货币性资产之间的交换一样，涉及多项资产的非货币性资产交换的计量，企业也应当首先判断是否符合非货币性资产交换准则以公允价值计量的两个条件，再分别情况确定各项换入资产的成本。

在以公允价值计量的情况下，涉及多项资产的非货币性资产交换一般可以分为以下几种情况：

（1）资产交换具有商业实质，且各项换出资产和各项换入资产的公允价值均能够可靠计量。在这种情况下，换入资产的总成本应当按照换出资产的公允价值总额为基础确定，除非有确凿证据证明换入资产的公允价值总额更可靠。各项换入资产的成本，应当按照各项换入资产的公允价值占换入资产公允价值总额的比例，对换入资产总成本进行分配，确定各项换入资产的成本。

（2）资产交换具有商业实质，且换入资产的公允价值能够可靠计量、换出资产的公允价值不能可靠计量。在这种情况下，换入资产的总成本应当按照换入资产的公允价值总额为基础确定，各项换入资产的成本，应当按照各项换入资产的公允价值占换入资产公允价值总额的比例，对换入资产总成本进行分配，确定各项换入资产的成本。

（3）资产交换具有商业实质，换出资产的公允价值能够可靠计量，但换入资产的公允价值不能可靠计量。在这种情况下，换入资产的总成本应当按照换出资产的公允价值总额为基础确定，各项换入资产的成本，应当按照各项换入资产的原账面价值占换入资产原账面价值总额的比例，对按照换出资产公允价值总额确定的换入资产总成本进行分配，确定各项换入资产的成本。

实际上，上述三种情况，换入资产总成本都是按照公允价值计量的，但各单项换入资产成本的确定，视各单项换入资产的公允价值能否可靠计量而分别情况处理。

【例8-6】2008年9月，甲公司和乙公司均为增值税一般纳税人，适用的增值税税率均为17%。为适应业务发展的需要，经协商，甲公司决定以生产经营过程中使用的库房、设备以及库存商品换入乙公司生产经营过程中使用的办公楼。甲公司库房的账面原价为630万元，在交换日的累计折旧为140万元，公允价值为540万元；设备的账面原价为240万元，在交换日的累计折旧为120万元，公允价值（不含增值税）为100万元；库存商品的账面余额为200万元，公允价值（不含增值税）为250万元，公允价值等于计税价格。乙公司办公楼的账面原价为1 050万元，在交换日的累计折旧为300万元，公允价值为980万元。甲公司另外向乙公司支付银行存款30.5万元。

假定甲公司和乙公司都没有为换出资产计提减值准备；整个交易过程中没有发生除增值税以外的其他相关税费；甲公司换入乙公司的办公楼作为固定资产使用和管理；乙公

换入甲公司的库房、设备作为固定资产使用和管理，换入的库存商品作为原材料使用和管理。甲公司开具了增值税专用发票。

分析：该项交换涉及补价，且补价所占比例分别如下：

$30.5 \div 980 = 3.11\% < 25\%$

该项涉及多项资产的非货币性资产交换具有商业实质；同时，各单项换入资产和换出资产的公允价值均能可靠计量，因此，甲、乙公司均应当以公允价值为基础确定换入资产的总成本，确认产生的相关损益。同时，按照各单项换入资产的公允价值占换入资产公允价值总额的比例，确定各单项换入资产的成本。

甲公司的账务处理如下：

①根据增值税的有关规定，企业以库存商品、生产用设备换入其他资产，视同销售行为发生，应计算增值税销项税额，缴纳增值税。

换出库存商品的增值税销项税额 $= 250 \times 17\% = 42.5$（万元）

换出生产用设备的增值税销项税额 $= 100 \times 17\% = 17$（万元）

②计算换入资产、换出资产公允价值总额。

换出资产公允价值总额 $= 540 + 100 + 250 + 42.5 + 17 = 949.5$（万元）

换入资产公允价值总额 $= 980$（万元）

③计算换入资产总成本。

换入资产总成本 = 换出资产公允价值 + 支付补价 $= 949.5 + 30.5 = 980$（万元）

④会计分录。

借：固定资产清理		6 100 000
累计折旧		2 600 000
贷：固定资产——库房		6 300 000
——设备		2 400 000
借：固定资产——办公楼		9 800 000
贷：固定资产清理		6 400 000
主营业务收入		2 500 000
应交税费——应交增值税（销项税额）		595 000
银行存款		305 000
借：主营业务成本		2 000 000
贷：库存商品		2 000 000
借：固定资产清理		300 000
贷：营业外收入		300 000

乙公司的账务处理如下：

①根据增值税的有关规定，企业以其他资产换入原材料、生产用设备视同购买行为发生，应计算增值税进项税额，抵扣增值税。

换入资产原材料的增值税进项税额 $= 250 \times 17\% = 42.5$（万元）

换入生产用设备的增值税销项税额 $= 100 \times 17\% = 17$（万元）

②计算换入资产、换出资产公允价值总额。

换入资产公允价值总额 = 540 + 100 + 250 + 42.5 + 17 = 949.5（万元）

换出资产公允价值总额 = 980（万元）

③确定换入资产总成本。

换入资产总成本 = 换出资产公允价值 − 收到的补价 − 可抵扣的增值税进项税额

= 980 − 30.5 − 59.5 = 890（万元）

④计算确定换入各项资产的公允价值占换入资产公允价值总额的比例。

库房公允价值占换入资产公允价值总额的比例 = 540 ÷ 890 = 60.67%

设备公允价值占换入资产公允价值总额的比例 = 100 ÷ 890 = 11.24%

原材料公允价值占换入资产公允价值总额的比例 = 250 ÷ 890 = 28.09%

⑤计算确定换入各项资产的成本。

厂房的成本 = 890 × 60.67% = 540（万元）

设备的成本 = 890 × 11.24% = 100（万元）

原材料的成本 = 890 × 28.09% = 250（万元）

⑥会计分录。

借：固定资产清理　　　　　　　　　　　　　　　7 500 000

　　累计折旧　　　　　　　　　　　　　　　　　3 000 000

　　贷：固定资产——办公楼　　　　　　　　　　　　　　10 500 000

借：固定资产——库房　　　　　　　　　　　　　5 400 000

　　　　　——设备　　　　　　　　　　　　　　1 000 000

　　原材料　　　　　　　　　　　　　　　　　　2 500 000

　　应交税费——应交增值税（进项税额）　　　　　595 000

　　银行存款　　　　　　　　　　　　　　　　　305 000

　　贷：固定资产清理　　　　　　　　　　　　　　　　9 800 000

借：固定资产清理　　　　　　　　　　　　　　　2 300 000

　　贷：营业外收入　　　　　　　　　　　　　　　　　2 300 000

第三节　不具有商业实质或公允价值不能够可靠计量的非货币性资产交换的会计处理

一、不涉及补价的会计处理

非货币性资产交换不具有商业实质，或者虽然具有商业实质但换入资产和换出资产的公允价值均不能可靠计量的，应当以换出资产账面价值为基础确定换入资产成本，无论是否支付补价，均不确认损益。在不涉及补价情况下，企业换入的资产一般按换出资产的账面价值加上应支付的相关税费，作为换入资产的实际成本。

【例8−7】甲公司拥有一台专有设备，该设备账面原价300万元，已计提折旧120万元，乙公司拥有一项长期股权投资，账面价值160万元，两项资产均未计提减值准备。甲公司决定以其专有设备交换乙公司该项长期股权投资。专有设备的公允价值不能可靠计量；乙公司拥有的长期股权投资在活跃市场中没有报价，其公允价值也不能可靠计量。双方商定，根据两项资产账面价值的情况成交，不支付补价。假定交易中没有涉及相关税费。

分析：整个资产交换过程没有涉及收付货币性资产，因此，该项交换属于非货币性资产交换。由于两项资产的公允价值不能可靠计量，因此，对于该项资产交换，换入资产的成本应当按照换出资产的账面价值确定。

甲公司的账务处理如下：

借：固定资产清理 1 800 000
　　累计折旧 1 200 000
　　贷：固定资产——专有设备 3 000 000
借：长期股权投资 1 800 000
　　贷：固定资产清理 1 800 000

乙公司的账务处理如下：

借：固定资产——专有设备 1 600 000
　　贷：长期股权投资 1 600 000

【例8－8】甲公司决定以一台机器设备交换乙公司一项专利权，甲公司的设备账面原值为460 000元，已提折旧140 000元，已提减值准备10 000元，假设无其他税费。乙公司专利权的账面原价为360 000元，已累计摊销35 000元，已提减值准备5 000元，假设没有发生相关税费。假定该机器设备和专利权的公允价值均不能可靠计量，双方商定不支付补价成交。

分析：该项资产交换没有涉及收付货币性资产，因此属于非货币性资产交换。由于两项资产的公允价值不能可靠计量，因此，对于该项资产交换，换入资产的成本应当按照换出资产的账面价值确定。

甲公司的账务处理如下：

借：累计折旧 140 000
　　固定资产减值准备 10 000
　　固定资产清理 310 000
　　贷：固定资产 460 000
借：无形资产 310 000
　　贷：固定资产清理 310 000

乙公司的账务处理如下：

借：固定资产 320 000
　　累计摊销 35 000
　　无形资产减值准备 5 000
　　贷：无形资产 360 000

二、涉及补价的会计处理

非货币性资产交换不具有商业实质，或者虽然具有商业实质但换入资产和换出资产的公允价值均不能可靠计量的，在涉及补价的情况下，换入资产的入账价值应分别确定：

支付补价的企业，按换出资产账面价值加上支付的补价和应支付的相关税费，作为换入资产的入账价值。其计算公式为：

换入资产入账价值 = 换出资产账面价值 + 支付的补价 + 应支付的相关税费

收到补价的企业，按换出资产账面价值，减去收到的补价加上应支付的相关税费，作为换入资产的入账价值。其计算公式为：

换入资产入账价值 = 换出资产账面价值 - 补价 + 应支付的相关税费

【例8-9】接【例8-8】，假定双方商定，甲公司支付给乙公司2万元成交，其他条件不变。

分析：该项资产交换涉及收付少量货币性资产。对甲公司来说，支付的补价2万元÷（换出资产的账面价值31万元 + 支付的补价2万元）= 6% < 25%。对乙公司来说，收到的补价2万元÷换出资产的账面价值32万元 = 6.25% < 25%。由于两项资产的公允价值不能可靠计量，因此，对于该项资产交换，换入资产的成本应当按照换出资产的账面价值为基础确定。

甲公司的账务处理如下：

借：累计折旧 140 000
　　固定资产减值准备 10 000
　　固定资产清理 310 000
　　贷：固定资产 460 000
借：无形资产 330 000
　　贷：固定资产清理 310 000
　　　　银行存款 20 000

乙公司的账务处理如下：

借：固定资产 300 000
　　累计摊销 35 000
　　无形资产减值准备 5 000
　　银行存款 20 000
　　贷：无形资产 360 000

【例8-10】甲公司为乙公司的母公司。甲公司以其离主要生产基地较远的仓库与离甲公司主要生产基地较近的乙公司的办公楼交换。甲公司换入的办公楼作为办公用房，甲公司换出仓库的账面原价为490万元，已提折旧为100万元；乙公司换出办公楼的账面原价为550万元，已提折旧为150万元。甲公司另支付补价20万元给乙公司。甲公司换出资产交纳营业税等相关税费为6万元。假设甲公司换入和换出资产的公允价值不能可靠计量，甲公司未对换出固定资产计提减值准备。

分析：甲公司为乙公司的母公司。甲公司以其仓库与乙公司的办公楼交换，换入、换出资产的公允价值均不能可靠计量，只能按照账面价值计量；同时，在此交易中涉及少量的货币性资产，即支付补价 20 万元。甲公司换入办公楼的入账价值应为换出仓库的账面价值加上支付的补价和相关税费的金额。则甲公司的账务处理如下：

（1）将固定资产净值转入固定资产清理。

借：固定资产清理   3 900 000

  累计折旧   1 000 000

  贷：固定资产   4 900 000

（2）支付补价。

借：固定资产清理   200 000

  贷：银行存款   200 000

（3）缴纳营业税等。

借：固定资产清理   60 000

  贷：应交税费   60 000

（4）换入办公楼的入账价值 = 390 + 20 + 6 = 416（万元）。

借：固定资产——办公楼   4 160 000

  贷：固定资产清理   4 160 000

或将（2）、（3）、（4）合并为：

借：固定资产——办公楼   4 160 000

  贷：固定资产清理   3 900 000

    银行存款   200 000

    应交税费   60 000

三、涉及多项非货币性资产交换的会计处理

资产交换不具有商业实质，或换入资产和换出资产的公允价值均不能可靠计量的情况下，换入资产的总成本应当按照换出资产的账面价值总额为基础确定，各项换入资产的成本，应当按照各项换入资产的原账面价值占换入资产的账面价值总额的比例，按照换出资产账面价值总额为基础确定的换入资产总成本进行分配，确定各项换入资产的成本。

【例 8－11】2008 年 10 月，甲公司因经营战略发生较大转变，对产品结构进行较大调整，将其已不符合生产新产品需要的专用设备连同专利技术与乙公司的一幢办公楼和对丙公司的长期股权投资进行交换。甲公司换出专有设备的账面原价为 800 万元，已提折旧 400 万元，计提减值准备 20 万元；专利技术账面原价为 340 万元，已摊销金额为 60 万元。乙公司办公楼原价为 645 万元，已提折旧为 120 万元；对丙公司的长期股权投资账面价值为 180 万元。假定甲公司持有的专有设备和专利技术市场上已不多见，其公允价值不能可靠计量。乙公司办公楼的公允价值也不能可靠计量；丙公司不是上市公司，乙公司对丙公司长期股权投资的公允价值也不能可靠计量。

分析：本例不涉及收付货币性资产，属于非货币性资产交换。由于换入资产、换出资

产的公允价值均不能可靠计量，甲、乙公司均应当以换出资产账面价值总额作为换入资产的成本，各项换入资产的成本，应当按各项换入资产的账面价值占换入资产账面价值总额的比例分配后确定。

（1）甲公司的账务处理如下：

①计算换入资产、换出资产账面价值总额。

换入资产账面价值总额 =（645 - 120）+ 180 = 705（万元）

换出资产账面价值总额 =（800 - 400 - 20）+（340 - 60）= 660（万元）

②确定换入资产总成本。

换入资产总成本 = 换出资产账面价值 = 660（万元）

③计算各项换入资产账面价值占换入资产账面价值总额的比例。

固定资产占换入资产账面价值总额的比例 = 525 ÷ 705 = 74.5%

长期股权投资占换入资产账面价值总额的比例 = 180 ÷ 705 = 25.5%

④确定各项换入资产成本。

固定资产成本 = 660 × 74.5% = 491.7（万元）

长期股权投资成本 = 660 × 25.5% = 168.3（万元）

⑤会计分录。

借：固定资产清理		3 800 000
累计折旧		4 000 000
固定资产减值准备		200 000
贷：固定资产——专有设备		8 000 000
借：固定资产——办公楼		4 917 000
长期股权投资		1 683 000
累计摊销		600 000
贷：固定资产清理		3 800 000
无形资产——专利技术		3 400 000

（2）乙公司的账务处理如下：

①计算换入资产、换出资产账面价值总额。

换入资产账面价值总额 =（800 - 400 - 20）+（340 - 60）= 660（万元）

换出资产账面价值总额 =（645 - 120）+ 180 = 705（万元）

②确定换入资产总成本。

换入资产总成本 = 换出资产账面价值 = 705（万元）

③计算各项换入资产账面价值占换入资产账面价值总额的比例。

专有设备占换入资产账面价值总额的比例 = 380 ÷ 660 = 57.6%

专有技术占换入资产账面价值总额的比例 = 280 ÷ 660 = 42.4%

④确定各项换入资产成本。

专有设备成本 = 705 × 57.6% = 406.08（万元）

专利技术成本 = 705 × 42.4% = 298.92（万元）

⑤会计分录。

借：固定资产清理   5 250 000

累计折旧   1 200 000

    贷：固定资产——办公楼   6 450 000

借：固定资产——专有设备   4 060 800

无形资产——专利技术   2 989 200

    贷：固定资产清理   5 250 000

       长期股权投资   1 800 000

第九章　流动负债

【学习目的】通过本章的学习，了解流动负债的概念及其内容；掌握应付账款、应付票据，掌握职工薪酬的确认、计量和账务处理；掌握各种流转税的账务处理；熟悉短期借款、预收账款等其他流动负债项目的确认、计量和账务处理；了解债务重组的内容及其会计处理。

第一节　负债概述

一、负债的概念与特征

（一）负债的概念

我国《企业会计准则——基本准则》对负债的定义是："负债是指企业过去的交易或事项形成的，预期会导致经济利益流出企业的现时义务。"从本质上讲，负债是已经发生的交易或事项导致的债权人对企业的一种求偿权，并且该项权利优先于所有者对企业的所有权。

（二）负债的特征

根据负债的定义，负债主要具有以下几个方面的特征。

1. 负债是企业承担的现时义务

负债必须是企业承担的现时义务。所谓现时义务是指企业在现行条件下已承担的义务。这里的义务不仅包括法律法规和具有约束力的合同所规定的法定义务，还包括由于企业的公开承诺或公开宣布的政策而导致的推定义务，只要是企业在现行条件下已承担的，都是现时义务。如企业在每一会计期期末都要按照有关规定依法缴纳税款；企业如对售出商品提供一年的售后保修服务，预期将为售出商品提供的保修服务作为推定义务，应将其确认为一种负债。而未来发生的交易或事项形成的义务，不属于现时义务，不应当确认为负债。

2. 负债预期会导致经济利益流出企业

在履行现时义务清偿负债时，清偿方式有多种。如用货币资金或实物资产偿还，以提供劳务形式偿还；以债转股或承诺新债等形式偿还。但无论采用哪种偿还方式，都会导致经济利益流出企业。如果不会导致经济利益流出企业，就不符合负债的定义。

3. 负债是由企业过去的交易或事项形成的

必须是过去已经发生了的交易或事项才形成负债。企业将在未来发生的承诺、签订的合同等交易或事项，在现行条件下都不形成负债，如企业计划未来将要发行的债券。

4. 负债的金额是能够用货币确切地计量或合理估计的

一般企业的负债是有一个可确定的到期偿付的金额的，即使没有确切的金额，也能通过合理的判断进行正确的估计。

此外，企业还存在过去的交易或事项形成的潜在义务，或者金额不能可靠计量的现时义务，会计上称之为或有负债。或有负债不符合负债的定义和确认条件，企业不应确认或有负债，或有负债最终能否转化为企业的负债，其结果须由未来相关事项是否发生决定。

二、负债的分类

负债可以按不同的标准进行分类。

（一）按流动性分类

按其流动性不同，分为流动负债和非流动负债。

负债按其流动性不同进行的分类是负债最基本的分类。流动负债是指预计在一个正常营业周期中清偿，或者主要为交易目的而持有，或者自资产负债表日起一年内（含一年）到期予以清偿，或者企业无权自主地将清偿推迟至资产负债表日后一年以上的负债。主要包括短期借款、交易性金融负债、应付票据、应付账款、预收账款、应付职工薪酬、应交税费、应付利息、应付股利、其他应付款等。

非流动负债是指除流动负债以外的负债。主要包括长期借款、应付债券、长期应付款等。

（二）按偿还方式分类

按其偿还方式不同，分为货币性负债和非货币性负债。

货币性负债是指企业将来直接用货币偿还的负债，如应付账款、短期借款、应付票据、应付债券等。

非货币性负债是指企业将来用实物及其他非货币性资产偿还的负债，如预收账款等。

（三）按是否需要担保分类

按其是否需要担保，分为有担保负债和无担保负债。

有担保负债是指企业以特定财产作为担保物品，以确保其债务人偿还的负债。有担保负债又可分为不动产抵押负债、动产抵押负债及有价证券抵押负债。

无担保负债是指企业不以特定财产作为担保物品的负债，一般是靠企业信用而形成的负债。

第二节 应付账款和应付票据

一、应付账款

（一）应付账款的概念

应付账款是指企业因购买材料、商品或接受劳务供应等经营活动应支付的款项。应付账款以企业商业信誉为担保的尚未结清的债务。应付账款属于企业的流动负债，其支付期较短，一般在3个月以内。

（二）应付账款的账务处理

企业应设置"应付账款"科目核算应收账款的发生、偿还以及转销等情况。该科目贷方登记企业购买材料、商品或接受劳务供应而发生的应付账款，借方登记偿还的应付账款，或已冲销的无法支付的应付账款，余额一般在贷方，反映企业尚未支付的应付账款余额。一般按债权人进行明细分类核算。

理论上讲，应付账款入账时间的确定，应以与所购买物资所有权有关的风险和报酬已经转移或劳务已经接受为标志。但在实际工作中，应区别两种情况处理：一种是在物资和发票账单同时到达的情况下，应付账款一般待物资验收入库后，才按发票账单登记入账；另一种是有时货物已验收入库，发票账单未能同时到达，由于企业应付物资供应单位的债务已经成立，而发票账单要间隔较长时间才能到达，在会计期末，为了客观反映企业的资产和负债情况，在实际工作中采用在月份终了将所购物资和应付债务估计入账，待下月初再用红字予以冲回的办法。

应付账款一般按应付金额入账，而不按到期应付金额的现值入账。购入材料、商品的验收入库，货款尚未支付，根据发票账单上注明的实际价款或暂估价值，借记"材料采购"、"在途物资"、"原材料"等科目，按照增值税专用发票上注明的金额，借记"应交税费——应交增值税（进项税额）"科目，按照应付的价款，贷记"应付账款"科目。企业接受供应单位提供劳务而发生的应付未付的款项，根据供应单位的发票账单注明的金额，借记"生产成本"、"制造费用"等科目，贷记"应付账款"科目。

如果应付账款是附有现金折扣的，应付账款入账金额的确定按发票上记载的应付金额的总额（即不扣除折扣）记账。在这种方法下，应按发票上记载的全部应付金额，借记有关科目，贷记"应付账款"科目；实际获得的现金折扣在偿付应付账款时冲减财务费用。

【例9-1】甲公司是增值税一般纳税人，20×8年7月5日，购入材料一批，货款20 000元，增值税3 400元。材料已验收入库（该企业采用实际成本进行材料的日常核算），款项尚未支付。按照有关购货合同的规定，付款条件是"2/10，n/30"（假定计算现金折扣时不考虑增值税）。

（1）购入材料时应作如下会计分录：

借：原材料 20 000
　　应交税费——应交增值税（进项税额） 3 400
　　贷：应付账款 23 400

企业偿还应付账款或开出商业汇票抵付应付账款时，借记"应付账款"科目，贷记"银行存款"、"应付票据"等科目。

（2）20×8年7月13日，按照折扣后的金额，甲公司用银行存款支付上述应付账款。应作如下会计分录：

借：应付账款 23 400
　　贷：银行存款 23 000
　　　　财务费用 400

（3）如果甲公司于20×8年7月28日付款，应作如下会计分录：

借：应付账款 23 400
　　贷：银行存款 23 400

如果企业因债权人破产、撤销等原因而无法支付的应付账款，经核准后予以转销。按其账面余额，借记"应付账款"科目，贷记"营业外收入"科目。

二、应付票据

（一）应付票据的概念

应付票据是由债务人出具的，承诺在未来某一约定日期，支付一定金额给持票人或收款人的书面证明。凡到期日在一年或一个营业周期以内的应付票据称为短期应付票据，属于流动负债；到期日在一年或一个营业周期以上的应付票据称为长期应付票据，属于长期负债。在我国应付票据通常是指企业购买材料、商品和接受劳务供应等开出、承兑的商业汇票。应付票据按照票据承兑人的不同分为包括银行承兑汇票和商业承兑汇票，我国的商业票据的付款期限一般不超过6个月；按照票据持有期间是否计息可以分为带息票据和不带息票据。由于应付票据的期限较短，无论是否带息在会计实务中一般按账面值直接入账。

（二）应付票据的账务处理

企业应通过"应付票据"科目，核算应付票据的发生、偿付等情况。该科目贷方登记开出、承兑商业汇票或以承兑商业汇票抵付货款、应付账款的面值，借方登记支付票据的金额，余额在贷方，表示企业尚未到期的商业汇票的票面金额。一般可按债权人进行明细核算，设置"应付票据备查簿"，详细登记商业汇票的种类、号数和出票日期、到期日、票面金额、票面利率、交易合同号和收款人姓名或单位名称以及付款日期和金额等资料。应付票据到期结清时，在备查簿中应予注销。

1. 不带息应付票据的账务处理

不带息应付票据，是指在票面上不注明利息率，其面值就是票据到期时的应付金额。

企业因购买材料、商品和接受劳务供应等开出、承兑的商业汇票，应当按照有关发票金额，借记"材料采购"、"库存商品"、"应交税费——应交增值税（进项税额）"等科目，按照商业汇票的票面金额，贷记"应付票据"科目。因抵付货款、应付账款而开出、承兑商业汇票，应当按照商业汇票的票面金额，借记"应付账款"等科目，贷记"应付票据"科目。

如果开出的为银行承兑汇票，企业支付给银行的手续费应当计入当期的财务费用，借记"财务费用"科目，贷记"银行存款"科目。

【例9－2】甲公司为增值税一般纳税人，采购原材料采用商业汇票方式结算货款。根据有关发票账单购入材料的实际成本为30 000元，增值税专用发票上注明的增值税为5 100元。材料已经验收入库。该企业于20×8年9月6日开出一张面值35 100元、期限3个月的不带息商业汇票。

（1）根据上述资料，甲公司购入原材料时应作如下会计分录：

借：材料采购 30 000
　　应交税费——应交增值税（进项税额） 5 100
　　　贷：应付票据 35 100

应付票据到期支付票款时，应按账面金额予以结转，借记"应付票据"科目，贷记"银行存款"科目。

（2）20×8年12月6日，甲公司于9月6日开出的商业汇票到期，通知银行以银行存款支付票款，应作如下会计分录：

借：应付票据 35 100
　　贷：银行存款 35 100

如果开出并承兑的商业承兑汇票不能如期支付，应在票据到期时，从"应付票据"账面价值转入"应付账款"科目，待协商后再行处理。如果重新签发新的票据以清偿原应付票据的，再从"应付账款"科目转入"应付票据"科目。如果银行承兑汇票到期企业无力支付到期票款时，承兑银行除凭票向持票人无条件付款外，对出票人尚未支付的汇票金额转作逾期贷款处理，并按照每天万分之五计收利息。企业无力支付到期银行承兑汇票，在接到银行转来的"××号汇票无款支付转入逾期贷款户"等有关凭证时，借记"应付票据"科目，贷记"短期借款"科目。

（3）假设上述商业汇票为商业承兑汇票，该票据到期时甲公司无力支付票款，则应作如下会计分录：

借：应付票据 35 100
　　贷：应付账款 35 100

2. 带息票据的账务处理

带息票据在票据上注明利息率，到期时同时归还票据本息。其票据的面值就是票据的现值。对于票据的应付利息，由于我国应付票据的期限较短，企业通常在期末编制财务报表时，按照票据的票面价值和票据上规定的利率计算应付利息，借记"财务费用"科目，贷记"应付票据"科目。票据到期支付本息时按票据账面余额，借记"应付票据"科目，按未计提的利息，借记"财务费用"科目，按实际支付的金额，贷记"银行存款"科目。

【例9-3】甲公司于2007年9月1日，购入一批原材料，增值税发票上注明货款300 000元，增值税税额51 000元，该企业开出一张面值为351 000元、期限6个月、利率为9%的带息商业承兑汇票。

（1）2007年9月1日，甲公司购入原材料时，应作如下会计分录：

借：材料采购 300 000

应交税费——应交增值税（进项税额） 51 000

贷：应付票据 351 000

（2）2007年12月31日，应计提4个月的利息费用10 530元（351 000×9%×4÷12）。应作如下会计分录：

借：财务费用 10 530

贷：应付票据 10 530

（3）2008年3月1日票据到期时偿还本息。应作如下计算及会计分录：

应付票据账面余额=351 000+10 530=361 530（元）

2个月的利息费用=351 000×9%×2÷12=5 265（元）

借：应付票据 361 530

财务费用 5 265

贷：银行存款 366 795

第三节　应付职工薪酬

一、职工薪酬的概念及内容

职工薪酬是指企业为获得职工提供的服务而给予各种形式的报酬以及其他相关支出，包括职工在职期间和离职后提供给职工的全部货币性薪酬和非货币性福利，既包括提供给职工本人的薪酬也包括提供给职工配偶、子女或其他被赡养人的福利等。其中，职工是指与企业订立劳动合同的所有人员，含全职、兼职和临时职工；也包括虽未与企业订立正式劳动合同但由企业正式任命的人员，如董事会成员、监事会成员和内部审计委员会成员等。在企业的计划、领导和控制下，虽未与企业订立正式劳动合同或未由其正式任命，但为企业提供与职工类似服务的人员，也视同企业职工。

职工薪酬从涵盖时间和支付形式来看，包括企业在职工在职期间和离职后给予的所有货币性薪酬和非货币性福利；从支付对象来看，包括提供给职工本人及其配偶、子女或其他被赡养人的福利，如支付给因公伤亡职工的配偶、子女或其他被赡养人的抚恤金等。具体职工薪酬包括以下主要内容：

（1）职工工资、奖金、津贴和补贴，是指按照国家的规定构成工资总额的计时工资、计件工资、支付给职工的超额劳动报酬和增收节支的劳动报酬、为了补偿职工特殊或额外的劳动消耗和因其他特殊原因支付给职工的津贴，以及为了保证职工工资水平不受物价影响支付给职工的物价补贴等。

企业按规定支付给职工的加班加点工资，以及根据国家法律、法规和政策规定，企业在职工因病、工伤、产假、计划生育假、婚丧假、事假、探亲假、定期休假、停工学习、执行根据或社会义务等特殊情况下，按照计时工资或计件工资标准的一定比例支付的工资，也属于职工工资范畴，在职工休假或缺勤时，不应当从工资总额中扣除。

（2）职工福利费，是指企业为职工集体提供的福利，如为补助职工食堂、生活困难等从成本费用中提取的金额。

（3）社会保险费，是指企业按照国务院、各地方政府规定的基准和比例计算，向社会保险经办机构缴纳的医疗保险金、养老保险金、失业保险金、工伤保险费和生育保险费。其中，养老保险金包括基本养老保险费、补充养老保险费和商业养老保险费。企业根据国家规定的比例计算，向社会保险经办机构缴纳的养老保险费为基本养老保险费；根据《企业年金试行办法》、《企业年金基金管理试行办法》等相关规定向企业年金基金账户管理人缴纳的养老保险费为补充养老保险费。此外，企业以购买商业保险形式提供给职工的各种保险待遇为商业养老保险，也属于企业提供的职工薪酬。

（4）住房公积金，是指企业按照国家《住房公积金管理条例》规定的基准和比例计算，向住房公积金管理机构缴存的住房公积金。

（5）工会经费和职工教育经费，是指企业为了改善职工文化生活，提高职工业务素质用于开展工会活动和职工教育及职业技能培训，根据国家规定的基准和比例，从成本费用中提取的金额。

（6）非货币性福利，是指企业以自产产品或外购商品发放给职工作为福利，将自己拥有的资产无偿提供给职工使用，为职工无偿提供医疗保健服务等。

（7）因解除与职工的劳动关系给予的补偿，是指由于分离办社会职能，实施主辅分离辅业改制分流安置富余人员，实施重组、改组计划，职工不能胜任等原因，在职工劳动合同尚未到期之前不论职工本人是否愿意，企业决定解除与职工的劳动关系而给予的补偿，或者在职工劳动合同尚未到期之前为鼓励职工自愿接受裁减而给予职工的经济补偿，即《国际财务报告准则》中所指的辞退福利。

（8）其他与获得职工提供的服务相关的支出，是指除上述七种薪酬以外的其他为获得职工提供的服务而给予的薪酬，如企业提供给职工以权益形式结算的认股权、以现金形式结算但以权益工具公允价值为基础确定的现金股票增值权等。

二、职工薪酬的确认和计量

（一）职工薪酬确认的原则

企业应当在职工为其提供服务的会计期间，将应付的职工薪酬确认为负债，除因解除与职工的劳动关系给予的补偿外，应当根据职工提供服务的受益对象，分别下列情况处理：

（1）生产产品、提供劳务中直接生产和提供劳务人员的职工薪酬，应计入产品成本或劳务成本。

（2）自行建造固定资产和自行研究开发无形资产过程发生的职工薪酬，如符合相关资产资本化条件，应计入建造固定资产或无形资产成本。

（3）上述两项之外的其他职工薪酬，如公司总部管理人员、董事会成员、监事会成员等人员相关的职工薪酬，非正常损耗的直接生产、提供劳务人员的职工薪酬，无法确定直接受益对象的相关人员的职工薪酬，应计入当期损益。

（二）职工薪酬的计量

1. 货币性职工薪酬

计量应付职工薪酬时，国家规定了计提基础和计提比例的，如社会保险费、住房公积金、工会经费和职工教育经费等，应当按照国家规定的标准计提。没有规定计提基础和计提比例的，企业应当根据历史经验数据和实际情况，合理预计当期应付职工薪酬。

对于在职工提供服务的会计期末以后一年以上到期的应付职工薪酬，企业应当选择恰当的折现率，以应付职工薪酬折现后的金额计入相关资产成本或当期损益；应付职工薪酬金额与其折现后金额相差不大的，也可按照未折现金额计入相关资产成本或当期损益。

2. 非货币性职工薪酬

企业以其自产产品作为非货币性福利发放给职工的，应当根据受益对象，按照该产品的公允价值，计入相关资产成本或当期损益，同时确认应付职工薪酬。

企业将拥有的房屋等资产无偿提供给职工使用的，应当根据受益对象，将该住房每期应计提的折旧计入相关资产成本或当期损益，同时确认应付职工薪酬。租赁住房等资产供职工无偿使用的，应当根据受益对象，将每期应付的租金计入相关资产成本或当期损益，并确认应付职工薪酬。难以认定受益对象的非货币性福利，直接计入当期损益和应付职工薪酬。

（三）辞退福利的确认和计量

辞退福利是企业在合同到期之前解除合同关系或者职工自愿接受裁减，给予职工的补偿。根据《企业会计准则第9号——职工薪酬》的有关规定，辞退福利同时满足下列条件的，应当确认因解除与职工的劳动关系给予补偿而产生的预计负债，同时计入当期当前损益：

（1）企业已经制订正式的解除劳动关系计划或提出自愿裁减建议，并即将实施。

（2）企业不能单方面撤回解除劳动关系计划或裁减建议。

企业应当严格按照辞退计划条款的规定，合理预计并确认辞退福利产生的负债。在实际工作中，辞退福利的计提分两种情况：一是对于职工没有选择权的辞退计划，企业应当根据计划条款规定拟解除劳动关系的职工数量、每一职位的辞退补偿等计提应付职工薪酬（预计负债）。二是对于自愿接受裁减建议，因接受裁减的职工数量不确定，企业应当预计将会接受裁减建议的职工数量，然后根据预计的职工数量和每一职位的辞退补偿等，按照《企业会计准则第13号——或有事项》的规定，确认应付职工薪酬（预计负债）。

（四）以现金结算的股份支付的确认与计量

以现金结算的股份支付是指企业为获取服务承担以股份或其他权益工具为基础计算确

定的交付现金或其他资产义务的交易。以现金结算的股份支付中，企业为了获得职工优质服务，承诺以一定时期以后该公司股价或其他权益工具的市价为基础，在未来特定时日向符合行权条件的职工支付现金。典型的股份支付通常涉及授予、可行权、行权、出售四个环节。授予日是指股份支付协议获得批准的日期。可行权日是指可行权条件得到满足、职工或其他方具有从企业取得权益工具或现金权利的日期。从授予日至可行权日的时段，是可行权条件得到满足的期间，因此称为"等待期"或"行权限制期"。行权日是指职工和其他方行使权利、获取现金或权益工具的日期。出售日是指股票的持有人将行使期权所取得的期权股票出售的日期。应在行权日与出售日之间设立禁售期，其中国有控股上市公司的禁售期不得低于两年。

除了立即可行权的股份支付外，企业在授予日不作会计处理。等待期内每个资产负债表日，以对可行权的情况的最佳估计为基础，企业应当按照承担负债的公允价值，确认当期的成本费用和相应的应付职工薪酬。可行权日之后，在未结算前的每个资产负债表日和结算日，对负债（应付职工薪酬）的公允价值进行重新计量，不再确认为当期的成本费用，而是计入当期损益（公允价值变动损益）。

三、应付职工薪酬的账务处理

企业通过"应付职工薪酬"科目核算应付职工薪酬的提取、结算、使用等情况。该科目贷方登记已分配计入有关成本费用项目的职工薪酬的数额，借方登记实际发放职工薪酬的数额，期末余额在贷方，反映企业应付未付的职工薪酬。一般按照"工资"、"职工福利"、"社会保险费"、"住房公积金"、"工会经费"、"职工教育经费"、"非货币性福利"、"辞退福利"、"股份支付"等进行明细核算。外商企业按规定从净利润中提取的职工奖励及福利基金，也在本科目核算。

（一）货币性职工薪酬的主要账务处理

企业应当在职工为其提供服务的会计期间，根据职工提供服务的受益对象，生产部门人员的职工薪酬，借记"生产成本"、"制造费用"等科目，管理部门人员的职工薪酬，借记"管理费用"科目，销售人员的职工薪酬，借记"销售费用"科目，应由在建工程、研发支出负担的职工薪酬，借记"在建工程"、"研发支出"科目，贷记"应付职工薪酬——工资（或职工福利、工会经费、职工教育经费、社会保险费、住房公积金）"科目。

对于职工福利费等国家没有明确规定计提比例和计提基础的职工薪酬，企业应当根据历史经验数据和实际情况，合理预计当期应付职工薪酬。当期实际发生金额大于预计金额的，应当补提应付职工薪酬；当期实际发生金额小于预计金额的，应当冲回多提的应付职工薪酬。

实际支付职工工资、奖金、津贴和补贴时，企业应当按照已确认的工资、奖金、津贴和补贴总额，借记"应付职工薪酬——工资"科目，按照应从职工薪酬中扣除、由个人负担的社会保险费、住房公积金的金额，贷记"其他应付款"科目，按照应从职工薪酬中扣除、由企业代扣代缴的个人所得税，贷记"应交税费——应交个人所得税"科目，按照实际支付给职工的款项，贷记"银行存款"或"库存现金"科目。

实际向职工食堂、职工医院、生活困难职工等支付职工福利费时，按照实际发生额，借记"应付职工薪酬——职工福利"科目，贷记"银行存款"、"库存现金"科目。

实际缴纳社会保险费和住房公积金时，按照企业应支付的金额，借记"应付职工薪酬——社会保险费（住房公积金）"科目，按照个人应支付的金额（已从职工薪酬中扣除），借记"其他应付款"科目，按照向有关部门缴纳的总额，贷记"银行存款"等相关科目。

【例9-4】2008年6月，甲公司当月应发工资200 000元，其中：生产部门直接生产人员工资100 000元；生产部门管理人员工资20 000元；公司管理部门人员工资36 000万元；公司专设产品销售机构人员工资10 000元；建造厂房人员工资22 000万元；内部开发存货管理系统人员工资12 000元。

根据所在地政府规定，公司分别按照职工工资总额的10%、12%、2%和10.5%计提医疗保险费、养老保险费、失业保险费和住房公积金，缴纳给当地社会保险经办机构和住房公积金管理机构。公司内设医务室，根据2007年实际发生的职工福利费情况，公司预计2008年应承担的职工福利费义务金额为职工工资总额的2.5%，职工福利的受益对象为上述所有人员。公司分别按照职工工资总额的2%和1%计提工会经费和职工教育经费。假定公司存货管理系统已处于开发阶段，并符合《企业会计准则第6号——无形资产》资本化为无形资产的条件。

公司在分配工资、职工福利费、各种社会保险费、住房公积金、工会经费和职工教育经费等职工薪酬时，应当作如下计算及会计分录：

应计入生产成本的职工薪酬金额 $= 100\ 000 + 100\ 000 \times (10\% + 12\% + 2\% + 10.5\% + 2\% + 2.5\% + 1\%) = 140\ 000$（元）

应计入制造费用的职工薪酬金额 $= 20\ 000 + 20\ 000 \times (10\% + 12\% + 2\% + 10.5\% + 2\% + 2.5\% + 1\%) = 28\ 000$（元）

应计入管理费用的职工薪酬金额 $= 36\ 000 + 36\ 000 \times (10\% + 12\% + 2\% + 10.5\% + 2\% + 2.5\% + 1\%) = 50\ 400$（元）

应计入销售费用的职工薪酬金额 $= 10\ 000 + 10\ 000 \times (10\% + 12\% + 2\% + 10.5\% + 2\% + 2.5\% + 1\%) = 14\ 000$（元）

应计入在建工程成本的职工薪酬金额 $= 22\ 000 + 22\ 000 \times (10\% + 12\% + 2\% + 10.5\% + 2\% + 2.5\% + 1\%) = 30\ 800$（元）

应计入无形资产成本的职工薪酬金额 $= 12\ 000 + 12\ 000 \times (10\% + 12\% + 2\% + 10.5\% + 2\% + 2.5\% + 1\%) = 16\ 800$（万元）

借：生产成本　　　　　　　　　　140 000
　　制造费用　　　　　　　　　　28 000
　　管理费用　　　　　　　　　　50 400
　　销售费用　　　　　　　　　　14 000
　　在建工程　　　　　　　　　　30 800
　　研发支出——资本化支出　　　16 800

贷：应付职工薪酬——工资	200 000
——职工福利	4 000
——社会保险费	48 000
——住房公积金	21 000
——工会经费	4 000
——职工教育经费	3 000

【例9－5】甲公司根据"工资结算汇总表"结算本月应付职工工资总额 200 000 元，代扣个人所得税 3 200 元，代扣个人负担的社会保险费和住房公积金分别为 5 800 元、21 000 元，实发工资 170 000 元。

甲公司应作如下会计分录：

(1) 向银行提取现金：

借：库存现金	170 000
贷：银行存款	170 000

(2) 发放工资，支付现金：

借：应付职工薪酬——工资	170 000
贷：库存现金	170 000

(3) 代扣款项：

借：应付职工薪酬——工资	30 000
贷：其他应付款	26 800
应交税费——应交个人所得税	3 200

【例9－6】甲公司以银行存款缴纳参加职工医疗保险的医疗保险费 53 800 元。应作如下会计分录：

借：应付职工薪酬——社会保险费	48 000
其他应付款	5 800
贷：银行存款	53 800

(二) 非货币性职工薪酬的主要账务处理

企业以自产产品发放给职工作为非货币性福利的，应当根据受益对象，按照该产品的公允价值和销项税，借记"管理费用"、"生产成本"、"制造费用"等科目，贷记"应付职工薪酬——非货币性福利"科目。实际发放给职工时，按照该产品的公允价值和销项税二者之和，借记"应付职工薪酬——非货币性福利"科目，贷记"主营业务收入"科目，贷"应交税费——应交增值税（销项税额）"，同时结转成本，按照自产产品的实际成本，借记"主营业务成本"科目，贷记"库存商品"科目。

企业将住房无偿提供给职工使用的，应当根据受益对象，按照当期应计提的折旧额，借记"管理费用"、"生产成本"、"制造费用"等科目，贷记"应付职工薪酬——非货币性福利"科目。同时，借记"应付职工薪酬——非货币性福利"科目，贷记"累计折旧"科目。

企业将租赁的住房无偿提供给职工使用的，应当根据受益对象，按照每期应付的租金额，借记"管理费用"、"生产成本"、"制造费用"等科目，贷记"应付职工薪酬——非货币性福利"科目。实际支付房租时，借记"应付职工薪酬——非货币性福利"科目，贷记"银行存款"科目。

【例9-7】乙公司为小家电生产企业，共有职工200名，其中170名为直接参加生产的职工，30名为总部管理人员。2008年2月，乙公司以其生产的每台成本为900元的电暖器作为春节福利发放给公司每名职工。该型号的电暖器市场销售为每台1 000元，乙公司适用的增值税税率为17%。

（1）乙公司应作如下计算及会计分录：

应确认的应付职工薪酬为234 000元（200×1 000×17% + 200×1 000），其中，应记入"生产成本"科目的金额为198 900元（170×1 000×17% + 170×1 000），应记入"管理费用"科目的金额为35 100元（30×1 000×17% + 30×1 000）。

借：生产成本　　　　　　　　　　　　　　　　　198 900
　　管理费用　　　　　　　　　　　　　　　　　 35 100
　　　贷：应付职工薪酬——非货币性福利　　　　　　　　234 000

（2）乙公司向职工发放电暖器作为福利，同时要根据相关税收规定，视同销售计算增值税销项税额。乙公司应作如下会计分录：

借：应付职工薪酬——非货币性福利　　　　　　　234 000
　　　贷：主营业务收入　　　　　　　　　　　　　　200 000
　　　　　应交税费——应交增值税（销项税额）　　　 34 000
借：主营业务成本　　　　　　　　　　　　　　　180 000
　　　贷：库存商品——电暖器　　　　　　　　　　　180 000

【例9-8】甲公司为总部各部门经理级别以上职工提供汽车免费使用，同时为副总裁以上高级管理人员每人租赁一套住房。甲公司总部共有部门经理以上职工20名，每人提供一辆桑塔纳汽车免费使用，假定每辆汽车每月计提折旧1 000元；该公司共有副总裁以上高级管理人员5名，公司为其每人租赁一套面积为150平方米带有家具和电器的公寓，月租金为每套8 000元。甲公司应作如下计算及会计分录：

应确认的应付职工薪酬为60 000元（20×1 000 + 5×8 000）。其中：提供企业拥有的汽车职工使用的非货币性福利为20 000元（20×1 000），租赁住房供职工使用的非货币性福利为40 000元（5×8 000）。

借：管理费用　　　　　　　　　　　　　　　　　 60 000
　　　贷：应付职工薪酬——非货币性福利　　　　　　　 60 000
借：应付职工薪酬——非货币性福利　　　　　　　 20 000
　　　贷：累计折旧　　　　　　　　　　　　　　　　 20 000

第四节　应交税费

企业根据税法规定，在一定时期内取得的营业收入和实现的利润，要向国家缴纳各种税金，主要包括：增值税、消费税、营业税、城市维护建设税、资源税、所得税、土地增值税、房产税、车船税、土地使用税、教育费附加、矿产资源补偿费、印花税，以及代扣代缴的个人所得税等。除印花税外，这些应缴的税金在尚未缴纳之前形成一项负债，即应交税费。

一、应交增值税

增值税是指对我国境内销售货物、进口货物或提供劳务的增值部分征收的一种流转税。按照《中华人民共和国增值税暂行条例》规定，增值税按纳税人的经营规模及会计核算的健全程度，增值税纳税人分为一般纳税企业和小规模纳税企业。

（一）一般纳税企业增值税的账务处理

一般纳税企业是指会计核算制度健全，且年应税销售额在50万元以上的从事货物生产和提供应税劳务的纳税人或年应税销售额在80万元以上的从事货物批发或零售的纳税人。一般纳税企业具有如下特点：一是可以使用增值税专用发票，企业销售货物或提供劳务可以开具增值税专用发票。增值税专用发票上应分别注明价款、税率和增值税税额（根据不含税价款×适用税率计算增值税税额）。二是购入货物或接受应税劳务支付的增值税，可以从销售货物或提供劳务按规定收取的增值税中抵扣。三是如果企业销售货物或提供劳务采用销售额和销项税额合并定价方法的，按照公式"销售额＝含税销售额÷（1＋增值税税率）"还原为不含税销售额，并按不含税销售额计算销项税额。

一般纳税企业应设置"应交税费——应交增值税"科目来核算企业应交增值税的发生、抵扣、交纳、退税及转出情况。该科目贷方登记销售货物或提供应税劳务应交纳的增值税税额、出口货物退税、转出已支付或应分担的增值税等，借方企业购进货物或接受应税劳务支付的进项税额、实际已交纳的增值税等，期末余额一般在贷方，反映企业尚未交纳的税费，期末余额如在借方，反映企业多交或尚未抵扣的税费。"应交税费——应交增值税"科目分别设置"进项税额"、"销项税额"、"出口退税"、"进项税额转出"、"已交税金"等专栏。

1. 采购物资和接受应税劳务的账务处理

企业采购物资等，按取得增值税专用发票或海关提供的完税凭证上注明的增值税税额，借记"应交税费——应交增值税（进行税额）"科目，按照应计入采购成本的金额，借记"材料采购"、"在途物资"或"原材料"科目，按照应付或实际支付的金额，贷记"应付账款"、"应付票据"、"银行存款"等科目。购入物资发生退货，作相反的会计分录。

企业接受应税劳务，按专用发票上注明的增值税税额，借记"应交税费——应交增值税（进行税额）"科目，按专用发票上记载的应当计入加工、修理修配等物资成本的金额，借记"生产成本"、"管理费用"等科目，按照应付或实际支付的金额，贷记"应付账款"、"银行存款"等科目。

【例9－9】甲公司为增值税一般纳税人，购入一批生产用原材料，增值税专用发票上注明价款200 000元，增值税税额34 000元。材料已到达并验收入库，货款尚未支付。该企业应作如下会计分录：

借：原材料   200 000

  应交税费——应交增值税（进项税额）   34 000

  贷：应付账款   234 000

企业购入货物或者接受应税劳务，没有按照规定取得并保存增值税专用发票或海关提供的完税凭证，或者相关凭证上未按照规定注明增值税税额及其他有关事项的，其进项税税额不能从销项税额中抵扣，其已支付的增值税只能计入购入货物或接受劳务的成本。但是对于购进免税农产品，可以按照税务机关批准的收购凭证上注明的价款或收购金额的一定比率计算进项税额，并准予从企业的销项税额中抵扣。

【例 9 – 10】 甲公司收购农产品 56 000 千克，每千克收购价为 1.5 元，实际支付给农业生产者 84 000 元，规定扣除率为 13%，收购的农产品已到达并验收入库。该企业采用实际成本法对原材料进行核算。该企业应作如下会计分录：

借：原材料   73 080

  应交税费——应交增值税（进项税额）   10 920

  贷：银行存款   84 000

2. 销售商品或者提供应税劳务的账务处理

销售物资或提供应税劳务，按营业收入和应收取的增值税额，借记"应收账款"、"应收票据"、"银行存款"等科目，按专用发票上注明的增值税额，贷记"应交税费——应交增值税（销项税额）"科目，按确认的营业收入，贷记"主营业务收入"、"其他业务收入"等科目。发生销售退回作相反的会计分录。

【例 9 – 11】 甲公司为增值税一般纳税人，适用增值税税率 17%。销售产品一批，不含增值税售价为 650 000 元，按规定应收取增值税税额 110 500 元，提货单和增值税专用发票已交给买方，货款尚未收到。该企业应作如下会计分录：

借：应收账款   760 500

  贷：主营业务收入   650 000

   应交税费——应交增值税（销项税额） 110 500

此外，企业将自产、委托加工或购买的货物分配给股东；将自产、委托加工的货物用于职工集体福利等，应当参照企业销售物资或提供应税劳务进行会计处理。

3. 视同销售行为的账务处理

对于税法上某些视同销售的行为，如将自产、委托加工物资或购买的货物对外投资，从会计角度看不属于销售行为，企业不会由于对外投资而取得销售收入，增加现金流量。因此，会计核算不作为销售处理按成本转账。但是，无论会计上是否作销售处理，只要税法规定需要缴纳增值税的，应当计算缴纳增值税销项税额，并记入"应交税费——应交增值税（销项税额）"科目中。

【例 9 – 12】 甲公司为增值税一般纳税人，本期以原材料对乙公司投资，双方协议按成本作价。该批原材料的成本 20 000 元，计税价格为 22 000 元。假如该原材料的增值税税率为 17%。

根据上述经济业务，甲公司应作如下计算及会计分录：

该公司对外投资转出原材料的销项税额 = 22 000 × 17% = 3 740 (元)

借: 长期股权投资　　　　　　　　　　　　　　　　　　　　23 740

　　贷: 原材料　　　　　　　　　　　　　　　　　　　　　　　　20 000

　　　　应交税费——应交增值税 (销项税额)　　　　　　　　　　　 3 740

4. 不予抵扣项目的账务处理

按照《增值税暂行条例》及其实施细则的规定, 企业用于非应税项目的购进货物或者应税劳务等按规定不予抵扣增值税进项税额。属于购入货物时即能认定其进项税额不能抵扣的, 如购入的货物直接用于免税项目、直接用于非应税项目, 或者直接用于集体福利和个人消费的, 进行会计处理时, 其增值税专用发票上注明的增值税税额, 计入购入货物及接受劳务的成本。

属于购入货物时不能直接认定其进项税额能否抵扣的, 增值税专用发票上注明的增值税额, 按照增值税会计处理方法记入 "应交税费——应交增值税 (进项税额)" 科目; 如果这部分购入货物以后用于按规定不得抵扣进项税额项目 (如发生非常损失或在没有经过任何加工的情况下改变用途) 的, 应将原已计入进项税额并已支付的增值税转入有关的承担者予以承担, 通过 "应交税费——应交增值税 (进项税额转出)" 科目转入有关科目, 借记 "待处理财产损溢"、"在建工程"、"应付职工薪酬" 等科目, 贷记 "应交税费——应交增值税 (进项税额转出)" 科目。

【例 9 – 13】 甲公司库存材料因管理不善导致毁损, 有关增值税专用发票确认的成本为 10 000 元, 增值税税额 1 700 元。应作如下会计分录:

借: 待处理财产损溢——待处理流动资产损溢　　　　　　　　11 700

　　贷: 原材料　　　　　　　　　　　　　　　　　　　　　　　10 000

　　　　应交税费——应交增值税 (进项税额转出)　　　　　　　　 1 700

【例 9 – 14】 甲公司建造厂房领用生产用原材料 50 000 元, 原材料购入时支付的增值税为 8 500 元。企业应作如下会计分录:

借: 在建工程　　　　　　　　　　　　　　　　　　　　　　58 500

　　贷: 原材料　　　　　　　　　　　　　　　　　　　　　　　50 000

　　　　应交税费——应交增值税 (进项税额转出)　　　　　　　　 8 500

5. 交纳增值税

企业交纳的增值税, 借记 "应交税费——应交增值税 (已交税金)" 科目, 贷记 "银行存款" 科目。

(二) 小规模纳税企业的账务处理

小规模纳税企业按照国家有关规定由税务机关认定。与一般纳税企业相比, 小规模纳税企业具有以下特点: 一是小规模纳税企业销售货物或者提供应税劳务, 一般情况下, 只能开具普通发票, 不能开具增值税专用发票; 二是小规模纳税企业销售货物或提供应税劳务, 实行简易办法计算应纳增值税税额, 按照销售额的一定比例计算; 三是小规模纳税企业的销售额不包括其应纳增值税税额。采用销售额和应纳税税额合并定价方法的按照公式 "销售额 = 含税销售额 ÷ (1 + 征收率)" 还原为不含税销售额计算。

从会计核算角度看，小规模纳税企业购入货物无论是否具有增值税专用发票。其支付的增值税税额均不计入进项税额，不得由销项税额抵扣，应计入购入货物的成本。相应地，其他企业从小规模纳税企业购入货物或接受劳务支付的增值税税额，如果不能取得增值税专用发票，也不能作为进项税额抵扣，而应计入购入货物或应税劳务的成本；其次，小规模纳税企业的销售收入按不含税价格计算；另外，小规模纳税企业只需在"应交税费"科目下设置"应交增值税"明细科目，不需要在"应交增值税"明细科目下设置专栏，"应交税费——应交增值税"科目贷方登记应交纳的增值税，借方登记已交纳的增值税，期末余额一般在贷方，反映企业尚未交纳的税费，期末余额如在借方，反映企业多交的税额。

【例9－15】 某小规模纳税企业购入材料一批，取得的专用发票中注明货款 20 000 元，增值税 3 400 元，款项以银行存款支付，材料已验收入库（该企业按实际成本计价核算）。应作如下会计分录：

借：原材料 23 400
    贷：银行存款 23 400

【例9－16】 某小规模纳税企业销售产品一批，所开出的普通发票中注明的货款（含税）为 21 200 元，增值税征收率3%，款项已存入银行。该企业应作如下计算及会计分录：

不含税销售额 = 含税销售额 ÷（1 + 征收率）= 21 200 ÷（1 + 3%）= 20 582.52（元）

应交增值税 = 不含税销售额 × 征收率 = 20 582.52 × 3% = 617.48（元）

借：银行存款 21 200
    贷：主营业务收入 20 582.52
        应交税费——应交增值税 617.48

二、应交消费税

消费税是指对在我国境内生产、委托加工和进口应税消费品征收的一种价内税。为了引导正确消费方向，我国在普遍征收增值税的基础上，选择部分消费品征收消费税。消费税的征收方法采取从价定率和从量定额两种方法。实行从价定率方法计征的应纳税税额的税基为销售额，如果企业应税消费品的销售额中未扣除增值税税款，或者因不能开具增值税专用发票而发生价款和增值税税款合并收取的，在计算消费税时，按公式"应税消费品的销售额 = 含增值税的销售额 ÷（1 + 增值税税率或征收率）"换算为不含增值税税款的销售额。应根据不含增值税销售额和适用税率计算确定。实行从量定额方法计征的应纳税税额的，应根据按税法确定的企业应税消费品的数量和单位应税消费品应交纳的消费税计算确定。

企业应在"应交税费"科目下设置"应交消费税"明细科目，核算应交消费税的发生、交纳情况。该科目贷方登记按规定应交纳的消费税，借方登记实际交纳的消费税和待扣的消费税，期末余额一般在贷方，反映尚未交纳的消费税；期末如余额在借方，反映多交或待扣的消费税。

（一）销售应税消费品的账务处理

企业将生产的产品直接对外销售的，对外销售产品应交纳的消费税，应借记"营业税金及附加"科目，贷记"应交税费——应交消费税"科目。

【例 9 - 17】某企业销售所生产的化妆品，价款 2 000 000 元（不含增值税），适用的消费税税率为 30%。该企业的有关会计分录如下：

借：营业税金及附加 600 000
　　贷：应交税费——应交消费税 600 000

企业将生产的应税消费品用于对外投资、在建工程等其他方面，按规定应缴纳的消费税，借记"长期股权投资"、"在建工程"等科目，贷记"应交税费——应交消费税"科目。

【例 9 - 18】某企业在建工程领用自产应税消费品 50 000 元，应纳增值税 10 200 元，应纳消费税 6 000 元。该企业的有关会计分录如下：

借：在建工程 66 200
　　贷：库存商品 50 000
　　　　应交税费——应交增值税（销项税额） 10 200
　　　　　　　　　——应交消费税 6 000

（二）委托加工应税消费品的账务处理

委托加工应税消费品，是指由委托方提供原料和主要材料，受托方只收取加工费和代垫部分辅助材料加工的应税消费品。对于由受托方提供原材料生产的应税消费品，或者受托方先将原材料卖给委托方，然后再接受加工的应税消费品，以及由受托方以委托方名义购进原材料生产的应税消费品，都不作为委托加工应税消费品。按照税法规定，企业委托加工的应税消费品，由受托方在向委托方交货时代扣代缴税款（除受托加工或翻新改制金银首饰按规定由受托方交纳消费税外）。

委托加工应税消费品在会计处理时，需要交纳消费税的委托加工应税消费品，受托方按应扣税款金额，借记"应收账款"、"银行存款"等科目，贷记"应交税费——应交消费税"科目。受托加工或翻新改制金银首饰按规定由受托方交纳消费税，受托方应于向委托方交货时，按规定应交纳的消费税，借记"营业税金及附加"科目，贷记"应交税费——应交消费税"科目。

委托加工应税消费品收回后，直接用于销售的，委托方应将代扣代缴的消费税计入委托加工的应税消费品成本，借记"委托加工物资"、"生产成本"等科目，贷记"应付账款"、"银行存款"等科目，待委托加工应税消费品销售时，不需要再交纳消费税；委托加工的应税消费品收回后用于连续生产应税消费品，按规定准予抵扣的，委托方应按代扣代缴的消费税款，借记"应交税费——应交消费税"科目，贷记"应付账款"、"银行存款"等科目，待用委托加工的应税消费品生产出应纳消费税的产品销售时，再交纳消费税。

【例 9 - 19】甲公司委托乙公司代为加工一批应缴纳消费税的材料（非金银首饰）。甲公司的材料成本为 1 000 000 元，加工费为 200 000 元，由乙公司代收代缴的消费税为 80 000 元（不考虑增值税）。材料已经加工完成，并由甲公司收回验收入库，加工费尚未支付。假设甲公司采用实际成本法进行原材料的核算。

（1）如果甲公司收回的委托加工物资用于继续生产应税消费品，甲公司应作如下会计分录：

借：委托加工物资　　　　　　　　　　　　　　　1 000 000
　　贷：原材料　　　　　　　　　　　　　　　　　　　　1 000 000
借：委托加工物资　　　　　　　　　　　　　　　　200 000
　　应交税费——应交消费税　　　　　　　　　　　　80 000
　　贷：应付账款　　　　　　　　　　　　　　　　　　　 280 000
借：原材料　　　　　　　　　　　　　　　　　　1 200 000
　　贷：委托加工物资　　　　　　　　　　　　　　　　　1 200 000

（2）如果甲公司收回的委托加工物资直接用于对外销售，甲公司应作如下会计分录：

借：委托加工物资　　　　　　　　　　　　　　　1 000 000
　　贷：原材料　　　　　　　　　　　　　　　　　　　　1 000 000
借：委托加工物资　　　　　　　　　　　　　　　　280 000
　　贷：应付账款　　　　　　　　　　　　　　　　　　　 280 000
借：库存商品　　　　　　　　　　　　　　　　　1 280 000
　　贷：委托加工物资　　　　　　　　　　　　　　　　　1 280 000

（3）乙公司对应收取的受托加工代收代交消费税应作如下会计分录：

借：应收账款　　　　　　　　　　　　　　　　　　80 000
　　贷：应交税费——应交消费税　　　　　　　　　　　　 80 000

（三）进口应税消费品的账务处理

企业进口应税物资在进口环节应交的消费税，计入该项物资的成本，借记"材料采购"、"固定资产"等科目，贷记"银行存款"等科目。

三、应交营业税

营业税是对在我国境内提供应税劳务、转让无形资产和销售不动产的单位和个人征收的流转税。其中应税劳务是指交通运输业、建筑业、金融保险业、邮电通信业、文化体育业、娱乐业、代理业、旅店业、饮食业、旅游业、仓储业、租赁业、广告业及其他服务业等行业提供的劳务。营业税按照营业额和规定的税率计算应纳税额，其公式为："应纳税额＝营业额×税率"。营业额是纳税人提供应税劳务、转让无形资产或者销售不动产向对方收取的全部价款和价外费用。价外费用包括向对方收取的手续费、基金、集资费、代收款项、代垫款项及其他各种性质的价外收费。税率从3%到20%不等。

企业应在"应交税费"科目下设置"应交营业税"明细科目，核算应交营业税的发生、缴纳情况。该科目贷方登记按规定应缴纳的营业税，借方登记已缴纳的营业税，期末余额一般在贷方，反映尚未缴纳的营业税。

企业按照营业额及其适用的税率，计算应交营业税，借记"营业税金及附加"科目，贷记"应交税费——应交营业税"科目。企业出售不动产时，计算应交营业税，借记

"固定资产清理"科目，贷记"应交税费——应交营业税"科目。实际缴纳营业税时，借记"应交税费——应交营业税"科目，贷记"银行存款"科目。

【例9-20】某运输公司某月运营收入为500 000元，适用的营业税税率为3%。该公司应交营业税应作如下计算及会计分录：

应交营业税 = 500 000 × 3% = 15 000（元）

借：营业税金及附加　　　　　　　　　　　　　　　　　　15 000

　　贷：应交税费——应交营业税　　　　　　　　　　　　　　　15 000

【例9-21】甲公司出售一栋办公楼，出售收入320 000元已存入银行。该办公楼的账面原价为400 000元，已提折旧100 000元，未曾计提减值准备；出售过程中用银行存款支付清理费用5 000元。销售该项目固定资产适用的营业税税率为5%。该企业应作如下会计分录：

（1）该固定资产转入清理：

借：固定资产清理　　　　　　　　　　　　　　　　　　300 000

　　累计折旧　　　　　　　　　　　　　　　　　　　　100 000

　　贷：固定资产　　　　　　　　　　　　　　　　　　　　400 000

（2）收到出售固定资产收入320 000元：

借：银行存款　　　　　　　　　　　　　　　　　　　　320 000

　　贷：固定资产清理　　　　　　　　　　　　　　　　　　　320 000

（3）支付清理费用5 000元：

借：固定资产清理　　　　　　　　　　　　　　　　　　　5 000

　　贷：银行存款　　　　　　　　　　　　　　　　　　　　　5 000

（4）计算应交营业税：

应交营业税 = 320 000 × 5% = 16 000（元）

借：固定资产清理　　　　　　　　　　　　　　　　　　16 000

　　贷：应交税费——应交营业税　　　　　　　　　　　　　　16 000

（5）结转销售该固定资产的净损失：

借：营业外支出　　　　　　　　　　　　　　　　　　　1 000

　　贷：固定资产清理　　　　　　　　　　　　　　　　　　　1 000

四、其他应交税费

（一）应交城市维护建设税

城市维护建设税是国家对缴纳增值税、消费税、营业税（简称"三税"）的单位和个人，就其实际缴纳的"三税"税额为计税依据而征收的一种税。城市维护建设税按照计税依据和规定的税率计算应纳税额，其公式为："应纳税额 =（实纳增值税税额 + 实纳消费税税额 + 实纳营业税税额）× 适用税率"。税率按纳税人所在地不同分别为1%、5%和7%。

企业按规定计算出的城市维护建设税，借记"营业税金及附加"等科目，贷记"应交税费——应交城市维护建设税"科目。实际上缴时，借记"应交税费——应交城市维护建设税"科目，贷记"银行存款"科目。

【例 9 - 22】 某企业本期实际应上缴增值税 400 000 元，消费税 241 000 元，营业税 159 000 元。该企业适用的城市维护建设税税率为 7%。该企业的有关会计处理如下：

（1）计算应缴的城市维护建设税：

应缴的城市维护建设税 = （400 000 + 241 000 + 159 000）× 7% = 56 000（元）

借：营业税金及附加   56 000
  贷：应交税费——应交城市维护建设税   56 000

（2）用银行存款上缴城市维护建设税时：

借：应交税费——应交城市维护建设税   56 000
  贷：银行存款   56 000

（二）应交教育费附加

为了发展教育事业，国家向企业征收教育费附加。教育费附加是对缴纳增值税、消费税、营业税的单位和个人，就其实际缴纳的税额为计算依据征收的一种附加费。其计算公式与城市维护建设税相同，征收比率为 3%。

企业按规定计算出应缴的教育费附加，借记"营业税金及附加"等科目，贷记"应交税费——应交教育费附加"科目。实际上缴时，借记"应交税费——应交教育费附加"科目，贷记"银行存款"科目。

（三）应交资源税

资源税是国家对在我国境内开采矿产品或者生产盐的单位和个人征收的一种税。资源税按照应税产品的课税数量和规定的单位税额计算，公式为："应纳税额 = 课税数量 × 单位税额"。这里的课税数量为：开采或者生产应税产品销售的，以销售数量为课税数量；开采或者生产应税产品自用的，以自用数量为课税数量。

在会计核算时，企业按规定计算出销售应税产品应缴纳的资源税，借记"营业税金及附加"科目，贷记"应交税费——应交资源税"科目；企业计算出自产自用的应税产品应缴纳的资源税，借记"生产成本"、"制造费用"等科目，贷记"应交税费——应交资源税"科目；实际缴纳时，借记"应交税费——应交资源税"科目，贷记"银行存款"科目。

（四）应交土地增值税

土地增值税按照转让房地产所取得的增值额和规定的税率计算征收。这里的增值额是指转让房地产所取得的收入减除规定扣除项目金额后的余额。凡是转让国有土地使用权、地上建筑物及其附着物并取得收入的单位和个人，均应缴纳土地增值税。企业转让房地产所取得的收入，包括货币收入、实物收入和其他收入。计算土地增值额的主要扣除项目有：①取得土地使用权所支付的金额；②开发土地的成本、费用；③新建房屋及配套设施的成本、费用，或者旧房及建筑物的评估价格；④与转让房地产有关的税金。

在会计处理时，企业缴纳的土地增值税通过"应交税费——应交土地增值税"科目核算。兼营房地产业务的企业应由当期收入负担的土地增值税借记"其他业务成本"科目，贷记"应交税费——应交土地增值税"科目。转让的国有土地使用权与其地上建筑物及其附着物一并在"固定资产"或"在建工程"科目核算的，转让时应交纳土地增值税。借记"固定资产清理"、"在建工程"科目，贷记"应交税费——应交土地增值税"科目。

（五）应交房产税、土地使用税、车船税和印花税

房产税是国家对在城市、县城、建制镇和工矿区征收的由产权所有人缴纳的一种税。房产税依照房产原值一次减除10%～30%后的余额计算缴纳。没有房产原值作为依据的。由房产所在地税务机关参考同类房产核定；房产出租的，以房产租金收入为房产税的计税依据。

土地使用税是国家为了合理利用城镇土地，调节土地级差收入，提高土地使用效益，加强土地管理而开征的一种税，以纳税人实际占用的土地面积为计税依据，依照规定税额计算征收。

车船税由拥有并且使用车船的单位和个人缴纳。车船税按照适用税额计算交纳。

印花税是对书立、领受购销合同等凭证行为征收的税款。实行由纳税人根据规定自行计算应纳税额，购买并一次贴足印花税票的交纳方法。

企业按规定计算应缴的房产税、土地使用税、车船税时，借记"管理费用"科目，贷记"应交税费——应交房产税（或土地使用税、车船税）"科目；实际上缴时，借记"应交税费——应交房产税（或土地使用税、车船税）"科目，贷记"银行存款"科目。

由于企业缴纳的印花税，是由纳税人根据规定自行计算应纳税额以购买并一次贴足印花税票的方法缴纳的税款。一般情况下，企业需要预先购买印花税票，待发生应税行为时，直接将已购买的印花税票粘贴在应纳税凭证上，不会发生应付未付的情况，不需要预计应纳税额。因此，企业缴纳的印花税不需要通过"应交税费"科目核算，于购买印花税票时，直接借记"管理费用"科目，贷记"银行存款"科目。

（六）应交企业所得税

所得税是国家依照税法的规定，对企业来源于境内和境外的生产经营所得和其他所得征收的一种税。所得税的计税依据是应纳税所得额。应纳税所得额等于收益扣除准予扣减的成本、费用、损失和有关税金后的余额。企业只要有应纳税所得额，就必须向国家纳税，所得额应视为企业的一项费用。有关所得税的会计处理，参见本书第十四章的内容。

（七）应交个人所得税

按照税法规定，企业向个人支付应纳税所得时，不论纳税人是否属于本单位人员，均应代扣代缴其应纳的个人所得税税款。企业按规定计算的代扣代缴的职工个人所得税，借

记"应付职工薪酬"科目，贷记"应交税费——应交个人所得税"科目。实际交纳个人所得税时，借记"应交税费——应交个人所得税"科目，贷记"银行存款"科目。

第五节 其他流动负债

一、短期借款

短期借款是指企业向银行或其他金融机构等借入的期限在一年以下（含一年）的各种借款。企业借入的短期借款一般用于弥补正常生产经营过程中的资金不足或暂时性的资金周转困难，不适宜用于筹建固定资产、购买无形资产等长期投资活动。在会计核算上，企业要根据有关合同按时反映短期借款的借入、利息的发生及本金和利息的偿还情况。

企业应设置"短期借款"科目核算企业短期借款本金的取得、偿还情况。该科目贷方登记取得短期借款的本金数额，借方登记归还短期借款的本金数额，余额在贷方，反映企业尚未偿还的短期借款。应设置"应付利息"科目核算企业按照合同约定应支付的利息，包括短期借款、长期借款、分期付息到期还本的企业债券等应支付的利息。

企业从银行或其他金融机构取得短期借款时，借记"银行存款"科目，贷记"短期借款"科目。

根据不同的借款条件，利息的核算方法有所不同。如合同规定是按月支付利息，则在实际支付利息时，将借款利息直接计入当期筹资费用，即借记"财务费用"科目，贷记"银行存款"科目。但在实际工作中，银行一般于每季度末收取短期借款的利息，按照权责发生制的原则，当月已经使用的短期借款形成的利息应作为当月的筹资费用，而这笔利息尚未支付，所以对企业而言形成一笔负债，即应付利息，也就是说，企业的短期借款利息一般采用月末预提的方式进行核算。企业应当在期末按照本金和合同规定利息计算当月应预提的短期借款利息费用，借记"财务费用"科目，贷记"应付利息"科目；实际支付利息时，根据已预提的利息，借记"应付利息"科目，根据尚未预提即本月应计利息，借记"财务费用"科目，根据该季度应付利息总额，贷记"银行存款"科目。如果短期借款利息是在借款到期时连同本金一起归还，一般也采用月末预提的方式进行核算。

企业短期借款到期偿还本金时，借记"短期借款"科目，贷记"银行存款"科目。

【例9-23】甲公司于20×8年4月1日向银行借入一笔短期借款，金额为150 000元，期限为6个月，借款合同规定年利率为8%，本金到期后一次归还，利息按季支付。A公司按月预提利息。甲公司应作如下会计分录：

（1）4月1日借入短期借款时：

借：银行存款   150 000

    贷：短期借款   150 000

（2）4月末，计提4月份应计利息时：

本月应计提的利息金额 $= 150\,000 \times 8\% \div 12 = 1\,000$（元）

借：财务费用　　　　　　　　　　　　　　　　　　　　1 000
　　贷：应付利息　　　　　　　　　　　　　　　　　　　　　　　1 000

5月末计提5月份利息费用的处理与4月份相同。

（3）6月末支付该季度银行借款利息时：

借：财务费用　　　　　　　　　　　　　　　　　　　　1 000
　　应付利息　　　　　　　　　　　　　　　　　　　　2 000
　　贷：银行存款　　　　　　　　　　　　　　　　　　　　　　　3 000

第三季度借款利息预提和支付的处理与上季度相同。

（4）10月1日偿还银行借款本金时：

借：短期借款　　　　　　　　　　　　　　　　　　　150 000
　　贷：银行存款　　　　　　　　　　　　　　　　　　　　　　150 000

二、应付股利

应付股利是指企业根据股东大会或类似机构审议批准的利润分配方案确定分配给投资者的现金股利或利润。企业股东大会或类似机构审议批准的利润分配方案、宣告分派的现金股利或利润，在实际支付前，形成企业的负债。应付股利包括应付给投资者的现金股利、应付给国家以及其他单位或个人的利润等。

企业应通过设置"应付股利"科目核算根据股东大会或类似机构审议批准的利润分配方案确定分配给投资者的现金股利或利润。该科目贷方登记应支付的现金股利或利润，借方登记实际支付的现金股利或利润，期末余额在贷方，反映企业应付未付的现金股利或利润。一般按投资者进行明细核算。

企业根据股东大会或类似机构审议批准的利润分配方案，确认应付给投资者的现金股利或利润时，借记"利润分配——应付现金股利或利润"科目，贷记"应付股利"科目；向投资者实际支付现金股利或利润时，借记"应付股利"科目，贷记"银行存款"科目。

【例9-24】甲公司20×7年度净利润8 000 000元，经过董事会批准，决定20×7年度分配股利5 000 000元。股利已经用银行存款支付。该公司应作如下会计处理：

借：利润分配——应付现金股利或利润　　　　　　　5 000 000
　　贷：应付股利　　　　　　　　　　　　　　　　　　　　　5 000 000
借：应付股利　　　　　　　　　　　　　　　　　　5 000 000
　　贷：银行存款　　　　　　　　　　　　　　　　　　　　　5 000 000

企业董事会或类似机构通过的利润分配方案中拟分配的现金股利或利润，不作账务处理，不作为应付股利核算，但应在附注中披露。企业分配的股票股利不通过"应付股利"科目核算。

三、预收账款

预收账款是买卖双方协议商定，由购货单位预先支付一部分货款而形成的一项负债。

与应付账款不同，预收账款所形成的负债不是以货币偿付，而是以货物偿付。

企业应通过设置"预收账款"科目核算预收账款的取得、偿还等情况。该科目贷方登记按照合同规定预收的货款额和发出货物后对方补付的货款额；借方登记发出货物时应收的货款额和退回多收的货款额，期末如为贷方余额，反映企业预收的款项；期末如为借方余额，反映企业尚未转销的款项，实质上是企业的一种债权。一般按照购货单位进行明细核算。

企业向购货单位预收的款项，借记"银行存款"等科目，贷记"预收账款"科目；销售实现时，按实现的收入和应收的增值税销项税额，借记"预收账款"科目，贷记"主营业务收入"科目，按照增值税专用发票上注明的增值税税额，贷记"应交税费——应交增值税（销项税额）"科目；企业收到购货单位补付的货款时，借记"银行存款"科目，贷记"预收账款"科目；企业向购货单位退回多收的款项时，借记"预收账款"科目，贷记"银行存款"科目。

【例9－25】甲公司是增值税一般纳税人。20×8年5月8日，与乙公司签订供货合同，供货金额为70 000元，应缴纳增值税为11 900元。根据有关供货合同，乙公司应于20×8年5月10日先预付货款40 000元，余款交货后付清。20×8年5月20日，甲公司将货物发到乙公司并开出增值税专用发票，乙公司验收合格后付清了剩余货款。甲公司应作有关会计分录如下：

（1）5月10日收到预付款40 000元时：

借：银行存款 40 000
　　贷：预收账款——乙公司 40 000

（2）5月20日甲公司发出货物并收到剩余货款时：

借：预收账款——乙公司 81 900
　　贷：主营业务收入 70 000
　　　　应交税费——应交增值税（销项税额） 11 900

对方应补付的货款金额＝81 900－40 000＝41 900（元）

借：银行存款 41 900
　　贷：预收账款——乙公司 41 900

企业预收账款业务如果不多时，可以不设置"预收账款"科目，直接记入"应收账款"科目的贷方。

四、其他应付款

其他应付款是指除应付账款、应付票据、预收账款、应付职工薪酬、应交税费、应付股利等经营活动以外的其他应付、暂收款项，如应付租入包装物租金、存入保证金等。

企业应通过"其他应付款"科目，核算其他应付款的增减变动及结存情况，该科目贷方登记发生的各种其他应付、暂收款项，借方登记偿还或转销的各种其他应付、暂收款项，期末余额在贷方，反映企业应付未付的其他应付款项。一般按其他应付款的项目和对方单位（或个人）进行明细核算。

企业发生其他各种应付、暂收款项时，借记"管理费用"等科目，贷记"其他应付款"科目；支付或退回其他各种应付、暂收款项时，借记"其他应付款"科目，贷记"银行存款"科目。

五、应付利息

应付利息是指企业按照合同约定应支付的利息，包括吸收存款、分期付息到期还本的长期借款、企业债券等应支付的利息。

企业应设"应付利息"科目核算企业按照合同约定应支付的利息。资产负债表日，应按摊余成本和实际利率计算确定的利息费用，借记"利息支出"、"在建工程"、"财务费用"、"研发支出"等科目，按合同利率计算确定的应付未付利息，贷记"应付利息"科目，按借贷双方之间的差额，借记或贷记"长期借款——利息调整"等科目。合同利率与实际利率差异较小的，也可以采用合同利率计算确定利息费用。实际支付利息时，借记"应付利息"科目，贷记"银行存款"等科目。本科目期末贷方余额，反映企业应付未付的利息。

第六节 债务重组

一、债务重组的定义及方式

（一）债务重组的概念

债务重组是指在债务人发生财务困难的情况下，债权人按照其与债务人达成的协议或者法院的裁定作出让步的事项。其中，债务人发生财务困难，是指债务人出现资金周转困难或经营陷入困境，导致其无法或者没有能力按原定条件偿还债务；债权人作出让步，是指债权人同意发生财务困难的债务人现在或者将来以低于重组债务账面价值的金额或者价值偿还债务。债权人作出让步的情形主要包括：债权人减免债务人部分债务本金或者利息、降低债务人应付债务的利率等。该债务重组是在持续经营的前提下的重组，不包括非持续经营下的重组。

（二）债务重组的方式

债务重组主要有以下几种方式：

（1）以资产清偿债务，是指债务人转让其资产给债权人以清偿债务的债务重组方式。债务人通常用于偿债的资产主要有：现金、存货、固定资产、无形资产、股权投资等。

（2）将债务转为资本是指债务人将债务转为资本，同时债权人将债权转为股权的债务重组方式。债务转为资本时，对股份有限公司而言是将债务转为股本；对其他企业而言，是将债务转为实收资本。债务转为资本的结果是，债务人因此而增加股本（或实收资本），债权人因此而增加股权。

（3）修改其他债务条件是指修改不包括上述第一、二种情形在内的债务条件进行债务重组的方式，如减少债务本金、降低利率、免去应付未付的利息等。

（4）以上三种方式的组合是指采用以上三种方法共同清偿债务的债务重组形式。例如其组合偿债方式可能是：①以转让资产清偿债务的一部分，另一部分转为资本；②以转让资产清偿债务的一部分，另一部分债务通过修改其他债务条件进行债务重组；③一部分债务转为资本，另一部分债务通过修改其他债务条件进行债务重组；④一部分债务以资产清偿，一部分债务转为资本，另一部分债务则通过修改其他债务条件进行债务重组。

二、债务重组的账务处理

（一）以资产清偿债务的账务处理

在债务重组中，企业以资产清偿债务的，通常包括以现金清偿债务和以非现金资产清偿债务等方式。

1. 以现金清偿债务

在债务重组的情况下，以现金清偿债务，通常是指以低于债务的账面价值的现金清偿债务。以现金清偿债务的，债务人应当将重组债务的账面价值与实际支付现金之间的差额，计入当期损益。

以低于应付债务账面价值的现金清偿债务的，应按应付债务的账面余额，借记应付账款等科目，按实际支付的金额，贷记"银行存款"科目，按其差额确认为债务重组利得，贷记"营业外收入——债务重组利得"科目。

以现金清偿债务的，债权人应当将重组债权的账面余额与收到的现金之间的差额，计入当期损益。债权人已对债权计提减值准备的，应当先将该差额冲减减值准备，减值准备不足以冲减的部分，计入当期损益。

企业收到债务人清偿债务的现金金额小于该项应收账款账面价值的，应按实际收到的现金金额，借记"银行存款"等科目，按重组债权已计提的坏账准备，借记"坏账准备"科目，按重组债权的账面余额，贷记"应收账款"等科目，按其差额，借记"营业外支出"科目。

【例9-26】 甲公司欠乙公司购货款 110 000 元，由于甲公司现金流量不足，短期内不能支付货款。经协商，乙公司同意甲公司支付 70 000 元，余款不再偿还。甲公司随即支付了 70 000 元货款。乙公司对该项应收账款计提 10 000 元坏账准备。

（1）甲公司应作如下会计分录：

借：应付账款——乙公司	110 000
贷：银行存款	70 000
营业外收入——债务重组利得	40 000

（2）乙公司应作如下会计分录：

借：银行存款	70 000

	坏账准备	10 000
	营业外支出——债务重组损失	30 000
	贷：应收账款——甲公司	110 000

2. 以非现金资产清偿债务

以非现金资产清偿某项债务的，债务人应将重组债务的账面价值与转让的非现金资产的公允价值之间的差额确认为债务重组利得，作为营业外收入计入当期损益。转让的非现金资产的公允价值与其账面价值的差额确认为转让资产损益，计入当期损益。非现金资产的账面价值，是指非现金资产的账面余额扣除有关准备后的余额，如存货的账面价值是指存货的账面余额扣除有关损失准备后的金额，固定资产的账面价值是指固定资产原值减去累计折旧及有关损失准备后的金额等。债务人在转让非现金资产的过程中发生的一些税费，如资产评估费、运杂费等，直接计入转让资产损益。

以非现金资产清偿债务的，债权人应当对受让的非现金资产按其公允价值入账，重组债权的账面余额与受让的非现金资产的公允价值之间的差额，先冲减已提取的损失准备，未提取损失准备的或损失准备不足冲减的部分，则将该差额确认为债务重组损失，计入当期损益。债权人发生的运杂费、保险费等，也应计入相关资产的价值。下面以存货为例说明以非现金资产清偿债务的会计处理。

【例 9 – 27】甲公司欠乙公司购货款 700 000 元，由于甲公司财务发生困难，短期内不能支付货款。经协商，甲公司以其生产的产品偿还债务，该产品的公允价值为 550 000 元，实际成本 480 000 元。甲、乙公司均为增值税一般纳税人，增值税税率为 17%，乙公司收到甲公司偿还债务的产品时，将其作为库存商品入库；乙公司未对该项应收账款计提坏账准备。

（1）甲公司应作如下会计分录：

	借：应付账款——乙公司	700 000
	贷：主营业务收入	550 000
	应交税费——应交增值税（销项税额）	93 500
	营业外收入——债务重组利得	56 500
	借：主营业务成本	480 000
	贷：库存商品	480 000

（2）乙公司应作如下会计分录：

	借：库存商品	550 000
	应交税费——应交增值税（进项税额）	93 500
	营业外支出——债务重组损失	56 500
	贷：应收账款——甲公司	700 000

（二）以债务转为资本清偿债务时的账务处理

债务人以债务转为资本清偿债务的，债务人应区别以下情况进行会计处理：

（1）债务人为股份有限公司的，债务人应按债权人因放弃债权而享有股份的面值总额确认股本，股份的公允价值总额与股本之间的差额确认为资本公积。重组债务的账面价值与股份的公允价值总额之间的差额确认为债务重组利得，计入当期损益。

（2）债务人为其他企业时，债务人应将债权人因放弃债权而享有的股权份额确认为实收资本；股权的公允价值与实收资本之间的差额确认为资本公积。重组债务的账面价值与股权的公允价值之间的差额作为债务重组利得，计入当期损益。

债务人将债务转为资本，即债权人将债权转为股权。在这种方式下，债权人在债务重组日，重组债权的账面余额与因放弃债权而享有的股权的公允价值之间的差额，先冲减已提取的损失准备，未提取损失准备的损失或准备不足冲减的部分将该差额确认为债务重组损失，计入当期损益。以债务转为资本的，债权人应将因放弃债权而享有的股权按公允价值计量。发生的相关税费，分别按照长期股权投资或者金融工具确认与计量的规定进行处理。

【例 9-28】甲公司应收乙公司账款的账面余额为 200 000 元，由于乙公司无法偿付应付账款，经协商乙公司以普通股偿还债务，假设普通股每股面值为 1 元，市价为 2 元，乙公司以 80 000 股抵偿该项债务（不考虑相关税费）。甲公司提取坏账准备 10 000 元。假设甲公司将债权转为股权后，长期股权投资按照成本法核算。

（1）乙公司应作如下会计分录：

借：应付账款——甲公司	200 000	
贷：股本		80 000
资本公积——股本溢价		80 000
营业外收入——债务重组利得		40 000

（2）甲公司应作如下会计分录：

借：长期股权投资	160 000	
营业外支出——债务重组损失	30 000	
坏账准备	10 000	
贷：应收账款——乙公司		200 000

（三）修改其他债务条件时的账务处理

（1）债务人的会计处理。修改其他债务条件的，债务人应当将修改其他债务条件后债务的公允价值作为重组后债务的入账价值。重组债务的账面价值与重组后债务的入账价值之间的差额，确认为债务重组利得，计入当期损益。

修改后的债务条款如涉及或有应付金额，且该或有应付金额符合《企业会计准则第 13 号——或有事项》中有关预计负债确认条件的，债务人应当将该或有应付金额确认为预计负债。重组债务的账面价值与重组后债务的入账价值和预计负债金额之和的差额，确认为债务重组利得，计入当期损益。上述或有应付金额在随后会计期间没有发生的，企业应当冲销已确认的预计负债，同时确认营业外收入。或有应付金额，是指需要根据未来某种事项出现而发生的应付金额，而且该未来事项的出现具有不确定性。

以修改其他债务条件进行清偿的，应将重组债务的账面余额与重组后债务的公允价值的差额，借记"应付账款"等科目，贷记"营业外收入——债务重组利得"科目。

（2）债权人的会计处理。债务重组以修改其他债务条件进行的，债权人应当将修改其他债务条件后的债权的公允价值作为重组后债权的账面价值，重组债权的账面余额与重组后债权的账面价值之间的差额，计入当期损益。债权人已对债权计提减值准备的，应当先将该差额冲减减值准备，减值准备不足以冲减的部分，计入当期损益。

修改后的债务条款中涉及或有应收金额的，债权人不应当确认或有应收金额，不得将其计入重组后债权的账面价值。或有应收金额，是指需要根据未来某种事项出现而发生的应收金额，而且该未来事项的出现具有不确定性。

以修改其他债务条件进行清偿的，企业应按修改其他债务条件后的债权的公允价值，借记"应收账款"等科目，按重组债权的账面余额，贷记"应收账款"等科目，按其差额，借记"营业外支出"科目。

【例9-29】甲公司2007年12月31日应收乙公司票据的账面余额为193 600元，其中，3 600元为累计未付的利息，票面年利率为4%。由于乙公司资金周转困难，不能偿付应于2007年12月31日前支付的应付票据。经双方协商，于2007年1月6日进行债务重组。甲公司同意将债务本金减至160 000元；免去债务人所欠的全部利息；将利息率从4%降低到2%（等于实际利率），并将债务到期日延至2009年12月31日，利息按年支付。该项债务重组协议从协议签订日起开始实施。甲公司、乙公司已将应收、应付票据转入应收、应付账款。甲公司已为该项应收款项计提了9 000元坏账准备。

（1）乙公司应作计算及会计分录如下：

应付账款的账面余额	193 600
减：重组后债务公允价值	160 000
债务重组利得	33 600

借：应付账款　　　　　　　　　　　　　　　193 600
　　贷：应付账款——债务重组　　　　　　　　　160 000
　　　　营业外收入——债务重组利得　　　　　　 33 600

2008年12月31日，支付利息：

借：财务费用　　　　　　　　（160 000×2%）3 200
　　贷：银行存款　　　　　　　　　　　　　　　 3 200

2009年12月31日，偿还本金和最后一年利息：

借：应付账款——债务重组　　　　　　　　　160 000
　　财务费用　　　　　　　　　　　　　　　　 3 200
　　贷：银行存款　　　　　　　　　　　　　　 163 200

（2）甲公司应作如下计算及会计分录：

应收账款账面余额	193 600
减：重组后债权公允价值	160 000
差额	33 600
减：已计提坏账准备	9 000
债务重组损失	24 600

借：应收账款——债务重组　　　　　　　　　160 000
　　营业外支出——债务重组损失　　　　　　　 24 600

　　坏账准备　　　　　　　　　　　　　　　　　　　　　　　　　9 000
　　　贷：应收账款　　　　　　　　　　　　　　　　　　　　193 600
2008 年 12 月 31 日，收到利息：
　　借：银行存款　　　　　　　　　　　　　　　　　　　　　3 200
　　　贷：财务费用　　　　　　　　　　　　　　　　　　　　　3 200
2009 年 12 月 31 日，收到本金和最后一年利息：
　　借：银行存款　　　　　　　　　　　　　　　　　　　　163 200
　　　贷：财务费用　　　　　　　　　　　　　　　　　　　　　3 200
　　　　应收账款——债务重组　　　　　　　　　　　　　　160 000

（四）以上三种方式的组合清偿债务的账务处理

　　根据组合方法不同，以上三种方式的组合，可以组合出多种不同的方式，主要有以下几种方式：①以现金、非现金资产两种方式的组合清偿某项债务；②以现金、债务转为资本两种方式的组合清偿某项债务；③以非现金资产、债务转为资本两种方式的组合清偿某项债务；④以现金、非现金资产、债务转为资本三种方式的组合清偿某项债务；⑤以资产、债务转为资本等方式清偿某项债务的一部分，并对该项债务的另一部分以修改其他债务条件进行债务重组。采用以上方式的组合清偿债务，债务人和债权人在进行会计处理时，应依据债务清偿的顺序。

　　债务重组以现金清偿债务、非现金资产清偿债务、债务转为资本、修改其他债务条件等方式的组合进行的，债务人应当依次以支付的现金、转让的非现金资产公允价值、债权人享有股份的公允价值冲减重组债务的账面价值，再按照债务人修改其他债务条件的规定进行会计处理。

　　债务重组采用以现金清偿债务、非现金资产清偿债务、债务转为资本、修改其他债务条件等方式的组合进行的，债权人应当依次以收到的现金、接受的非现金资产公允价值、债权人享有股份的公允价值冲减重组债权的账面余额，再按债权人修改其他债务条件的规定进行会计处理。

第十章　非流动负债

【学习目的】通过本章的学习，掌握长期应付款核算的内容；掌握长期借款、应付债券的账务处理；熟悉预计负债的概念及主要的账务处理；掌握借款费用的概念及内容；熟悉借款费用应予资本化的借款范围；了解借款费用资本化金额的确定。

第一节　长期借款和长期应付款

一、长期借款

（一）长期借款的概念

长期借款是指企业向银行或其他金融机构借入的期限在一年以上（不含一年）的各项借款。

（二）长期借款的分类

按照付息方式与本金的偿还方式的不同，可将长期借款分为分期付息到期还本长期借款、到期一次还本付息长期借款和分期偿还本息长期借款。

按所借币种，可分为人民币长期借款和外币长期借款。

（三）长期借款的账户设置

（1）企业应设置"长期借款"账户，用以核算企业向银行或其他金融机构借入的期限在1年以上（不含1年）的各项借款。该账户是负债类账户，该账户的贷方反映借入的本金及应计利息；借方反映归还借款的本息；期末余额在贷方，表示尚未偿还的长期借款本息额。

（2）本账户应当按照贷款单位和贷款种类的不同，分别"本金"、"利息调整"等进行明细核算。

（3）本账户期末贷方余额，反映企业尚未偿还的长期借款的摊余成本。

（四）长期借款的账务处理

（1）企业借入长期借款，按实际收到的金额，借记"银行存款"账户，贷记本账户

（本金），若存在差额，借记本账户（利息调整）。

（2）资产负债表日，应按摊余成本和实际利率计算确定的长期借款的利息费用，借记"在建工程"、"制造费用"、"财务费用"、"研发支出"等账户，按合同利率计算确定的应付未付利息，贷记"应付利息"账户，按其差额，贷记本账户（利息调整）。

实际利率与合同利率差异不大的，也可以采用合同利率计算确定利息费用。

（3）归还长期借款本金时，借记本账户，贷记"银行存款"账户。同时，利息调整余额的，借记"在建工程"、"制造费用"、"财务费用"、"研发支出"等账户，贷记或借记本账户。

（4）企业与贷款人进行债务重组，应当比照"应付账款"账户的相关规定进行处理。

（5）根据筹集长期借款用途的不同，借款费用可以采取两种方法进行处理：①在发生时直接计入当期费用；②予以资本化。

（五）长期借款的利息

企业借入的长期借款，除应按规定办理借入手续外，还应按期支付利息，并按规定期限归还借款。因此，长期借款的会计处理应反映长期借款的借入、利息的结算和借款本息的归还情况。

1. 长期借款的利息处理方法

一是在发生时直接确认为当期费用（即费用化），二是于发生时直接计入该项资产（即资本化）。具体方法是：

（1）为购建固定资产而发生的长期借款利息，在固定资产达到预定可使用状态之前所发生的，计入所建固定资产价值，予以资本化。

（2）为购建固定资产而发生的长期借款利息，在固定资产达到预定可使用状态之后所发生的，直接计入当期损益，予以费用化。

（3）属于流动负债性质的借款利息，或者虽然是长期负债性质但不是用于购建固定资产的借款利息，直接计入当期损益。

（4）为进行投资而发生的借款利息，直接计入当期损益。

（5）筹建期间发生的长期借款利息（除为购建固定资产而发生的长期借款利息外），应当根据其发生额先记入"长期待摊费用"账户，然后在开始生产经营当月一次性计入当期损益。

2. 如何计算长期借款的利息

对长期借款利息的计算目前有单利和复利两种方法。

（1）单利方法。单利就是只按本金计算利息，其所生成利息不再加入本金重复计算利息。计算公式为：

$$借款本利和＝本金＋本金×利率×期数$$

（2）复利方法。复利是指不仅按本金计算利息，对尚未支付的利息也要计算应付利息，俗称"利滚利"。

在西方国家，长期借款利息一般按复利计算。在我国，国内企业的长期借款利息一贯采用单利；外商投资企业、中外合营企业的长期借款利息则一般按复利计算。

【例10-1】某企业为购建固定资产于20××年初向银行借入长期借款500 000元，借款合同规定：年利率为10%，5年到期，每年计息一次，到期一次还本付息，则：

按单利计算，五年的本利和 = 500 000 + 500 000 × 10% × 5 = 750 000（元）

按复利计算，五年的本利和 = 500 000 × $(1 + 10\%)^5$ = 805 255（元）

实际工作中，企业每年末计算利息如下：

第1年应付利息 = 500 000 × 10% = 50 000（元）

第2年应付利息 = 550 000 × 10% = 55 000（元）

第3年应付利息 = 605 000 × 10% = 60 500（元）

第4年应付利息 = 665 500 × 10% = 66 550（元）

第5年应付利息 = 732 050 × 10% = 73 205（元）

5年利息之和 = 305 255（元）

第5年年末本息合计 = 500 000 + 305 255 = 805 255（元）

第5年年末还本付息总额通过查年金终值表计算，结果也是一样的，即500 000 × 1.61051 = 805 255（元）

3. 长期借款利息的入账时间

借款利息可以分期支付，也可在借款到期还本时一起偿付，具体应视贷款合同的规定。会计上，对应计入购建固定资产成本的借款利息，一般在年末和资产交付使用并办理竣工决算时计提入账；如果年内分期支付利息，也可按付息期进行账务处理。除此之外的借款利息，应按月预提，计入当期损益。

（六）长期借款的会计核算实例

发生的借款费用（包括利息、汇兑损失等），应分别以下情况进行处理：①属于筹建期间的，作为长期待摊费用，借记"长期待摊费用"账户，贷记"长期借款"账户，于生产经营开始当月一次转入损益；②属于生产经营期间的，计入财务费用，借记"财务费用"账户，贷记"长期借款"账户；③属于与购建固定资产有关的专门借款的借款费用，在所购建固定资产达到预定可使用状态前按规定应予以资本化的，计入有关固定资产的购建成本，借记"在建工程"账户，贷记"长期借款"账户。固定资产达到预定可使用状态后发生的借款费用以及按规定不能予以资本化的借款费用，借记"财务费用"账户，贷记"长期借款"账户。

【例10-2】某企业为建造一幢厂房，2007年1月1日借入期限为两年的长期专门借款1 000 000元，款已存入银行。借款利率为9%，每年付息一次，期满后一次还清本金。2007年年初，以银行存款支付工程价款共计600 000元，2008年年初又以银行存款支付工程费用400 000元。该厂房于2008年8月底完工，交付使用，并办理了竣工决算手续。根据上述业务编制有关会计分录如下：

（1）2007年1月1日，取得借款时：

借：银行存款　　　　　　　　　　　　　　　　　　　　1 000 000

　　贷：长期借款　　　　　　　　　　　　　　　　　　　　　　1 000 000

（2）2007 年初，支付工程款时：

借：在建工程　　　　　　　　　　　　　　　　　　　600 000
　　贷：银行存款　　　　　　　　　　　　　　　　　　　600 000

（3）2007 年 12 月 31 日，计算 2007 年应计利息时：

借款利息即资本化利息 = 1 000 000 × 9% = 90 000（元）

借：在建工程　　　　　　　　　　　　　　　　　　　90 000
　　贷：应付利息　　　　　　　　　　　　　　　　　　　90 000

（4）2007 年 12 月 31 日支付借款利息时：

借：应付利息　　　　　　　　　　　　　　　　　　　90 000
　　贷：银行存款　　　　　　　　　　　　　　　　　　　90 000

（5）2008 年年初支付工程款时：

借：在建工程　　　　　　　　　　　　　　　　　　　400 000
　　贷：银行存款　　　　　　　　　　　　　　　　　　　400 000

（6）2008 年竣工前的应付利息为：

（1 000 000 × 9% ÷ 12）× 8 = 60 000（元）

借：在建工程　　　　　　　　　　　　　　　　　　　60 000
　　贷：应付利息　　　　　　　　　　　　　　　　　　　60 000

（7）资产完工交付使用时：

借：固定资产　　　　　　　　　　　　　　　　　　1 150 000
　　贷：在建工程　　　　　　　　　　　　　　　　　　1 150 000

（8）2008 年 9 月，资产办理竣工决算后，按月预提借款利息为：

（1 000 000 × 9% ÷ 12）= 7 500（元）

借：财务费用　　　　　　　　　　　　　　　　　　　7 500
　　贷：长期借款　　　　　　　　　　　　　　　　　　　7 500

2008 年 10、11、12 月按月预提借款利息的会计分录同（8）。

（9）2008 年 12 月 31 日支付借款利息的会计分录同（4）。

（10）2009 年 1 月 1 日到期还本时：

借：长期借款　　　　　　　　　　　　　　　　　　1 000 000
　　贷：银行存款　　　　　　　　　　　　　　　　　　1 000 000

二、长期应付款

（一）长期应付款的概念及分类

长期应付款是在较长时间内应付的款项，而会计业务中的长期应付款是指除了长期借款和应付债券以外的其他多种长期应付款，主要有应付融资租入固定资产租赁费、以分期付款方式购入固定资产、应付补偿贸易引进设备款等发生的应付款项等。

补偿贸易方式引进国外设备和融资租入固定资产，一般情况下，是固定资产使用在前，款项支付在后。如补偿贸易方式引进设备时，企业可先取得设备，设备投产后，用其生产的产品归还设备价款。而融资租赁实质上是一种分期付款购入固定资产的形式。这种不需要支付或分期支付货币资金就可以先取得企业生产经营所需的设备的方式，就好比"借鸡生蛋"，也是一条颇不错的生财之道。当然，补偿贸易引进国外设备和融资租入固定资产，在尚未偿还价款或尚未支付完租赁费用前，也就必然形成企业的一项长期负债。

（二）长期应付款的账户设置

（1）企业发生的长期应付款及以后归还情况的核算与监督，应设置一个"长期应付款"账户。

（2）该账户应按长期应付款的种类和债权人设置明细账户，进行明细核算。

（3）该账户核算企业除长期借款和应付债券以外的其他各种长期应付款项，包括应付融资租入固定资产的租赁费、以分期付款方式购入固定资产、应付补偿贸易引进设备款等发生的应付款项等。

（4）该账户属于负债类账户，其贷方登记发生的长期应付款及其应计利息；借方登记长期应付款的归还数；期末余额在贷方，表示尚未支付的各种长期应付款。

（三）长期应付款的账务处理

（1）企业购入有关资产超过正常信用条件延期支付价款、实质上具有融资性质的，应按购买价款的现值，借记"固定资产"、"在建工程"、"无形资产"、"研发支出"等账户，按应支付的金额，贷记本账户，按其差额，借记"未确认融资费用"账户。按期支付价款时，借记本账户，贷记"银行存款"账户。

（2）融资租入固定资产，在租赁期开始日，应按《企业会计准则第12号——租赁》确定应计入固定资产成本的金额，借记"在建工程"或"固定资产"账户，按最低租赁付款额，贷记本账户，按发生的初始直接费用，贷记"银行存款"等账户，按其差额，借记"未确认融资费用"账户。按期支付租金时，借记本账户，贷记"银行存款"等账户。

（3）补偿贸易是从国外引进设备，再用该设备生产的产品归还设备价款。国家为了促进企业开展补偿贸易，规定开展补偿贸易的企业，补偿期内免缴引进设备所生产的产品的流转税。实际上补偿贸易是以生产的产品归还设备价款，因此，一般情况下，设备的引进和偿还设备价款是没有现金的流入和流出。在会计核算时，一方面，引进设备的资产价值以及相应的负债，作为本企业的一项资产和一项负债，在资产负债表中，分别包括在"固定资产"和"长期应付款"项目中；另一方面，用产品归还设备价款时，视同产品销售。

（四）长期应付款的核算实例

【例10-3】年初，某企业采用补偿贸易方式引进一套设备，该设备价款为1 000 000美元，随同设备一起进口的零配件价款为50 000美元，支付的国外运杂费为2 000美元，另以人民币支付进口关税111 500元，国内运杂费为2 000元，安装费为22 000元。设备在一周内即安装完毕，引进设备当日美元汇率为￥7.2/USD1。

（1）引入设备时：

　　借：在建工程　　　　　　　　　　　　　　　　　　　　　　　7 214 400

　　　　原材料——修理用备件　　　　　　　　　　　　　　　　　360 000

　　　　贷：长期应付款——应付引进设备款——美元户 7 574 400（USD1 052 000）

　　（2）支付进口关税、国内运杂费和设备安装费时：

　　借：在建工程　　　　　　　　　　　　　　　　　　　　　　　135 500

　　　　贷：银行存款　　　　　　　　　　　　　　　　　　　　　135 500

　　（3）将安装完毕的设备及进口工具和零配件交付使用时：

　　借：固定资产　　　　　　　　　　　　　　　　　　　　　　　7 349 900

　　　　贷：在建工程　　　　　　　　　　　　　　　　　　　　　7 349 900

　　（4）以引进设备所生产的产品的销售收入 100 000 美元归还一部分设备款时（假设当日汇率为￥7.0/USD1）：

　　借：长期应付款——应付引进设备款——美元户　　　　　　　　700 000

　　　　贷：应收账款——外商××公司——美元户　　700 000（USD100 000）

　　（5）第一年末（假设当日汇率为￥6.9/USD1），根据补偿贸易合同的规定，按6%计提应付利息时：

　　借：财务费用——利息支出　　　　　　　　　　　　　　　　　435 528

　　　　贷：长期应付款——应付引进设备款——美元户　　435 528（USD63 120）

　　　　　　USD1 052 000×6%＝USD63 120

　　（6）按年末汇率确定汇兑损益。账户“长期应付款——应付引进设备款——美元户”的年末美元余额为：USD1 052 000＋USD63 120－USD100 000＝USD1 015 120，折合为人民币的金额为 1 015 120×6.9＝7 004 328（元）。该账户记账本位币余额 7 574 400＋435 528－700 000＝7 309 928（元），应确定汇兑损益 305 600 元。

　　借：长期应付款——应付引进设备款——美元户　　　　　　　　305 600

　　　　贷：财务费用——汇兑损益　　　　　　　　　　　　　　　305 600

第二节　应付债券

一、应付债券的概念

　　应付债券是指企业为筹集长期资金而发行的债券及应付的利息，它是企业筹集长期资金的一种重要方式。应付债券是企业举借长期债务而发行的一种书面凭证，是企业依照法定程序对外发行、约定在一定期限内还本付息的有价证券。发行债券是企业筹集长期资金的重要方式。企业发行债券的价格受同期银行存款利率的影响较大，一般情况下，企业可以按面值发行、溢价发行和折价发行债券。

二、应付债券的种类

应付债券有很多种类，可按不同的标准加以分类。

（1）按发行方式的不同分类，可分为记名应付债券、无记名应付债券和可转换应付债券。

（2）按有无担保分类，可分为有抵押应付债券和信用应付债券。

（3）按偿还方式的不同分类，可分为定期偿还的应付债券和分期偿还的应付债券。

三、应付债券的账户设置

（1）企业应设置"应付债券"账户，核算企业为筹集（长期）资金而发行的债券本金和利息。

（2）本账户应当按照"面值"、"利息调整"、"应计利息"进行明细核算。

（3）企业发行的可转换公司债券，应按《企业会计准则第 22 号——金融工具确认和计量》规定将负债和权益成分进行分拆，分拆后形成的负债成分，在本账户核算。

（4）该账户属于负债类，期末为贷方余额，反映企业尚未偿还的长期债券的摊余成本。

四、应付债券的主要账务处理

（1）企业发行债券，应按实际收到的现金净额，借记"银行存款"、"库存现金"等账户，按债券票面金额，贷记"应付债券——面值"账户；按其差额，借记或贷记"应付债券——利息调整"账户。

发行可转换公司债券时，应按实际收到的金额，借记"银行存款"等账户，按该项可转换公司债券包含的负债成分的面值，贷记"应付债券——可转换公司债券（面值）"账户，按权益成分的公允价值，贷记"资本公积——其他资本公积"账户，按其差额，借记或贷记"应付债券——利息调整"账户。

（2）对于分期付息、一次还本的债券，应于资产负债表日按摊余成本和实际利率计算确定的债券利息，借记"在建工程"、"制造费用"、"财务费用"、"研发支出"等账户，按票面利率计算确定的应付未付利息，贷记"应付利息"账户，按其差额，借记或贷记"应付债券——利息调整"账户。

对于一次还本付息的债券，应于资产负债表日按摊余成本和实际利率计算确定的债券利息，借记"在建工程"、"制造费用"、"财务费用"、"研发支出"等账户，按票面利率计算确定的应付未付利息，贷记"应付债券——应计利息"账户，按其差额，借记或贷记"应付债券——利息调整"账户。

实际利率与票面利率差异很小的，也可以采用票面利率计算确定利息费用。

（3）长期债券到期，支付债券本息，借记"应付债券——面值"、"应付债券——应计利息"、"应付利息"等账户，贷记"银行存款"等账户。

（4）当可转换公司债券持有人行使转换权利，将其持有的债券转换为股票，按"应付债券——可转换公司债券"账户的余额，借记"应付债券——可转换公司债券（面值、利息调整）"账户，按"资本公积——其他资本公积"账户中属于该项可转换公司债券的权益成分的金额，借记"资本公积——其他资本公积"账户，按股票面值和转换的股数计算的股票面值总额，贷记"股本"账户，按实际用现金支付的不可转换股票的部分，贷记"库存现金"等账户，按其差额，贷记"资本公积——股本溢价"账户。如用现金支付不可转换股票的部分，还应贷记"银行存款"等账户。

（5）企业应当设置"企业债券备查簿"，详细登记每一企业债券的票面金额、债券票面利率、还本付息期限与方式、发行总额、发行日期和编号、委托代售单位、转换股份等资料。企业债券到期结清时，应当在备查簿内逐笔注销。

五、应付债券的核算实例

【例10-4】某公司于2007年1月1日折价发行了5年期面值为1 250万元公司债券，发行价格为1 000万元，票面利率为4.72%，按年付息，到期一次还本（交易费用略）。假定公司发行债券募集的资金专门用于建造一条生产线，生产线从2007年1月1日开始建设，于2009年底完工，达到预定可使用状态。根据上述经济业务，公司应作如下会计处理：

（1）2007年1月1日发行债券时：

借：银行存款 10 000 000
　　应付债券——利息调整 2 500 000
　　贷：应付债券——面值 12 500 000

（2）计算利息费用。公司每年应支付的利息为1 250×4.72% = 59（万元）。则该公司债券实际利率为：1 000 = 59×(1 + R) - 1 + 59×(1 + R) + 59×(1 + R) + 59×(1 + R) + (59 + 1 250)×(1 + R)，由此计算得出R = 10%。

则每年折价的摊销表如下：

单位：万元

年份	期初公司债券余额（A）	实际利息费用（B）（按10%计算）	每年支付现金（C）	期末公司债券摊余成本（D = A + B - C）
2007	1 000	100	59	1 041
2008	1 041	104	59	1 086
2009	1 086	109	59	1 136
2010	1 136	113	59	1 190
2011	1 190	119	1 250 + 59	0

2007年12月31日：

借：在建工程 1 000 000
　　贷：应付利息 590 000
　　　　应付债券——利息调整 410 000

2008年12月31日：

```
借：在建工程                                              1 040 000
    贷：应付利息                                              590 000
        应付债券——利息调整                                    450 000
```

2009 年 12 月 31 日：
```
借：在建工程                                              1 090 000
    贷：应付利息                                              590 000
        应付债券——利息调整                                    500 000
```

2010 年 12 月 31 日：
```
借：财务费用                                              1 130 000
    贷：应付利息                                              590 000
        应付债券——利息调整                                    540 000
```

2011 年 12 月 31 日：
```
借：财务费用                                              1 190 000
    贷：应付利息                                              590 000
        应付债券——利息调整                                    600 000
```

(3) 2011 年 12 月 31 日到期偿还本金：
```
借：应付债券——面值                                      12 500 000
    贷：银行存款                                          12 500 000
```

【例 10 – 5】某公司按面值发行可转换公司债券 20 000 000 元，债券利率（年率）为 6%，期限 3 年，每年年末支付利息，结算方式是持有方可以选择付现或转换成发行方的股份。另不附选择权的类似债券的市场为 9%。

负债成分的公允价值为未来现金流量贴现值。采用债券发行时以不附选择权的类似债券的市场为贴现率。则该项债券负债成分的初始入账价值为 18 481 560 元 [20 000 000 × PV（3 期，9%）+ 1 200 000 × PA（3 期，9%）]。式中 20 000 000 为债券到期值、1 200 000 为债券各期的票面利息，查表得知 PV（3 期，9%）= 0.7722，PA（3 期，9%）= 2.5313。权益成分的初始入账价值为 1 518 440 元（20 000 000 – 18 481 560）。则发行时应作会计分录如下：

```
借：银行存款                                              20 000 000
    应付债券——可转换公司债券（利息调整）                    1 518 440
    贷：应付债券——可转换公司债券（面值）                   20 000 000
        资本公积——其他资本公积                              1 518 440
```

可转换公司债券在转换为股票之前，其所包含的负债成分，应当比照上述规定进行处理。

第三节 预 计 负 债

一、预计负债的定义

与或有事项相关的义务同时满足下列条件的，应当确认为预计负债，包括对外提供担保、未决诉讼、产品质量保证、重组义务以及固定资产和矿区权益弃置义务等。

（一）该义务是因过去事项而形成的现时义务

该义务是企业承担的现时义务，这里所指义务包括法定义务和推定义务。其中法定义务是指因合同、法规或其他司法解释等产生的义务，通常是企业在经济管理和经济协调中，依照经济法律、法规的规定必须履行的责任。如企业与其他企业签订的购货合同产生的义务，就属于法定义务。

推定义务是指因企业的特定行为而产生的义务。企业的特定行为泛指企业以往的习惯做法、已公开的承诺或已公开宣布的经营政策。如 A 公司是一家矿产企业，因扩大经营规模，到境外 B 国经营采矿业务。若 B 国目前尚未对 A 所开采的采矿业可能产生的环境污染制定相关的法律，因而 A 公司在 B 国的经营可能产生的环境污染不承担法定义务。A 公司为了承担一定的社会责任，公开承诺将对开采矿产时产生的环境污染进行治理，这样，A 公司为此承担了一项推定义务。

（二）履行该义务很可能导致经济利益流出企业

履行该义务很可能导致经济利益流出企业，是指履行与或有事项相关的现时义务时，导致经济利益流出企业的可能性超过 50%，但小于或等于 95%。

（三）该义务的金额能够可靠地计量

该义务的金额能可靠计量，是指与或有事项相关的现时义务的金额能合理地估计。由于或有事项具有不确定性，因或有事项产生的现时义务的金额也具有不确定性，需要估计。要对或有事项确认一项预计负债，相关现时义务的金额能够可靠估计。如某企业涉及一桩赔偿诉讼案，根据以往的案例推断，该企业很可能败诉，相关的赔偿金额也可以估算出一个范围。这时，可以认为该企业因未决诉讼承担的现时义务的金额能够可靠地估计，从而应对未决诉讼确认一项预计负债。

二、预计负债的账户设置

（1）企业应设置"预计负债"账户，用以核算企业确认的对外提供担保、未决诉讼、产品质量保证、重组义务、亏损性合同等预计负债。

（2）本账户应当按照预计负债项目进行明细核算。

（3）本账户期末贷方余额，反映企业已确认尚未清偿的预计负债。

三、预计负债的主要账务处理

（1）企业根据《企业会计准则第 13 号——或有事项》确认的由对外提供担保、未决诉讼、重组义务产生的预计负债，应按确定的金额，借记"营业外支出"账户，贷记"预计负债"账户；由产品质量保证产生的预计负债，应按确定的金额，借记"销售费用"账户，贷记"预计负债"账户。

由资产弃置义务产生的预计负债,应按确定的金额,借记"固定资产"或"油气资产"账户,贷记"预计负债"账户。在固定资产或油气资产的使用寿命内,按弃置费用计算确定各期应负担的利息费用,借记"财务费用"账户,贷记"预计负债"账户。

(2)企业实际清偿或冲减的预计负债,借记"预计负债"账户,贷记"银行存款"等账户。

(3)企业根据确凿证据需要对已确认的预计负债进行调整的,调整增加的预计负债,借记有关账户,贷记本账户;调整减少的预计负债,作相反的会计分录。

四、预计负债的核算实例

【例10-6】甲公司是某种成套设备的生产和销售企业,2007年第一、二、三和四季度分别销售成套设备10台、15台、20台和18台,每台售价为100万元。甲企业对购买其产品的顾客作出承诺,若设备自售出后3年内出现非意外事件造成的故障和质量问题,甲公司负责免费维修和更换相应零部件。据以往经验,发生的保修费一般为销售额的1%~1.5%之间,假设甲公司2007年四个季度实际发生的维修费分别为4万元、20万元、16万元和15万元。

该例中,甲公司因销售成套设备而承担了现时的义务,该义务的履行很可能导致经济利益流出甲公司,该义务的金额可以可靠地估计。因此,甲公司应在2007年的每一季度末确认一项负债。有关会计分录如下:

(1)2007年3月31日:

①实际发生的维修费:

借:预计负债——产品质量保证 40 000
　　贷:银行存款等 40 000

②应确认的产品质量保证的预计负债:

第一季度应确认的产品质量保证负债金额为:

$10 \times 1\,000\,000 \times (1\% + 1.5\%) \div 2 = 125\,000$ (元)

借:销售费用——产品质量保证 125 000
　　贷:预计负债——产品质量保证 125 000

(2)2007年6月30日:

①实际发生的维修费:

借:预计负债——产品质量保证 200 000
　　贷:银行存款等 200 000

②应确认的产品质量保证的预计负债:

第二季度应确认的产品质量保证负债金额为:

$15 \times 1\,000\,000 \times (1\% + 1.5\%) \div 2 = 187\,500$ (元)

借:销售费用——产品质量保证 187 500
　　贷:预计负债——产品质量保证 187 500

(3)2007年9月30日:

①实际发生的维修费：

借：预计负债——产品质量保证   160 000

　　贷：银行存款等   160 000

②应确认的产品质量保证的预计负债：

第三季度应确认的产品质量保证负债金额为：

$20 \times 1\,000\,000 \times (1\% + 1.5\%) \div 2 = 250\,000$ （元）

借：销售费用——产品质量保证   250 000

　　贷：预计负债——产品质量保证   250 000

（4）2007 年 12 月 31 日：

①实际发生的维修费：

借：预计负债——产品质量保证   150 000

　　贷：银行存款等   150 000

②应确认的产品质量保证的预计负债：

第四季度应确认的产品质量保证负债金额为：

$18 \times 1\,000\,000 \times (1\% + 1.5\%) \div 2 = 225\,000$ （元）

借：销售费用——产品质量保证   225 000

　　贷：预计负债——产品质量保证   225 000

对产品质量保证确认预计负债时，需要注意的是：

第一，若发现保证金费用的实际发生额与预计数相差较大，应及时对预计比例进行调整。

第二，若企业针对特定批次产品确认预计负债，则在保修结束时，应将"预计负债——产品质量保证"余额冲销，不留余额。

第三，已对其确认预计负债的产品，如果企业不再生产了，那么应在相应的产品质量保证期满后，将"预计负债——产品质量保证"余额冲销，不留余额。

第四节　借款费用

一、借款费用的概念

借款费用是企业借入资金所付出的代价，是指企业因借款而发生的利息及其他相关成本。

借款费用包括借款利息、折价或者溢价的摊销、辅助费用以及因外币借款而发生的汇兑差额等。对于企业发生的权益性融资费用，不应该包括在借款费用中。

因借款而发生的利息，包括企业向银行或者其他金融机构等借入资金发生的利息、发行公司债券发生的利息，以及为购建或者生产符合资本化条件的资产而发生的带息债务所承担的利息等。

折价或者溢价的摊销，主要包括发行公司债券所发生的折价或者溢价在每期的摊销金额。

辅助费用是指企业在借款过程中发生的诸如手续费、佣金等费用，由于这些费用是因安排借款而发生的，也属于借入资金所付出的代价，是借款费用的有机组成部分。

因外币借款而发生的汇兑差额，是指由于汇率变动导致市场汇率与账面汇率出现差异，从而对外币借款本金及其利息的记账本位币金额所产生的影响金额。

二、借款费用的确认原则

借款费用的确认主要解决的问题是将每期发生的借款费用资本化、计入相关资产的成本，还是将有关借款费用费用化、计入当期损益的问题。根据借款费用准则的规定：企业发生的借款费用，可直接归属于符合资本化条件的资产的购建或者生产的，应当予以资本化，计入符合资本化条件的资产成本。其他借款费用，应当在发生时根据其发生额确认为财务费用，计入当期损益。

符合资本化条件的资产，是指需要经过相当长时间的购建或者生产活动才能达到预定可使用或者可销售状态的固定资产、投资性房地产和存货等资产。

【例 10 – 7】 A 公司于 20×7 年 1 月 1 日起，用银行借款开工建设一幢简易厂房，厂房于当年 2 月 20 日完工，达到预定可使用状态。

在本例中，尽管公司借款用于固定资产的建造，但是由于该固定资产建造时间较短，不属于需要经过相当长时间的购建才能达到预定可使用状态的资产，因此，所发生的相关借款费用不应予以资本化计入在建工程成本，而应当根据发生额计入当期财务费用。

【例 10 – 8】 B 企业向银行借入资金分别用于生产甲产品和乙产品，其中，甲产品的生产时间较短，为 2 个月；乙产品属于大型发电设备，生产时间较长，为 1 年零 5 个月。

为存货生产而借入的借款费用在符合资本化条件的情况下应当予以资本化。本例中，由于甲产品的生产时间较短，不属于需要经过相当长时间的生产才能达到预定可使用状态的资产，因此，为甲产品的生产而借入资金所发生的借款费用不应计入甲产品的生产成本，而应当计入当期财务费用。而乙产品的生产时间比较长，属于需要经过相当长时间的生产才能达到预定可销售状态的资产，因此，为乙产品的生产而借入资金所发生的借款费用符合资本化的条件，应计入乙产品的成本中。

三、借款费用应予资本化的借款范围

借款费用应予资本化的借款范围既包括专门借款，也包括一般借款。专门借款是指为购建或者生产符合资本化条件的资产而专门借入的款项。专门借款通常应当有明确的用途，即为购建或者生产符合资本化条件的资产而专门借入的，并通常应当具有标明该用途的借款合同。例如，某制造企业为了建办公楼向银行专门贷款 2 亿元、某商品流通企业为了建仓库向银行专门贷款 5 000 万元，均属于专门借款，其使用目的明确，而且其使用受与银行相关合同限制。

一般借款是指除专门借款之外的借款，相对于专门借款而言，一般借款在借入时，其用途通常没有特指用于符合资本化条件的资产的购建或生产。对于一般借款，只有在购建或者生产符合资本化条件的资产占用了一般借款时，才应将与一般借款相关的借款费用资本化；否则，所发生的借款费用应当计入当期损益。

四、借款费用资本化期间的确定

借款费用资本化期间，是指从借款费用开始资本化时点到停止资本化时点的期间，但借款费用暂停资本化的期间不包括在内。只有发生在资本化期间内的借款费用，才允许资本化，它是借款费用确认和计量的重要前提。

（一）借款费用开始资本化时点的确定

借款费用允许开始资本化必须同时满足三个条件，即资产支出已经发生、借款费用已经发生、为使资产达到预定可使用或者可销售状态所必要的购建或者生产活动已经开始。这三个条件中，只要有一个条件不满足，相关借款费用就不能资本化。

1. 资产支出已经发生

资产支出包括支付现金、转移非现金资产和承担带息债务形式所发生的支出。

（1）支付现金，是指用货币资金支付符合资本化条件的资产的购建或者生产支出。

【例 10 – 9】某企业用库存现金或者银行存款购买为建造或者生产符合资本化条件的资产所需要的材料，支付相关职工薪酬，向工程承包商支付工程进度款等。这些支出均属于资产支出。

（2）转移非现金资产，是指企业将自己的非现金资产直接用于符合资本化条件的资产的购建或者生产。

【例 10 – 10】某企业将自己生产的产品，包括自己生产的水泥、钢材等，用于符合资本化条件的资产的购建或者生产，同时还将自己生产的产品向其他企业换取用于符合资本化条件的资产的购建或者生产所需要用的工程物资，这些产品均属于资产支出。

（3）承担带息债务，是指企业为了购建或者生产符合资本化条件的资产所需用物资而承担的带息应付款项（如带息应付票据）。企业以赊购方式购买这些物资所产生的债务可能带息，也可能不带息。如果企业赊购这些物资承担的是不带息债务，就不应当将购买价款计入资产支出，因为该债务在偿付前不需要承担利息，也没有占用借款资金。企业只有等到实际偿付，发生了资源流出时，才能将其作为资产支出。如果企业赊购这些物资承担的是带息债务，则企业要为这笔债务付出代价，支付利息，与企业向银行借入款项用以支付资产支出在性质上是一致的。所以，企业为了购建或者生产符合资本化条件的资产而承担的带息债务应当作为资产支出，当该带息债务发生时，视同资产支出已经发生。

【例 10 – 11】甲企业因厂房建设工程所需，于 20×7 年 1 月 1 日从乙企业购入一批工程用水泥，价税合计 100 万元。款未付，但开出一张 100 万元的带息银行承兑汇票，期限为 3 个月，票面年利率为 8%。对于该事项，企业尽管没有为工程建设的目的直接支付现金，但承担了带息债务，所以应当将 100 万元的购买工程用物资款作为资产支出，自 1 月 1 日开出承兑汇票开始即表明资产支出已经发生。

2. 借款费用已经发生

借款费用已经发生,是指企业已经发生了因购建或者生产符合资本化条件的资产而专门借入款项的借款费用或者所占用的一般借款的借款费用。

【例 10 – 12】某企业于 20×7 年 5 月 1 日为建造一幢建设期为 3 年的办公楼从银行专门借入款项 3 亿元,当日开始计息。在 20×7 年 5 月 1 日即应当认为借款费用已经发生。

3. 为使资产达到预定可使用或者可销售状态所必要的购建或者生产活动已经开始

为使资产达到预定可使用或者可销售状态所必要的购建或者生产活动已经开始,是指符合资本化条件的资产的实体建造或者生产工作已经开始,例如主体设备的安装、厂房的实际开工建造等。它不包括仅仅持有资产,但没有发生为改变资产形态而进行的实质上的建造或者生产活动。

【例 10 – 13】某企业为了建造写字楼购置了建筑用地,但是尚未开工兴建房屋,有关房屋实体建造活动也没有开始,在这种情况下,即使企业为了购置建筑用地已经发生了支出,也不应认为为使资产达到预定可使用状态所必要的购建活动已经开始。

(二) 借款费用暂停资本化时间的确定

符合资本化条件的资产在购建或者生产过程中发生非正常中断,且中断时间连续超过 3 个月的,应当暂停借款费用的资本化。在中断期间所发生的借款费用,应当计入当期损益,直至购建或者生产活动重新开始。但是,如果中断是使所购建或者生产的符合资本化条件的资产达到预定可使用或者可销售状态必要的程序,所发生的借款费用应当继续资本化。

【例 10 – 14】某企业于 20×7 年 2 月 1 日利用专门借款开工兴建一幢住宅楼,支出已经发生,因此借款费用从当日起开始资本化。工程预计于 2008 年 3 月完工。

20×7 年 4 月 15 日,由于工程人员罢工,导致工程中断,直到 8 月 1 日才复工。

该中断就属于非正常中断,而且中断时间连续超过 3 个月。因此,上述专门借款在 4 月 15 日至 8 月 1 日间所发生的借款费用不应资本化,而应作为财务费用计入当期损益。

非正常中断,通常是由于企业管理决策上的原因或者其他不可预见的原因等所导致的中断。例如,企业因与施工方发生了质量纠纷,或者工程、生产用料没有及时供应,或者资金周转发生了困难,或者施工、生产发生了安全事故,或者发生了与资产购建、生产有关的劳动纠纷等原因,导致资产购建或者生产活动发生的中断,均属于非正常中断。

非正常中断与正常中断显著不同。正常中断通常仅限于因购建或者生产符合资本化条件的资产达到预定可使用或者可销售状态所必要的程序,或者事先可预见的不可抗力因素导致的中断。例如,某些工程建造到一定阶段必须暂停下来进行质量或者安全检查,检查通过后才可继续下一阶段的建造工作,这类中断是在施工前可以预见的,而且是工程建造必须经过的程序,属于正常中断。某些地区的工程在建造过程中,由于可预见的不可抗力因素(如雨季或冰冻季节等原因)导致施工出现停顿,也属于正常中断。

(三) 借款费用停止资本化时间的确定

购建或者生产符合资本化条件的资产达到预定可使用或者可销售状态时,借款费用应当停止资本化。在符合资本化条件的资产达到预定可使用或者可销售状态之后所发生的借款费用，应当在发生时根据其发生额确认为费用，计入当期损益。

资产达到预定可使用或者可销售状态，是指所购建或者生产的符合资本化条件的资产已经达到建造方、购买方或者企业自身等预先设计、计划或者合同约定的可以使用或者可以销售的状态。企业在确定借款费用停止资本化的时点时需要运用职业判断，应当遵循实质重于形式的原则，针对具体情况，依据经济实质判断所购建或者生产的符合资本化条件的资产达到预定可使用或者可销售状态的时点，具体可从以下几个方面进行判断：

（1）符合资本化条件的资产的实体建造（包括安装）或者生产活动已经全部完成或者实质上已经完成。

（2）所购建或者生产的符合资本化条件的资产与设计要求、合同规定或者生产要求相符或者基本相符，即使有极个别与设计、合同或者生产要求不相符的地方，也不影响其正常使用或者销售。

（3）继续发生在所购建或生产的符合资本化条件的资产上的支出金额很少或者几乎不再发生。

购建或者生产符合资本化条件的资产需要试生产或者试运行的，在试生产结果表明资产能够正常生产出合格产品，或者试运行结果表明资产能够正常运转或者营业时，应当认为该资产已经达到预定可使用或者可销售状态。

在符合资本化条件的资产的实际购建或者生产过程中，如果所购建或者生产的资产分别建造、分别完工，企业也应当遵循实质重于形式的原则，区别下列情况，界定借款费用停止资本化的时点：

（1）所购建或者生产的符合资本化条件的资产的各部分分别完工，每部分在其他部分继续建造或者生产过程中可供使用或者可对外销售，且为使该部分资产达到预定可使用或可销售状态所必要的购建或者生产活动实质上已经完成的，应当停止与该部分资产相关的借款费用的资本化，因为该部分资产已经达到了预定可使用或者可销售状态。

（2）购建或者生产的资产的各部分分别完工，但必须等到整体完工后才可使用或者对外销售的，应当在该资产整体完工时停止借款费用的资本化。在这种情况下，即使各部分资产已经分别完工，也不能认为该部分资产已经达到了预定可使用或者可销售状态，企业只能在所购建或者生产的资产整体完工时，才能认为资产已经达到了预定可使用或者可销售状态，借款费用才可停止资本化。

【例 10-15】某企业利用借入资金建造由若干幢厂房组成的生产车间，每幢厂房完工时间不同，但每幢厂房在其他厂房继续建造期间均可单独使用。

在这种情况下，当其中的一幢厂房完工并达到预定可使用状态时，企业应当停止与该幢厂房相关的借款费用的资本化。

【例 10-16】ABC 公司借入一笔款项，于 20×7 年 3 月 1 日采用出包方式开工兴建一幢办公楼。20×8 年 11 月 15 日工程全部完工，达到合同要求。11 月 30 日工程验收合格，12 月 5 日办理工程竣工结算，12 月 10 日完成全部资产移交手续，12 月 20 日办公楼正式投入使用。

在本例中，企业应当将 20×8 年 11 月 15 日确定为工程达到预定可使用状态的时点，作为借款费用停止资本化的时点。后续的工程验收日、竣工结算日、资产移交日和投入使用日均不应作为借款费用停止资本化的时点，否则会导致资产价值和利润高估。

五、借款费用资本化金额的确定

（一）借款利息资本化金额的确定

在借款费用资本化期间内，每一会计期间的利息（包括折价或溢价的摊销）资本化金额，应当按照下列方法确定。

（1）为购建或者生产符合资本化条件的资产而借入专门借款的，应当以专门借款当期实际发生的利息费用，减去将尚未动用的借款资金存入银行取得的利息收入或进行暂时性投资取得的投资收益后的金额确定。

【例10-17】甲公司为建造厂房于2007年1月1日从银行借入5 000万元专门借款，借款期限为3年，年利率为8%，不考虑借款手续费。该项专门借款在银行的存款年利率为4%，2007年4月1日，甲公司采取出包方式委托乙公司为其建造该厂房，并预付了2 000万元工程款，厂房实体建造工作于当日开始。该工程因发生施工安全事故在2007年8月1日至9月30日中断施工，10月1日恢复正常施工，至年末工程尚未完工。计算该项厂房建造工程在2007年度应予资本化的利息。

分析：由于工程于4月1日才符合开始资本化的时点，虽然2007年8月1日至9月30日发生非正常，但中断时间没有超过3个月，不需要暂停资本化。这样能够资本化的时间为9个月。2007年度应予资本化的利息金额 = 5 000×8%×9÷12 - 3 000×4%×9÷12 = 210（万元）。

（2）为购建或者生产符合资本化条件的资产而占用了一般借款的，企业应当根据累计资产支出超过专门借款部分的资产支出加权平均数乘以所占用一般借款的资本化率，计算确定一般借款应予资本化的利息金额。资本化率应当根据一般借款加权平均利率计算确定。即企业占用一般借款购建或者生产符合资本化条件的资产时，一般借款的借款费用的资本化金额的确定应当与资产支出相挂钩。有关计算公式如下：

一般借款利息费用资本化金额 = 累计资产支出超过专门借款部分的资产支出加权平均数
×所占用一般借款的资本化率

所占用一般借款的资本化率 = 所占用一般借款加权平均利率

= 所占用一般借款当期实际发生的利息之和

÷所占用一般借款本金加权平均数

所占用一般借款本金加权平均数 = $\sum$（所占用每笔一般借款本金

×每笔一般借款在当期所占用的天数÷当期天数）

【例10-18】某企业于2008年1月1日用专门借款开工建造一项固定资产，2008年12月31日，该固定资产全部完工并投入使用，该企业为建造该固定资产于2007年11月1日专门借入一笔款项，本金为3 000万元，年利率为9%，两年期。该企业另借入两笔一般借款：第一笔为2008年1月1日借入的1 000万元，借款年利率为8%，期限为2年；

第二笔为 2008 年 4 月 1 日借入的 900 万元，借款年利率为 10%，期限为 3 年；计算该企业 2008 年为购建固定资产所占用的一般借款的资本化利率。

分析：占用的一般借款的资本化利率 = [（1 000 × 8%）+（900 × 10% ÷ 12 × 9）] ÷（1 000 + 900 × 9 ÷ 12）= 147.5 ÷ 1 675 = 8.81%

【例 10 - 19】甲公司于 20 × 7 年 1 月 1 日正式动工兴建一幢办公楼，工期预计为 1 年零 7 个月，工程采用出包方式，分别于 20 × 7 年 1 月 1 日、20 × 7 年 8 月 1 日和 20 × 8 年 1 月 1 日支付工程进度款。

公司为建造办公楼于 20 × 7 年 1 月 1 日专门借款 5 000 万元，借款期限为 3 年，年利率为 8%。另外，在 20 × 7 年 8 月 1 日又专门借款 6 000 万元，借款期限为 5 年，年利率为 9%。借款利息按年支付。

闲置借款资金均用于固定收益债券短期投资，该短期投资月收益率为 0.6%。

办公楼于 20 × 8 年 7 月 31 日完工，达到预定可使用状态。

公司为建造该办公楼的支出金额如表 10 - 1 所示。

表 10 - 1 办公楼的支出金额 单位：万元

日 期	每期资产支出金额	资产支出累计金额	闲置借款资金用于短期投资金额
20 × 7 年 1 月 1 日	3 000	3 000	2 000
20 × 7 年 8 月 1 日	1 500	4 500	6 500
20 × 8 年 1 月 1 日	6 000	10 500	500
总计	10 500	—	9 000

由于甲公司使用了专门借款建造办公楼，而且办公楼建造支出没有超过专门借款金额，因此公司 20 × 7 年、20 × 8 年为建造办公楼应予资本化的利息金额计算如下：

①确定借款费用资本化期间为 20 × 7 年 1 月 1 日 ~ 20 × 8 年 7 月 31 日。

②计算在资本化期间内专门借款实际发生的利息金额：

20 × 7 年专门借款发生的利息金额 = 5 000 × 8% + 6 000 × 9% × 5/12 = 625（万元）

20 × 8 年 1 月 1 日 ~ 7 月 31 日专门借款发生的利息金额 = 5 000 × 8% × 7 ÷ 12 + 6 000 × 9% × 7 ÷ 12 = 548.33（万元）

③计算在资本化期间内利用闲置的专门借款资金进行短期投资的收益：

20 × 7 年短期投资收益 = 2 000 × 0.6% × 7 + 6 500 × 0.6% × 5 = 279（万元）

20 × 8 年 1 月 1 日 ~ 7 月 31 日短期投资收益 = 500 × 0.6% × 7 = 21（万元）

④由于在资本化期间内，专门借款利息费用的资本化金额应当以其实际发生的利息费用减去将闲置的借款资金进行短期投资取得的投资收益后的金额确定。因此：

公司 20 × 7 年的利息资本化金额 = 625 - 279 = 346（万元）

公司 20 × 8 年的利息资本化金额 = 548.33 - 21 = 527.33（万元）

有关账务处理如下：

20 × 7 年 12 月 31 日：

借：在建工程   3 460 000

  应收利息（或银行存款）   2 790 000

```
    贷：应付利息                                        6 250 000
20×8 年 7 月 31 日：
    借：在建工程                                        5 273 300
        应收利息（或银行存款）                          210 000
        贷：应付利息                                    5 483 300
```

【例 10 – 20】 乙公司拟在厂区内建造一幢新厂房，有关资料如下：

①20×7 年 1 月 1 日向银行专门借款 5 000 万元，期限为 3 年，年利率为 12%，每年 1 月 1 日付息。

②除专门借款外，公司有 2 笔其他借款，分别为公司于 20×6 年 11 月 1 日借入的长期借款 4 000 万元，期限为 4 年，年利率为 8%，每年 11 月 1 日付息以及 20×7 年 3 月 1 日借入的 1 000 万元，期限为 5 年，年利率为 6%，每年 3 月 1 日付息。

③由于审批、办手续等原因，厂房于 20×7 年 3 月 1 日才开始动工兴建，当日支付工程款 15 00 万元。工程建设期间的支出情况如下：

20×7 年 5 月 1 日：3 000 万元；

20×7 年 7 月 1 日：2 500 万元；

20×8 年 1 月 1 日：500 万元；

20×8 年 7 月 1 日：600 万元。

工程于 20×8 年 11 月 30 日完工，达到预定可使用状态。

④专门借款中未支出部分全部存入银行，假定月利率为 0.3%。假定全年按照 360 天计算，每月按照 30 天计算。

根据上述资料，有关利息资本化金额的计算和利息账务处理如下：

①计算 20×7 年、20×8 年全年发生的专门借款和一般借款利息金额：

20×7 年专门借款发生的利息金额 = 5 000 × 12% = 600（万元）

20×7 年一般借款发生的利息金额 = 4 000 × 8% + 1 000 × 6% × 10 ÷ 12 = 370（万元）

20×8 年专门借款发生的利息金额 = 5 000 × 12% = 600（万元）

20×8 年一般借款发生的利息金额 = 4 000 × 8% + 1 000 × 6% = 380（万元）

②在本例中，尽管专门借款于 20×7 年 1 月 1 日借入，但是厂房建设于 3 月 1 日方才开工。因此，借款利息费用只能从 3 月 1 日起开始资本化（符合开始资本化的条件），计入在建工程成本。

③计算 20×7 年借款利息资本化金额和应计入当期损益金额及其账务处理：

计算 20×7 年专门借款应予资本化的利息金额：

20×7 年 3 月 1 日到 12 月 31 日专门借款发生的利息费用 = 5 000 × 12% × 300 ÷ 360

= 500（万元）

20×7 年专门借款转存入银行取得的利息收入 = 5 000 × 0.3% × 2 + 3 500 × 0.3% × 2

+ 500 × 0.3% × 2 = 54（万元）

其中，在资本化期间内取得的利息收入 = 3 500 × 0.3% × 2 + 500 × 0.3% × 2 = 24（万元）

公司在 20×7 年应予资本化的专门借款利息金额 = 600 – 5 000 × 12% × 2 ÷ 12 – 24

= 476（万元）

公司在 20×7 年应当计入当期损益（财务费用）的专门借款利息金额（减利息收入）= 100 − (54 − 24) = 70（万元）

计算 20×7 年一般借款应予资本化的利息金额：

公司在 20×7 年占用了一般借款资金的资产支出加权平均数 = 2 000 × 180 ÷ 360 = 1 000（万元）

20×7 年一般借款加权平均的资本化利率 = 370 ÷ (4 000 + 1 000 × 10/12) = 7.66%

公司在 20×7 年一般借款应予资本化的利息金额 = 1 000 × 7.66% = 76.60（万元）

公司在 20×7 年应当计入当期损益的一般借款利息金额 = 370 − 76.60 = 293.4（万元）

计算 20×7 年应予资本化的和应计入当期损益的利息金额：

公司在 20×7 年应予资本化的借款利息金额 = 476 + 76.6 = 552.6（万元）

公司在 20×7 年应当计入当期损益的借款利息金额 = 70 + 293.4 = 363.4（万元）

20×7 年有关会计分录：

借：在建工程　　　　　　　　　　　　　　　　5 526 000
　　财务费用　　　　　　　　　　　　　　　　3 634 000
　　应收利息（或银行存款）　　　　　　　　　　540 000
　　贷：应付利息　　　　　　　　　　　　　　　　　　9 700 000

④计算 20×8 年借款利息资本化金额和应计入当期损益金额及其账务处理：

计算 20×8 年专门借款应予资本化的利息金额：

公司在 20×8 年应予资本化的专门借款利息金额 = 5 000 × 12% × 330 ÷ 360 = 550（万元）

公司在 20×8 年应当计入当期损益的专门借款利息金额 = 600 − 550 = 50（万元）

计算 20×8 年一般借款应予资本化的利息金额：

公司在 20×8 年占用了一般借款资金的资产支出加权平均数 = 2 000 × 330 ÷ 360 + 500 × 330 ÷ 360 + 600 × 150 ÷ 360 = 2 541.67（万元）

20×8 年一般借款加权平均的资本化利率 = 380 ÷ (4 000 + 1 000) = 7.6%

公司在 20×8 年一般借款应予资本化的利息金额 = 2 541.67 × 7.6% = 193.17（万元）

公司在 20×8 年应当计入当期损益的一般借款利息金额 = 380 − 193.17 = 186.83（万元）

计算 20×8 年应予资本化和应计入当期损益的利息金额：

公司在 20×8 年应予资本化的借款利息金额 = 550 + 193.17 = 743.17（万元）

公司在 20×8 年应计入当期损益的借款利息金额 = 50 + 186.83 = 236.83（万元）

20×8 年有关会计分录：

借：在建工程　　　　　　　　　　　　　　　　7 431 700
　　财务费用　　　　　　　　　　　　　　　　2 368 300
　　贷：应付利息　　　　　　　　　　　　　　　　　　9 800 000

（3）借款存在折价或者溢价的，应当按照实际利率法确定每一会计期间应摊销的折价或者溢价金额，调整每期利息金额。在资本化期间，每一会计期间的利息资本化金额，不应当超过当期相关借款实际发生的利息金额。

（二）借款辅助费用资本化金额的确定

专门借款发生的辅助费用，在所购建或者生产的符合资本化条件的资产达到预定可使用或者可销售状态之前发生的，应当在发生时根据其发生额予以资本化，计入符合资本化条件的资产的成本；在所购建或者生产的符合资本化条件的资产达到预定可使用或者可销售状态之后发生的，应当在发生时根据其发生额确认为费用，计入当期损益。上述资本化或计入当期损益的辅助费用的发生额，是指根据《企业会计准则第 22 号——金融工具确认和计量》，按照实际利率法所确定的金融负债交易费用对每期利息费用的调整额。借款实际利率与合同利率差异较小的，也可以采用合同利率计算确定利息费用。

一般借款发生的辅助费用，也应当按照上述原则确定其发生额并进行处理。

第十一章 所有者权益

【学习目的】通过本章的学习，理解所有者权益的概念、来源与特征；掌握一般企业实收资本和股份有限公司股本的核算；掌握资本公积的核算；掌握盈余公积的核算；掌握利润分配的顺序和核算。

第一节 所有者权益概述

一、所有者权益的概念及来源

所有者权益是指企业资产扣除负债后由所有者享有的剩余权益。公司的所有者权益又称为股东权益。

所有者权益的来源包括所有者投入的资本、直接计入所有者权益的利得和损失、留存收益等。直接计入所有者权益的利得和损失，是指不应计入当期损益、会导致所有者权益发生增减变动的、与所有者投入资本或者向所有者分配利润无关的利得或者损失。其中，利得是指由企业非日常活动所形成的、会导致所有者权益增加的、与所有者投入资本无关的经济利益的流入。损失是指由企业非日常活动所发生的、会导致所有者权益减少的、与向所有者分配利润无关的经济利益的流出。留存收益包括盈余公积和未分配利润。所有者权益金额取决于资产和负债的计量，即所有者权益等于资产减去负债。所有者权益项目应当列入资产负债表。

二、所有者权益的特征

所有者权益具有以下特征：

（1）所有者权益是企业的"永久性"权益，在企业的存续期内，企业没有归还的义务。

（2）所有者权益是企业清偿的物质基础，是企业亏损的承担者。

（3）所有者权益可以依法参与企业税后利润的分配。

（4）所有者权益在数额上等于资产减去负债后的余额，所以没有专门的计量问题。

（5）所有者权益与企业具体的资产项目没有直接的对应关系。投资者只要向企业投资，无论是何种投资形态，一旦进入企业，就成为企业这个特定会计主体的资产，不再是投资人的资产。

三、所有者权益与负债的区别

企业的所有者和债权人均是企业资金的提供者，因而所有者权益和负债（债权人权益）二者均是对企业资产的要求权，但二者之间又存在着明确的区别。主要区别表现在以下几个方面。

（一）性质不同

负债是债权人的权益，债权人有优先获得企业用以清偿债务的资产的要求权；所有者权益则是企业的所有者对企业净资产的要求权，这种要求权在顺序上置于债权人的要求权之后。

（二）偿还期限和责任不同

企业的负债通常都有约定的偿还日期，到期偿还本金，并且还要按规定的时间和利率支付利息；所有者权益是企业的一项可以长期使用的资金，不存在约定的偿还日期，在企业的经营期内无须偿还，只有在企业清算时才予以偿还。

（三）权利不同

债权人只有享受收回本金和按事先约定的利率收回利息的权利，既无经营决策的参与权，也无收益分配权；企业的所有者则可以采用企业的经营决策及收益分配。企业的所有者不仅享有法定的自己管理企业的权利，而且还享有委托他人管理企业的权利。

（四）风险和收益不同

债权人获取的利息一般是按事先约定的利率计算，企业不论盈利与否均应按期付息，风险较小；所有者获得多少收益，取决于企业的盈利水平及经营决策，风险较大。

（五）计量方式不同

负债必须在发生时按照规定的方法单独予以计量；所有者权益除投资者投资时能够直接计量外，一般都不能直接计量，因此它是通过资产和负债的计量来进行间接计量的。

第二节　资　本

一、资本核算的基本要求

所有者投入的资本是企业的所有者向企业投入的可长期使用的不需偿还的资本。除股份有限公司外的其他企业均通过"实收资本"账户核算所有者投入的资本，股份有限公司则通过"股本"账户进行核算。企业收到所有者出资超过其在注册资本或股本中所占份额的部分，作为资本溢价或股本溢价，在"资本公积"账户核算。"实收资本"或"股本"账户的期末贷方余额，反映企业实收资本或股本总额。

所有者可以用现金投资，也可以用现金以外的其他有形资产投资；符合国家规定比例的，还可以用无形资产投资。企业收到所有者投入的现金，应在实际收到或者存入企业开户银行时，按实际收到的金额，借记"库存现金"、"银行存款"账户，按其在注册资本或股本中所占份额，贷记"实收资本"或"股本"账户；按其差额，贷记"资本公积——资本溢价或股本溢价"账户。以实物资产投资的，应在办理实物产权转移手续时，借记"固定资产"、"长期股权投资"等账户；按其在注册资本或股本中所占份额，贷记"实收资本"或"股本"账户，按其差额，贷记"资本公积——资本溢价或股本溢价"账户。以无形资产投资的，应按照合同、协议或公司章程规定，在移交有关凭证时，借记"无形资产"账户；按其在注册资本或股本中所占份额，贷记"实收资本"或"股本"账户；按其差额，贷记"资本公积——资本溢价或股本溢价"账户。

【例11-1】甲公司因扩大生产规模，收到国家拨入的资本830 000元，存入企业开户银行，应作会计分录如下：

借：银行存款　　　　　　　　　　　　　　　　　　　　　　　830 000
　　贷：实收资本　　　　　　　　　　　　　　　　　　　　　　830 000

【例11-2】甲股份有限公司接受乙投资者投入的库房一栋，根据资产评估机构确认，该房屋的原始价值为30 000元，净值为25 000元，应作会计分录如下：

借：固定资产　　　　　　　　　　　　　　　　　　　　　　　30 000
　　贷：累计折旧　　　　　　　　　　　　　　　　　　　　　　5 000
　　　　股本　　　　　　　　　　　　　　　　　　　　　　　　25 000

【例11-3】甲公司用其持有的某产品专利权向乙公司进行投资，允许乙公司生产该产品，评估确认该项专利的价值为190 000元，按照投资协议，乙公司的注册资金为600 000元，甲公司占30%。乙公司应作会计分录如下：

应计入实收资本的金额为：

600 000×30% = 180 000（元）

借：无形资产　　　　　　　　　　　　　　　　　　　　　　　190 000
　　贷：实收资本　　　　　　　　　　　　　　　　　　　　　　180 000
　　　　资本公积——资本溢价　　　　　　　　　　　　　　　　10 000

二、中外合作经营企业在合作期间归还投资者投资的核算

根据《中华人民共和国中外合作经营企业法》，中外合作者在合作企业合同中约定合作期满时合作企业的全部固定资产归中国合作者所有，可以在合作企业合同中约定外国合作者在合作期限内先行收回投资。在这种情况下，为了完整反映企业的原始投资情况，同时反映已归还投资的情况，应在"实收资本"账户设置"已归还投资"明细账户进行核

算。企业在归还投资时，按照实际归还的金额，借记"实收资本——已归还投资"账户，贷记"银行存款"等账户。同时，借记"利润分配——利润归还投资"账户，贷记"盈余公积——利润归还投资"账户。中外合作经营企业清算时，借记"实收资本"、"资本公积"、"盈余公积"、"利润分配——未分配利润"等账户，贷记"实收资本——已归还投资"、"银行存款"等账户。

【例11-4】甲企业为中美合作经营企业，双方在合同中约定合作期满时企业的全部固定资产归中国合作者所有，美方可以在合作期限内先行收回投资，双方的合作期限为10年，到2010年终止，美方投资额为1 000万元人民币。2008年12月31日，美方提出收回500万元投资。应作会计分录如下：

借：实收资本——已归还投资　　　　　　　　　　　　　　　5 000 000
　　贷：银行存款　　　　　　　　　　　　　　　　　　　　　　5 000 000
借：利润分配——利润归还投资　　　　　　　　　　　　　　5 000 000
　　贷：盈余公积——利润归还投资　　　　　　　　　　　　　　5 000 000

三、股份有限公司股本的核算

股份有限公司是指全部资本由等额股份构成并通过发行股票筹集资本，股东以其所持有股份对公司承担有限责任，公司以全部资产对公司债务承担责任的企业法人。与其他企业相比，其显著特点在于将企业的资本划分为等额股份，并通过发行股票的方式来筹集资本。股票的面值与股份总数的乘积即为公司股本，股本等于股份有限公司的注册资本。股份有限公司应设置"股本"账户核算资本。

（一）公司发行股票筹集股本

当股份有限公司发行股票收到现金等资产时，应按实际收到的金额，借记"库存现金"、"银行存款"等账户，按股票面值和核定的股份总额的乘积计算的金额，贷记"股本"账户，按其差额，贷记"资本公积——股本溢价"账户。

【例11-5】2008年1月1日，股份有限公司甲公司将10 000股面值为1元的股票出售给乙公司，每股售价为3.3元，售股款已经存入甲公司的账户上，甲公司应作会计分录如下：

甲公司出售股票所收到的金额 = 3.3 × 10 000 = 33 000（元）
应计入股本的金额 = 1 × 10 000 = 10 000（元）

借：银行存款　　　　　　　　　　　　　　　　　　　　　33 000
　　贷：股本　　　　　　　　　　　　　　　　　　　　　　　10 000
　　　　资本公积——股本溢价　　　　　　　　　　　　　　　23 000

（二）境外上市公司和境内发行外资股的公司的股本核算

境外上市公司，以及在境内发行外资股的公司，在收到股款时，应按收到股款当日的汇率折合的人民币金额，借记"库存现金"、"银行存款"等账户；按照确定的人民币股票面值与核定的股份总额的乘积计算的金额，贷记"股本"账户；按照收到股款当日的汇率折合的人民币金额与按人民币计算的股票面值总额的差额，贷记"资本公积——股本溢价"账户。

四、可转换公司债券转为股本的核算

可转换公司债券持有人行使转换权利，将其持有的债券转换为股票，应按可转换公司债券的余额，借记"应付债券——可转换公司债券（面值）"、"应付债券——可转换公司债券（利息调整）"账户，按其权益成分的金额，借记"资本公积——其他资本公积"账户；按股票面值和转换的股数计算的股票面值总额，贷记"股本"；按其差额，贷记"资本公积——股本溢价"。如有现金支付不可转换股票，还应贷记"银行存款"等账户。

五、重组债务转为资本的核算

企业将重组债务转为资本的，应按重组债务的账面余额，借记"应付账款"等账户，按债权人因放弃债权而享有本企业股份的面值总额，贷记"实收资本"或"股本"账户，按股份的公允价值总额与相应的实收资本或股本之间的差额，贷记或借记"资本公积——资本溢价或股本溢价"账户，按其差额，贷记"营业外收入——债务重组利得"账户。

【例11-6】2008年2月10日，甲公司销售一批材料给股份有限公司乙公司，同时收到乙公司签发并承兑的一张面值为100 000元、年利率为7%、期限为6个月、到期还本付息的票据。8月10日，乙公司与甲公司协商，以其普通股抵偿该票据。乙公司用于抵债的普通股为10 000股，股票市价为每股9.6元。假定印花税税率为0.4%，不考虑其他税费。乙公司应作会计分录如下：

```
借：应付票据                              103 500
  贷：股本                                        10 000
      资本公积——股本溢价                         86 000
      营业外收入——债务重组利得                     7 500
借：管理费用——印花税                       384
  贷：银行存款                                      384
```

六、以权益结算的股份支付换取服务的核算

企业以权益结算的股份支付换取职工或其他方提供服务的，应在行权日，根据实际行权情况确定的金额，借记"资本公积——其他资本公积"账户，按应计入实收资本或股本的金额，贷记"实收资本"或"股本"账户。

【例11-7】2006年1月1日，甲公司向500名管理人员授予股票期权100股/人，当日股票的市场价格为3元/股，授予的条件是要求职工必须自授予日起在公司工作3年。2006年12月31日，与该企业签订该项股票期权协议的500名管理人员中有20名辞职，估计剩余的480名均会继续在本公司中工作至2008年年底。2008年12月31日，剩余的

480 名管理人员按股票期权协议取得股票。

2006 年 12 月 31 日、2007 年 12 月 31 日，应作会计分录如下：

借：管理费用 48 000

　　贷：资本公积——其他资本公积 48 000

2008 年 12 月 31 日，会计分录为：

借：管理费用 48 000

　　贷：资本公积——其他资本公积 48 000

借：资本公积——其他资本公积 144 000

　　贷：股本 48 000

　　　　资本公积——股本溢价 96 000

七、资本增加的核算

我国有关法律规定，企业资本不得随意变动，但符合增资条件，并经有关部门批准的，可以增加资本。

（一）企业接受投资者额外投入实现增资

在企业按规定接受投资者额外投入实现增资时，企业应当按照实际收到的款项或其他资产，借记"银行存款"、"其他应收款"、"固定资产"、"无形资产"、"长期股权投资"等账户；按增加的实收资本或股本，贷记"实收资本"或"股本"账户；按其差额，贷记"资本公积——资本溢价或股本溢价"账户。

（二）资本公积转增资本

经股东大会或类似机构决议，用资本公积转增资本，借记"资本公积——资本溢价或股本溢价"账户，贷记"实收资本"或"股本"账户。

【例 11－8】某国有独资公司的国家授权机构决定用资本公积 17 500 元转增资本，应作会计分录如下：

借：资本公积——资本溢价 17 500

　　贷：实收资本 17 500

（三）盈余公积转增资本

经股东大会或类似机构决议，用盈余公积转增资本，借记"盈余公积"账户，贷记"实收资本"或"股本"账户。

【例 11－9】股份有限公司甲公司经股东大会决议通过，决定将法定盈余公积 160 000 元转增资本，应作会计分录如下：

借：盈余公积——法定盈余公积 160 000

　　贷：股本 160 000

（四）采用发放股票股利方式增资

股份有限公司股东大会批准的利润分配方案中分配的股票股利，应在办理增资手续后，按照实际发放的股票股利数，借记"利润分配"账户，贷记"股本"账户。

八、资本减少的核算

我国有关法律规定，企业资本不得随意变动，但企业按法定程序报经批准后可以减少注册资本。企业按法定程序报经批准减少注册资本的，借记"实收资本"或"股本"账户，贷记"库存现金"、"银行存款"等账户。

股份有限公司采用收购本公司股票方式减资的，按股票面值和注销股数计算的股票面值总额，借记"股本"账户，按所注销库存股的账面余额，贷记"库存股"账户，按其差额，借记"资本公积——股本溢价"账户，股本溢价不足冲减的，应借记"盈余公积"、"利润分配——未分配利润"账户；购回股票支付的价款低于面值总额的，应按股票面值总额，借记"股本"账户，按所注销库存股的账面余额，贷记"库存股"账户，按其差额，贷记"资本公积——股本溢价"账户。

【例 11-10】 股份有限公司甲公司由于经营规模缩小，资本过剩，经批准采用收购本公司股票的方式减少注册资本 3 000 000 元。甲公司原发行股票每股面值 15 元，发行价格为 25 元，原发行股票 240 000 股。甲公司提取的盈余公积为 800 000 元，未分配利润为 2 000 000 元。

（1）假设甲公司以每股 25 元的价格收购本公司股票。由于每股面值为 15 元，所以减少 3 000 000 元股本要收购 200 000 股（3 000 000÷15）股票。又由于收购价格 25 元大于每股面值 15 元，差额为 10 元，共收购 200 000 股，因此甲公司共超面值支付 2 000 000 元（200 000×10）。甲公司原溢价发行了 240 000 股股票，股本溢价为 2 400 000 元。应作会计分录如下：

借：股本	3 000 000
资本公积——股本溢价	2 000 000
贷：库存股	5 000 000
借：库存股	5 000 000
贷：银行存款	5 000 000

（2）假设甲公司以每股 30 元的价格收购本公司股票。由于收购价格 30 元大于每股面值 15 元，差额为 15 元，共收购 200 000 股，因此甲公司共超面值支付 3 000 000 元（200 000×15）。甲公司原溢价发行了 240 000 股股票，股本溢价为 2 400 000 元。超面值支付款项首先应冲减资本公积，股本溢价不足冲减的 600 000 元应冲减盈余公积。

借：股本	3 000 000
资本公积——股本溢价	2 400 000
盈余公积	600 000
贷：库存股	6 000 000

借：库存股　　　　　　　　　　　　　　　　　　　6 000 000
　　贷：银行存款　　　　　　　　　　　　　　　　　　　　6 000 000

（3）假设甲公司以每股35元的价格收购本公司股票。由于收购价格35元大于每股面值15元，差额为20元，共收购200 000股，因此甲公司共超面值支付4 000 000元（200 000×20）。甲公司原溢价发行了240 000股股票，股本溢价为2 400 000元。超面值支付款项应先后冲减资本公积（2 400 000元）、盈余公积（800 000元）、未分配利润（4 000 000 – 2 400 000 – 800 000 = 800 000（元））。应作会计分录如下：

借：股本　　　　　　　　　　　　　　　　　　　　3 000 000
　　资本公积——股本溢价　　　　　　　　　　　　　2 400 000
　　盈余公积　　　　　　　　　　　　　　　　　　　　800 000
　　利润分配——未分配利润　　　　　　　　　　　　　800 000
　　贷：库存股　　　　　　　　　　　　　　　　　　　　7 000 000
借：库存股　　　　　　　　　　　　　　　　　　　　7 000 000
　　贷：银行存款　　　　　　　　　　　　　　　　　　　7 000 000

第三节　资本公积

一、资本公积概述

资本公积通常是指企业收到投资者出资额超出其在注册资本或股本中所占份额的部分，以及直接计入所有者权益的利得和损失。资本公积从形成来源上看，它不是由企业实现的利润转化而来的，这是它与留存收益的根本区别，因为后者是由企业实现的利润转化而来的。我国《公司法》规定，资本公积主要用来转增资本。

企业通过设置"资本公积"账户核算资本溢价或股本溢价以及直接计入所有者权益的利得和损失，并应当分别"资本溢价或股本溢价"、"其他资本公积"进行明细核算。

二、资本公积的核算

（一）企业接受投资者投入资本形成资本公积的核算

企业接受投资者投入的资本形成的资本公积，借记"银行存款"、"其他应收款"、"固定资产"、"无形资产"、"长期股权投资"等账户，贷记"实收资本"或"股本"账户，贷记"资本公积——资本溢价或股本溢价"账户。

（二）可转换债券持有人行使转换权利形成资本公积的核算

可转换债券持有人行使转换权利形成的资本公积，应按可转换公司债券的余额，借记

"应付债券——可转换公司债券（面值）"、"应付债券——可转换公司债券（利息调整）"账户；按其权益成分的金额，借记"资本公积——其他资本公积"账户，按股票面值和转换的股数计算的股票面值总额，贷记"股本"账户，按其差额，贷记"资本公积——股本溢价"账户。

【例11-11】为筹集长期资金，甲公司发行可转换公司债券，可转换公司债券的面值为500 000元，权益成分的公允价值为350 000元。可转换债券持有人行使转换权利日，"应付债券——可转换公司债券（利息调整）"账户余额为5 000元，甲公司股票的面值为33.2元，可转换公司债券转换成25 000股股票。

可转换债券应转换的股本总额=33.2×25 000=830 000（元）

应作会计分录如下：

借：应付债券——可转换公司债券（面值）　　　　　　　　　500 000
　　　　　　——可转换公司债券（利息调整）　　　　　　　 5 000
　　资本公积——其他资本公积　　　　　　　　　　　　　　350 000
　　贷：股本　　　　　　　　　　　　　　　　　　　　　　830 000
　　　　资本公积——股本溢价　　　　　　　　　　　　　　　25 000

（三）将债务转为资本形成资本公积的核算

将债务转为资本形成的资本公积，应按重组债务的账面余额，借记"应付账款"等账户，按债权人因放弃债权而享有本企业股份的面值总额，贷记"实收资本"或"股本"账户，按股份的公允价值总额与相应的实收资本或股本之间的差额，贷记或借记"资本公积——资本溢价或股本溢价"账户，按其差额，贷记"营业外收入——债务重组利得"账户。

【例11-12】股份有限公司甲公司欠乙公司货款1 000 000元，与乙公司达成协议，通过向乙公司转让50 000股股票偿还该笔债务，股票面值为1元，股价为15.5元。

应计入股本的金额=1×50 000=50 000（元）

由于股价高于面值，应计算股本溢价=15.5×50 000-50 000=725 000（元）

应作会计分录如下：

借：应付账款　　　　　　　　　　　　　　　　　　　　 1 000 000
　　贷：股本　　　　　　　　　　　　　　　　　　　　　　 50 000
　　　　资本公积——股本溢价　　　　　　　　　　　　　　725 000
　　　　营业外收入——债务重组利得　　　　　　　　　　　225 000

（四）同一控制下控股合并涉及的资本公积核算

同一控制下控股合并形成的长期股权投资，应在合并日按取得被合并方所有者权益账面价值的份额，借记"长期股权投资"账户；按享有被投资单位已宣告但尚未发放的现金股利或利润，借记"应收股利"账户；按支付的合并对价的账面价值，贷记有关的资产账户或借记有关负债账户；按其差额，贷记"资本公积——资本溢价或股本溢价"账户。为借方差额的，借记"资本公积——资本溢价或股本溢价"账户；"资本公积——资本溢价或股本溢价"账户不足重减的,借记"盈余公积"、"利润分配——未分配利润"账户。同一控制下吸收合并涉及的资本公积,比照上述原则进行处理。

【例 11 – 13】 甲、乙两家公司同属丙公司的子公司。甲公司于 2008 年 3 月 1 日以货币资金 10 000 000 元取得乙公司 60% 的股份。乙公司 2008 年 3 月 1 日的所有者权益为 20 000 000 元。

应计入长期股权投资的金额 = 20 000 000 × 60% = 12 000 000(元)

应作会计分录如下:

借:长期股权投资　　　　　　　　　　　　　　　　　　　12 000 000

　　贷:银行存款　　　　　　　　　　　　　　　　　　　10 000 000

　　　资本公积——资本溢价　　　　　　　　　　　　　　2 000 000

【例 11 – 14】 甲、乙两家公司同属丙公司的子公司。甲公司于 2008 年 3 月 1 日通过发行 15 000 000 股普通股股票取得乙公司 60% 的股份,股票每股面值为 1 元。乙公司 2008 年 3 月 1 日的所有者权益为 20 000 000 元。甲公司在 2008 年 3 月 1 日的资本公积为 1 800 000 元,盈余公积为 1 000 000 元,未分配利润为 200 000 元。

应计入长期股权投资的金额为:20 000 000 × 60% = 12 000 000(元)

应作会计分录如下:

借:长期股权投资　　　　　　　　　　　　　　　　　　　12 000 000

　　资本公积　　　　　　　　　　　　　　　　　　　　　1 800 000

　　盈余公积　　　　　　　　　　　　　　　　　　　　　1 000 000

　　利润分配——未分配利润　　　　　　　　　　　　　　200 000

　　贷:股本　　　　　　　　　　　　　　　　　　　　　15 000 000

(五) 权益法下长期股权投资涉及的资本公积核算

长期股权投资采用权益法核算的,在持股比例不变的情况下,被投资单位除净损益以外所有者权益的其他变动,企业按持股比例计算应享有的份额,借记或贷记"长期股权投资——其他权益变动"账户,贷记或借记"资本公积——其他资本公积"账户。处置采用权益法核算的长期股权投资,还应结转原计入资本公积的相关金额,借记或贷记"资本公积——其他资本公积"账户,贷记或借记"投资收益"账户。

【例 11 – 15】 甲公司 2007 年 3 月 1 日通过发行普通股股票 8 000 000 股与乙公司股东进行交换取得乙公司有表决权股份的 20%,该比率保持不变,从而导致对乙公司财务和经营决策具有重大影响,甲公司准备长期持有该股份。2007 年 6 月 30 日,乙公司除净损益以外所有者权益增加 15 000 000 元。2007 年 12 月 31 日,甲企业处置掉该长期股权投资,取得价款 23 000 000 元,此时该项长期股权投资的账面价值为 20 000 000 元,其中成本为 15 000 000 元,损益调整为 4 000 000 元,其他权益变动为 3 000 000 元,长期股权投资减值准备为 2 000 000 元。

应增加的金额 = 15 000 000 × 20% = 3 000 000(元)

2007 年 6 月 30 日,应作会计分录如下:

借：长期股权投资——其他权益变动 3 000 000
　　贷：资本公积——其他资本公积 3 000 000
2007 年 12 月 31 日，应作会计分录如下：
借：银行存款 23 000 000
　　长期股权投资减值准备 2 000 000
　　贷：长期股权投资——乙公司（成本） 15 000 000
　　　　长期股权投资——乙公司（损益调整） 4 000 000
　　　　长期股权投资——乙公司（其他权益变动） 3 000 000
　　　　投资收益 3 000 000
借：资本公积——其他资本公积 3 000 000
　　贷：投资收益 3 000 000

（六）以权益结算的股份支付换取服务所涉及的资本公积核算

以权益结算的股份支付换取职工或其他方提供服务的，应按照确定的金额，借记"管理费用"等账户，贷记"资本公积——其他资本公积"账户。在行权日，应按实际行权的权益工具数量计算确定的金额，借记"资本公积——其他资本公积"账户；按计入实收资本或股本的金额，贷记"实收资本"或"股本"账户；按其差额，贷记"资本公积——资本溢价或股本溢价"账户。

【例 11-16】甲企业由于 2007 年企业效益大幅度上升，2008 年 3 月 10 日股东大会通过，经相关主管部门批准，准备以增发的股票奖励企业生产员工，每人奖励普通股股票 1 000 股，共计 470 000 股。该公司股票目前市场价格为 5 元/股。2008 年 5 月 10 日，办理相关过户手续，将股票支付给职工。此时该企业股票的市场价格为 5.5 元/股。

2008 年 3 月 10 日，应作会计分录如下：
5 × 470 000 = 2 350 000（元）
借：生产成本 2 350 000
　　贷：资本公积——其他资本公积 2 350 000
2008 年 5 月 10 日，应作会计分录如下：
由于股票价格上涨而增加的金额为：(5.5 - 5) × 470 000 = 235 000（元）
借：生产成本 235 000
　　资本公积——其他资本公积 2 350 000
　　贷：股本 470 000
　　　　资本公积——股本溢价 2 115 000

（七）自用房地产或存货转换为采用公允价值模式计量的投资性房地产所涉及的资本公积核算

（1）作为存货的房地产转换为投资性房地产。将作为存货的房地产转换为投资性房地产的，应按其在转换日的公允价值，借记"投资性房地产——成本"账户；按其账面余额，贷记"开发产品"等账户；按其差额，贷记"资本公积——其他资本公积"账户或借记"公允价值变动损益"账户。已计提跌价准备的，还应同时结转跌价准备。

（2）自用的建筑物等转换为投资性房地产。将自用的建筑物等转换为投资性房地产的，按其在转换日的公允价值，借记"投资性房地产——成本"账户；按已计提的累计折旧等，借记"累计折旧"等账户；按其账面余额，贷记"固定资产"等账户；按其差额，贷记"资本公积——其他资本公积"账户或借记"公允价值变动损益"账户。已计提减值准备的，还应同时结转减值准备。

【例11－17】企业甲将一幢自用的厂房作为投资性房地产对外出租。该厂房的账面原值为10 000 000元，已计提折旧4 000 000元，提取减值准备1 000 000元。转换当日，其公允价值为4 800 000元。应作会计分录如下：

借：投资性房地产——成本　　　　　　　　　　　　　4 800 000
　　累计折旧　　　　　　　　　　　　　　　　　　　4 000 000
　　固定资产减值准备　　　　　　　　　　　　　　　1 000 000
　　公允价值变动损益　　　　　　　　　　　　　　　　200 000
　　贷：固定资产　　　　　　　　　　　　　　　　　10 000 000

【例11－18】企业甲将一幢自用的厂房作为投资性房地产对外出租。该厂房的账面原值为10 000 000元，已计提折旧4 000 000元，提取减值准备1 000 000元。转换当日，其公允价值为5 400 000元。应作会计分录如下：

借：投资性房地产——成本　　　　　　　　　　　　　5 400 000
　　累计折旧　　　　　　　　　　　　　　　　　　　4 000 000
　　固定资产减值准备　　　　　　　　　　　　　　　1 000 000
　　贷：固定资产　　　　　　　　　　　　　　　　　10 000 000
　　　　资本公积——其他资本公积　　　　　　　　　　400 000

（八）金融资产重新分类所涉及的资本公积核算

（1）将持有至到期投资重分类为可供出售金融资产。将持有至到期投资重分类为可供出售金融资产的，应在重分类日按其公允价值，借记"可供出售金融资产"账户；按其账面余额，贷记"持有至到期投资——成本"、"持有至到期投资——利息调整"、"持有至到期投资——应计利息"账户；按其差额，贷记或借记"资本公积——其他资本公积"账户。已计提减值准备的，还应同时结转减值准备。

【例11－19】2007年6月30日，甲上市公司因持有意图和能力发生改变，原作为持有至到期投资的债券投资不再符合作为持有至到期投资进行核算的条件，按照规定应重分类为可供出售金融资产进行核算。当日，该持有至到期投资的账面余额为470 000元，已计提减值准备50 000元，公允价值为430 000元。应作会计分录如下：

借：可供出售金融资产　　　　　　　　　　　　　　　430 000
　　持有至到期投资减值准备　　　　　　　　　　　　　50 000
　　贷：持有至到期投资　　　　　　　　　　　　　　470 000
　　　　资本公积——其他资本公积　　　　　　　　　　 10 000

（2）可供出售金融资产重分类为持有至到期投资。将可供出售金融资产重分类为持有至到期投资的，应在重分类日按其公允价值，借记"持有至到期投资"账户；按其账面余额，贷记"可供出售金融资产——成本"、"可供出售金融资产——利息调整"、"可供出售金融资产——应计利息"账户；按其差额，贷记或借记"资本公积——其他资本公积"账户。已计提减值准备的，还应同时结转减值准备。

将可供出售金融资产重分类为采用成本或摊余成本计量的金融资产的，对于原计入资本公积的相关金额，还应分别不同情况进行处理：有固定到期日的，应在该项金融资产的剩余期限内，在资产负债表日，按实际利率法计算确定的摊销金额，借记或贷记"资本公积——其他资本公积"账户，贷记或借记"投资收益"账户；没有固定到期日的，应在处置该项金融资产时，借记或贷记"资本公积——其他资本公积"账户，贷记或借记"投资收益"账户。

（九）采用收购股票方式减资所涉及的资本公积核算

股份有限公司采用收购本公司股票方式减资的，应按股票面值和注销股数计算的股票面值总额，借记"股本"账户，按所注销的库存股的账面余额，贷记"库存股"账户，按其差额，借记"资本公积——股本溢价"账户，股本溢价不足冲减的，应借记"盈余公积"、"利润分配——未分配利润"账户。购回股票支付的价款低于面值总额的，应按股票面值总额，借记"股本"账户；按所注销的库存股的账面余额，贷记"库存股"账户，按其差额，贷记"资本公积——股本溢价"账户。

（十）其他情况

资产负债表日，满足运用套期会计方法条件的现金流量套期和境外经营净投资套期产生的利得或损失，属于有效套期的，借记或贷记有关账户，贷记或借记"资本公积——其他资本公积"账户；属于无效套期的，借记或贷记有关账户，贷记或借记"公允价值变动损益"账户。

第四节 盈 余 公 积

一、盈余公积概述

盈余公积是指企业按照规定从净利润中提取的各种累积资金。

（一）盈余公积的内容

盈余公积按照企业性质，分别包括以下内容：

1. 一般企业的盈余公积

一般企业的盈余公积包括法定盈余公积和任意盈余公积。

（1）法定盈余公积，是指企业按照规定的比例从净利润中提取的盈余公积。公司制企业的法定盈余公积按照税后利润的 10% 提取；非公司制企业也可按照超过 10% 的比例提取。法定盈余公积累计额已达注册资本的 50% 时可以不再提取。

（2）任意盈余公积，是指企业经股东大会或类似机构批准按照规定的比例从净利润中提取的盈余公积。任意盈余公积主要是公司制企业按照股东大会或类似机构的决议提取。

法定盈余公积和任意盈余公积的区别就在于其各自计提的依据不同。前者以国家的法律或行政规章为依据提取；后者则由企业自行决定提取。

2. 外商投资企业的盈余公积

外商投资企业的盈余公积包括储备基金、企业发展基金和利润归还投资。

（1）储备基金，是指按照法律、行政法规规定从净利润中提取的、经批准用于弥补亏损和增加资本的储备基金。

（2）企业发展基金，是指按照法律、行政法规规定从净利润中提取的、用于企业生产发展和经批准用于增加资本的发展基金。

（3）利润归还投资，是指中外合作经营企业按照规定在合作期间以利润归还投资者的投资。

（二）盈余公积的主要用途

企业提取盈余公积主要可以用于以下几个方面。

1. 用于弥补亏损

企业发生亏损时，应由企业自行弥补。弥补亏损的渠道主要有三条：一是用以后年度税前利润弥补。按照会计制度规定，企业发生亏损时，可以用以后 5 年内实现的税前利润弥补，即税前利润弥补亏损的期间为 5 年。二是用以后年度税后利润弥补。企业发生的亏损经过 5 年期间未弥补足额的，尚未弥补的亏损应用所得税后的利润弥补。三是以盈余公积弥补亏损。企业以提取的盈余公积弥补亏损时，应当经股东大会或类似机构批准。

2. 转增资本

企业将盈余公积转增资本时，必须经股东大会或类似机构决议批准。在实际将盈余公积转增资本时，要按照股东的原有持股比例结转。盈余公积转增资本时，转增后留存的盈余公积的数额不得少于转增前注册资本的 25%。

3. 发放现金股利或利润

企业无利润时原则上不分配股利，但在特殊情况下，如当企业累积的盈余公积比较多，而未分配利润又比较少时，为了维护企业形象，给投资者以合理的回报，对于符合规定条件的企业，也可以用盈余公积分配现金股利或股票股利。

盈余公积的提取实际上是企业当期实现的净利润向投资者分配利润的一种限制。提取盈余公积本身就属于利润分配的一部分，提取盈余公积相对应的资金，一经提取形成盈余公积后，在一般情况下不得用于向投资者分配利润或股利。盈余公积的用途，并不是指其实际占用形态，提取盈余公积也并不是单独将这部分资金从企业资金周转过程中抽出。企业提取的盈余公积，无论是用于弥补亏损，还是用于转增资本，只不过是在企业所有者权益内部结构的转换，如企业以盈余公积弥补亏损时，实际是减少盈余公积的留存数额，以此抵补未弥补亏损的数额，并不引起企业所有者权益总额的变动；企业以盈余公积转增资本时，也只是减少盈余公积结存的数额，但同时增加企业实收资本或股本的数额，也并不引起所有者权益总额的变动。至于企业盈余公积的留存数，实际只表示企业所有者权益的组成部分，表明企业生产经营资金的一个来源而已，其形成的资金可能表现为一定的货币资金，也可能表现为一定的实物资产，如存货和固定资产等，随同企业的其他来源所形成的资金进行循环周转。

二、盈余公积的核算

企业在对盈余公积进行核算时，应设置"盈余公积"账户，并分"法定盈余公积"、"任意盈余公积"进行明细核算。外商投资企业还应分"储备基金"、"企业发展基金"进行明细核算。中外合作经营在合作期间归还投资者的投资，应在本账户设置"利润归还投资"明细账户进行核算。"盈余公积"账户期末有贷方余额，反映企业的盈余公积。

（一）盈余公积的计提

企业按规定提取盈余公积的，应借记"利润分配——提取法定盈余公积、提取任意盈余公积"账户，贷记"盈余公积——法定盈余公积、任意盈余公积"账户。

【例11－20】甲公司2008年度实现税后利润1 000 000元，公司董事会决定提取10%的税后利润作为法定盈余公积，8%的税后利润作为任意盈余公积。

提取的法定盈余公积金额＝1 000 000×10%＝100 000（元）

提取的任意盈余公积金额＝1 000 000×8%＝80 000（元）

应作会计分录如下：

借：利润分配——提取法定盈余公积   100 000

      ——提取任意盈余公积   80 000

  贷：盈余公积——法定盈余公积   100 000

       ——任意盈余公积   80 000

外商投资企业按规定提取储备基金、企业发展基金、职工奖励及福利基金的，借记"利润分配——提取储备基金、提取企业发展基金、提取职工奖励及福利基金"账户，贷记"盈余公积——储备基金、企业发展基金"、"应付职工薪酬"账户。

【例11－21】乙公司为一外商投资企业，该公司2008年度实现税后利润3 000 000元，按照有关规定提取10%的储备基金、10%的企业发展基金、4%的职工奖励及福利基金。

应提取的储备基金金额＝3 000 000×10%＝300 000（元）

应提取的企业发展基金金额＝3 000 000×10%＝300 000（元）

应提取的职工奖励及福利基金金额＝3 000 000×4%＝120 000（元）

应作会计分录如下：

借：利润分配——提取储备基金   300 000

      ——提取企业发展基金   300 000

      ——提取职工奖励及福利基金   120 000

  贷：盈余公积——储备基金   300 000

```
　　　　——企业发展基金                                    300 000
　　应付职工薪酬                                          120 000
```

（二）盈余公积弥补亏损

经股东大会或类似机构决议，用盈余公积弥补亏损，借记"盈余公积——法定盈余公积、任意盈余公积"或"盈余公积——储备基金、企业发展基金"账户，贷记"利润分配——盈余公积补亏"账户。

【例11－22】 甲公司经营出现亏损，经股东大会决议，用法定盈余公积200 000元弥补本年亏损。应作会计分录如下：

```
借：盈余公积——法定盈余公积                            200 000
　　贷：利润分配——盈余公积补亏                           200 000
```

（三）盈余公积转增资本

经股东大会或类似机构决议，用盈余公积转增资本，借记"盈余公积——法定盈余公积、任意盈余公积"或"盈余公积——储备基金、企业发展基金"账户，贷记"实收资本"或"股本"账户。

【例11－23】 乙公司为一外商投资企业，经批准决定用企业发展基金150 000元转增资本。应作会计分录如下：

```
借：盈余公积——企业发展基金                            150 000
　　贷：实收资本                                        150 000
```

（四）盈余公积发放股利

经股东大会决议，用盈余公积派送新股，按派送新股计算的金额，借记"盈余公积——法定盈余公积、任意盈余公积"等账户，按股票面值和派送新股总数计算的股票面值总额，贷记"股本"账户。

【例11－24】 甲公司2007年度经营亏损少许，本不应分配股利，但考虑到企业前景和股票信誉，经股东大会决议，按每10股派送2股的方案发放股票股利，而且全部由任意盈余公积列支。假定公司有2 000 000股股票，面值为12元/股。

应发放的股票股利金额为2 000 000÷10×2×12＝4 800 000（元）

应作会计分录如下：

```
借：盈余公积——任意盈余公积                          4 800 000
　　贷：股本                                          4 800 000
```

（五）中外合作经营利润归还投资

中外合作经营根据合同规定在合作期间归还投资者的投资，应按实际归还投资的金额，借记"实收资本——已归还投资"账户，贷记"银行存款"等账户；同时，借记"利润分配——利润归还投资"账户，贷记"盈余公积——利润归还投资"。

【例11－25】 丙公司为一中外合作经营企业，2008年度实现税后利润3 000 000元，公司按照投资协议将净利润的4%归还外方投资者。

3 000 000 × 4% = 120 000（元）

应作会计分录如下：

借：实收资本——已归还投资　　　　　　　　　　　　　　　　120 000
　　贷：银行存款　　　　　　　　　　　　　　　　　　　　　　　120 000
借：利润分配——利润归还投资　　　　　　　　　　　　　　　　120 000
　　贷：盈余公积——利润归还投资　　　　　　　　　　　　　　　120 000

第五节　未分配利润

一、净利润的分配顺序

企业当期实现的利润，加上年初未分配利润（或减去年初未弥补亏损）和其他转入后的余额，为可供分配的利润。根据《中华人民共和国公司法》等有关法规的规定，企业当年实现的净利润，首先是弥补以前年度尚未弥补的亏损，然后按下列顺序进行分配。

1. 提取法定公积金

法定公积金按照税后利润的10%的比例提取。公司法定公积金累计额为公司注册资本的50%以上时，可以不再提取法定公积金。

公司的法定公积金不足以弥补上一年度公司亏损的，在提取法定公积金之前，应当先用当年利润弥补亏损。

2. 提取任意公积金

公司在提取法定公积金后，经股东大会或类似机构决议，可以提取任意公积金。

3. 向投资者分配利润或股利

公司弥补亏损和提取公积金后的剩余利润，有限责任公司按照股东的出资比例向股东分配利润；股份有限公司按照股东持有股份比例分配利润。

应注意的是，外商投资企业实现的净利润在首先弥补以前年度尚未弥补的亏损后，应当按照法律、行政法规的规定按净利润的一定比例提取储备基金、企业发展基金、职工奖励及福利基金等。中外合作经营按规定在合作期间以利润归还投资者的投资，也应从净利润中扣除，随后的净额才是可供投资者分配的利润。

可供分配的利润经过上述分配后，为未分配利润。因此，未分配利润是企业实现的净利润经过弥补亏损、提取盈余公积和向投资者分配利润后留存企业的、历年结存的利润。从数量上说，未分配利润是期初未分配利润，加上本期实现的税后利润，减去提取的各项盈余公积和分出利润或股利后的余额。从账户性质上看，未分配利润是企业所有者权益的组成部分，它有两层含义：一是留待以后年度处理的利润；二是未指定用途的利润。因此，相对于所有者权益的其他部分来说，企业对于未分配利润的使用、分配具有较大的自主权。企业未分配利润应当在资产负债表的所有者权益项目中单独反映。

二、利润分配的核算

为进行利润分配核算，企业应设置"利润分配"账户，该账户核算企业利润的分配（或亏损的弥补）和历年分配（或弥补）后的余额，本账户年末余额反映企业的未分配利润（或未弥补亏损）。"利润分配"账户应分"提取法定盈余公积"、"提取任意盈余公积"、"应付现金股利或利润"、"转作股本的股利"、"盈余公积补亏"和"未分配利润"等进行明细核算。

企业按规定提取盈余公积的，借记"利润分配——提取法定盈余公积、提取任意盈余公积"账户，贷记"盈余公积——法定盈余公积、任意盈余公积"账户。

外商投资企业按规定提取储备基金、企业发展基金、职工奖励及福利基金，借记"利润分配——提取储备基金、提取企业发展基金、提取职工奖励及福利基金"账户，贷记"盈余公积——法定盈余公积、任意盈余公积"、"应付职工薪酬"等账户。

金融企业按规定提取的一般风险准备，借记"利润分配——提取一般风险准备"账户，贷记"一般风险准备"账户。

经股东大会或类似机构决议，分配给股东或投资者的现金股利或利润，借记"利润分配——应付现金股利或利润"账户，贷记"应付股利"账户。

经股东大会或类似机构决议，分配给股东的股票股利，应在办理增资手续后，借记"利润分配——转作股本的利润"账户，贷记"股本"账户。

用盈余公积弥补亏损，借记"盈余公积——法定盈余公积、任意盈余公积"账户，贷记"利润分配——盈余公积补亏"账户。

金融企业用一般风险准备弥补亏损，借记"一般风险准备"账户，贷记"利润分配———般风险准备补亏"账户。

年度终了，企业应将本年度实现的净利润，自"本年利润"账户转入"利润分配"账户，借记"本年利润"账户，贷记"利润分配——未分配利润"，为净亏损的作相反的会计分录；同时，将"利润分配"账户所属其他明细账户的余额转入"利润分配——未分配利润"明细账户。结转后，"利润分配"账户除"未分配利润"明细账户外，其他明细账户应无余额。

【例 11－26】甲公司 2008 年度实现净利润 3 000 000 元，经股东大会决议，采取以下分配方案：按净利润的 10% 提取法定盈余公积，11% 提取任意盈余公积，分配现金股利 600 000 元，分配股票股利 500 000 元；另外，本年使用盈余公积弥补了年初 80 000 元的亏损，分配的股票股利只形成了股本 400 000 元。

（1）按照规定分配当年实现的净利润，相关会计处理如下：

应提取的法定盈余公积 = 3 000 000 × 10% = 300 000（元）

应提取的任意盈余公积 = 3 000 000 × 11% = 330 000（元）

借：利润分配——提取法定盈余公积	300 000
——提取任意盈余公积	330 000
——应付现金股利	600 000

——转作股本的利润	500 000
贷：盈余公积——法定盈余公积	300 000
——任意盈余公积	330 000
应付股利	600 000
股本	400 000
资本公积——股本溢价	100 000

（2）使用盈余公积弥补亏损，应作会计分录如下：

借：盈余公积——法定盈余公积	80 000
贷：利润分配——盈余公积补亏	80 000

（3）结转本年实现利润，应作会计分录如下：

借：本年利润	3 000 000
贷：利润分配——未分配利润	3 000 000

（4）结转利润分配的各明细账户，会计分录如下：

借：利润分配——未分配利润	1 730 000
贷：利润分配——提取法定盈余公积	300 000
——提取任意盈余公积	330 000
——应付现金股利	600 000
——转作股本的利润	500 000

（5）结转盈余公积弥补亏损，应作会计分录如下：

借：利润分配——盈余公积补亏	80 000
贷：利润分配——未分配利润	80 000

第十二章　收　入

【学习目的】通过本章学习，应当掌握收入的概念和特征；了解收入确认的原则和时点；能够识别不同类型收入的确认条件；掌握具体的收入核算的具体方法。

第一节　收　入　概　述

一、收入的概念及其特征

（一）概念

美国财务会计准则委员会在财务会计概念公告第 6 号中将收入定义为："收入是一个主体因交付或生产商品、提供劳务或从事构成其持续的主要或核心经营活动的其他业务而形成的（资产）流入、或其他资产价值的增加、或负债的清偿（或兼而有之）。"该定义从两个方面对收入进行了界定。其一，收入的表现形式，包括各种资产或资源的流入、资产价值的增加和负债的清偿。其二，收入的来源，必须是来自持续的主要的或核心的经营活动，这些活动包括交付或生产商品、提供劳务及其他业务。

国际会计准则委员会在 1995 年生效的"收入的确认"准则中对收入的定义为："收入是企业在正常经营活动中形成的、形成权益增加的经济利益的总流入，不包括投资人的出资形成的权益的增加。"

国际会计准则委员会与美国财务会计准则委员会所定义收入的重大差别就在于，收入不仅指企业持续的、主要的或核心营业的收入，还包括非持续经营的、非主要业务的收入即利得。

在我国 2006 年颁布的《企业会计准则第 14 号——收入》中，"收入是指企业在日常活动中形成的、会导致所有者权益增加的、与所有者投入资本无关的经济利益的总流入"。

（二）特征

我国现行的企业会计准则对收入的定义中，收入具有如下特征。

1. 收入形成于企业日常活动

日常活动是指企业为实现经营目标所从事的经常性活动以及与之相关的活动。企业的经常性活动因企业涉足的领域不同而有所差异。例如，工业企业制造并销售产品，商品流通企业销售商品，保险公司签发保单，咨询公司提供咨询服务，软件企业为客户开发软件，安装公司提供安装服务，商业银行对外贷款，租赁公司出租资产等，这些都属于企业为实现其经营目标所从事的经常性活动，由此产生的经济利益的总流入构成收入。工业企业转让无形资产、出售不需用原材料等，属于与经常性活动相关的活动，从而产生的经济利益的总流入也构成收入。

企业处置固定资产、无形资产等活动，不是企业为实现经营目标所从事的经常性活动，也不属于与经常性有关的活动，由此所产生的经济利益的总流入不构成收入，应该确认为营业外收入。

2. 收入表现为企业资产的增加或负债的减少

收入通常表现为资产的增加，例如，在取得收入的同时，银行存款或应收账款也相应增加。收入有时也表现为负债的减少，比如，在预收款项的销售业务中，确认收入的同时预收账款得以抵偿。收入还可能在增加资产的同时也减少负债，例如，商品销售的货款中部分收取现金，部分抵偿预收债务。

3. 收入将导致企业所有者权益的增加

正是由于收入能增加资产或减少负债或二者兼而有之，因此，依照"资产 – 负债 ＝ 所有者权益"的恒等式，企业取得收入必将增加所有者权益。但收入扣除相关成本费用后的净额，则可能增加所有者权益，也可能减少所有者权益。这里仅指收入本身导致的所有者权益的增加，而不是指收入扣除相关成本费用后的毛利对所有者权益的影响。因此，《企业会计准则》中将"收入"定义为"经济利益的总流入"。此外，收入只包括本企业经济利益的总流入，不包括为第三方或客户代收的款项，例如，企业代税务机关收取的税款，旅行社代客户购买门票、飞机票等收取的票款等，性质上属于代收的款项，应作为暂收应付款记入相关的负债类科目，而不能作为本企业的收入。

4. 收入不包括因所有者投入资本所导致的所有者权益的增加

收入只包括企业作为法人组织自身经营活动获得的经济利益的总流入，并不包括企业的所有者向企业投入资本导致的经济利益的流入。因此，所有者向企业投入资本时，一方面增加资产，另一方面直接增加所有者权益，而不能作为企业的收入。这就提醒我们注意：收入的增加必然导致所有者权益的增加，但所有者权益的增加并不只是收入实现的结果。

（三）有关概念辨析

为了正确理解收入的概念和特征，有必要了解和区分与收入密切相关的两个概念：收益和利得。

1. 收益

经济学中，亚当·斯密在《国富论》中最早将收益定义为"财富的增加"。在会计上，根据传统的观点收益又称为利润、盈利或损益，通常是指来自某一会计期间交易的已实现收入和相应费用之间的差额。会计上的收益应符合以下五个标准：第一，收益基于企业实际发生的交易，源于销售商品或提供服务的收入扣减为实现这些销售所需的成本；第二，适用的基本假定为"会计分期"，即收益代表了企业经营过程中一个既定期间的经营成果或财务业绩；第三，考虑收入实现的原则，也就是说任何收入却已实现；第四，费用一般按历史成本加以计量；第五，收益的核算取决于期间内收入和费用正确的配比。

可见，收入表现为企业资产的增加或负债的减少，收益通过企业在某一会计期内净资产的增加或减少确定，收益是收入和费用配比的结果。

2. 利得

美国财务会计委员会在《财务会计概念公告第 6 号》中指出，利得是指除来自营业收入或业主投资得到的款项以外的、来自边缘性或偶发性交易，以及一切其他交易或事项的权益（净资产）的增加。比如，出售无形资产获得的经济利益的流入，以及因物价上涨而引起的资产增值等。

二、收入的分类

（一）按收入的性质分类

从收入的性质上看，将收入可分为三类，即销售商品收入、提供劳务收入和让渡资产使用权收入。

1. 销售商品收入

销售商品收入是指企业通过销售产品或商品而取得的收入。如制造业销售产成品、自制半成品取得的收入；商品流通企业销售商品取得的收入；房地产企业销售自行开发的房地产取得的收入等。这种收入的取得通常伴随着实物的转移。

2. 提供劳务收入

提供劳务收入是指通过提供劳务而取得的收入，其种类繁多，主要有工业企业提供工业性劳务作业取得的收入；商品流通企业提供代购代销劳务取得的收入；交通运输企业提供运输劳务取得的收入；服务性企业提供各种服务取得的收入，如客房、餐饮、广告、理发、照相、洗染、咨询、代理、培训等；建筑安装企业提供建筑安装劳务取得的收入等。该类收入形成于劳务的提供，基本不涉及实物的转移

3. 让渡资产使用权收入

让渡资产使用权收入是指企业保留资产的所有权，将使用权出让而取得的收入。让渡资产使用权收入包括利息收入、使用费收入等。利息收入主要是指金融企业存、贷款形成的利息收入及同业之间发生往来形成的利息收入；使用费收入主要包括因他人使用本企业的固定资产、无形资产（如商标权、专利权、专营权、软件、版权）或者其他类型的资产而形成的使用费收入。

（二）按收入在经营业务中所占比重分类

企业的经营活动往往并不是单一的，一个企业可能同时从事多种经营活动。因此，收入又可以按它在企业中所占的地位分为主营业务收入和其他业务收入。前者通常是指来自主要经营活动的收入，后者是指来自非主要经营活动的收入。

判断某项收入究竟是主营业务收入还是其他业务收入，要看企业所处的行业及该企业经营活动的重心。对以产品生产、销售为主要活动的企业来说，租金收入是其他业务收入，但对一个主要从事设备租赁的企业来说，租金收入则是主营业务收入。

第二节　收入的确认

收入的确认，是指收入应于何时入账并列示于利润表之中；收入的计量，是指收入应按多大金额入账并列示于利润表之中。收入的确认和计量应根据不同性质的收入分别进行。本节我们介绍收入的确认，收入的计量将在第三节中进行详细说明。

一、收入的确认原则

无论确认哪一类的收入，必须符合以下两个基本的条件：经济利益很可能流入企业，从而导致资产的增加或负债的减少；经济利益的流入额能够可靠地计量。

企业的生产经营活动所引起的净资产的增加是一个持续不断的盈利过程。在传统的以交易为基础的财务会计中，收入确认的规则主要考虑的是收入是否实现，即"实现原则"。在实务中，收入的实现原则和收入的确认原则经常被混用。其原则主要包括三方面内容：交易已经发生；收入能够可靠计量；盈利过程基本完成。

二、收入确认的时点

收入确认的时点是指，在整个盈利过程中，收入应该在哪一时点予以确认。收入确认的可能的时点包括：销售时确认、生产过程中确认、产品完工时确认、收取现金时确认、时间流逝时确认以及与产品所有权相关的风险和报酬已经转移时确认。当然，究竟选择哪一时点作为收入确认的时点最终取决于收入的性质以及收入形成的过程。

三、收入确认的条件

（一）销售商品收入的确认条件

1. 销售商品收入确认的一般条件

销售收入的确认一般应同时满足下列五个条件。任何一个条件没有满足，即使收到货款，也不能确认收入。

（1）企业已将商品所有权上的主要风险和报酬转移给购货方。其中，风险主要是指商品由于贬值、损坏、报废等造成的损失；报酬是指商品中包含的未来经济利益，包括商品升值等给企业带来的经济利益。如果一项商品发生的任何损失均不需要本企业承担，带来的经济利益也不归本企业所有，则意味着该商品所有权上的风险和报酬已移出该企业。通常情况，凭证或实物交付，风险和报酬随之转移。某些情况下，凭证或实物交付，但主要风险和报酬未随之转移。究其原因主要包括：商品不符合要求且未根据保证条款弥补；收入能否取得取决于对方是否卖出商品；未完成安装或检验工作，且安装或检验工作是合同的重要组成部分；合同中有退货条款，且无法确定退货可能性。

（2）企业既没有保留通常与所有权相联系的继续管理权，也没有对已售出的商品实施有效控制。企业将商品所有权上的主要风险和报酬转移给买方后，如仍然保留通常与所有权相联系的继续管理权，或仍然对售出的商品实施控制，则此项销售不能成立，不能确认相应的销售收入。需要加以区分的是，房地产企业将开发的房产出售后，保留了对该房产的物业管理权，由于此项管理权与房产所有权无关，因此，房产销售成立。企业提供的物业管理应视为一个单独的劳务合同，有关收入确认为劳务收入。

（3）收入的金额能够可靠地计量。收入能否可靠地计量，是确认收入的基本前提，收入不能可靠地计量，则无法确认收入。企业在销售商品时，售价通常已确定，但销售过程中由于某种不确定因素，也有可能出现售价变动的情况，则新的售价未确定不应确认收入。

（4）相关的经济利益很可能流入企业。在销售商品的交易中，与交易相关的经济利益即为销售商品的价款，销售商品的价款能否有把握收回，是收入确认的一个重要条件。企业在销售商品时，如估计价款收回的可能性不大，即使收入确认的其他条件均已满足，也不应当确认收入。企业在判断价款收回的可能性时，应进行定性分析，当确定价款收回的可能性大于不能收回的可能性时，即认为价款能够收回。一般情况下，企业售出的商品符合合同或协议规定的要求，并已将发票账单交付买方，买方已承诺付款，即表明销售商品的价款能够收回。

（5）相关的已发生或将发生的成本能够可靠地计量。根据收入和费用配比原则，与同一项销售有关的收入和成本应在同一会计期间予以确认。因此，成本不能可靠计量，即使其他条件均已满足，相关的收入也不能确认。如已收到货款，应将其确认为一项负债。

2. 特定销售方式下收入的确认

（1）托收承付。销货方应在办妥托收手续时确认收入。

（2）分期收款销售。销货方应于商品交付购货方时，按照从购货方已收或应收的合同或协议价款确认收入，但已收或应收的合同或协议价款不公允的除外。

（3）委托代销。视同买断方式的委托代销受托方将商品销售后，应按实际售价确认为销售收入，并向委托方开具代销清单；委托方收到代销清单时，再确认收入。收取手续费方式的委托代销受托方售出商品后，委托方收到代销清单时，确认收入；受托方按收取的手续费，作为劳务收入确认入账，不确认销售商品收入。

（4）商品需要安装和检验的销售。待安装和检验完毕时确认收入。如果安装程序比较简单，或检验是为最终确定合同价格而必须进行的程序，则可以在发出商品时，或在商品装运时确认收入。

（5）附有销售退回条件的商品销售。能对退货的可能性做出合理估计，应在发出商品后，按估计不会发生退货的部分确认收入；不能合理地确定退货的可能性，则在售出商品的退货期满时确认收入。

（6）分期预收款销售。预收的货款作为一项负债，记入"预收账款"科目或"应收账款"科目，不能确认收入，待交付商品时再确认销售收入。

（二）提供劳务收入的确认条件

1. 劳务收入确认的一般条件

企业在资产负债表日提供劳务交易的结果能够可靠估计的，应当采用完工百分比法确认提供劳务收入。提供劳务交易的结果能够可靠地估计，是指同时满足下列条件：

（1）收入的金额能够可靠地计量。合同总收入一般根据双方签订的合同或协议注明的交易总额确定。随着劳务的不断提供，可能会根据实际情况增加或减少交易总金额，企业应及时调整合同总收入。

（2）相关的经济利益很可能流入企业。只有当交易相关的经济利益能够流入企业时，企业才能确认收入。企业可以从接受劳务方的信誉、以往的经验以及双方就结算方式和期限达成的协议等方面进行判断。

（3）交易的完工进度能够可靠地确定。完工进度确定的方法包括：已完工作的测量；已经提供的劳务占应提供劳务总量的比例；已发生的成本占估计总成本的比例。如果资产负债表日不能对交易的结果做出可靠的估计，应按已发生并预计能够补偿的劳务成本确认收入，并按相同金额结转成本；如预计已经发生的劳务成本不能得到补偿，则不应确认收入，但应将已发生的劳务成本确认为当期费用。

（4）交易中已发生和将发生的成本能够可靠地计量。合同总成本包括至资产负债表日止已经发生的成本和完成劳务将要发生的成本。企业应通过建立完善的内部成本核算制度和有效的内部财务预算及报告制度，准确提供每期发生的成本，并对完成剩余劳务将要发生的成本作出科学、可靠的估计，并随着劳务的不断提供或外部情况的不断变化，随时对估计的成本进行修订。

需要指出的是，若一项业务既包括销售商品也包括提供劳务，则需要对销售商品和提供劳务的收入进行分拆。能单独计量的，分别按销售商品处理和提供劳务处理；不能够区分的，或虽能区分但不能单独计量的，全部作为销售商品处理。

2. 特定劳务收入的确认

（1）安装费收入。在资产负债表日根据安装的完工程度确认收入；若安装工作是商品销售附带的条件部分，则应与所销售的商品同时确认收入。

（2）广告费收入。宣传媒介的佣金收入应在相关的广告或商业行为开始出现于公众面前时予以确认；广告的制作佣金收入则应在期末根据项目的完成程度确认。

（3）为特定客户开发软件的收入。在资产负债表日根据开发的完工程度确认收入。

（4）包括在商品售价内可区分的服务费。在提供服务的期间内分期确认收入。

（5）艺术表演、招待宴会以及其他特殊活动的收费。应在这些活动发生时予以确认。收费涉及几项活动的，预收的款项应合理地分配给每项活动，分别确认收入。

（6）申请人会费和会员费收入。如果所收费用只允许取得会籍，而所有其他服务或商品都要另行收费，则在款项收回不存在重大不确定性时确认收入；如果所收费用能使会员在会员期内得到各种服务或商品，或者以低于非会员所负担的价格购买商品或劳务，则该项收费应在整个受益期内分期确认收入。

（7）特许权费收入。属于提供设备和其他有形资产的部分，应在这些资产的所有权交付或转移时，确认为收入；属于提供初始及后续服务的部分，在提供服务时确认为收入。

（8）定期收费。长期为客户提供重复的劳务收取的劳务费，应在相关劳务活动发生时确认收入。

（三）让渡资产使用权收入的确认条件

让渡资产使用权收入同时满足下列条件的，才能予以确认：

（1）相关的经济利益很可能流入企业。企业应根据对方的信誉情况、当年的效益情况以及双方就结算方式、付款期限等达成的协议等方面进行判断。如果企业估计收入收回的可能性不大，就不应确认收入。

（2）收入的金额能够可靠地计量。利息收入根据合同或协议规定的存、贷款利率确定，使用费收入按企业与其资产使用者签订的合同或协议确定。当收入的金额能够可靠地计量时，企业才能进行确认。

（四）建造合同收入的确认条件

广义上讲，建造合同收入隶属于劳务收入范畴。出于对它的特殊性和复杂性的考虑，财政部发布了《企业会计准则第 15 号——建造合同》对其会计处理的有关问题进行了规范。对于建造合同收入的确认，取决于其结果能否可靠地估计。只有当建造合同的结果能够可靠地估计时，企业才能根据完工百分比法在资产负债表日确认合同收入。建造合同具体分为固定造价合同和成本加成合同两种类型。对不同类型的合同判断其结果能否可靠估计的前提也不同。

1. 固定造价合同收入的确认条件

固定造价合同是指按照固定的合同价或固定单价确定工程价款的建造合同。判断固定造价合同的结果能否可靠地估计，应考查是否同时满足以下四个条件：

（1）合同总收入能够可靠地计量。合同总收入一般根据建造承包商与客户订立的合同中的合同总金额来确定。如果在合同中明确规定了合同总金额，且订立的合同是合法的，则说明合同总收入能够可靠地计量，反之，则意味着合同总收入不能可靠地计量。

（2）与合同相关的经济利益能够流入企业。与合同相关的经济利益能够流入企业，意味着企业能够收回建造合同的工程价款。

（3）在资产负债表日合同完工进度和为完成合同尚需发生的成本能够可靠地确定。合同完工进度能够可靠地确定，意味着建造承包商能够严格履行合同条款，已经和正在为完成合同而进行工程施工，并已完成了一定的工程量，达到了一定的工程形象进度，对将要完成的工程量也能够做出科学、可靠的测定。

（4）为完成合同已经发生的合同成本能够清楚地区分和可靠地计量，使实际合同成本能够与以前的预计成本相比较。

2. 成本加成合同收入的确认条件

成本加成合同是指以合同允许或其他方式议定的成本为基础，加上该成本的一定比例或定额费用确定工程价款的建造合同。判断成本加成合同的结果能否可靠地估计，应考查是否同时满足以下两个条件：

（1）与合同相关的经济利益能够流入企业。

（2）实际发生的合同成本能够清楚地区分并且能够可靠地计量。

如果建造合同的结果不能可靠地估计，企业则不能采用完工百分比法确认合同收入。如果合同成本能够收回的，合同收入根据能够收回的实际合同成本加以确认，合同成本在其发生的当期确认为费用。如果合同成本不能收回的，应在发生时确认为费用，不确认收入。

第三节　收入的核算

在收入的会计核算中，对于经常性、主要业务产生的收入在"主营业务收入"账户中核算，对非经常性、兼营业务交易所产生的收入设置"其他业务收入"账户进行核算。账户贷方反映符合收入确认条件而给予确认的收入，借方反映期末结转至"本年利润"的收入总额，结转后账户无余额。

已经发出但尚未确认收入的商品成本通过"发出商品"账户核算。该账户借方反映不满足销售收入确认条件的商品的实际成本，贷方反映收入确认条件满足时结转至"主营业务成本"账户的金额，期末若有余额在贷方，反映尚未确认收入的发出商品的实际成本，并构成期末存货的一部分。

本节中，如未作特殊说明，我们所指企业为制造业企业，产品的生产与销售为其主要业务。

一、销售商品收入的核算

（一）销售商品收入计量的原则

销售商品的收入应当按照已收或应收合同或协议价款的公允价值确定。在现金折扣业务中，以扣除现金折扣前的金额确定收入，现金折扣发生时记入财务费用。商业折扣业务中，以扣除商业折扣后的金额确定收入。销售折让和退回通常冲减当期收入（需对资产负债表日后事项加以区别对待）。一般销售业务的处理程序如图12-1所示。另外，某些情况下，合同或协议明确规定销售商品需要延期收取价款，如分期收款销售商品，实质上具有融资性质，应当按照应收的合同或协议价款的现值确定其公允价值。应收的合同或协议价款与其公允价值之间的差额，应当在合同或协议期间内，按照应收款项的摊余成本和实际利率计算确定的摊销金额，冲减财务费用。

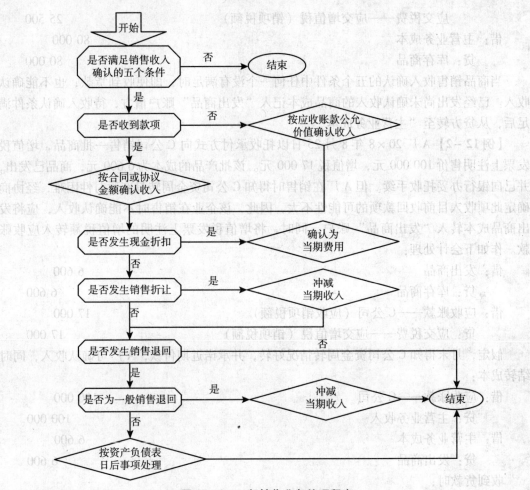

图 12－1 一般销售业务处理程序

（一）一般销售方式下收入的核算

1. 销售收入的确认与计量

企业销售商品同时满足前述五个条件时才能确认销售收入。其会计处理方法为：借记"银行存款"、"应收账款"、"应收票据"等，贷记"主营业务收入"、"应交税费——应交增值税（销项税额）"等。

【例 12－1】 A 厂 20×8 年 8 月 25 日销售一批产品给 B 厂，按合同约定，产品的销售价格为 150 000 元，增值税税率为 17%，产品已经按合同要求发出，并收到 B 厂开出并承兑为期 5 个月的商业承兑汇票。该批产品的实际成本为 80 000 元。

在这笔交易中，A 厂已将售出产品的所有风险和报酬转移给 B 厂，并不再对该批产品实施管理和控制权。销售收入是可以计量的，即按照合同约定的销售价格确认收入，同时，产品的实际成本也应予以结转。A 厂应作如下会计处理：

借：应收票据 175 500
    贷：主营业务收入 150 000

应交税费——应交增值税（销项税额）		25 500
借：主营业务成本	80 000	
贷：库存商品		80 000

当商品销售收入确认的五个条件中任何一个没有满足时，即使收到货款，也不能确认收入。已经发出尚未确认收入的商品成本记入"发出商品"账户借方，待收入确认条件满足后，从贷方转至"主营业务成本"。

【例 12 –2】A 厂 20×8 年 8 月 25 日以托收承付方式向 C 公司销售一批商品，增值税发票上注明售价 100 000 元，增值税 17 000 元。该批产品的成本为 6 600 元，商品已发出，并已向银行办妥托收手续。但 A 厂在销售时得知 C 公司资金周转具有暂时性困难，经协商确定此项收入目前收回款项的可能性不大，因此，该企业在销售时不能确认收入，应将发出商品成本转入"发出商品"账户。同时，将增值税发票上注明的增值税额转入应收账款。作如下会计处理：

借：发出商品	6 600	
贷：库存商品		6 600
借：应收账款——C 公司（应收销项税额）	17 000	
贷：应交税费——应交增值税（销项税额）		17 000

假定，月末得知 C 公司资金周转情况好转，并承诺近期付款，A 厂可确认收入，同时结转成本：

借：应收账款——C 公司	100 000	
贷：主营业务收入		100 000
借：主营业务成本	6 600	
贷：发出商品		6 600

收到货款时：

借：银行存款	117 000	
贷：应收账款——C 公司		100 000
——C 公司（应收销项税额）		17 000

2. 现金折扣

现金折扣是销售商品的企业为了鼓励购买方在规定的期限内付款而给予买方的债务扣除。现金折扣通常发生在企业对外提供的赊销交易中。企业为了鼓励客户提前偿付货款，往往与债务人协议在不同期限内付款可享受不同程度的折扣。其表示方法为 5/10、2/20、n/30 等，意为 10 天之内付款可享受 5% 的折扣，20 天之内付款可享受 2% 的折扣，30 天之内则全价付款。现金折扣应在实际发生时记入"财务费用"。

3. 销售折让

企业在销售实现后，可能由于商品质量等问题需要给予购买方一定的价格折让，称为销售折让。销售折让既有可能发生在企业确认收入之前，也可能发生在企业确认收入之后，发生在销售收入确认之前的，其处理相当于商业折扣，即在销售商品时直接给予客户价格上的减让，企业实现的销售收入按实际销售价格（原销售价格减去商业折扣）确认。发生在企业确认收入之后的销售折让，应在实际发生时冲减当期的收入。发生销售折让时，若按规定允许扣减当期销项税额的，应同时用红字冲减"应交税费——应交增值税"账户的"销项税额"专栏。

需要注意的是，销售折让属于资产负债表日后事项的，应当按《企业会计准则第29号——资产负债日后事项》的有关规定进行处理。

A厂销售一批商品，增值税发票上的售价为50 000元，增值税额为8 500元，货到后买方发现商品质量不合格，经双方协商，在价格上给予5%的折让。应作如下会计处理：

（1）销售实现时：

借：应收账款　　　　　　　　　　　　　　　　　　58 500

　　贷：主营业务收入　　　　　　　　　　　　　　　　　50 000

　　　　应交税费——应交增值税（销项税额）　　　　　　 8 500

（2）发生销售折让时：

借：主营业务收入　　　　　　　　　　　　　　　　 2 500

　　应交税费——应交增值税（销项税额）　　　　　　　 425

　　贷：应收账款　　　　　　　　　　　　　　　　　　　 2 925

（3）实际收到款项时：

借：银行存款　　　　　　　　　　　　　　　　　　55 575

　　贷：应收账款　　　　　　　　　　　　　　　　　　　55 575

4. 销售退回

销售退回是指企业售出的商品，由于质量、品种不符合要求等原因而发生的退货。退货既有可能发生在收入确认前，也可能发生在收入确认后。应当视情况分别处理。

（1）若销售退回发生在企业确认收入之前，只要将已记入"发出商品"账户的商品成本转回"库存商品"账户即可。

（2）若销售退回发生在企业确认销售收入之后，不论是当年销售的，还是以前年度销售的，一般均应冲减退回当月的销售收入，同时冲减退回当月的销售成本。如果该项销售已经发生现金折扣或销售折让的，应在退回当月一并调整。

企业发生销售退回时，若允许扣减当期销项税额，应同时用红字冲减"应交税费——应交增值税"账户的"销项税额"专栏。但如资产负债表日及之前售出的商品在资产负债表日至财务报告批准报出日之间发生退回的，除应在退回当月作相关的会计处理外，还应作为资产负债表日后发生的调整事项，冲减报告年度的收入、成本和税金。例如企业20×8年12月25日销售商品一批，由于质量等原因该批商品于20×9年1月12日被退回。此时，企业20×8年的财务报告尚未报出，该企业编制20×8年财务报告时，应将该批销售冲减20×8年度的主营业务收入、主营业务成本及相关的成本税金。如该项销售在资产负债表日及之前已发生现金折扣或销售折让，还应同时冲减报告年度相关的折扣和折让。

【例12-3】A企业20×8年11月15日销售产品一批，售价200 000元，增值税额34 000元，成本105 000元。合同规定现金折扣条件为2/10、1/20、n/30。买方于11月24日付款，享受现金折扣2 000元。20×8年12月15日该批商品因质量严重不合格被退回。企业应作如下会计处理：

（1）销售商品时：

借：应收账款 234 000
　　贷：主营业务收入 200 000
　　　　应交税费——应交增值税（销项税额） 34 000
借：主营业务成本 105 000
　　贷：库存商品 105 000

（2）收回货款时：

借：银行存款 230 000
　　财务费用 4 000
　　　　贷：应收账款 234 000

（3）销售退回时：

借：主营业务收入 200 000
　　应交税费——应交增值税（销项税额） 34 000
　　　　贷：银行存款 230 000
　　　　　　财务费用 4 000
借：库存商品 105 000
　　贷：主营业务成本 105 000

若上述销售退回发生在 20×9 年 1 月财务报告批准报出前和年度所得税汇算清缴之前，该项销售退回应作为资产负债表日后事项，在 20×8 年账务上作如下调整处理（假定该企业所得税税率为 25%）：

借：以前年度损益调整 196 000
　　应交税费——应交增值税（销项税额） 34 000
　　　　贷：银行存款 230 000
借：库存商品 105 000
　　贷：以前年度损益调整 105 000
借：应交税费——应交所得税 22 750
　　贷：以前年度损益调整 22 750
借：利润分配——未分配利润 68 250
　　贷：以前年度损益调整 68 250

同时，在 20×8 年度报表中作如下调整：资产负债表中，冲减银行存款 230 000 元，增加存货成本 105 000 元，冲减应交税费 56 750 元；利润表中，冲减收入 200 000 元，成本 105 000 元，财务费用 4 000 元，所得税 22 750 元。

（二）特殊销售方式下收入的核算

1. 分期收款的商品销售

分期收款销售商品是指商品已交付，货款分期收回的一种销售方式。其特点为：商品价值相对较高；收款期限较长；货款收回的风险较大。因此，在分期收款销售方式下，应当按合同或协议约定的日期分别确认收入，按照应收的合同或协议价款的公允价值确定收入金额。应收的合同或协议价款与其公允价值之间的差额，应当在合同或协议期间内，按照应收款项的摊余成本和实际利率计算确定的金额进行摊销，冲减财务费用。当然，摊销结果与直线法相差不大的情况下，也可采用直线法进行摊销。

【例 12-4】A 公司出售给 B 企业大型设备一套，协议约定采用分期收款方式结算货款，购货方从销售当年年末分 5 年付款，每年 2 000 万元，合计 10 000 万元。假设不考虑增值税因素。如果购货方在销售成立日支付货款，只需支付 8 000 万元。该大型设备的成本为 6 000 万元。

经分析可知，应收金额的公允价值可以认定为 8 000 万元，据此可计算得出年金为 2 000 、期数为 5 年、现值为 8 000 的折现率为 7.93% （具体计算过程可参照有关财务管理教材的"内插法"）。财务费用和已收本金计算表如表 12-1 所示。

表 12-1　　　　　　　　　　　　　财务费用和已收本金计算表　　　　　　　　　　　　单位：万元

	未收本金 ① = ① - ③	财务费用 ② = ① × 7.93%	本金收现 ③ = ④ - ②	总收现 ④
销售日	8 000	0	0	0
第 1 年末	8 000	634	1 366	2 000
第 2 年末	6 634	526	1 474	2 000
第 3 年末	5 160	410	1 590	2 000
第 4 年末	3 570	283	1 717	2 000
第 5 年末	1 853	147	1 853	2 000
合计		2 000	8 000	10 000

(1) 销售成立时：

借：长期应收款——B 企业　　　　　　　　　　　　　　　100 000 000
　　贷：主营业务收入　　　　　　　　　　　　　　　　　　80 000 000
　　　　未实现融资收益　　　　　　　　　　　　　　　　　20 000 000
借：主营业务成本　　　　　　　　　　　　　　　　　　　60 000 000
　　贷：库存商品　　　　　　　　　　　　　　　　　　　　60 000 000

(2) 分摊未实现融资收益，确认分期收款。

第一年年末：

借：未实现融资收益　　　　　　　　　　　　　　　　　　6 340 000
　　贷：财务费用　　　　　　　　　　　　　　　　　　　　6 340 000
借：银行存款　　　　　　　　　　　　　　　　　　　　20 000 000
　　贷：长期应收款　　　　　　　　　　　　　　　　　　20 000 000

第二年年末：

借：未实现融资收益　　　　　　　　　　　　　　　　　　5 260 000
　　贷：财务费用　　　　　　　　　　　　　　　　　　　　5 260 000
借：银行存款　　　　　　　　　　　　　　　　　　　　20 000 000
　　贷：长期应收款　　　　　　　　　　　　　　　　　　20 000 000

以后各年分摊为实现融资收益的会计分录以此类推。

2. 委托代销的商品销售

委托代销是指，委托方根据协议委托受托方代销商品的一种销售方式。委托代销可分为视同买断方式和收取手续费方式两种。代销方式不同，其会计处理存在差异。

（1）视同买断方式。在视同买断方式下，委托方按协议价格收取委托代销商品的货款，而实际售价则由受托方（即代销方）根据市场情况自行决定。实际售价与协议价款之间的差额归受托方所有。该方式虽然视同买断，但本质上仍然是代销。委托方将商品交付给受托方时，商品所有权上的风险和报酬并未转移给受托方，因此，委托方在交付商品时不确认收入，受托方也不作购进商品处理。受托方将商品销售后，应按实际售价确认为销售收入，并向委托方开具代销清单。委托方收到代销清单时，再确认本企业的销售收入。核算中，委托方设置"委托代销商品"账户反映为确认收入的商品成本；对应地，受托方设置"受托代销商品"和"代销商品款"账户加以记录有关业务。

【例 12-5】A 公司委托 B 公司销售商品一批协议价为 18 000 元，成本为 12 000 元，增值税税率为 17%。B 公司以 20 000 元的价格将该批商品全部售出，增值税为 3 400 元。A 公司收到代销清单后，确认销售收入为 18 000 元，增值税为 3 060 元。

针对该项业务，A 公司应作如下会计处理：

①将商品交付 B 公司时：

借：委托代销商品 12 000
    贷：库存商品 12 000

②收到代销清单时：

借：应收账款——B 公司 21 060
    贷：主营业务收入 18 000
        应交税费——应交增值税（销项税额） 3 060

借：主营业务成本 12 000
    贷：委托代销商品 12 000

③收到 B 公司汇来的货款时：

借：银行存款 21 060
    贷：应收账款——B 公司 21 060

针对该项业务，B 公司应作如下会计处理：

①收到代销商品时：

借：受托代销商品 18 000
    贷：受托代销商品款 18 000

②代销商品售出时：

借：银行存款 23 400
    贷：主营业务收入 20 000
        应交税费——应交增值税（销项税额） 3 400

借：主营业务成本 18 000
    贷：受托代销商品 18 000

借：受托代销商品款   18 000

应交税费——应交增值税（进项税额）   3 060

贷：应付账款——A 公司   21 060

③按合同协议价将款项付给 A 公司时：

借：应付账款——A 公司   21 060

贷：银行存款   21 060

（2）收取手续费方式。即受托方根据所代销的商品数量向委托方收取手续费的代销方式。受托方所收取的手续费实际上是一种劳务收入。与第一种代销方式不同的是，受托方通常应按照委托方规定的价格销售，不得自行改变售价。在这种代销方式下，委托方应在受托方商品销售后，收到代销清单时，确认收入，受托方在商品销售后，按应收取的手续费确认劳务收入。账户设置与第一种方式类似，只是委托方应支付的代销手续费作为"销售费用"处理，受托将收取的手续费收入视情况记入"主营业务收入"或者"其他业务收入"。

【例 12-6】仍以上例资料为例，假定代销合同规定，B 公司须按 18 000 元的价格对外出售，A 公司按售价的 10% 付给 B 公司手续费。其他条件不变。

A 公司的会计处理为：

①将商品交付 B 公司：

借：委托代销商品   12 000

贷：库存商品   12 000

②收到 B 公司代销清单：

借：应收账款——B 公司   21 060

贷：主营业务收入   18 000

应交税费——应交增值税（销项税额）   3 060

借：主营业务成本   12 000

贷：委托代销商品   12 000

借：销售费用   1 800

贷：应收账款——B 公司   1 800

③收到 B 公司应付货款净额：

借：银行存款   19 260

贷：应收账款——B 公司   19 260

B 公司的会计处理为：

①收到代销商品：

借：受托代销商品   18 000

贷：受托代销商品款   18 000

②代销商品售出：

借：银行存款   21 060

贷：受托代销商品   18 000

应交税费——应交增值税（销项税额）   3 060

③计算代销手续费：

借：受托代销商品款 1 800

　　贷：其他业务收入 1 800

④支付 A 公司货款净额：

借：受托代销商品款 16 200

　　应交税费——应交增值税（进项税额） 3 060

　　　贷：银行存款 19 260

3. 商品需要安装和检验的销售

售出商品需要安装和检验的，在购买方接受交货以及安装和检验完毕前，不确认收入。如果安装程序比较简单或检验是为了最终确定合同或协议价格而必须进行的程序，在发出商品时确认收入。不符合收入确认条件的已发出商品，需要通过"发出商品"账户核算其实际成本。

4. 附有退货条件的销售

附有退货条件的商品销售是指，购买方根据协议在一定条件下有权退货的销售。该销售方式下，销售方应当根据以往的经验对退货的可能性做出合理的估计。能够估计退货可能性的，发出商品时对不会退货的部分确认收入，对可能退货的部分不确认收入；无法合理估计退货可能性的，应在退货期满时确认收入。

（1）能够合理估计退货可能性的会计处理。

【例 12 -7】 A 公司 20 ×8 年 2 月 1 日售出 5 000 件商品，单价 500 元/件，单位成本 400 元/件，增值税发票已开出。协议约定，购货方应于 3 月 1 日前付款；7 月 31 日前有权退货。A 公司根据经验，估计退货率为 20%。假定销售退回实际发生时可冲减增值税额。有关会计处理如下：

①2 月 1 日销售成立时：

借：应收账款 2 925 000

　　贷：主营业务收入 2 500 000

　　　应交税费——应交增值税（销项税额） 425 000

借：主营业务成本 2 000 000

　　贷：库存商品 2 000 000

②2 月 28 日确认销售退回：

借：主营业务收入 500 000

　　贷：主营业务成本 400 000

　　　其他应付款 100 000

③3 月 1 日收到货款：

借：银行存款 2 925 000

　　贷：应收账款 2 925 000

④7 月 31 日实际发生不同退货情况下的处理（见表 12 -2）。

表 12 - 2

退回 1 000 件	退回 800 件	退回 1 200 件
借：库存商品　400 000 　应交税费　85 000 　其他应付款　100 000 　贷：银行存款　585 000	借：库存商品　320 000 　应交税费——应交增值税 　（销项税额）　68 000 　主营业务成本　80 000 　其他应付款　100 000 　贷：银行存款　468 000 　　主营业务收入　100 000	借：库存商品　480 000 　应交税费——应交增值税 　（销项税额）　102 000 　主营业务收入　100 000 　其他应付款　100 000 　贷：主营业务成本　80 000 　　银行存款　702 000

（2）无法合理估计退货可能性的会计处理。

【例 12 - 8】仍以【例 12 - 7】资料为例，但 A 公司无法根据经验估计退货率。假定销售退回实际发生时可冲减增值税额。

①2 月 1 日发出商品时：

借：应收账款　　　　　　　　　　　　　　　　　425 000

　　贷：应交税费——应交增值税（销项税额）　　　425 000

借：发出商品　　　　　　　　　　　　　　　　2 000 000

　　贷：库存商品　　　　　　　　　　　　　　2 000 000

②3 月 1 日收到货款

借：银行存款　　　　　　　　　　　　　　　　2 925 000

　　贷：应收账款　　　　　　　　　　　　　　　425 000

　　　预收账款　　　　　　　　　　　　　　2 500 000

③7 月 31 日实际发生不同退货情况下的处理（见表 12 - 3）。

表 12 - 3

退货 2 000 件	没有退货
借：预收账款　2 500 000 　应交税费——应交增值税（销项税额） 　　　170 000 　贷：主营业务收入　1 500 000 　　银行存款　1 170 000 借：主营业务成本　1 200 000 　库存商品　800 000 　贷：发出商品　2 000 000	借：预收账款　2 500 000 　贷：主营业务收入　2 500 000 借：主营业务成本　2 000 000 　贷：发出商品　2 000 000

5. 售后回购

售后回购，是指销售商品的同时，销售方同意日后重新购回这批商品。该销售方式下，所售商品所有权上的主要风险和报酬实质上并没有从销售方转移至购货方，因而不应当确认收入。收到的款项应确认为负债，记入"应付账款"。回购价格大于原售价的差额，企业应在回购期间按期计提利息，记入"财务费用"。

【例 12 - 9】A 公司于 20 × 8 年 6 月 1 日向 D 公司销售商品一批，价格为 100 万元，增值税 17 万元，该批商品成本为 80 万元。A 公司应于 10 月 31 日以 110 万元购回。有关会计处理如下。

（1）向 D 公司移交商品时：

借：银行存款　　　　　　　　　　　　　　　　　　　　　　1 170 000

　　贷：库存商品　　　　　　　　　　　　　　　　　　　　　　800 000

　　　　应交税费——应交增值税（销项税额）　　　　　　　　170 000

　　　　应付账款——D 公司　　　　　　　　　　　　　　　　200 000

（2）6~10 月，共 5 个月分别计提利息：

借：财务费用　　　　　　　　　　　　　　　　　　　　　　　20 000

　　贷：应付账款——D 公司　　　　　　　　　　　　　　　　20 000

（3）回购商品：

借：库存商品　　　　　　　　　　　　　　　　　　　　　　1 100 000

　　应交税费——应交增值税（进项税额）　　　　　　　　　　187 000

　　贷：银行存款　　　　　　　　　　　　　　　　　　　　1 287 000

借：应付账款——D 公司　　　　　　　　　　　　　　　　　300 000

　　贷：库存商品　　　　　　　　　　　　　　　　　　　　　300 000

当然，若有确凿证据表明售后回购交易满足销售商品收入确认条件的，销售商品按销售价格确认收入，回购的商品作为购进商品处理。

6. 售后租回

售后租回，是指销售商品的同时，销售方承诺日后租回所售商品的业务。在售后回租业务中，交易双方都是以双重身份出现的。其中，销售方又是承租方，购买方又是出租方。采用售后租回方式销售商品的，收到的款项应确认为负债；售价与账面价值之间的差额，应当采用合理的方法进行分摊，作为折旧费用或租金费用的调整。有确凿证据表明认定为经营性租赁的售后租回交易是按照公允价值达成的，销售的商品按照售价确认收入，并按账面价值结转成本。售后租回所销售商品的，应当区分融资性租赁和经营性租赁分别进行会计处理。

售后租回交易中，资产售价与其账面价值之间的差额应当记入"递延收益"科目，售后租回交易认定为融资租赁的，记入"递延收益"的金额应按租赁资产的折旧进度进行分摊，作为折旧费用的调整。售后租回交易认定为经营租赁的，记入"递延收益"科目的金额，应在租赁期内按照与确认租金费用相一致的方法进行分摊，作为租金费用的调整。但有证据表明售后租回交易是按照公允价值达成的，资产售价与其账面价值之间的差额应当计入当期损益。

出租人对经营租赁提供激励措施的，出租人与承租人应当分别下列情况进行处理：

（1）出租人提供免租期的，承租人应将租金总额在不扣除免租期的整个租赁期内，按直线法或其他合理的方法进行分摊，免租期内应当确认租金费用；出租人应将租金总额在不扣除免租期的整个租赁期内，按直线法或其他合理的方法进行分配，免租期内出租人应当确认租金收入。

（2）出租人承担了承租人某些费用的，出租人应将该费用自租金收入总额中扣除，按扣除后的租金收入余额在租赁期内进行分配；承租人应将该费用从租金费用总额中扣除，按扣除后的租金费用余额在租赁期内进行分摊。

7. 以旧换新销售

以旧换新销售是指，销售方在销售商品的同时回收与所售商品相同的旧商品。在该销售方式下，销售的商品应当按照销售商品收入确认条件确认有关收入，回收的商品则作为购进商品处理。

8. 分期预收款销售

分期预收款销售是指，购买方在商品尚未收到前按照合同约定分期付款，销售方在收到最后一次付款时才交付货物的销售方式。该销售方式下，预收的货款作为一项负债，不能确认为收入，待交付商品时才能予以确认。

9. 订货销售

订货销售是指，已收到全部或部分货款，但无现货，需要通过一段时间的制造才能够将商品交付给购买方的销售方式。该销售方式下，预收的货款作为一项负债，商品交付给购买方时再确认为销售收入的实现。

10. 房地产销售

房地产销售是指，房地产经营商自行开发房地产，并在市场上进行销售。房地产的销售与一般商品的销售类似，按照销售商品收入确认的原则确认实现的销售收入。若房地产经营商实现与买方签订购销合同，且该合同在法律上是不可撤销的，应作为建造合同，按照建造合同的有关原则进行处理。

二、提供劳务收入的核算

企业提供劳务的收入，应当根据在资产负债表日提供劳务交易的结果是否能够可靠地估计分别采用不同的方法予以计量。能够可靠估计的，应当采用完工百分比法确认和计量劳务收入。不能可靠估计的，即无法同时满足劳务收入确认四个条件的，应根据资产负债表日已经收回或预计将要收回的款项对已发生劳务成本的补偿程度进行相应的处理。企业在确认劳务收入时，应按确定的收入金额记入"应收账款"、"银行存款"等账户的借方，同时记入"主营业务收入"账户的贷方。结转成本时，应借记"主营业务成本"账户，贷记"劳务成本"账户。企业年终采用完工百分比法确认收入时，如"劳务成本"账户有余额时，意为尚未完成或结转的劳务成本。

1. 劳务交易的结果能够可靠估计——完工百分比法

完工百分比法是指按劳务的完成程度确认收入和费用的方法。企业资产负债表日，如能对提供的交易结果作出可靠估计，应采用完工百分比法确认劳务收入，同时结转相应的成本。在完工百分比法下，当期劳务收入和成本应按下列公式计算：

本年应确认的劳务收入 = 劳务总收入 × 本年末止劳务的完工进度 −
以前年度已确认的劳务收入

本年应确认的劳务成本 = 劳务总成本 × 本年末止劳务的完工进度 −
以前年度已确认的劳务成本

采用完工百分比法，在劳务总收入和劳务总成本能够可靠计量的情况下，关键是确定劳务的完工进度。企业应根据所提供的劳务的特点，可选择的计算劳务完成进度的方法包括：已完工作的测量；已经提供的劳务占应提供劳务总量的比例；已经发生的成本占估计总成本的比例。

（1）已完工作的测量。该方法是一种比较专业的测量法，由专业测量师对已完工的工作或工程进行测量，并按一定方法计算劳务的完工程度。

【例12－10】H公司于20×8年7月25日接受一项软件开发工程，工期大约为1年，合同收入100 000元，到12月31日已发生开发人员工资费用40 000元，预收账款60 000元，预计开发完成软件的全部成本为60 000元。12月31日经专业测量，目前软件的开发进度为50%。对该项业务，企业有关会计处理如下：

①发生劳务成本及预收款项时：

借：劳务成本　　　　　　　　　　　　　　　　　　　40 000
　　贷：应付职工薪酬　　　　　　　　　　　　　　　　　　　40 000
借：银行存款　　　　　　　　　　　　　　　　　　　60 000
　　贷：预收账款　　　　　　　　　　　　　　　　　　　　60 000

②计算当年应确认劳务收入和劳务成本：

20×8年应确认的劳务收入 = 100 000 × 50% − 0 = 50 000（元）

20×8年应确认的劳务成本 = 60 000 × 50% − 0 = 30 000（元）

③确认劳务收入时：

借：预收账款　　　　　　　　　　　　　　　　　　　50 000
　　贷：主营业务收入　　　　　　　　　　　　　　　　　　50 000

④结转成本时：

借：主营业务成本　　　　　　　　　　　　　　　　　30 000
　　贷：劳务成本　　　　　　　　　　　　　　　　　　　　30 000

（2）按已经提供的劳务量占应提供劳务总量的百分比确定。该方法主要以劳务量为标准，确定劳务的完工程度。

【例12－11】W咨询服务公司20×8年9月30日与A公司签订一份为期12个月的管理咨询合同。咨询服务收入60 000元，客户分别与合同订立日和咨询服务完成日两次付清款项。咨询服务总成本为30 000元，其中，20×8年发生成本10 000元（均以银行存款支付），20×9年发生成本20 000元。假定成本估计准确。此项劳务应按提供管理咨询服务的时间比例确定劳务的完成进度，应作如下会计处理：

①预收账款时：

借：银行存款　　　　　　　　　　　　　　　　　　　30 000
　　贷：预收账款　　　　　　　　　　　　　　　　　　　　30 000

②20×8年实际发生成本时：

借：劳务成本　　　　　　　　　　　　　　　　　　　10 000
　　贷：银行存款　　　　　　　　　　　　　　　　　　　　10 000

③计算20×8年应确认劳务收入和劳务成本：

劳务的完成进度 = 3/12 = 25%

应确认劳务收入 = 60 000 × 25% = 15 000（元）

应结转劳务成本 = 30 000 × 25% = 7 500（元）

④确认劳务收入：

借：预收账款 15 000

　　贷：主营业务收入 15 000

⑤结转成本：

借：主营业务成本 7 500

　　贷：劳务成本 7 500

⑥20×9 年实际发生劳务成本时：

借：劳务成本 20 000

　　贷：银行存款 20 000

⑦20×9 年收到余款并确认劳务收入

借：银行存款 30 000

　　预收账款 15 000

　　贷：主营业务收入 45 000

⑧20×9 年结转劳务成本：

借：主营业务成本 22 500

　　贷：有关劳务成本科目 22 500

（3）按已经发生成本占估计总成本的比例确定。

【例 12 - 12】F 安装公司 20×8 年 10 月 1 日与 B 公司签订一份安装合同，安装须在 6 个月内完成，合同总收入为 120 000 元，20×8 年年底已收款为 50 000 元，实际发生人工成本 25 000 元，材料费用 20 000 元；预计还会发生 15 000 元成本。完成进度按实际发生的成本占总成本的比例确定。有关会计处理如下：

①预收账款时：

借：银行存款 50 000

　　贷：预收账款 50 000

②实际发生成本时：

借：劳务成本 45 000

　　贷：应付职工薪酬 25 000

　　　　原材料 20 000

③计算应确认的劳务收入和成本：

实际发生的成本占总成本的比例 = 45 000/60 000 = 75%

20×8 年应确认劳务收入 = 120 000 × 75% = 90 000（元）

20×8 年应结转劳务成本 = 60 000 × 75% = 45 000（元）

④20×8 年 12 月 31 日确认劳务收入：

借：预收账款 50 000

　　应收账款 40 000

　　贷：主营业务收入 90 000

⑤20×8 年 12 月 31 日结转劳务成本：

借：主营业务成本   45 000

     贷：劳务成本   45 000

2. 劳务交易的结果不能够可靠估计

企业在资产负债表日，如不能可靠地估计所提供的劳务交易结果，则不能按完工百分比法确认收入。这时企业应正确预计已收回或将要收回的款项能弥补多少已经发生的成本，并按下列办法处理：

（1）如果已经发生的劳务成本预计能够得到补偿，应按已发生的劳务成本金额确认收入；同时，按相同的金额结转成本。

（2）如果已经发生的劳务成本预计不能得到补偿，应当将已经发生的劳务成本计入当期损益，不确认提供劳务收入。

需要特别指出的是，企业与其他企业签订的合同或协议包括销售商品和提供劳务时，销售商品部分和提供劳务部分能够区分且能够单独计量的，应当将销售商品的部分作为销售商品处理，将提供劳务的部分作为提供劳务处理。销售商品部分和提供劳务部分不能够区分，或虽能区分但不能够单独计量的，应当将销售商品部分和提供劳务部分全部作为销售商品处理。

三、让渡资产使用权收入的核算

让渡资产使用权收入，主要包括利息收入、使用费收入等。利息收入金额，按照他人使用本企业货币资金的时间和实际利率计算确定。使用费收入金额，按照有关合同或协议约定的收费时间和方法计算确定。

1. 利息收入的核算

利息的支付方式包括分期付息和到期一次性付息两种方式。无论以何种方式支付利息，均应分期计算并确认利息收入。记入"应收利息"账户的借方，同时记入"利息收入"、"金融企业往来收入"等账户的贷方。

【例 12 - 13】C 银行于 20×8 年 12 月 1 日向 K 企业贷款 1 200 000 元，期限 1 年，年利率为 5%。月末按该笔存款的本金、已存期限和利率计算并确认利息收入，有关会计处理如下：

（1）贷出款项时：

借：中长期贷款   1 200 000

     贷：活期存款   1 200 000

（2）月末计算并确认利息：

月末确认利息收入 = 1 200 000 × 5%/12 = 5 000

借：应收利息   5 000

     贷：利息收入   5 000

（3）若 20×9 年 12 月 1 日到期收回贷款：

借：活期存款   1 260 000

　　　　贷：中长期贷款　　　　　　　　　　　　　　　　　　　　　　1 200 000
　　　　　　应收利息　　　　　　　　　　　　　　　　　　　　　　　　60 000

2. 使用费收入的核算

　　不同的使用费收入，其收费时间和收费方法各不相同。如果合同、协议规定使用费一次支付，且不提供后期服务的，应视同该项资产的销售一次确认收入。如提供后期服务的，应在合同、协议规定的有效期内分期确认收入。如合同规定分期支付使用费的，应按合同规定的收款时间和金额或合同规定的收费方法计算的金额分期确认收入。使用费收入在确认时，应按确定的收入金额记入"应收账款"、"银行存款"等账户的借方，贷记"其他业务收入"或"主营业务收入"账户。

　　【例 12－14】A 企业向 B 企业转让某项专利的使用权，一次性收费 20 000 元，不提供后续服务。该项交易会计处理为：

　　　　借：银行存款　　　　　　　　　　　　　　　　　　　　　　　　20 000
　　　　　　贷：主营业务收入　　　　　　　　　　　　　　　　　　　　　20 000

四、建造合同收入的核算

　　建造合同，是指为建造一项或数项在设计、技术、功能、最终用途等方面密切相关的资产而订立的合同。建造合同收入应当包括：合同规定的初始收入；因合同变更、索赔、奖励等形成的收入。合同变更，是指客户为改变合同规定的作业内容而提出的调整。索赔款，是指因客户或第三方的原因造成的、向客户或第三方收取的、用以补偿不包括在合同造价中成本的款项。奖励款，是指工程达到或超过规定的标准，客户同意支付的额外款项。建造合同成本应当包括从合同签订开始至合同完成止所发生的、与执行合同有关的直接费用和间接费用。合同的直接费用包括：耗用的材料费用、人工费用、机械使用费和其他可以直接计入合同成本的费用。间接费用是企业下属的施工单位或生产单位为组织和管理施工生产活动所发生的费用。直接费用在发生时直接计入合同成本，间接费用在资产负债表日按照系统、合理的方法分摊计入合同成本。合同完成后处置残余物资取得的收益等与合同有关的零星收益，应当冲减合同成本。合同成本不包括应当计入当期损益的管理费用、销售费用和财务费用。因订立合同而发生的有关费用，应当直接计入当期损益。

　　在资产负债表日，建造合同的结果能够可靠估计的，应当根据完工百分比法确认合同收入和合同费用。也就是说，应当按照合同总收入乘以完工进度扣除以前会计期间累计已确认收入后的金额，确认为当期合同收入；同时，按照合同预计总成本乘以完工进度扣除以前会计期间累计已确认费用后的金额，确认为当期合同费用。

第十三章 费 用

【学习目的】通过本章的学习，要求掌握费用的概念、分类，费用、成本、支出的关系；费用确认和计量；了解产品成本核算的一般程序和科目设置；掌握期间费用的内容及其账务处理。

第一节 费 用 概 述

一、费用的概念与特征

（一）费用的概念

费用是指企业在日常活动中发生的、会导致所有者权益减少的、与向所有者分配利润无关的经济利益的总流出。费用的概念有狭义和广义之分，此处所指费用是指狭义费用。广义费用是指会计期间内经济利益的总流出，即企业在生产经营过程中发生的各项耗费。其表现形式为资产减少或负债增加而引起的所有者权益减少，但不包括与所有者分配等有关的资产减少或负债增加。

（二）费用的特征

费用是与收入相对应而存在的，它代表企业为了取得一定收入而付出的代价，或者企业为了进行生产经营活动所发生的资源的牺牲。企业在销售商品、提供劳务等日常活动中必然要发生各种耗费，包括原材料等劳动对象的耗费、机器设备等劳动手段的耗费和劳动力的耗费以及其他有关的各种支出等，这些耗费和支出就构成了企业的费用。

财务会计中，费用通常具有以下三个特征：

（1）费用是企业在日常活动中形成的。此日常活动的界定与收入定义中涉及的日常活动界定一致。将费用界定为日常活动中形成的，目的是与损失相区分。

（2）费用是指企业与向所有者分配利润无关的经济利益的总流出。企业资源的流出，与资源流入企业所形成的收入正好相反，具体表现为企业资金支出。企业发生的工资支出、消耗材料和机器设备的折旧费用等，最终都会使企业的资源耗费。但企业资金的支出并不都构成费用，企业在生产经营过程中，有两类支出不应归入费用：一是偿债性支出，如用银行存款归还所欠债务等；二是企业向所有者分配的利润或股利，属于收益的分配，也不作为费用。费用可以理解为企业为了实现收入的目的而发生的资产耗费，以便获得更多的资产。但是，导致所有者权益的减少的支出，并不都构成费用，如企业向所有者分配利润或股利，属于收益的分配，虽然减少所有者权益，但是不属于企业发生费用的经济业务。

（3）费用最终会减少企业的所有者权益。一般而言，企业的所有者权益会随着收入增加而增加，随费用的增加而减少。

二、费用的分类

费用分类的目的是为了正确计算公司产品成本、客观反映公司的各期损益，同时是为了控制公司费用的发生，降低公司费用支出。根据费用的性质和特征，可以按照不同的标准进行分类。

（一）按费用的范围分类

狭义费用包括营业费用和投资损失。营业费用包括营业成本、营业税费、销售费用、管理费用和财务费用；投资损失是指企业在从事各项对外投资活动中发生的净损失（各项投资业务取得的收入小于其成本的差额）。此外，还包括公允价值变动损失，它是指交易性金融资产等公允价值变动形成的损失；以及资产减值损失，它是指各项资产发生减值形成的损失。

广义费用可以分为本年税前费用和所得税两部分。本年税前费用除了包括狭义费用之外，还包括公允价值变动损失、资产减值损失和营业外支出。公允价值变动损失是指交易性金融资产等公允价值变动形成的损失；资产减值损失是指各项资产发生减值形成的损失；营业外支出是指企业在经营业务以外发生的支出。所得税费用是指应在会计税前利润中扣除的所得税费用。

（二）按经济用途分类

按照费用的范围分类只能说明公司在生产经营活动中支出了哪些费用，但不能说明这些费用的用途以及它们与产品、损益之间的关系。因此，需要按其经济用途进行分类。

费用按照经济用途分类，可以分为生产成本（或劳务成本）和期间费用两类。

1. 生产成本

产品成本是指企业为生产产品、提供劳务而发生的各种耗费，构成产品成本的费用按照其经济用途具体可分为直接材料费用、直接人工费用和制造费用。

（1）直接材料费用，是指用来构成产品主要部分的材料的成本，包括企业生产经营过程中实际消耗的原材料、辅助材料、备品备件、外购半成品、燃料、动力、包装物以及其他直接材料。

（2）直接人工费用，是指在生产过程中对材料进行直接加工所耗用的人工费用。直接人工费用包括企业直接从事产品生产人员的工资、奖金和补贴以及福利费。

（3）制造费用，是指在生产过程中发生的那些不能归入直接材料费用、直接人工费用的各种费用。制造费用包括企业各个生产单位（分厂、车间）为组织和管理生产所发生的生产管理人员工资、职工福利费、生产单位房屋建筑物和机器设备等的折旧费、修理费、差旅费、运输费、保险费、设计制图费、试验检验费、劳动保护费、季节性修理期间的停工损失以及其他费用。

2. 期间费用

期间费用是指企业当期发生的必须从当期收入得到补偿的费用。它不构成产品的实体，不能计入产品成本。但它的发生与一定时期实现的收入相关，必须计入当期损益，所以称为期间费用。期间费用按其经济用途具体可分为销售费用、管理费用、财务费用。销售费用是指企业销售商品和材料、提供劳务过程中发生的各种费用；管理费用是指企业为组织和管理企业生产经营所发生的各项费用；财务费用是指企业为筹集生产经营所需资金等而发生的筹资费用。

（三）按经济内容分类

这种分类可以反映企业在一定时期发生了哪些费用，数额各是多少，用以分析企业在各个时期费用占全部费用的比重，考核费用计划的执行情况。按照这种标准可以将公司的费用划分为若干个费用要素，具体包括以下几项：

（1）外购材料费用，指企业耗用的一切从外部购进的原材料、半产品、辅助材料、包装物、修理用备件和低值易耗品等。

（2）外购燃料费用，指企业为生产而耗用的一切从外部购进的各种燃料，包括气体、液体、固体燃料。

（3）外购动力，指企业为生产而耗用的从外部购进的各种动力，包括电力、热力、蒸汽等。

（4）工资薪酬，指企业应计入生产费用的职工工资以及按照工资的一定比例提取的职工福利费。

（5）折旧费用，指企业所拥有的或控制的固定资产按照使用情况计提的折旧费用。

（6）利息支出，指企业为筹集生产经营资金而发生的利息支出。

（7）税金，指企业应计入生产费用的各种税金，如房产税、车船税、土地使用税等。

（8）其他支出，指不属于以上各项目的费用支出之和，如差旅费、通信费等。

（四）其他分类

（1）按照费用与产品的关系，可分为直接费用和间接费用。凡是根据费用发生的原始凭证就可以确定成本计算对象，直接计入产品成本的费用，即为直接费用，如直接材料费用和直接人工费用；凡是根据费用发生的原始凭证不能确定成本计算对象，必须通过分配标准及程序才能计入产品生产成本的费用，即为间接费用，如制造费用。

（2）按照费用与产品产量的关系，可以分为变动费用和固定费用。变动费用是指随着产品产量增减变动而变动的费用，如构成产品实体的原材料耗费等；固定费用是指在一定的相关范围内发生的与产品生产量的多少没有直接联系的费用，如采用直线法计提的固定资产折旧费等。

三、费用、成本、支出的关系

费用、成本和支出是三个既有区别又有联系的概念。

（一）费用与成本

费用概念前已述及，成本概念也有广义和狭义之分。广义的成本是指为了取得资产或达到特定目的而实际发生或应发生的价值牺牲。例如，企业为生产产品而发生的耗费为产品生产成本；企业为购建固定资产而发生的耗费为固定资产成本；企业为采购存货而发生的耗费为存货成本；企业为提供劳务而发生的耗费为劳务成本等。狭义的成本是指为了生产产品或提供劳务而实际发生或应发生的价值牺牲，即生产及劳务成本（以下简称生产成本）。这里的生产及劳务不仅仅是指工业生产及劳务，也包括非工业生产及劳务，如施工企业的建筑工程以及交通运输企业的劳务等。从上述成本概念可以看出，不论是广义或狭义成本概念，均将成本概括为对象化的耗费。

可以看出，费用和成本均是对耗费按用途进行的分类。费用是按会计期间归集耗费，而成本是对耗费按对象进行的归集。

（二）费用与支出

支出是指各项资产的减少，包括偿债性支出、成本性支出、费用性支出和权益性支出。偿债性支出是指用现金资产或非现金资产偿付各项债务的支出，引起资产和负债同时减少，如用银行存款偿还所欠货款等；成本性支出是指由于某一项现金资产或非现金资产的减少而引起另一项资产增加的支出，使资产总额保持不变，如用银行存款购入固定资产等；费用性支出是指某一项现金资产或非现金资产的减少而引起费用增加的支出，使资产与利润同时减少，如用银行存款支付广告费等；权益性支出是指由于某一项现金资产或非现金资产的减少而引起除利润以外其他所有者权益项目减少的支出，使资产与所有者权益同时减少，如用银行存款分配现金股利等。需要指出的是，并非所有资产的减少都属于支出。例如，从银行提取现金，银行存款的减少并非支出，只是货币资金形态的转变；又如，收回应收账款存入银行，应收账款的减少也不属于支出，只是债权的收回。

综上所述，支出与费用、成本之间的关系可以概括为：支出是指资产的减少，不仅包括费用性支出和成本性支出，还包括其他支出；费用是一种引起利润减少的耗费，费用性支出形成费用，然而费用中还包括为形成支出的耗费，如预提的利息费用等；成本是一种对象化的耗费，成本性支出形成成本，然而成本中也包括未形成支出的耗费，如生产车间预提的固定资产修理费等。

第二节 费用的确认与计量

一、费用确认的条件、标准和计量

（一）费用确认的条件

费用是指企业在日常活动中发生的、会导致所有者权益减少的、与向所有者分配利润无关的经济利益的总流出。费用的确认除了符合定义，也应当满足严格的条件。费用的确认应当满足的条件是：一是与费用相关的经济利益应当很可能流出企业；二是经济利益的流出的结果是企业的资产的减少或负债的增加；三是经济利益的流出额能够可靠计量。

（二）费用确认的标准

费用确认的标准应考虑两个方面：一是费用与收入的配比关系；二是费用的归属期。具体而言，确认费用的标准有以下几种：

（1）按其与营业收入的因果关系确认费用。凡是与本期收入有直接联系的耗费都应确定为本期的费用，如销售成本的确认；凡不是以取得营业收入为目的的各项耗费都不做费用，如购买各种债券所发生的支出、罚没款支出等。

（2）采用一定的分摊程序，系统、合理地分配费用。如果一项资产的减少与取得营业收入没有直接联系，但能够为若干个会计期间带来收益，则应采用一定的分配方法将该项资产的成本分摊计入各个会计期间，分别确认为各期的营业费用。例如，管理部门使用的固定资产的成本，需要采用一定的折旧方法，分别确认为各期的折旧费用。

（3）在支出发生时立即确认为费用。企业发生的有些支出，如企业行政管理部门发生的各项支出、为推销商品发生的各项支出，以及为筹集资金而发生的支出，这些支出虽与收入没有直接联系，且能为一个会计期间带来收益或受益期间难以合理估计，则应确认为当期费用。例如，管理人员的工资，其支出的收益仅涉及一个会计期间，应直接确认为当期费用；又如，广告费支出，虽然可能在较长时期内受益，但很难合理估计其受益期间，因而也可以直接确认为当期费用。对于一些虽然受益期限较长但数额较小的支出，按照重要性原则，也可直接确认为当期费用，如管理部门领用的办公用具等。

（三）费用的计量

费用的确认基本明确了企业各项支出的归属问题，而对于归属于本会计期间的费用，应采用什么标准来计量？我国2006年2月15日颁布并于2007年1月1日起在上市公司范围内施行的《企业会计准则》中允许使用历史成本、重置成本、可变现净值、现值、公允价值等，我国费用的计量一般采用会计上的传统方法即历史成本。所谓历史成本所依据的是企业发生的实际成本。

企业根据管理及成本计算的需要，除了在具体核算中采用实际成本外，也可以采用计划成本、定额成本或者标准成本来进行，但最终所提供的成本费用核算指标必须是实际成本。对于各会计期间所负担的费用，则必须按实际发生额计算、确认和结转。

二、费用确认和计量的基本要求

（一）加强对成本、费用的审核和控制

对成本、费用的审核，主要是审核这些成本、费用应不应该发生，已经发生的成本、费用应不应计入产品成本；对成本、费用的控制，主要是指在成本、费用发生过程中，对各种耗费进行指导、限制和监督，使成本、费用的支出被控制在原先规定的范围内。

（二）正确划分各种成本、费用的界限

为了正确地计算产品成本、归集期间费用，必须正确划分以下五个方面的费用界限。

1. 遵守成本、费用的开支范围

正确划分应计入产品成本和期间费用与不应计入产品成本和期间费用的界限，遵守成本、费用的开支范围。一般规定下列开支不能计入成本、费用：①为购建固定资产、无形资产和其他资产的支出；②对外投资的支出及分配给投资者的利润；③被没收的财物，支付的滞纳金、罚款、违约金、赔偿金，对外赞助与捐赠支出；④应在公积金、公益金中开支的支出；⑤国家规定不得列入成本、费用的其他支出。

2. 正确划分各个月份的费用界限

凡属本期收益，不管其何时收到，都作为本期收益处理。凡属本期的费用，不管其何时付出，都作为本期费用处理；反之，凡不属于本期的费用，即使款项已支付，亦不作为本期费用处理。

3. 正确划分产品成本和期间费用的界限

企业发生的各项费用支出，要在划清前两个界限的基础上，划分产品成本和期间费用的界限。为生产产品直接发生的材料、人工费用应计入产品成本，为生产产品发生的各项间接费用属于制造费用，也需分配计入各种产品的成本；而企业行政管理部门为组织和管理生产经营活动发生的费用属于管理费用；企业为筹集生产经营所需要的资金而发生的费用属于财务费用；企业在产品销售过程中所发生的费用属于销售费用。管理费用、财务费用和销售费用均属于期间费用。期间费用计入本期损益，产品成本则不一定在本期转入损益。

4. 正确划分不同产品成本的界限

产品成本，是一定产品的成本。计算成本是分品种进行的，这就要把每个月应计入产品生产成本的支出按产品划分清楚。划清各种产品之间的成本界限，有利于正确核算各种产品的实际生产成本，便于成本管理和生产控制，防止以盈补亏、掩盖超支等错误行为的发生，便于区分盈利产品和亏损产品。

5. 正确区分产成品和在产品的界限

各种成本费用经过上述划分以后已经得出每种产品当月发生的生产成本，如果到月末没有在产品（即产品是当月投产，当月全部完工），那么发生的生产成本就是本月完工产品的成本，这种情况比较简单。但经常出现的是月末有些产品没能完工入库，还停留在生产过程之中，那么当月发生的生产成本，并不等于当月入库的完工产品的生产成本，有一部分应当由在产品负担。同样的道理，本月完工入库的产品成本中，也包含有上月在产品的成本。这四项成本的关系是：

月初在产品成本 + 本月生产成本 = 本月完工产品成本 + 月末在产品成本

可以看出，每种产品的生产成本还要在其完工产品和月末在产品之间进行划分，这种划分也要根据具体条件，采用适当的分配方法，以便正确地计算完工产品成本和月末在产品成本。在这里也要特别注意不能人为地调节产品成本的高低。

上述成本费用界限的划分，都要贯彻受益原则，即何者受益、何者负担成本费用，何

时受益、何时负担成本费用，负担成本费用的多少应当与受益程度的大小成近似的正比关系。对企业发生的各种成本费用，都要划分这些界限。

在制造企业，费用的核算主要包括产品成本的核算和期间费用的核算。

三、产品成本的核算

（一）产品成本核算一般程序

产品成本和费用既有联系又有区别。从区别来看，首先，成本是对象化的费用，产品成本是相对于一定的产品而言所发生的费用，它是按照产品品种等成本计算对当期发生的费用进行归集所形成的。在费用按照经济用途分类中，企业一定期间发生的直接材料费用、直接人工费用和制造费用总和，构成了一定期间的产品成本。对于这部分费用来说，费用的发生过程同时又是产品成本的形成过程。其次，费用是指某一期间为生产而发生的，与一定的期间相联系；而产品成本是指为生产某一产品或几种产品而消耗的费用，它与一定种类和数量的产品相联系。

从联系来看，成本与费用可相互转化。企业在一定期间发生的直接费用按照成本计算对象进行归集；间接费用则通过分配计入各成本计算对象，使本期发生的费用予以对象化，转化为产品的成本，这一过程实际上就是产品成本的计算过程。在产品生产完成形成产成品，通过销售后，产品成本则转化为一定期间的销售成本，又成为费用并与实现销售当期的收入相配比，计入当期损益。可见，产品成本的核算是确定当期产品销售成本和当期损益的前提。

产品成本是企业在生产某种产品过程中发生的各种费用的总和。作为产品成本核算的一般程序，首先将企业的各种要素费用按其经济用途进行分配和归集，然后根据成本计算方法计入本月各种产品的成本，最终按照成本项目反映完工产品成本和月末在产品成本的过程。

产品成本核算的一般程序为：

首先，确认生产过程中发生的各种费用要素，并按照其经济用途进行归集和分配，计入各有关的成本和费用类账户。

其次，将应该计入本月产品成本的各项要素费用在各种产品之间，按照成本项目进行分配和归集，计算各种产品成本。

最后，对于有月初、月末在产品的产品，还应将月初在产品成本与本月生产成本之和，在完工产品和月末在产品之间进行分配和归集，即将本月生产成本加上月初在产品成本，减月末在产品成本，计算各种完工产品的成本。

（二）科目设置

1. 生产成本

（1）核算内容。

"生产成本"属于成本类性质的会计科目，该科目用于核算企业进行工业性生产所发生的各项生产费用，包括生产各种产品（包括产成品、自制半成品等）、自制材料、自制工具、自制设备等。该科目借方登记企业生产过程中发生的各项费用，即直接材料、直接人工等直接费用和分配转入的制造费用；贷方登记生产完成并验收入库的产成品、自制半成品、自制材料、自制工具、自制设备以及提供劳务的实际成本。该科目的期末余额在借方，表示尚未完工的各项在产品成本。

企业进行生产发生的各项生产成本，应分别确定成本核算对象和成本项目，进行费用的归集和分配。应当按照基本生产成本和辅助生产成本进行明细核算。

基本生产成本应当分别按照基本生产车间和成本核算对象（如产品的品种、类别、订单、批别、生产阶段等）设置明细账，并按照规定的成本项目设置专栏。

（2）生产成本的主要账务处理。

企业发生的各项直接生产费用，借记本科目（基本生产成本、辅助生产成本），贷记"原材料"、"库存现金"、"银行存款"、"应付职工薪酬"等科目。

企业各生产车间应负担的制造费用，借记本科目（基本生产成本、辅助生产成本），贷记"制造费用"科目。

企业辅助生产车间为基本生产车间、企业管理部门和其他部门提供的劳务和产品，月末按照一定的分配标准分配给各受益对象，借记本科目（基本生产成本）、"管理费用"、"销售费用"、"其他业务支出"、"在建工程"等科目，贷记本科目（辅助生产成本）。

企业已经生产完成并已验收入库的产成品以及入库的自制半成品，应于月末，借记"库存商品"等科目，贷记本科目（基本生产成本）。

2. 制造费用

（1）核算内容。

"制造费用"属于成本类性质的会计科目，用于核算企业生产车间、部门为生产产品和提供劳务而发生的各项间接费用，包括工资和福利费、修理费、办公费、水电费、机物料消耗、劳动保护费、季节性和修理期间的停工损失等。企业行政管理部门为组织和管理生产经营活动而发生的管理费用，记入"管理费用"科目，不在本科目中核算。该科目借方登记各车间、部门发生的制造费用；贷方登记月末分配转入"生产成本——基本生产成本"和"生产成本——辅助生产成本"科目。

企业生产车间、部门发生的不满足固定资产准则规定的固定资产确认条件的日常修理费用和大修理费用等固定资产后续支出，在"主营业务成本"科目核算，不在本科目核算。制造费用应按照不同的生产车间、部门和费用项目进行明细核算。

（2）制造费用的主要账务处理。

生产车间发生的机物料消耗，借记本科目，贷记"原材料"等科目。

发生的生产车间管理人员的工资等职工薪酬，借记本科目，贷记"应付职工薪酬"科目。

生产车间计提的固定资产折旧，借记本科目，贷记"累计折旧"科目。

生产车间支付的办公费、水电费等，借记本科目，贷记"银行存款"等科目。

发生季节性的停工损失，借记本科目，贷记"原材料"、"应付职工薪酬"、"银行存款"等科目。

将制造费用分配计入有关的成本核算对象，借记"生产成本（基本生产成本、辅助生产成本）"、"劳务成本"科目，贷记本科目。

季节性生产企业制造费用全年实际发生数与分配数的差额，除其中属于为下一年开工生产做准备的可留待下一年分配外，其余部分实际发生额大于分配额的差额，借记"生产成本——基本生产成本"科目，贷记本科目；实际发生额小于分配额的差额，作相反的会计分录。

除季节性的生产性企业外，本科目期末应无余额。

有关生产费用在各个产品之间的归集和分配，以及产品成本计算的方法，将在成本会计中作介绍。

第三节　期间费用的核算

期间费用是指企业当期发生的必须从当期收入得到补偿的费用。它不能直接属于某个特定产品成本的费用，但是，它的发生与一定时期实现的收入有联系，要计入当期损益，所以称为期间费用，包括销售费用、管理费用和财务费用。

一、销售费用

（一）销售费用的核算与科目设置

"销售费用"属于损益类性质的会计科目，用于核算企业在销售商品和材料、提供劳务的过程中发生的各项费用以及专设销售机构的各项经费。具体包括应由企业负担的保险费、包装费、展览费和广告费、商品维修费、预计产品质量保证损失、运输费、装卸费等以及为销售本企业商品而专设的销售机构（含销售网点、售后服务网点等）的职工薪酬、差旅费、办公费、折旧费等经费，还包括企业发生的与专设销售机构相关的固定资产修理费用等后续支出。

该科目借方登记发生的各项销售费用，贷方登记期末转入"本年利润"科目的销售费用。结转后本科目应无余额。本科目应按销售费用项目进行明细核算，分别反映销售费用支出情况，以便分析和考核销售费用计划的执行情况。

（二）销售费用的主要账务处理

（1）企业在销售商品过程中发生的包装费、保险费、展览费和广告费、运输费、装卸费等费用，借记本科目，贷记"库存现金"、"银行存款"科目。

（2）企业发生的为销售本企业商品而专设的销售机构的职工薪酬、业务费、折旧费等经营费用，借记本科目，贷记"应付职工薪酬"、"银行存款"、"累计折旧"等科目。

（3）期末，应将本科目余额转入"本年利润"科目，结转后本科目应无余额。

【例13-1】AB公司9月份销售费用发生的有关经济业务及编制的会计分录如下。

（1）用现金支付销售商品发生的运输费500元，运输途中保险费250元，装卸费150元。

```
借：销售费用                                           900
    贷：库存现金                                            900
```

（2）公司本月专设销售机构发生下列费用：专设销售机构的职工工资为 7 000 元，提取职工福利费 980 元，以银行存款支付办公费 500 元，固定资产折旧费 320 元。

```
借：销售费用                                         8 800
    贷：应付职工薪酬——工资                             7 000
                ——职工福利                             980
        银行存款                                         500
        累计折旧                                         320
```

（3）以银行存款支付产品广告费 10 000 元，展览费 3 000 元。

```
借：销售费用                                        13 000
    贷：银行存款                                         13 000
```

（4）月终将本月发生的销售费用 22 700 元转入"本年利润"科目。

```
借：本年利润                                        22 700
    贷：销售费用                                         22 700
```

二、管理费用

（一）管理费用的核算与科目设置

"管理费用"属于损益类性质的会计科目，用于核算企业为组织和管理企业生产经营所发生的管理费用。具体包括企业在筹建期间内发生的开办费、董事会和行政管理部门在企业的经营管理中发生的或者应由企业统一负担的公司经费（包括行政管理部门职工薪酬、物料消耗、低值易耗品摊销、办公费和差旅费等）、工会经费、董事会费（包括董事会成员津贴、会议费和差旅费等）、聘请中介机构费、咨询费（含顾问费）、诉讼费、业务招待费、房产税、车船税、土地使用税、印花税、技术转让费、矿产资源补偿费、研究费用、排污费等。还包括企业生产车间（部门）和行政管理部门等发生的固定资产修理费用等后续支出。

该科目借方登记发生的各项管理费用，贷方登记期末转入"本年利润"科目的管理费用。结转后本科目应无余额。本科目应按管理费用项目进行明细核算。

（二）管理费用的主要账务处理

（1）企业在筹建期间内发生的开办费，包括人员工资、办公费、培训费、差旅费、印刷费、注册登记费以及不计入固定资产价值的借款费用等在实际发生时，借记本科目（开办费），贷记"银行存款"等科目。

（2）行政管理部门人员的职工薪酬，借记本科目，贷记"应付职工薪酬"科目。

（3）行政管理部门计提的固定资产折旧，借记本科目，贷记"累计折旧"科目。

（4）发生的办公费、水电费、业务招待费、聘请中介机构费、咨询费、诉讼费、技术转让费、研究费用，借记本科目，贷记"银行存款"、"研发支出"等科目。

（5）按规定计算确定的应交矿产资源补偿费的金额，借记本科目，贷记"应交税费"科目。

（6）按规定计算确定的应交的房产税、车船税、土地使用税、印花税，借记本科目，贷记"应交税费"科目。

（7）期末，应将本科目的余额转入"本年利润"科目，结转后本科目应无余额。

【例13-2】AB公司10月份管理费用发生的有关经济业务及编制的会计分录如下。

（1）公司预提行政管理部门固定资产修理费500元，摊销行政管理部门书报订阅费200元。

借：管理费用　　　　　　　　　　　　　　　　　　　　700
　　贷：预提费用　　　　　　　　　　　　　　　　　　500
　　　　待摊费用　　　　　　　　　　　　　　　　　　200

（2）公司以现金支付业务招待费800元，以银行存款支付水电费1 200元。

借：管理费用　　　　　　　　　　　　　　　　　　　　2 000
　　贷：库存现金　　　　　　　　　　　　　　　　　　800
　　　　银行存款　　　　　　　　　　　　　　　　　　1 200

（3）公司本月经计算应缴纳车船税1 600元，房产税1 200元，土地使用税800元，以银行存款支付印花税400元。

借：管理费用　　　　　　　　　　　　　　　　　　　　4 000
　　贷：应交税费——应交车船税　　　　　　　　　　　1 600
　　　　　　　　——应交房产税　　　　　　　　　　　1 200
　　　　　　　　——应交土地使用税　　　　　　　　　800
　　　　银行存款　　　　　　　　　　　　　　　　　　400

（4）公司经计算应计提行政管理部门的固定资产折旧费3 000元，行政管理人员的工资为16 000元，提取职工福利费2 240元。

借：管理费用　　　　　　　　　　　　　　　　　　　　21 240
　　贷：累计折旧　　　　　　　　　　　　　　　　　　3 000
　　　　应付职工薪酬——工资　　　　　　　　　　　　16 000
　　　　　　　　　　——职工福利　　　　　　　　　　2 240

（5）月终将本月发生的管理费用27 940元转入"本年利润"科目。

借：本年利润　　　　　　　　　　　　　　　　　　　　27 940
　　贷：管理费用　　　　　　　　　　　　　　　　　　27 940

三、财务费用

（一）财务费用的核算与科目设置

"财务费用"属于损益类性质的会计科目，用于核算企业为筹集生产经营所需资金等而发生的筹资费用，具体包括利息支出（减利息收入）、汇兑差额以及相关的手续费、企业发生的现金折扣或收到的现金折扣等。

为购建或生产满足资本化条件的资产发生的应予资本化借款费用，在"在建工程"、"制造费用"等科目核算，不属于财务费用核算的内容。

该科目借方登记发生的各项财务费用，贷方登记期末转入"本年利润"科目的财务费用。结转后本科目应无余额。本科目应按财务费用项目进行明细核算。

（二）财务费用的主要账务处理

（1）企业发生的财务费用，借记本科目，贷记"银行存款"、"未确认融资费用"等科目。

（2）发生的应冲减财务费用的利息收入、汇兑差额、现金折扣，借记"银行存款"、"应付账款"等科目，贷记本科目。

（3）期末，应将本科目余额转入"本年利润"科目，结转后本科目应无余额。

【例13-3】AB公司11月份财务费用发生的有关经济业务及编制的会计分录如下。

①公司银行存款美元户期末账面人民币300 000元，根据期末汇率调整后的余额为303 000元，发生汇兑收益3 000元。

借：银行存款——美元户 3 000
　　贷：财务费用 3 000

②公司采用预提利息费用的方法，本月应负担的短期借款的利息支出8 000元。

借：财务费用 8 000
　　贷：预提费用 8 000

③公司以银行存款支付金融机构手续费1 000元。

借：财务费用 1 000
　　贷：银行存款 1 000

④公司接银行通知，已转来银行存款利息收入2 000元。

借：银行存款 2 000
　　贷：财务费用 2 000

⑤月终将本月发生的财务费用4 000元转入"本年利润"科目。

借：本年利润 4 000
　　贷：财务费用 4 000

第十四章 利　　润

【学习目的】 通过本章的学习，要求掌握利润的概念、组成和利润形成的账务处理；了解资产和负债的计税基础以及暂时性差异，掌握资产负债表债务法、递延所得税资产、递延所得税负债、所得税费用的确认与计量及其会计处理。

第一节　利润的形成

一、利润的概念

利润是企业在一定会计期间的经营成果。

从狭义的收入、费用来讲，利润包括收入减去费用后的净额、直接计入当期损益的利得和损失。利润金额取决于狭义的收入和费用、直接计入当期损益的利得和损失金额的计量。直接计入当期损益的利得和损失，是指应当计入当期损益、会导致所有者权益发生增减变动的、与所有者投入资本或者向所有者分配利润无关的利得或者损失。

从广义的收入、费用来讲，利润是指广义的收入与费用的差额。

二、利润的组成

企业的利润就其组成来说，既有通过生产经营活动而取得，也有通过投资活动而获得，还包括那些与生产经营活动没有直接关系的事项所引起的盈亏，以及交易性金融资产的公允价值变动和资产减值损失。不仅如此，不同类型的企业其利润的构成也是不同的。

根据我国 2006 年 2 月份财政部颁布的《企业会计准则》的规定，企业的利润通常由营业利润、利润总额、净利润三部分组成。

（一）营业利润

营业利润是企业在一定会计期间内从事生产经营活动取得的利润，等于营业收入减去营业成本、营业税金及附加、销售费用、管理费用、财务费用、资产减值损失，再加上公允价值变动损益和投资收益之后的净额。用公式表示如下：

营业利润 = 营业收入 - 营业成本 - 营业税金及附加 - 销售费用 - 管理费用 -

财务费用 - 资产减值损失 + (-) 公允价值变动损益 + (-) 投资收益

1. 营业收入

营业收入是指企业从事销售商品、提供劳务和让渡资产使用权等日常经营业务过程中取得的收入，包括主营业务收入和其他业务收入。主营业务收入是指企业确认的销售商品、提供劳务等经常性主营业务取得的收入，是利润形成的主要来源。不同行业主营业务收入的表现形式有所不同。工业企业的主营业务收入是指销售商品（产成品）、自制半成品以及提供代制、代修等工业性劳务取得的收入，称为产品销售收入；商品流通企业的主营业务收入是销售商品取得的收入，称为商品销售收入。其他业务收入是指除主营业务活动以外的其他经营活动实现的收入，包括出租固定资产、出租无形资产、出租包装物和商品、销售材料、用材料进行非货币性交换（非货币性资产交换具有商业实质且公允价值能够可靠计量）或债务重组等实现的收入。

2. 营业成本

营业成本是指企业在经营过程中为了取得营业收入而发生的成本，包括主营业务成本和其他业务成本。主营业务成本是指企业确认销售商品等主营业务收入时应结转的实际成本；其他业务成本是指企业除主营业务活动以外的其他经营活动所发生的支出，包括销售材料的成本、出租固定资产的折旧额、出租无形资产的摊销额、出租包装物的成本或摊销额以及采用成本模式计量的投资性房地产计提的折旧额或摊销额。

3. 营业税金及附加

营业税金及附加是指企业应由营业收入（包括主营业务收入和其他业务收入）补偿的各种税金及附加费，主要包括营业税、消费税、城市维护建设税、资源税和教育费附加等以及与投资性房地产相关的房产税、土地使用税等。

4. 销售费用

销售费用是指企业销售商品和材料、提供劳务的过程中发生的各种费用。具体包括保险费、包装费、展览费和广告费、商品维修费、预计产品质量保证损失、运输费、装卸费等以及为销售本企业商品而专设的销售机构（含销售网点、售后服务网点等）的职工薪酬、业务费、折旧费等经营费用。还包括企业发生的与专设销售机构相关的固定资产修理费用等后续支出。

5. 管理费用

管理费用是指企业为组织和管理企业生产经营所发生的管理费用。具体包括企业在筹建期间内发生的开办费、董事会和行政管理部门在企业的经营管理中发生的或者应由企业统一负担的公司经费（包括行政管理部门职工薪酬、物料消耗、低值易耗品摊销、办公费和差旅费等）、工会经费、董事会费（包括董事会成员津贴、会议费和差旅费等）、聘请中介机构费、咨询费（含顾问费）、诉讼费、业务招待费、房产税、车船税、土地使用税、印花税、技术转让费、矿产资源补偿费、研究费用、排污费等。

6. 财务费用

财务费用是指企业为筹集生产经营所需资金等而发生的筹资费用。具体包括利息支出（减利息收入）、汇兑差额以及相关的手续费、企业发生的现金折扣或收到的现金折扣等。

7. 资产减值损失

资产减值损失是指计提各项资产减值准备所形成的损失，包括应收账款、存货、长期股权投资、持有至到期投资、固定资产、无形资产、贷款等资产发生的减值损失。

在建工程、工程物资、生产性生物资产、商誉、抵债资产、损余物资以及采用成本模式计量的投资性房地产等资产发生的减值，也属于资产减值损失。

8. 公允价值变动损益

公允价值变动损益是指交易性金融资产、交易性金融负债，以及采用公允价值模式计量的投资性房地产、衍生工具、套期保值业务等公允价值变动形成的应计入当期损益的利得或损失。

9. 投资收益

投资收益是指企业对外投资所取得的收益减去投资发生的损失。

（二）利润总额

利润总额是指企业在缴纳所得税费用之前实现的利润，包括营业利润和营业外收支净额（营业外收入 – 营业外支出）。其计算公式如下：

利润总额 = 营业利润 + 营业外收入 – 营业外支出

1. 营业外收入

营业外收入是指与企业的生产经营活动没有直接关系的各项收入，包括非流动资产处置利得、非货币性资产交换利得、债务重组利得、政府补助、盘盈利得、捐赠利得等。

2. 营业外支出

营业外支出是指与企业的生产经营活动没有直接关系的各项支出，包括非流动资产处置损失、非货币性资产交换损失、债务重组损失、公益性捐赠支出、非常损失、盘亏损失等。

（三）净利润

净利润是指企业在一定的会计期间内实现的利润总额扣除所得税费用后的余额，其计算公式如下：

净利润 = 利润总额 – 所得税费用

所得税费用是指企业应计入当期损益的所得税费用，企业应采用资产负债表债务法来对所得税费用进行核算。

二、利润形成的账务处理

（一）主要会计科目

企业在进行利润核算时，需要设置"主营业务收入"、"其他业务收入"、"主营业务成本"、"其他业务成本"、"营业税金及附加"、"销售费用"、"管理费用"、"财务费用"、"资产减值损失"、"公允价值变动损益"、"投资收益"、"营业外收入"、"营业外支出"、"所得税费用"、"本年利润"、"递延所得税资产"、"递延所得税负债"等科目。

"主营业务收入"、"其他业务收入"科目贷方分别登记其本期发生的收入数额，借方分别登记本期转入"本年利润"科目的数额，结转后本科目应无余额。

"主营业务成本"、"其他业务成本"、"营业税金及附加"科目借方分别登记本期发生的成本、税金及附加数额,贷方分别登记本期转入"本年利润"科目的数额,结转后本科目应无余额。

"销售费用"科目借方登记本期发生的费用数额,贷方登记本期转入"本年利润"科目的数额,结转后本科目应无余额。

"管理费用"科目的借方登记本期发生的费用数额,贷方登记本期转入"本年利润"科目的数额,结转后本科目应无余额。

"财务费用"科目的借方登记本期发生的费用数额,贷方登记本期转入"本年利润"科目的数额,结转后本科目应无余额。

"营业外收入"科目贷方登记本期所发生的营业外收入,借方登记企业本期转入"本年利润"科目的营业外收入数额,结转后本科目应无余额。

"营业外支出"科目的借方登记本期发生的各项营业外支出,贷方登记企业本期转入"本年利润"科目的营业外支出数,结转后本科目应无余额。

"公允价值变动损益"科目借方登记公允价值低于账面余额的差额,贷方登记公允价值高于账面余额的差额,期末将本科目余额转入"本年利润"科目,结转后本科目应无余额。

"所得税费用"借方登记发生的按规定从当期损益中扣除的所得税,贷方登记期末结转"本年利润"科目的数额。

"本年利润"科目的贷方登记"主营业务收入"、"其他业务收入"、"营业外收入"、"投资收益"、"公允价值变动损益"等科目的期末结转额,借方登记"主营业务成本"、"其他业务成本"、"营业税金及附加"、"资产减值损失"、"销售费用"、"管理费用"、"财务费用"、"营业外支出"、"所得税费用"等科目的期末结转数额,结转后"本年利润"科目如为贷方余额即为本期净利润数,如为借方余额则为本期亏损数。

年度终了,应将本年实现的净利润转入利润分配科目,借记"本年利润",贷记"利润分配——未分配利润"科目;如为亏损,作相反的会计分录。结转后,"本年利润"科目应无余额。

(二)利润形成的账务处理

形成利润的主营业务收入以及主营业务成本、其他业务收入和其他业务成本以及投资收益、资产减值损失、公允价值变动损益、期间费用等内容,在前面的有关章节中已作过介绍,这里只就营业外收支等内容加以说明。

1. 营业外收支净额的账务处理

营业外收支净额是营业外收入与营业外支出的差额。

营业外收入是指与企业的生产经营活动没有直接关系的各项收入,包括非流动资产处置利得、非货币性资产交换利得、债务重组利得、政府补助、盘盈利得、捐赠利得等。企业取得营业外收入时,应借记有关科目,贷记"营业外收入"科目。

企业在生产经营期间,固定资产清理所取得的收益,借记"固定资产清理"科目,贷记"营业外收入——非流动资产处置利得"科目。

企业在非货币性资产交换和债务重组过程中的非货币性资产交换利得和债务重组利

得，应借记或贷记有关科目，同时贷记"营业外收入——非货币性资产交换利得"或"营业外收入——债务重组利得"科目。

企业确认的政府补助利得，借记"银行存款"、"递延收益"等科目，贷记本科目。

企业在清查财产过程中，查明固定资产盘盈，借记"待处理财产损溢"科目，贷记"营业外收入——盘盈利得"科目。

营业外支出是指与企业的生产经营活动没有直接关系的各项支出，包括非流动资产处置损失、非货币性资产交换损失、债务重组损失、公益性捐赠支出、非常损失、盘亏损失等。企业发生的营业外支出，借记"营业外支出"科目，贷记"固定资产清理"、"待处理财产损溢"、"库存现金"、"银行存款"等科目。

企业在非货币性资产交换和债务重组过程中的非货币性交换损失和债务重组损失，应借记"营业外支出——非货币性资产交换损失"或"营业外支出——债务重组损失"科目，同时借记或贷记有关科目。

期末，应将"营业外收入"、"营业外支出"科目余额转入"本年利润"科目，结转后"营业外收入"、"营业外支出"科目应无余额。

【例 14-1】某企业处置固定资产一台，原始价值为 14 000 元，累计折旧额为 6 000 元，取得处置收入 12 000 元。

借：固定资产清理	8 000	
累计折旧	6 000	
贷：固定资产		14 000
借：银行存款	12 000	
贷：固定资产清理		12 000
借：固定资产清理	4 000	
贷：营业外收入		4 000

【例 14-2】某企业按合同规定 2009 年 1 月 1 日应偿还以前所购货物货款 80 000 元，但因财务困难，此项债务无法偿还。经与债权单位协商，2 月 1 日进行债务重组，债务重组协议规定，债权单位减免企业债务 20 000 元，余额用现金立即予以偿还。

借：应付账款	80 000	
贷：营业外收入——债务重组利得		20 000
库存现金		60 000

【例 14-3】某企业报废和毁损的固定资产处理后产生净损失 60 000 元，按规定予以转销。

借：营业外支出——非流动资产处置损失	60 000	
贷：固定资产清理		60 000

【例 14-4】某企业将上述营业外收支净额，结转到"本年利润"科目。

借：本年利润	36 000	
贷：营业外支出		36 000

2. 本年利润结转的账务处理

净利润是指企业的税前利润扣除所得税费用后的余额。净利润一般通过"本年利润"

科目进行结转核算，计算本月利润总额和本年累计利润，一般可以采用两种不同的方法，即账结法和表结法。

账结法是指在每月月末将所有损益类科目的余额转入"本年利润"科目：借记所有收入类科目，贷记"本年利润"科目。经过上述结转后，各损益类科目月末均没有余额，"本年利润"科目反映年度内累计实现的净利润（或发生的净亏损）。采用账结法，账面上能够直接反映各月末累计实现的净利润（或发生的净亏损），但每月末结转本年利润的工作量较大。

表结法是指各月末不结转本年利润，而是通过编制利润表的过程计算出当月的净利润（或净亏损），在年末才将所有损益类科目的余额转入"本年利润"科目。采用表结法，各损益类科目的月末余额表示累计的收入或费用，"本年利润"科目在1~11月各月末不作任何记录，到12月末才结转本年利润，借记所有收入类科目，贷记"本年利润"科目；借记"本年利润"科目，贷记所有费用类科目。年末，损益类科目没有余额，"本年利润"科目的贷方余额表示全年累计实现的净利润，借方余额表示全年累计发生的净亏损。因此，各月末的累积净利润（或净亏损）不能在账面上直接得到反映，需要在编制利润表的过程中确定。采用表结法，由于平时不必结转本年利润，能够简化核算。

因此，采用账结法计算利润，每月都要使用"本年利润"科目；采用表结法计算利润，"本年利润"科目平时没有记录，只有年末才有记录。总之，无论企业采用哪种方法，年度终了时都必须将"本年利润"科目结平，转入"利润分配——未分配利润"科目，结转后，"本年利润"科目应无余额。

【例14-5】AB公司2009年12月份采用表结法结转本年利润，12月末各损益类科目余额如表14-1所示。

表14-1

损益类科目余额表

2009年12月31日

单位：元

科目名称	借方余额	贷方余额
主营业务收入		1 600 000
其他业务收入		70 000
投资收益		5 000
营业外收入		21 000
主营业务成本	1 000 000	
其他业务成本	60 000	
营业税金及附加	10 000	
销售费用	52 000	
管理费用	50 000	
财务费用	4 000	
资产减值损失	10 000	
公允价值变动损益		20 000
营业外支出	30 000	
所得税费用	164 670	
合计	1 380 670	1 716 000

根据表14-1的资料，采用表结法的会计处理如下。

结转本年收入：

借：主营业务收入	1 600 000
其他业务收入	70 000
投资收益	5 000
营业外收入	21 000
公允价值变动损益	20 000
贷：本年利润	1 716 000

结转本年费用：

借：本年利润	1 380 670
贷：主营业务成本	1 000 000
其他业务成本	60 000
营业税金及附加	10 000
销售费用	52 000
管理费用	50 000
财务费用	4 000
资产减值损失	10 000
营业外支出	30 000
所得税费用	164 670

月末，各损益类科目的余额为零。该企业 2009 年 12 月份实现的净利润为 335 330 元，即"本年利润"科目的贷方发生额 1 716 000 元减去"本年利润"科目的借方发生额 1 380 670 元的余额。

（三）以前年度损益调整

除上述利润形成的账务处理外，企业还应设置"以前年度损益调整"科目，用来核算企业本年度发生的影响以前年度损益的事项所作的调整。企业在资产负债表日至财务报告批准报出日之间发生的需要调整报告年度损益的事项，以及本年度发现的重要前期差错更正涉及调整以前年度损益的事项，也可以通过"以前年度损益调整"科目进行核算。该科目的贷方登记企业调整增加的以前年度利润或调整减少的以前年度的亏损数，以及由于以前年度损益调整减少的所得税费用；借方登记企业调整减少的以前年度利润或调整增加的以前年度亏损数，调整了有关事项后，应同时将该科目的余额转入"利润分配——未分配利润"，结转后本科目应无余额。

企业调整增加的以前年度利润或调整减少的以前年度的亏损，借记有关科目，贷记"以前年度损益调整"科目；企业调整减少的以前年度利润或调整增加的以前年度亏损，借记"以前年度损益调整"科目，贷记有关科目。

企业由于调整增加以前年度利润或减少以前年度亏损而相应增加的所得税，借记"以前年度损益调整"科目，贷记"应交税费——应交所得税"科目；由于调整减少以前年度利润或增加以前年度亏损而相应减少的所得税，借记"应交税费——应交所得税"科目，贷记"以前年度损益调整"科目。

经过上述调整后，应同时将"以前年度损益调整"科目的余额转入"利润分配——未分配利润"科目。"以前年度损益调整"科目如为贷方余额，借记"以前年度损益调整"科目，贷记"利润分配——未分配利润"科目；如为借方余额，则借记"利润分配——未分配利润"科目，贷记"以前年度损益调整"科目。结转后，本科目应无余额。

需要注意的是，企业本年度发生的调整以前年度损益的事项，应当调整本年度会计报表相关项目的年初数或上年实际数；企业在年度资产负债表日至财务会计报告日之间发生的调整报告年度损益的事项，应当调整报告年度会计报表相关项目的数字。

第二节　所得税会计

一、所得税会计的含义与核算程序

（一）所得税会计的含义

所得税是企业的一项资产流出，我国把所得税作为企业的一项费用，应在净利润前扣除，即在会计税前利润中扣除的所得税费用，包括当期所得税费用和递延所得税费用（或收益，下同）。所得税会计是针对会计与税收规定之间的差异，在所得税会计核算中的具体体现。

会计和税收是经济领域中两个不同的分支，一般来说，财务会计核算必须遵循一般会计原则和企业会计准则，以真实、完整地反映企业财务状况、经营成果和现金流量变动的情况，依据《企业会计准则》所计算的税前利润为会计利润；而税收是以课税为目的，依据有关的税收法规，确定一定期间内纳税人应缴纳的应税利润为应纳税所得额。由于会计准则和税法体现着不同的经济关系，服务于不同的目的，所以对会计要素的确认时间和范围就会不同，从而导致税前会计利润与应纳税所得额之间产生差异，所得税会计就是研究如何处理按照会计准则计算的资产、负债的账面价值和按照税法计算的资产、负债的计税基础之间差异的会计处理理论和方法。

所得税费用的确认有应付税款法和资产负债表债务法两种方法。采用应付税款法只确认当期所得税费用，而不确认递延所得税费用；采用资产负债表债务法，既要确认当期所得税费用，也要确认递延所得税费用。我国2006年2月15日颁布并于2007年1月1日起在上市公司范围内施行的《企业会计准则第18号——所得税》中，要求所得税的会计处理采用资产负债表债务法，与国际会计准则趋同。

企业在取得资产、负债时，应当确定其计税基础，资产或负债的账面价值与其计税基础之间的差额，称为暂时性差异。暂时性差异包括应纳税暂时性差异和可抵扣暂时性差异。应纳税暂时性差异是指在确定未来收回资产或清偿负债期间的应纳税所得额时，将导致产生应税金额的暂时性差异；可抵扣暂时性差异是指在确定未来收回资产或清偿负债期间的应纳税所得额时，将导致产生可抵扣金额的暂时性差异。

资产负债表债务法是从资产负债表出发，通过比较资产负债表上列示的资产、负债按照《企业会计准则》规定确定的账面价值与按照税法规定确定的计税基础，对于两者之间的差额分别应纳税暂时性差异与可抵扣暂时性差异，确认相关的递延所得税负债与递延所得税资产，也就是说，从资产负债表出发核算所得税，并在此基础上确定每一会计期间利润表中的所得税费用。

（二）所得税会计核算的一般程序

在采用资产负债表债务法核算所得税的情况下，企业一般应于每一资产负债表日进行所得税的核算。发生特殊交易或事项时，如企业合并，在确认因交易或事项产生的资产、负债时即应确认相关的所得税影响。企业进行所得税核算一般应遵循以下程序：

（1）确定账面价值，即确定资产负债表中除递延所得税资产和递延所得税负债以外的其他资产和负债项目的账面价值。

（2）确定计税基础，即按照资产和负债计税基础的确定方法，以适用的税收法规为基础，确定资产负债表中有关资产、负债项目的计税基础。

（3）对资产、负债的账面价值与其计税基础进行比较。对于两者之间存在差异的，分析其性质，除特殊情况外，分别应纳税暂时性差异与可抵扣暂时性差异，确定该资产负债表日递延所得税负债和递延所得税资产的应有金额，并与期初递延所得税资产和递延所得税负债的余额相比，确定当期应予进一步确认的递延所得税资产和递延所得税负债金额或应予转销的金额。

（4）计算当期应交所得税，确认所得税费用及递延所得税费用。

二、计税基础与暂时性差异

（一）资产的计税基础与暂时性差异

资产的计税基础，是指企业收回资产账面价值过程中，计算应纳税所得额时按照税法规定可以从应税经济利益中抵扣的金额，即某一项资产在未来期间计税时可以在税前扣除的金额。

资产在初始确认时，其计税基础一般为取得成本。在资产持续持有的过程中，可在未来期间税前扣除的金额是指资产的取得成本减去以前期间按照税法规定已经在税前扣除的金额后的余额。如固定资产、无形资产等长期资产在某一资产负债表日的计税基础是指其成本扣除按照税法规定已在以前期间税前扣除的累计折旧额或累计摊销额后的金额。

资产的账面价值大于其计税基础时，产生应纳税暂时性差异，即在确定未来收回资产或清偿负债期间的应纳税所得额时，将导致应税金额的暂时性差异。一项资产的账面价值代表的是企业在持续使用或最终出售该项资产时会取得的经济利益的总额，而计税基础代表的是一项资产在未来期间可在税前扣除的总金额。资产的账面价值大于其计税基础，该项资产在未来期间产生的经济利益不能全部税前抵扣，两者之间的差额需要缴税，产生应纳税暂时性差异。例如,一项无形资产的账面价值为 600 万元,意味着企业从该项无形资产的持续使用及最终处置中可以取得 600 万元的经济利益流入,计税基础如果为 580 万元,意味着企业可以从未来流入经济利益中抵扣的金额为 20 万元,两者之间的差额会造成未来期间应纳税所得额和应交所得税的增加。相应地,在其产生当期,应确认与其相关的递延所得税负债。

资产的账面价值小于其计税基础时,产生可抵扣暂时性差异,即在确定未来期间收回资产或清偿负债期间的应纳税所得额时,将导致产生可抵扣金额的暂时性差异。从经济含义来看,资产在未来期间产生的经济利益少,按照税法规定允许税前扣除的金额多,则企业在未来期间可以减少应纳税所得额并减少应交所得税。例如,一项资产的账面价值为 600 万元,计税基础为 680 万元,则企业在未来期间就该项资产可以在其自身取得经济利益的基础上多扣除 80 万元所得税,从整体上来看,未来期间应税所得会减少,应交所得税也会减少,形成可抵扣暂时性差异,符合有关确认条件时,应确认相关的递延所得税资产。

由于资产项目的不同,计税基础的具体确定也不同,举例说明如下:

(1) 固定资产。以各种方式取得的固定资产,初始确认时入账价值基本上是被税法认可的,即取得时其入账价值一般等于计税基础。固定资产在持有期间进行后续计量时,会计与税收处理的差异主要来自于折旧方法、折旧年限的不同以及固定资产减值准备的提取。

按照《企业会计准则》的规定,企业可以根据情况合理选择折旧方法,如可以按直线法计提折旧,也可以按照双倍余额递减法、年数总和法等计提折旧。税法一般会规定固定资产的折旧方法,除某些按照规定可以加速折旧的情况外,可以税前扣除的基本上是按照直线法计提的折旧。

另外,税法还会规定每一类固定资产的折旧年限,而会计处理时按照《企业会计准则》规定是由企业按照固定资产能够为企业带来经济利益的期限估计确定的。因为折旧年限的不同,也会产生固定资产账面价值与计税基础之间的差异。

在持有固定资产的期间内,因计提固定资产减值准备也会产生差异,因为所计提的减值准备不能够在税前扣除。

【例 14 -6】AB 公司于 2009 年 1 月 1 日购入一台固定资产,原值为 60 000 元,假定无预计净残值,税法规定采用直线法计提折旧,折旧年限为 5 年;该公司采用直线法计提折旧,折旧年限为 3 年。

2009 年 1 月 1 日,该固定资产的账面价值为 60 000 元,计税基础也为 60 000 元,无差异。

2009 年 12 月 31 日,按照税法规定,该项固定资产应计提折旧 12 000 元,计税基础为 48 000 元;该公司实际计提折旧 20 000 元,年末账面价值为 40 000 元。该项固定资产的账面价值 40 000 元与其计税基础 48 000 元之间的 8 000 元差额,意味着将于未来期间可以减少应纳税所得额并减少应交所得税,属于可抵扣暂时性差异,应确认相应的递延所得税资产。

(2) 无形资产。除内部研究开发形成的无形资产以外,以其他方式取得的无形资产,初始确认时其入账价值与税法规定的成本之间一般不存在差异。

①对于内部研究开发形成的无形资产，《企业会计准则》规定有关研究开发支出应区分两个阶段，研究阶段的支出应当费用化计入当期损益，而开发阶段符合资本化条件以后发生的支出应当资本化作为无形资产的成本；税法规定，企业发生的研究开发支出可税前加计扣除，即一般可按当期实际发生的研究开发支出的150%加计扣除。

内部研究开发形成的无形资产初始确认时，其成本为符合资本化条件以后发生的支出总额，因该部分研究开发支出在发生当期已税前扣除，所形成的无形资产在以后期间可税前扣除的金额为0，其计税基础为0。两者之间的差额为在未来期间应纳税所得额的金额，即为应纳税暂时性差异，其所得税影响应确认为递延所得税负债。

②无形资产在后续计量时，会计与税收的差异主要产生于对无形资产是否需要摊销及无形资产减值准备的提取。

《企业会计准则》规定，对于无形资产应根据其使用寿命情况，区分为使用寿命有限的无形资产与使用寿命不确定的无形资产。对于使用寿命不确定的无形资产，不要求摊销，在会计期末应进行减值测试。税法规定，企业取得的无形资产成本，应在一定期限内摊销，合同、法律未规定摊销期限的，应按不少于10年的期限摊销。对于使用寿命不确定的无形资产在持有期间，因摊销规定的不同，会造成其账面价值与计税基础的差异。

在对无形资产计提减值准备的情况下，因所计提的减值准备不允许在税前扣除，也会造成其账面价值与计税基础的差异。

（3）以公允价值计量的金融资产。按照《企业会计准则第22号——金融工具的确认与计量》的规定，以公允价值计量的金融资产，包括以公允价值计量且其变动计入当期损益的金融资产以及可供出售的金融资产，两者的共同点在于期末均以公允价值计量，区别在于前者对于公允价值相对于账面价值的变动是计入当期损益，而后者对于公允价值相对于账面价值的变动是计入所有者权益中的资本公积，即该两类金融资产于某一会计期末的账面价值为公允价值，如果税法规定按照《企业会计准则》确认的公允价值变动在计税时不予考虑，即有关金融资产在处置或出售前计税基础保持其取得成本不变，会造成该类金融资产账面价值与其计税基础之间的差异。

【例14-7】甲公司2009年12月1日购入股票，实际支付价款为10 000元，确认为交易性金融资产；12月31日，该股票的公允价值为13 000元，确认公允价值变动损益3 000元。

2009年12月31日，该交易性金融资产的计税基础仍为10 000元，账面价值为13 000元，两者之间的差异为3 000元。由于在未来期间出售该股票时只能按照10 000元在所得税前抵扣，因此，这3 000元差异属于应纳税暂时性差异，应确认相应的递延所得税负债。

（4）其他资产，因《企业会计准则》规定与税收法规的规定不同，企业持有的其他资产，可能造成其账面价值与计税基础之间存在差异的，如以下几个方面：

①应收股利，《企业会计准则》规定按照被投资单位宣告发放的现金股利或利润中应由本企业享有的部分确认应收股利，而税法规定对于有关的应收股利是否纳税要视投资企业与被投资单位适用的所得税税率之间是否存在差别而定。如果投资企业与被投资单位适用的所得税税率相同，自被投资单位收取的现金股利或利润在计税时是免税的，即其计税

基础与账面价值相同；投资企业适用的所得税税率高于被投资单位适用所得税税率的，因长期股权投资的账面价值与计税基础不同会产生对未来期间计税的影响。

②投资性房地产，对于采用公允价值模式计量的投资性房地产，其期末账面价值为公允价值，而如果税法规定不认可该类资产在持有期间因公允价值变动产生的利得或损失，则其计税基础应以取得时支付的历史成本为基础计算确定，从而会造成账面价值与计税基础之间的差异。

③其他计提了资产减值准备的各项资产。有关资产计提了减值准备以后，其账面价值会随之下降，而按照税法规定，资产的减值在转化为实质性损失之前，不允许税前扣除，即其计税基础不会因减值准备的提取而变化，从而造成资产的账面价值与其计税基础之间的差异。

（二）负债的计税基础与暂时性差异

负债的计税基础，是指负债的账面价值减去未来期间计算应纳税所得额时按照税法规定可予以抵扣的金额。

负债的账面价值大于其计税基础时，产生可抵扣暂时性差异。负债产生的暂时性差异实质上是税法规定就该项负债可以在未来期间在税前扣除的金额。一项负债的账面价值大于其计税基础，意味着未来期间按照税法规定构成负债的全部或部分金额可以自未来应税经济利益中扣除，减少未来期间的应税所得和应交所得税。例如，企业因预计将发生的产品保修费用确认预计负债 300 万元，但如果税法规定有关费用在实际发生前不允许扣除，其计税基础为 0，企业确认预计负债的当期相关费用不允许在税前扣除，但在以后期间费用实际发生时允许在税前扣除，使得未来期间的应税所得和应交所得税降低，产生可抵扣暂时性差异，符合确认条件的，应确认相关的递延所得税资产。

负债的账面价值小于其计税基础时，产生应纳税暂时性差异。一项负债的账面价值为企业预计在未来期间清偿该项负债时的经济利益流出，而其计税基础代表的是账面价值在扣除税法规定未来期间允许在税前扣除的金额之后的差额。因负债的账面价值与其计税基础不同产生的暂时性差异实质上是税法规定就该项负债在未来期间可以在税前扣除的金额。负债的账面价值小于其计税基础，则意味着就该项负债在未来期间可以在税前抵扣的金额为负数，即应在未来期间应纳税所得额的基础上调增，增加应税所得和应交所得税，产生应纳税暂时性差异，应确认相关的递延所得税负债。

在一般情况下，负债的确认与偿还不会影响企业的损益，也不会影响其应纳税所得额，未来期间计算应纳税所得额时按照税法规定可予以抵扣的金额为 0，计税基础即为账面价值。例如企业的短期借款、应付账款等。但是，某些情况下，负债的确认可能会影响企业的损益，进而影响不同期间的应纳税所得额，使得其计税基础与账面价值之间产生差额，如按照会计规定确认的某些预计负债。

举例说明如下：

（1）企业因销售商品提供售后服务等原因确认的预计负债。按照《企业会计准则第13 号——或有事项》规定，企业应将预计提供售后服务发生的支出在销售当期确认为费用，同时确认预计负债。如果税法规定，有关的支出应于发生时在税前扣除。因该类事项产生的预计负债在期末的计税基础为其账面价值与未来期间可税前扣除的金额之间的差额，因有关的支出实际发生时可全部税前扣除，其计税基础为 0。

因其他事项确认的预计负债，应按照税法规定的计税原则确定其计税基础。在某些情况下，因有些事项确认的预计负债，如果税法规定其支出无论是否实际发生均不允许在税前扣除，即未来期间按照税法规定可予以抵扣的金额为 0，其账面价值与计税基础相同。

【例 14 - 8】甲企业 2009 年因销售产品承诺提供 3 年的保修服务，在当年度利润表中确认了 200 万元的销售费用，同时确认为预计负债，当年度未发生任何保修支出。假定按照税法规定，与产品售后服务相关的费用在实际发生时允许在税前扣除。

该项预计负债在甲企业 2009 年 12 月 31 日资产负债表中的账面价值为 200 万元。

因假定税法规定，与产品保修相关的费用在未来期间实际发生时允许在税前扣除，则该项负债的计税基础等于账面价值减去未来期间计算应纳税所得额时按照税法规定可予以抵扣的金额，因与该项负债相关的保修支出在未来期间实际发生时均可在税前扣除。即未来期间计算应纳税所得额时按照税法规定可予以抵扣的金额为 200 万元。

该项预计负债的计税基础 = 账面价值 - 未来期间计算应纳税所得额时按照税法规定可予以抵扣的金额 = 200 - 200 = 0。

该预计负债的账面价值 200 万元与其计税基础 0 之间形成暂时性差异 200 万元，该暂时性差异在未来期间转回时，会减少企业的应纳税所得额，使企业于未来期间以应交所得税的方式流出经济利益减少，为可抵扣暂时性差异，在其产生期间，符合有关确认条件时，应确认相关的递延所得税资产。

（2）预收账款，企业在收到客户预付的款项时，因不符合收入确认条件，会计上将其确认为负债。税法中对于收入的确认原则一般与会计规定相同，即会计上未确认收入时，计税时一般亦不计入应纳税所得额，该部分经济利益在未来期间计税时可以在税前扣除的金额为 0，计税基础等于账面价值。

如果不符合会计准则规定的收入确认条件，但按照税法规定应计入当期应纳税所得额时，有关预收账款的计税基础为 0，即因其产生时已经计算交纳所得税，未来期间可全额在税前扣除，计税基础为账面价值减去在未来期间可全额在税前扣除的金额，即其计税基础为 0。

（3）其他负债，如企业应交的罚款和滞纳金等，在尚未支付之前按照会计规定确认为费用，同时作为负债反映。税法规定，罚款和滞纳金不能在税前扣除，其计税基础为账面价值减去未来期间计税时可以在税前扣除的金额 0 之间的差额，即计税基础等于账面价值，不产生暂时性差异。

（三）特殊项目产生的暂时性差异

（1）某些交易或事项发生以后，因为不符合资产、负债的确认条件而未体现为资产负债表中的资产或负债，但按照税法规定能够确定其计税基础的，其账面价值零与计税基础之间的差异也构成暂时性差异。

（2）对于按照税法规定可以结转以后年度的未弥补亏损及税款抵减，虽不是因资产、负债的账面价值与计税基础不同产生的，但本质上可抵扣亏损和税款抵减与可抵扣暂时性差异具有同样的作用，均能够减少未来期间的应税所得，进而减少未来期间的应交所得税，在会计处理上，与可抵扣暂时性差异的处理相同，符合条件的情况下，应确认与其相关的递延所得税资产。

（3）企业合并中取得有关资产、负债产生的暂时性差异。因《企业会计准则》规定与税收法规规定不同，可能使得对于企业合并中取得资产、负债的入账价值与按照税法规定确定的计税基础不同，如对于非同一控制下企业合并，购买方对于合并中取得的可辨认资产、负债按照《企业会计准则》规定应当按照其在购买日的公允价值确认，而如果该合并按照税法规定属于免税改组，即购买方在合并中取得的可辨认资产、负债维持其原计税基础不变，则会产生因合并中取得可辨认资产、负债的公允价值与其计税基础不同，形成暂时性差异。

三、所得税的账务处理

（一）递延所得税资产、递延所得税负债的确认和计量

企业应于资产负债表日，分析比较资产、负债的账面价值与其计税基础，两者之间存在差异的，企业应当按照暂时性差异与适用所得税税率计算的结果，确认递延所得税负债、递延所得税资产以及相应的递延所得税费用（或收益）。

资产、负债的账面价值和计税基础、暂时性差异及递延所得税资产和递延所得税负债之间的关系见表 14－2。

表 14－2

	资产	负债
应纳税暂时性差异递延所得税负债	账面价值＞计税基础	账面价值＜计税基础
可抵扣暂时性差异递延所得税资产	账面价值＜计税基础	账面价值＞计税基础

应纳税暂时性差异在转回期间将增加转回期间的应税所得和应交所得税，导致企业经济利益的流出，从其发生当期看，构成企业应支付税金的义务，应作为递延所得税负债确认。确认应纳税暂时性差异产生的递延所得税负债时，交易或事项发生时影响到会计利润或应纳税所得额的，相关的所得税影响应作为利润表中所得税费用的组成部分；与直接计入所有者权益的交易或事项相关的，其所得税影响应增加或减少所有者权益；企业合并产生的，相关的递延所得税影响应调整购买日应确认的商誉或是计入当期损益的金额。

资产、负债的账面价值与其计税基础不同产生可抵扣暂时性差异的，在估计未来期间能够取得足够的应纳税所得额来抵扣暂时性差异时，应当以很可能取得用来抵扣可抵扣暂时性差异的应纳税所得额为限，确认相关的递延所得税资产。有关交易或事项发生时，对

税前会计利润或是应纳税所得额产生影响的，所确认的递延所得税资产应作为利润表中所得税费用的调整；有关的可抵扣暂时性差异产生于直接计入所有者权益的交易或事项，则确认的递延所得税资产也应计入所有者权益；企业合并时产生的可抵扣暂时性差异的所得税影响，应相应调整合并中确认的商誉或是应计入当期损益的金额。

（二）递延所得税负债与应纳税暂时性差异

递延所得税负债是指按照应纳税暂时性差异和现行税率计算确定的负债，其性质属于应付的税款，在未来期间转为应纳税款。期末递延所得税负债大于期初递延所得税负债的差额，应确认为递延所得税费用，借记"所得税费用"科目，贷记"递延所得税负债"科目；反之，则冲减递延所得税负债，并作为递延所得税收益处理，借记"递延所得税负债"科目，贷记"所得税费用"科目。

【例14-9】A企业于2010年1月1日购入某项环保设备，取得成本为10万元，会计上采用直线法计提折旧，使用年限为10年，净残值为0，因该设备符合税法规定的税收优惠条件，计税时按双倍余额递减法计提折旧，使用年限及净残值与会计处理相同。A企业适用的所得税税率为25%。假定该企业不存在其他会计与税收处理的差异，该项固定资产在期末未发生减值。

那么，2010年资产负债表日，该项固定资产按照会计规定计提的折旧额为1（10÷10）万元，计税时允许扣除的折旧额为2（2÷10×10）万元，则该固定资产的账面价值9（10-1）万元与其计税基础8（10-2）万元的差额构成应纳税暂时性差异，企业应确认相关的递延所得税负债。

借：所得税费用　　　　　　　　　　　　　2 500（10 000×25%）
　　贷：递延所得税负债　　　　　　　　　　　　　　2 500

【例14-10】甲公司于2009年1月1日购入一台机器设备，买价和运杂费共计420 000元，预计使用年限为6年，预计净残值为0。会计上按直线法计提折旧。因该设备符合税法规定的税收优惠条件，计税时可采用年数总和法计提折旧。假定税法规定的使用年限及净残值均与会计处理相同，且甲公司各会计期间均未对固定资产计提减值准备。

则甲公司每年因固定资产账面价值与计税基础不同应予确认的递延所得税情况如表14-3所示。

采用直线法每年应计提的折旧额为：420 000÷6=70 000（元）。

采用年数总和法每年应计提的折旧额为：

2009年，420 000×6÷（1+2+3+4+5+6）=120 000（元）；

2010年，420 000×5÷21=100 000（元）；

2011年，420 000×4÷21=80 000（元）；

2012年，420 000×3÷21=60 000（元）；

2013年，420 000×2÷21=40 000（元）；

2014年，420 000×1÷21=20 000（元）。

表14 -3

单位：元

	2009 年	2010 年	2011 年	2012 年	2013 年	2014 年
实际成本	420 000	420 000	420 000	420 000	420 000	420 000
累计会计折旧	70 000	140 000	210 000	280 000	350 000	420 000
账面价值	350 000	280 000	210 000	140 000	70 000	0
累计计税折旧	120 000	220 000	300 000	360 000	400 000	420 000
计税基础	300 000	200 000	120 000	60 000	20 000	0
暂时性差异	50 000	80 000	90 000	80 000	50 000	0
适用税率（%）	25	25	25	25	25	25
递延所得税负债余额	12 500	20 000	22 500	20 000	12 500	0

（1）2009 年资产负债表日，会计分录如下：

该项固定资产的账面价值 = 420 000 - 70 000 = 350 000（元）

其计税基础 = 420 000 - 120 000 = 300 000（元）

因账面价值 350 000 元大于其计税基础 300 000 元，两者之间为应纳税暂时性差异，应确认与其相关的递延所得税负债为 12 500 [（350 000 - 300 000）×25%]元。

借：所得税费用　　　　　　　　　　　　　　　　　12 500

　　贷：递延所得税负债　　　　　　　　　　　　　　　　12 500

（2）2010 年资产负债表日，会计分录如下：

该项固定资产的账面价值 = 420 000 - 70 000 - 70 000 = 280 000（元）

其计税基础 = 420 000 - 120 000 - 100 000 = 200 000（元）

因账面价值 280 000 元大于其计税基础 200 000 元，两者之间为应纳税暂时性差异，应确认与其相关的递延所得税负债为 20 000 [（280 000 - 200 000）×25%]元，但递延所得税负债的期初余额为 16 500 元，当期应进一步确认递延所得税负债 7 500（20 000 - 12 500）元。

借：所得税费用　　　　　　　　　　　　　　　　　7 500

　　贷：递延所得税负债　　　　　　　　　　　　　　　　7 500

（3）2011 年资产负债表日，会计分录如下：

该项固定资产的账面价值 = 420 000 - 70 000 - 70 000 - 70 000 = 210 000（元）

其计税基础 = 420 000 - 120 000 - 100 000 - 80 000 = 120 000（元）

因账面价值 210 000 元大于其计税基础 120 000 元，两者之间为应纳税暂时性差异，应确认与其相关的递延所得税负债为 22 500 [（210 000 - 120 000）×25%]元，但递延所得税负债的期初余额为 20 000 元，当期应进一步确认递延所得税负债 2 500（22 500 - 20 000）元。

借：所得税费用　　　　　　　　　　　　　　　　　2 500

　　贷：递延所得税负债　　　　　　　　　　　　　　　　2 500

（4）2012 年资产负债表日，会计分录如下：

该项固定资产的账面价值 = 420 000 - 70 000 × 4 = 140 000（元）

其计税基础 = 420 000 - 360 000 = 60 000（元）

因其账面价值 140 000 元大于其计税基础 60 000 元，两者之间为应纳税暂时性差异，应确认与其相关的递延所得税负债为 20 000 [（140 000 - 60 000）×25%]元，但递延所得税负债的期初余额为 22 500 元，当期应转回原已确认的递延所得税负债 2 500（22 500 - 20 000）元。

  借：递延所得税负债   2 500

    贷：所得税费用   2 500

（5）2013 年资产负债表日，会计分录如下：

该项固定资产的账面价值 = 420 000 - 70 000 × 5 = 70 000（元）

其计税基础 = 420 000 - 400 000 = 20 000（元）

因其账面价值 70 000 元大于计税基础 20 000 元，两者之间的差异为应纳税暂时性差异，应确认与其相关的递延所得税负债为 12 500 [（70 000 - 20 000）×25%] 元，但递延所得税负债的期初余额为 20 000 元，当期应转回递延所得税负债 7 500（20 000 - 12 500）元。

  借：递延所得税负债   7 500

    贷：所得税费用   7 500

（6）2014 年资产负债表日，会计分录如下：

该项固定资产的账面价值及计税基础均为 0，两者之间不存在暂时性差异，原已确认的与该项资产相关的递延所得税负债应予全额转回，即应将原已确认和递延所得税负债 12 500 元全额转回。

  借：递延所得税负债   12 500

    贷：所得税费用   12 500

在有些情况下，虽然资产、负债的账面价值与其计税基础不同，产生了应纳税暂时性差异，但出于各方面考虑，《企业会计准则》中规定不确认相应的递延所得税负债。

（三）递延所得税资产与可抵扣暂时性差异

递延所得税资产是指按照可抵扣暂时性差异和现行税率计算确定的资产，其性质属于预付的税款，在未来期间抵扣应纳税款。期末递延所得税资产大于期初递延所得税资产的差额，应确认为递延所得税收益，冲减所得税费用，借记"递延所得税资产"科目，贷记"所得税费用"科目；反之，则应冲减递延所得税资产，并作为递延所得税费用处理，借记"所得税费用"科目，贷记"递延所得税资产"科目。

【例 14 - 11】沿用【例 14 - 6】中的资料，假定 AB 公司 2009 年年初没有递延所得税资产，各年所得税税率均为 25%，且无其他差异。该公司 2009 年至 2013 年各年递延所得税资产及所得税收益的计算情况见表 14 - 4。

表 14 - 4   递延所得税资产及所得税收益计算表   单位：元

时 间	计税基础	账面价值	期末可抵扣暂时性差异	期末递延所得税资产	期初递延所得税资产	递延所得税收益
2009 年末	48 000	40 000	8 000	2 000	0	2 000
2010 年末	36 000	20 000	16 000	4 000	2 000	2 000
2011 年末	24 000	0	24 000	6 000	4 000	2 000
2012 年末	12 000	0	12 000	3 000	6 000	- 3 000
2013 年末	0	0	0	0	3 000	- 3 000

【例 14 - 12】甲企业 2010 年 12 月 31 日资产负债表中部分项目的账面价值和计税基础情况如表 14 - 5 所示。

表 14 - 5   单位：元

项 目	账面价值	计税基础	应纳税暂时性差异	可抵扣暂时性差异
交易性金融资产	1 300 000	1 000 000	300 000	
存货	10 000 000	11 000 000		1 000 000
固定资产	13 000 000	12 000 000	1 000 000	
无形资产	8 000 000	9 000 000		1 000 000
预计负债	500 000	0		500 000
总计			1 300 000	2 500 000

假定甲企业适用的所得税税率是 25%，2010 年会计利润为 375 万元，该企业当年会计与税收之间的差异包括以下事项：①国债利息收入 25 万元；②税款滞纳金 30 万元；③交易性金融资产公允价值增加 30 万元；④提取存货跌价准备 100 万元；⑤固定资产的原始成本是 2 000 万元，会计上采用直线法折旧，应计提折旧为 700 万元，而税法上要求采用双倍余额递减法进行折旧，应计提折旧为 800 万元；⑥提取无形资产减值准备 100 万元；⑦因售后服务预计费用 50 万元。该企业 2010 年期初递延所得税资产和递延所得税负债的账户都没有余额。

该企业 2010 年度的所得税费用计算如下：

应纳税所得额 = 375 - 25 + 30 - 30 + 100 - 100 + 100 + 50 = 500（万元）

应交所得税 = 500 × 25% = 125（万元）

递延所得税负债 = 130 × 25% = 32.5（万元）

递延所得税资产 = 250 × 25% = 62.5（万元）

所得税费用 = 125 + 32.5 - 62.5 = 95（万元）

2010 年甲企业所得税的会计分录为：

借：所得税费用   950 000

　　递延所得税资产   625 000

　　贷：应交税费——应交所得税   1 250 000

　　　　递延所得税负债   325 000

在某些情况下，如果企业发生的某项交易或事项不是企业合并，并且交易发生时既不影响会计利润也不影响应纳税所得额，且该项交易中产生的资产、负债的初始确认金额与其计税基础不同，产生可抵扣暂时性差异的，《企业会计准则》规定，在交易或事项发生时不确认相应的递延所得税资产。原因是在该种情况下，如果确认递延所得税资产，则需调整资产、负债的入账价值，对实际成本进行调整将有违会计核算中的历史成本原则，影响会计信息的可靠性，故要求不确认相应的递延所得税资产。

四、所得税费用的确认和计量

（一）当期所得税

当期所得税是指企业按照税法规定计算确定的针对当期发生的交易和事项，应交纳给税务部门的所得税金额，即应交所得税，应以适用的税收法规为基础计算确定。用公式表示为：

当期所得税 = 当期应交所得税 = 应纳税所得额 × 当期适用税率

企业在确定当期所得税时，对于当期发生的交易或事项，会计处理与税收处理不同的，应在会计利润的基础上，按照适用税收法规的要求进行调整，计算出当期应纳税所得额，按照应纳税所得额与适用所得税税率计算确定当期应交所得税。

（二）递延所得税

递延所得税是指按照《企业会计准则》规定应予确认的递延所得税资产和递延所得税负债在期末应有的金额相对于原已确认金额之间的差额，即递延所得税资产及递延所得税负债的当期发生额，但不包括计入所有者权益的交易或事项的所得税影响。用公式表示为：

递延所得税 = 当期递延所得税负债的增加 + 当期递延所得税资产的减少 −
当期递延所得税负债的减少 − 当期递延所得税资产的增加

值得注意的是，如果某项交易或事项按照《企业会计准则》规定应计入所有者权益，由该交易或事项产生的递延所得税资产或递延所得税负债及其变化亦应计入所有者权益，不构成利润表中的递延所得税费用（或收益）。

（三）所得税费用

利润表中的所得税费用由两个部分组成：当期所得税费用和递延所得税。用公式表示为：

所得税费用（或收益）= 当期所得税费用 + 递延所得税费用（−递延所得税收益）

【例 14 - 13】A 公司 2009 年度利润表中利润总额为 2 400 万元，该公司适用的所得税税率为 25%。与计算当期所得税有关的情况如下。

2009 年发生的有关交易和事项中，会计处理与税收处理存在差别的有：

（1）2009 年 1 月 1 日取得的一项固定资产，成本为 1 200 万元，使用年限为 10 年，净残值为 0，会计处理按双倍余额递减法计提折旧，税收处理按直线法计提折旧。假定税法规定的使用年限及净残值与会计处理规定相同。

（2）向关联企业提供现金捐赠 400 万元。

（3）当年度发生研究开发支出 1 000 万元，较上年度增长 20%。其中 600 万元资本化计入无形资产成本。税法规定按该企业的情况，可按实际发生研究开发支出的 150% 加计扣除。其中，符合资本化条件后发生的支出为 600 万元，假定所开发无形资产于期末达到预定使用状态。

（4）应付违反环保法规定罚款 200 万元。

（5）期末对持有的存货计提了 60 万元的存货跌价准备。

分析：

（1）计算 2009 年度当期应交所得税。

应纳税所得额 = 24 000 000 + 1 200 000 + 4 000 000 – 11 000 000 + 2 000 000 + 600 000

= 20 800 000（元）

应交所得税 = 20 800 000 × 25% = 5 200 000（元）

（2）计算 2009 年度递延所得税。

该公司 2009 年资产负债表相关项目金额及其计税基础如表 14 – 6 所示。

表 14 – 6   单位：元

项 目	账面价值	计税基础	差 异	
			应纳税暂时性差异	可抵扣暂时性差异
存货	16 000 000	16 600 000		600 000
固定资产：				
固定资产原价	12 000 000	12 000 000		
减：累计折旧	2 400 000	1 200 000		
减：固定资产减值准备	0	0		
固定资产账面价值	9 600 000	10800 000		1 200 000
无形资产	60 000 000	0	6 000 000	
其他应付款	2 000 000	2 000 000		
总计			6 000 000	1 800 000

递延所得税费用 = 6 000 000 × 25% – 1 800 000 × 25% = 1 050 000（元）

（3）计算利润表中应确认的所得税费用。

所得税费用 = 5 200 000 + 1 050 000 = 6 250 000（元）

相应的会计分录如下：

借：所得税费用   6 250 000

    递延所得税资产   450 000

  贷：应交税费——应交所得税   5 200 000

    递延所得税负债   1 500 000

第十五章 财务会计报告

【学习目的】通过本章的学习，了解财务会计报告的定义和作用；理解财务会计报告和财务报表的编制要求；掌握基本财务报表的编制方法。

第一节 财务会计报告概述

一、财务会计报告的定义及其构成

（一）财务会计报告的定义

财务会计报告是指企业对外提供的反映企业某一特定日期财务状况和某一会计期间经营成果、现金流量等会计信息的文件。它是企业会计核算工作的结果，是企业对外传递有用信息的手段。

（二）财务会计报告的构成

财务报告包括财务报表和其他应当在财务报告中披露的相关信息和资料。

1. 财务报表

财务报表是财务报告的核心，它是对企业财务状况、经营成果和现金流量的结构性表述。就内容而言，财务报表包括资产负债表、利润表、现金流量表、所有者权益（或股东权益）变动表等主表，利润分配表、资产减值准备明细表等附表。就结构而言，财务报表由表内及附注两部分组成，表内部分是主体，附注起支持和补充作用。附注的编制和报表本身一样，都要遵循《企业会计准则》，并经注册会计师审计。附注既可用文字说明和数字描述，也可只用文字说明，附注中的表述往往被称为披露。按照《企业会计准则》的规定，财务报表附注应披露的主要内容有：①财务报表的编制基础；②遵循会计准则的声明；③重要会计政策的说明；④重要会计估计的说明；⑤会计政策和会计估计变更以及差错更正的说明；⑥对已在表内列示的重要项目的进一步说明；⑦或有事项、资产负债表日后事项的非调整事项、关联方关系及其交易等需要说明的事项。

2. 其他需要披露的相关信息和资料

其他需要披露的相关信息和资料主要包括董事会报告、财务情况说明书、监事会报告等。这部分内容无须经过注册会计师审计，比报表附注更具灵活性，可以提供财务报表无法提供的预测信息。但必须注意的是，这部分内容，特别是涉及预测信息时，应尽可能公允、科学，同时还要防止信息过量。

二、财务报告的作用

企业财务会计报告的作用，主要表现在以下几方面：①财务会计报告为国家及各级政府的经济管理部门制定宏观经济政策、进行宏观经济调控和管理提供重要的信息。②财务会计报告能够向投资者、债权人提供决策所需要的信息。通过编制和报送财务会计报告，可以向企业的投资人提供有关企业的资本结构、盈利能力和利润分配政策等方面的信息，向企业的债权人提供有关企业偿债能力的信息，以利于他们作出对自己有利的决策。③财务会计报告为考核企业经营管理者受托责任履行情况提供重要的信息。④财务会计报告为企业经营管理人员加强和改善企业生产经营管理、制定正确的经营战略等决策提供重要的信息。⑤财务会计报告为工会等组织维护职工利益提供重要的信息。

三、财务会计报告编制的基本要求

为了充分发挥财务会计报告的作用，保证财务会计报告提供的信息能够满足有关各方的需要，企业编制的财务会计报告必须满足下列要求。

（一）遵循企业会计准则

企业应当根据实际发生的交易和事项，遵循各项《企业会计准则》的规定进行确认和计量，并在此基础上编制财务报表。企业应当在附注中对遵循《企业会计准则》编制的财务报表作出声明，只有遵循了《企业会计准则》的所有规定时，财务报表才被称为"遵循了《企业会计准则》"。

（二）以持续经营为编制基础

企业应当以持续经营为基础编制财务报表。在编制财务报表的过程中，企业管理层应当对企业持续经营的能力进行评价，需要考虑的因素包括市场经营风险、企业目前或长期的盈利能力、偿债能力、财务弹性以及企业管理层改变经营政策的意向等。如果对企业的持续经营能力产生严重怀疑的，应当在附注中披露导致对持续经营能力产生重大怀疑的主要的不确定因素。

非持续经营是企业在极端情况下出现的一种状况，非持续经营往往取决于企业所处的环境以及企业管理部门的判断。一般而言，企业存在下列情况之一的，通常表明企业处于非持续经营状态：①企业已在当期进行清算或停止营业；②企业已经正式决定在下一个会计期间进行清算或停止营业；③企业已确定在当期或下一个会计期间没有其他可供选择的方案而将被迫进行清算或停止营业。企业处于非持续经营状态时，应当采用其他基础编制财务报表，并在附注中表明财务报表未以持续经营为基础列报，披露未以持续经营为基的原因和财务报表的编制基础。

（三）重要性原则

财务报表某项目的省略或错报会影响使用者据此作出的经济决策的，该项目具有重要性。项目在财务报表中是单独列报还是合并列报，应当依据重要性原则来判断。具体而言，有以下几个方面：

（1）性质或功能不同的项目，应当在财务报表中单独列报，但是不具有重要性的项目可以合并列报。例如，存货和固定资产在性质和功能上都有本质的区别，必须在资产负债表上单独列报。

（2）性质或功能类似的项目，一般可以合并列报。其所属类别具有重要性的，应当按其类别在财务报表中单独列报。例如，原材料、低值易耗品等项目在性质上类似，均通过生产过程形成企业的产品存货，因此可以合并列报，合并以后的类别统称为存货，存货是企业的重要资产，在资产负债表中单独列报。

（3）项目单独列报的原则不仅适用于报表，还适用于附注。某些项目的重要性程度不足以在资产负债表、利润表、现金流量表或所有者权益变动表中单独列示，但是对附注而言却具有重要性，在这种情况下，应当在附注中单独披露。

（4）无论是《企业会计准则第30号——财务报表列报》规定的单独列报项目，还是其他具体会计准则规定单独列报的项目，企业都应当予以单独列报。

企业在进行重要性判断时，应当根据所处的环境，从项目的性质和金额的大小两方面予以判断，一方面，应当考虑该项目的性质是否属于企业的日常活动、是否对企业的财务状况和经营成果具有较大影响等因素；另一方面，判断项目金额大小的重要性，应当通过单项金额占资产总额、负债总额、所有者权益总额、营业收入总额、净利润等直接相关项目金额的比重加以确定。

（四）列报的一致性

一致性是指财务报表项目的列报应当在各个会计期间保持一致，不得随意变更，这一要求不仅针对财务报表中的项目名称，还包括财务报表项目的分类、排列顺序等方面。但下列情况除外：①会计准则要求改变财务报表项目的列报。②企业经营业务的性质发生重大变化后，变更财务报表项目的列报能够提供更可靠、更相关的会计信息。按照这一基本要求，如果财务报表项目的列报发生重大变化时，企业应在附注中披露变化的项目和原因，以及假设未发生变化该项目原来的列报方法和金额。

（五）其他要求

1. 财务报表项目间的相互抵销

财务报表项目应当以总额列报，资产、负债、收入和费用不能相互抵销，即不得以净额列报，但企业会计准则另有规定的除外。例如，企业欠客户的应付款不得与其他客户欠本企业的应收款相抵销，如果相互抵销就掩盖了交易的实质。

下列两种情况不属于抵销，可以以净额列式：①资产项目按照扣除减值准备后的净额列示，不属于抵销。对资产计提减值准备，表明资产的价值确实已经发生减损，按扣除减值准备后的净额列示，才反映了资产当时的真实价值。②非日常活动的发生具有偶然性，并非企业主要的业务，从重要性来讲，非日常活动产生的损益以收入扣减费用后的净额列示，更有利于报表使用者的理解，也不属于抵销。

2. 比较信息的列报

企业在列报当期财务报表时，至少应当提供所有列报上一可比会计期间的比较数据，以及与理解财务报表相关的说明，目的是向报表使用者提供对比数据，提高信息在会计期间的可比性，以反映企业财务状况、经营成果和现金流量的发展趋势，提高报表使用者的判断和决策能力。

3. 财务报表表首的列报要求

财务报表一般分为表首、正表两部分，其中，在表首部分企业应当概括地说明下列基本信息：①编报企业的名称，如果企业名称在所属当期发生了变更的，应当明确列明；②对资产负债表而言，须披露资产负债表日，而对利润表、现金流量表、所有者权益变动而言，须披露报表涵盖的会计期间；③本位币列报，并标明金额单位，如人民币元、人民币万元等；④财务报表是合并财务报表的，应当予以标明。

4. 报告期间

企业至少应当编制年度财务报表。根据《中华人民共和国会计法》的规定，会计年度自公历1月1日起至12月31日止。在编制年度财务报表时，如果出现年度财务报表涵盖的期间短于一年的情况（比如企业在年度中间开始设立等），企业应当披露年度财务报表的实际涵盖期间及其短于一年的原因，并应当说明由此引起财务报表项目与比较数据不具可比性这一事实。

四、财务报表的分类

财务报表可以按不同的标准分类。

（一）按财务报表反映的经济内容不同分类

按财务报表反映的经济内容不同，可以分为反映企业财务状况及其变动情况的报表和反映企业经营成果的报表。

反映企业财务状况及其变动情况的报表，包括反映企业在特定日期财务状况的资产负债表，反映企业在一定会计期间财务状况变动的报表，如现金流量表和所有者权益变动表。

反映企业经营成果的报表，是反映企业在一定时期经营成果的报表，如利润表。

（二）按财务报表编报期间的不同分类

按财务报表编报期间的不同，可以分为中期财务报表和年度财务报表。中期财务报表是以短于一个完整会计年度的报告期间为基础编制的财务报表，包括月报、季报和半年报等。年度财务报表是年度终了时编制的报表。中期报表的编制要求简明扼要、反映及时；年度报表的编制要求揭示完整、反映全面。与年度报表相比，中期财务报表中的附注披露可适当简略。

（三）按财务报表编报的主体不同分类

按财务报表编报的主体不同，可以分为个别财务报表和合并财务报表。个别财务报表是由企业在自身会计核算基础上对账簿记录进行加工而编制的财务报表，它主要用以反映企业自身的财务状况、经营成果和现金流量情况。合并财务报表是以母公司和子公司组成的企业集团为会计主体，根据母公司和所属子公司的财务报表，由母公司编制的综合反映企业集团财务状况、经营成果及现金流量的财务报表。

（四）按反映资金运动形态的不同分类

按照财务报表反映的资金运动形态不同，可以分为静态报表和动态报表。

静态报表是综合反映企业在特定日期资产、负债与所有者权益状况的报表，如资产负债表。

动态报表是综合反映企业在一定时期经营成果、所有者权益以及现金流量情况的报表，如利润表、所有者权益变动表和现金流量表。

第二节 资产负债表

一、资产负债表的含义及作用

（一）资产负债表的含义

资产负债表是反映企业某一特定日期（月末、季末、年末）财务状况的会计报表。由于它反映的是某一时点的财务状况，所以又称为"静态报表"。资产负债表是根据资产、负债、所有者权益之间的相互关系，按照一定的分类标准和顺序，把企业一定日期的资产、负债和所有者权益项目进行适当分类、汇总、排列编制而成的。每一会计主体都必须定期编制资产负债表。

资产负债表是企业重要的财务报表之一，在财务报表体系中具有举足轻重的地位。

（二）资产负债表的作用

作为反映财务状况的基本报表，资产负债表向使用者传递十分有用的信息。

1. 有助于分析、评价、预测企业的短期、长期偿债能力

偿债能力指以资产偿付债务的能力，一般分为短期偿债能力和长期偿债能力。

短期偿债能力主要体现为企业资产和负债的流动性。资产的流动性反映企业资产的变现能力，负债的流动性则反映迫近到期日的程度。因此，短期偿债能力的强弱主要取决于企业可以及时变现的流动资产的多少。在资产负债表中，资产一般按照流动性排列，负债则按到期日的长短排列。这种排列方式不仅有助于评估不同资产的变现能力，预测未来现金流入的金额、时间及其不确定性，还有助于评估不同类别负债的偿还先后，预测未来现金流出的金额、时间顺序及其不确定性。

长期偿债能力主要指企业以全部资产清偿全部负债的能力。长期偿债能力的大小主要取决于企业的获利能力和它的资本结构。资本结构是指在企业的权益总额中负债和所有者权益的相对比例，该比例的高低，会影响债权人、所有者的相对风险以及企业的长期偿债能力。在资本结构中，负债的比重越大，债权人的风险就越大，企业的长期偿债能力也就越弱。资产负债表是按资产、负债、所有者权益三大要素分项目列示的，可以方便企业信息使用者分析、评价和预测企业的长期偿债能力。

2. 有助于分析、评价、预测企业的变现能力和财务弹性

变现能力是指企业某项资产转换为现金的能力或某项债务应予支付的时间的长短。变现能力可以用来评价企业在不久的将来现金流量的时间分布，因此，无论是债权人还是所有者都很重视企业的变现能力的信息。通过对变现能力的分析，可以清楚地了解企业的短期偿债能力、未来支付现金股利的能力和利用新的投资机会的能力。

财务弹性是指企业在面临突发性的现金需要时，能够在资金调度上采取有效行动、做出快速反应的能力。

财务弹性影响企业的风险和变现能力，良好的财务弹性能帮助企业渡过财务上的难关或抓住有利的机会，从而得到充分的发展，反之，如果一个企业的财务缺乏弹性，则可能无力偿付到期的债务或很难筹集到发展所需的资金。

资产负债表本身并不能提供有关企业流动性和财务弹性的信息，但是通过资产负债表列示的资产、负债的分布以及资本结构的信息，并借助于损益表及其他报表信息，可有助于分析、评价和预测企业的流动性和财务弹性，进而估计企业适应市场环境变化的能力。

3. 有助于分析、评价、预测企业的经营业绩

企业经营业绩的好坏，直接影响投资者、债权人的利益，也影响职工和企业管理者的报酬，从而影响企业持续经营和发展的能力。企业的经营业绩主要用投资报酬率、净资产收益率等指标表示，而这些指标的计算离不开资产负债表提供的信息，只有将资产负债表和损益表的信息有机地结合起来，才能较全面地评价、预测企业的经营绩效。

二、资产负债表的内容和格式

（一）资产负债表的内容

资产负债表反映企业在某一特定日期的资产、负债和所有者权益三方面内容，因此，资产负债表的项目也分为资产、负债、所有者权益三类。

1. 资产类项目

资产类项目一般按流动性大小分为流动资产和非流动资产两类，类内再按其流动性由大到小的顺序分项列示。

流动资产项目通常包括：货币资金、交易性金融资产、应收票据、应收账款、其他应收款、预付账款、存货、一年内到期的非流动资产等。

非流动资产项目通常包括：可供出售的金融资产、持有至到期投资、长期应收款、长期股权投资、投资性房地产、固定资产、在建工程、工程物资、无形资产、开发支出、商誉、长期待摊费用、递延所得税资产及其他非流动资产等。

2. 负债类项目

负债类项目一般按偿还期限的长短分为流动负债和非流动负债两类，类内再分项列示。

流动负债项目一般包括：短期借款、应付票据、应付账款、预收账款、应付职工薪酬、应交税费、应付股利、其他应付款、一年内到期的非流动负债等。

长期负债项目一般包括：长期借款、应付债券、长期应付款、专项应付款等。

3. 所有者权益类项目

一般按照实收资本、资本公积、盈余公积、未分配利润分项列示。

（二）资产负债表的格式

资产负债表是根据"资产＝负债＋所有者权益"这一会计恒等式，按照一定的分类标准和次序，将企业在一定日期的资产、负债、所有者权益项目予以适当排列。资产负债表一般有两种格式，一种是报告式，一种是账户式。报告式资产负债表是将资产、负债、所有者权益按从上到下的顺序依次排列。账户式资产负债表是将报表分为左右两方，左方列示资产各项目，右方列示负债和所有者权益各项目，左方的资产总计等于右方的负债和所有者权益总计。我国的资产负债表采用账户式。为了使报表使用者通过比较不同时点资产负债表的数据，掌握企业财务状况的变动情况及其发展趋势，企业须提供比较资产负债表，资产负债表按各项目分为"年初余额"和"期末余额"两栏分别填列（资产负债表的具体格式如表15-3所示）。

三、资产负债表的编制方法

我国资产负债表的各项目都需填列"年初余额"和"期末余额"两栏。

（一）年初余额栏的填列方法

资产负债表"年初数"栏内各项目的金额，应根据上年末资产负债表"期末数"栏内所列数字填列。如果本年度资产负债表规定的各个项目的名称和内容同上年度不相一致，应对上年年末资产负债表各项目的名称和数字按照本年度的规定进行调整后，填入报表中的"年初数"栏内。

（二）期末余额栏的填列方法

资产负债表"期末数"栏各项目的金额，主要根据期末有关资产类、负债类、所有者权益类科目的期末余额填列。其填列方法可归纳如下。

（1）直接根据总账科目的期末余额填列。资产负债表中的有些项目，可以直接根据相应的总账科目期末余额直接填列。如"交易性金融资产"、"固定资产清理"、"短期借款"、"应付票据"、"应付职工薪酬"、"应付股利"、"应交税费"、"其他应付款"、"预计负债"、"专项应付款"、"递延所得税负债"、"实收资本"、"资本公积"、"盈余公积"等项目。

（2）根据若干总账科目的期末余额计算填列。如"货币资金"项目，需根据"库存现金"、"银行存款"、"其他货币资金"科目的期末余额合计填列。1～11月份"未分配利润"项目，根据"本年利润"科目期末贷（借）方余额减（加）"利润分配"科目期末借（贷）方余额合计填列，如为亏损，则以负号填列。

（3）根据有关明细科目的期末余额计算填列。资产负债表中，需要根据几个明细科目的期末余额计算填列的项目主要有：①"预付账款"项目。该项目应根据"预付账款"、"应付账款"科目所属有关明细科目的期末借方余额合计填列，如果"预付账款"科目所属的有关明细科目期末为贷方余额的，应在"应付账款"项目内填列。②"应付账款"项目。该项目应根据"应付账款"、"预付账款"科目所属有关明细科目的期末贷方余额合计填列，如果"应付账款"科目所属有关明细科目期末为借方余额的，应在"预付账款"项目内填列。③"应收账款"项目。该项目应根据"应收账款"、"预收账款"科目所属各明细科目期末借方余额合计，减去"坏账准备"科目中有关应收账款计提的坏账准备期末余额后的金额填列。如果"应收账款"科目所属明细科目期末为贷方余额，应在"预收账款"项目内填列。④"预收账款"项目。该项目应根据"预收账款"、"应收账款"科目所属相关明细科目的期末贷方余额合计填列，如果"预收账款"科目所属有关明细科目为借方余额的，应在"应收账款"项目内填列。

（4）根据总账科目和明细科目的余额分析计算填列。如"长期借款"、"应付债券"、"长期应付款"等项目，应分别根据"长期借款"、"应付债券"、"长期应付款"总账科目的余额扣除各该科目所属的明细科目中反映的将于一年内到期偿还的部分后的余额填列，长期借款、应付债券、长期应付款中将于一年内到期偿还的部分，应在流动负债类下"一年内到期的长期负债"项目内单独反映。

（5）根据有关资产科目余额减去其备抵科目余额后的净额填列。采用这种填列方法的资产负债表项目主要有以下项目：①"其他应收款"项目。该项目应根据"其他应收款"科目的期末余额减去"坏账准备"科目中有关其他应收款计提的坏账准备期末余额后的净额填列。②"长期股权投资"项目。该项目应根据"长期股权投资"科目的期末余额，减去"长期股权投资减值准备"科目贷方余额后的净额填列。③"持有至到期投资"项目。该项目应根据"持有至到期投资"科目的期末余额，减去"持有至到期投资减值准备"科目余额后的净额填列。④"固定资产"项目。该项目应根据"固定资产"科目期末余额，减去"累计折旧"、"固定资产减值准备"等科目期末余额后的净额填列。⑤"在建工程"项目。该项目应根据"在建工程"科目的期末余额减去"在建工程减值准备"科目期末余额后的净额填列。⑥"无形资产"项目。该项目应根据"无形资产"科目的期末余额，减去"累计摊销"、"无形资产减值准备"科目期末余额后的金额填列，等等。

（6）综合运用上述方法填列。如"存货"项目，需要根据"原材料"、"库存商品"、"委托加工物资"、"材料采购"、"在途物资"、"周转材料"、"材料成本差异"、"发出商品"等总账科目余额的分析汇总数，再减去"存货跌价准备"科目余额后的净额填列。

四、资产负债表的编制举例

ABC 股份有限公司 20×8 年 12 月 31 日的资产负债表（年初余额略）及 20×9 年度的科目余额表分别见表 15－1 和表 15－2。20×9 年 12 月 31 日"预付账款"某明细账户有贷方余额 30 000 元。"长期借款"账户余额中有 200 000 元将于次年 4 月到期。假设 ABC 股份有限公司 20×9 年度除计提固定资产减值准备导致固定资产账面价值与其计税基础存在可抵扣暂时性差异外，其他资产和负债项目的账面价值均等于其计税基础。假定 ABC 股份有限公司未来很可能获得足够的应纳税所得额用来抵扣可抵扣暂时性差异，适用的所得税税率为 25%。

编制 ABC 股份有限公司 20×9 年 12 月 31 日的资产负债表（见表 15－3）。

表 15－1 　　　　　　　　　　　　　　**资产负债表**

编制单位：ABC 股份有限公司　　　　　　20×9 年 12 月 31 日　　　　　　　　　　单位：元

资　　　产	期末余额	年初余额	负债和所有者权益	期末余额	年初余额
流动资产：			流动负债：		
货币资金	1 400 000		短期借款	400 000	
交易性金融资产	78 000		交易性金融负债		
应收票据	240 000		应付票据	100 000	
应收账款	305 100		应付账款	856 000	
预付账款	100 000		预收账款	53 800	
应收股利	0		应付职工薪酬	166 700	
应收利息	0		应交税费	36 600	
其他应收款	2 500		应付利息	45 000	
存货	2 682 500		应付股利	0	
其中：消耗性生物资产	0		其他应付款	60 000	
一年内到期的非流动资产	0		一年内到期的非流动负债	100 000	
其他流动资产	0		其他流动负债	0	
流动资产合计	4 808 100		流动负债合计	1 818 100	
非流动资产：			非流动负债：		
可供出售金融资产	0		长期借款	500 000	
持有至到期投资	0		应付债券		
投资性房地产	0		长期应付款		
长期股权投资	200 000		专项应付款	0	
长期应收款	0		预计负债	200 000	
固定资产	1 160 000		递延所得税负债	0	
在建工程	1 500 000		其他非流动负债	0	
工程物资			非流动负债合计	700 000	
固定资产清理	0		负债合计	2 518 100	
生产性生物资产	0		所有者权益：		

续表

资　产	期末余额	年初余额	负债和所有者权益	期末余额	年初余额
油气资产	0		实收资本（股本）	5 000 000	
无形资产	700 000		资本公积	216 700	
开发支出	0		盈余公积	750 000	
商誉	0		未分配利润	50 000	
长期待摊费用	0		减：库存股	0	
递延所得税资产	0		所有者权益合计	5 950 000	
其他非流动资产	100 000				
非流动资产合计	3 660 000				
资产总计	8 468 100		负债和所有者权益合计	8 468 100	

表 15 - 2　　　　　　　　　　　科目余额表　　　　　　　　　单位：元

科目名称	借方余额	科目名称	贷方余额
库存现金	5 000	短期借款	100 000
银行存款	773 135	应付票据	150 000
其他货币资金	8 300	应付账款	430 000
交易性金融资产	100 000	其他应付款	60 000
应收票据	66 000	应付职工薪酬	70 000
应收账款	500 000	应交税费	50 985
坏账准备	−50 000	应付利息	70 000
预付账款	148 200	长期借款	1 260 000
其他应收款	58 200	股本 5 000 000	
		资本公积	150 000
材料采购	270 000	盈余公积	800 000
原材料	50 000	利润分配（未分配利润）	100 000
库存商品	2 120 000		
材料成本差异	4 250		
存货跌价准备	−190 000		
长期股权投资	350 000		
固定资产	2 900 000		
累计折旧	−170 000		
固定资产减值准备	−30 000		
工程物资	350 000		
在建工程	400 000		
无形资产	628 000		
累计摊销	−60 000		
递延所得税资产	9 900		
合　　计	8 240 985		8 240 985

表 15－3

资产负债表

编制单位：ABC 股份有限公司　　　　　　　　20×9 年 12 月 31 日　　　　　　　　单位：元

资　　产	期末余额	年初余额	负债和所有者权益	期末余额	年初余额
流动资产：			流动负债：		
货币资金	786 435	1 400 000	短期借款	100 000	400 000
交易性金融资产	100 000	78 000	交易性金融负债	0	
应收票据	66 000	240 000	应付票据	150 000	100 000
应收账款	450 000	305 100	应付账款	460 000	856 000
预付账款	178 200	100 000	预收账款	0	53 800
应收股利	0	0	应付职工薪酬	70 000	166 700
应收利息	0	0	应交税费	50 985	36 600
其他应收款	58 200	2 500	应付利息	70 000	45 000
存货	2 254 250	2 682 500	应付股利	0	0
其中：消耗性生物资产	0	0	其他应付款	6 0000	60 000
一年内到期的非流动资产		0	一年内到期的非流动负债	200 000	100 000
其他流动资产	0	0	其他流动负债		0
流动资产合计	3 893 085	4 808 100	流动负债合计	1 160 985	1 818 100
非流动资产：			非流动负债：		
可供出售金融资产	0	0	长期借款	1 060 000	500 000
持有至到期投资	0	0	应付债券	0	
投资性房地产	0	0	长期应付款	0	0
长期股权投资	350 000	200 000	专项应付款	0	0
长期应收款	0	0	预计负债	0	200 000
固定资产	2 700 000	1 160 000	递延所得税负债	0	0
在建工程	400 000	1 500 000	其他非流动负债	0	0
工程物资	350 000		非流动负债合计	1 060 000	700 000
固定资产清理	0	0	负债合计	2 220 985	2 518 100
生产性生物资产	0	0	所有者权益：		
油气资产	0	0	实收资本（股本）	5 000 000	5 000 000
无形资产	568 000	700 000	资本公积	150 000	216 700
开发支出	0	0	盈余公积	800 000	750 000
商誉	0	0	未分配利润	100 000	50 000
长期待摊费用	0	0	减：库存股		
递延所得税资产	9 900	0	所有者权益合计	6 050 000	5 950 000
其他非流动资产	0	100 000			
非流动资产合计	4 377 900	3 660 000			
资产总计	8 270 985	8 468 100	负债和所有者权益合计	8 270 985	8 468 100

第十六章 利润表和所有者权益变动表

【学习目的】通过本章的学习，理解利润表和所有者权益变动表的概念和作用；熟悉利润表和所有者权益变动表的结构；掌握利润表和所有者权益变动表的编制方法。

第一节 利润表

一、利润表的概念和作用

利润表是反映企业在一定会计期间经营成果的报表。

通过提供利润表，可以反映企业在一定会计期间的所有收入（广义）与所有的费用（广义），并求出报告期的利润（或亏损）的数额和构成情况，帮助财务报表使用者全面了解企业的经营成果，分析企业的获利能力及盈利增长趋势，从而为其作出经济决策提供依据。

二、利润表的结构

常见的利润表结构主要有单步式和多步式两种。在我国，企业的利润表采用的基本上是多步式结构。在多步式利润表中，通过对当期的收入、费用等项目按性质加以归类，按利润形成的主要环节列示一些中间性利润指标，分步计算当期净损益。多步式利润表主要包括以下几个方面的内容：①营业收入；②营业利润；③利润总额；④净利润；⑤每股收益；⑥其他综合收益；⑦综合收益总额。此外，为了便于报表使用者比较不同时点利润表的数据，企业需要提供比较利润表，即利润表还就各项目再分为"木期金额"和"上期金额"两栏分别填列。多步式利润表如表16－1所示。

表16－1 利润表 会企02表

编制单位：＿＿＿年＿＿＿月 单位：元

项　　目	本期金额	上期金额
一、营业收入		
减：营业成本		
营业税金及附加		
销售费用		

续表

项　　目	本期金额	上期金额
管理费用		
财务费用		
资产减值损失		
加：公允价值变动收益（损失以"－"号填列）		
投资收益（损失以"－"号填列）		
其中：对联营企业和合营企业的收益		
二、营业利润（亏损以"－"号填列）		
加：营业外收入		
减：营业外支出		
其中：非流动资产处置损失		
三、利润总额（亏损总额以"－"号填列）		
减：所得税费用		
四、净利润（净亏损以"－"号填列）		
五、每股收益		
（一）基本每股收益		
（二）稀释每股收益		
六、其他综合收益		
七、综合收益总额		

三、利润表的编制方法

（一）上期金额栏的填列方法

利润表"上期金额"栏内各项数字，应根据上年该期利润表"本期金额"栏内所列数字填列。如果上年该期利润表规定的各个项目的名称和内容同本期不一致，应对上年该期利润表各项目的名称和数字按本期的规定进行调整，填入利润表"上期金额"栏内。

（二）本期金额栏的填列方法

利润表"本期金额"栏内各项数字一般应根据损益类科目的发生额分析填列。具体来说，包括以下四种数据来源：一是根据相关账户的本期发生额直接填列；二是根据相关账户本期发生额计算填列；三是根据利润表中相关项目金额计算填列；四是根据其他相关材料计算填列。

1. 根据相关账户的本期发生额直接填列

（1）营业税金及附加。"营业税金及附加"项目，反映企业经营业务应负担的消费税、营业税、城市维护建设税、资源税、土地增值税和教育费附加等。本项目应根据"营业税金及附加"科目的发生额填列。

（2）销售费用。"销售费用"项目，反映企业在销售商品过程中发生的费用以及为销售本企业商品而专设销售机构的费用。本项目应根据"销售费用"科目的发生额填列。

（3）管理费用。"管理费用"项目，反映企业为组织和管理生产经营发生的管理费用。本项目应根据"管理费用"科目的发生额填列。

（4）财务费用。"财务费用"项目，反映企业筹集生产经营所需资金等而发生的筹资费用。本项目应根据"财务费用"科目的发生额填列。

（5）资产减值损失。"资产减值损失"项目，反映企业各项资产发生的减值损失。本项目应根据"资产减值损失"科目的发生额填列。

（6）公允价值变动损益。"公允价值变动损益"项目，反映企业应当计入当期损益的资产或负债公允价值变动损益。本项目应根据"公允价值变动损益"科目的发生额填列，如为净损失，本项目以"－"号填列。

（7）投资收益。"投资收益"项目，反映企业以各种方式对外投资所取得的收益。本项目应根据"投资收益"科目的发生额填列，如为投资损失，本项目以"－"号填列。

（8）营业外收入。"营业外收入"项目，反映企业发生的与经营业务无直接关系的各项收入。本项目应根据"营业外收入"科目的发生额填列。

（9）营业外支出。"营业外支出"项目，反映企业发生的与经营业务无直接关系的各项支出。本项目应根据"营业外支出"科目的发生额填列。

（10）所得税费用。"所得税费用"项目，反映企业应从当期利润总额中扣除的所得税费用。本项目应根据"所得税费用"科目的发生额填列。

2. 根据相关账户本期发生额计算填列

（1）营业收入。"营业收入"项目，反映企业经营主要业务和其他业务所确认的收入总额。本项目应根据"主营业务收入"和"其他业务收入"科目的发生额计算填列。

（2）营业成本。"营业成本"项目，反映企业经营主要业务和其他业务所发生的成本总额。本项目应根据"主营业务成本"和"其他业务成本"科目的发生额计算填列。

3. 根据利润表中相关项目金额计算填列

（1）营业利润。"营业利润"项目反映企业实现的营业利润，本项目根据"营业利润＝营业收入－营业成本－营业税金及附加－销售费用－管理费用－财务费用－资产减值损失＋公允价值变动收益（－公允价值变动损失）＋投资收益（－投资损失）"进行计算填列，若为亏损，则应以"－"号填列。

（2）利润总额。"利润总额"项目反映企业实现的利润总额，本项目根据"利润总额＝营业利润＋营业外收入－营业外支出"进行计算填列，若为亏损，则应以"－"号填列。

（3）净利润。"净利润"项目反映企业实现的净利润，本项目根据"净利润＝利润总额－所得税费用"进行计算填列，若为亏损，则应以"－"号填列。

（4）综合收益总额。"综合收益总额"项目反映企业净利润与其他综合收益的合计金额。本项目根据"综合收益总额＝净利润＋其他综合收益"进行计算填列。

4. 根据其他相关材料计算填列

利润表中"基本每股收益"项目、"稀释每股收益"项目以及"其他综合收益"项目，需要根据其他相关资料计算填列。

（三）每股收益的计算

每股收益是指普通股股东每持有一股普通股所能享有的企业净利润或需承担的企业净亏损。每股收益是用于反映企业的经营成果，衡量普通股的获利水平及投资风险，是投资者、债权人等信息使用者据以评价企业盈利能力、预测企业成长潜力、进而作出相关经济决策的一项重要的财务指标。

普通股或潜在普通股已公开交易的企业，以及正处在公开发行普通股或潜在普通股过程中的企业，应在利润表中列示每股收益信息，包括基本每股收益和稀释每股收益。"基本每股收益"和"稀释每股收益"项目的计算，应当根据《企业会计准则第 34 号——每股收益》及其运用指南计算填列。其既需要财务报表中的数据，还需要其他数据，如企业发行在外普通股的平均数，企业潜在普通股的相关资料等。

1. 基本每股收益

基本每股收益仅考虑当期实际发行在外的普通股股份，按照归属于普通股股东的当期净利润除以当期实际发行在外普通股的算术加权平均数计算确定。

（1）分子的确定。

计算基本每股收益时，分子为归属于普通股股东的当期净利润，即企业当期实现的可供普通股股东分配的净利润或应由普通股股东分担的净亏损金额。发生亏损的企业，每股收益以负数列示。

（2）分母的确定。

计算基本每股收益时，分母为当期发行在外普通股的算术加权平均数，即期初发行在外普通股股数根据当期新发行或回购的普通股股数与相应时间权数的乘积进行调整后的股数。需要指出的是，公司库存股不属于发行在外的普通股，且无权参与利润分配，应当在计算分母时扣除。发行在外普通股加权平均数按下列公式计算：

发行在外普通股加权平均数 = 期初发行在外普通股股数 + 当期新发行普通股股数 × 已发行时间 ÷ 报告期时间 − 当期回购普通股股数 × 已回购时间 ÷ 报告期时间

其中，作为权数的已发行时间、报告期时间和已回购时间通常按天数计算。在不影响计算结果合理性的前提下，也可以采用简化的计算方法，如按月数计算。

【例 16 − 1】甲公司 2010 年年初发行在外的普通股为 10 000 万股；3 月 31 日新发行普通股 4 000 万股；11 月 1 日回购普通股 600 万股。甲公司当年度实现的净利润为 116 100 000 元。2010 年度基本每股收益的计算如下：

发行在外普通股加权平均数 = 10 000 × (12 ÷ 12) + 4 000 × (9 ÷ 12) − 600 × (2 ÷ 12)
= 12 900 （万股）

基本每股收益 = 11 610 ÷ 12 900 = 0.90 （元/股）

2. 稀释每股收益

（1）计算原则。

稀释每股收益的计算和列报考虑了潜在普通股，避免了每股收益虚增可能带来的信息误导。潜在普通股，是指赋予其持有者在报告期或以后期间享有取得普通股权利的一种金融工具或其他合同，包括可转换公司债券、认股权证、股份期权等。稀释每股收益是以基本每股收益为基础，假设企业所有发行在外的稀释性潜在普通股均已转换为普通股，从而分别调整归属于普通股股东的当期净利润以及发行在外普通股的加权平均数计算而得的每股收益。

（2）分子的调整。

计算稀释每股收益时，应当根据下列事项对归属于普通股股东的当期净利润进行调整：①当期已确认为费用的稀释性潜在普通股的利息；②稀释性潜在普通股转换时将产生的收益或费用。上述调整应当考虑相关的所得税影响。

（3）分母的调整。

发行在外普通股加权平均数 = 计算基本每股收益时普通股的加权平均数 + 稀释性潜在普通股转换为已发行普通股而增加的普通股股数的加权平均数

计算稀释性潜在普通股转换为已发行普通股而增加的普通股股数时，应当按照其发行在外时间进行加权平均。对以前期间发行的稀释性潜在普通股，应当假设在当期期初转换为普通股；当期发行的稀释性潜在普通股，应当假设在发行日转换普通股。

【例16-2】某公司2010年归属于普通股股东的净利润为50 000 000元，期初发行在外的普通股股数为2 500万股，年内普通股股数未发生变化。2010年1月1日公司按面值发行5 000 000元的可转换公司债券，票面利率为5%，每100元债券可转换为10股面值为1元的普通股。所得税税率为25%。则2010年度每股收益计算如下：

基本每股收益 = 50 000 000 ÷ 25 000 000 = 2（元/股）

增加的净利润 = 5 000 000 × 5% ×（1 - 25%）= 187 500（元）

注：可转换债券在当期期初已经转化为普通股，节省了公司债券的利息费用，增加了公司的当期净利润。

增加的普通股股数 = 5 000 000 ÷ 100 × 10 = 500 000（股）

稀释的每股收益 =（50 000 000 + 187 500）÷（25 000 000 + 500 000）= 1.97（元/股）

（四）综合收益表

根据《企业会计准则解释第3号》的要求，企业应当在利润表"每股收益"项下增列"其他综合收益"项目和"综合收益总额"项目。"其他综合收益"项目，反映企业根据企业会计准则规定未在损益中确认的各项利得和损失扣除所得税影响后的净额。"综合收益总额"项目，反映企业净利润与其他综合收益的合计金额。

综合收益是企业在一定时期内除所有者投资和对所有者分配等与所有者之间的资本业务之外的交易或其他事项所形成的所有者权益的变化额。综合收益的列报可以有不同的方式。

1. 编制独立的综合收益表

该表的第一部分列示净利润；第二部分列示其他综合收益的具体构成项目及其调整内容；第三部分列示综合收益总额。综合收益表的基本格式见表16-2。

表 16 - 2 综合收益表

编制单位： ＿＿年＿＿月 单位：元

项　目	本期金额	上期金额
一、净利润		
二、其他综合收益		
1. 可供出售金融资产公允价值变动净额		
（1）计入所有者权益的金额		
（2）转入当期损益的金额		
2. 现金流量套期工具公允价值变动净额		
（1）计入所有者权益的金额		
（2）转入当期损益的金额		
（3）计入被套期项目初始确认金额中的金额		
3. 权益法下被投资单位其他所有者权益变动的影响		
4. 与计入所有者权益项目相关的所得税的影响		
5. 其他		
三、综合收益总额		

以上述表 16 - 2 中"可供出售金融资产公允价值变动净额"为例说明该项目的填列。按照《企业会计准则第 22 号——金融工具确认和计量》的规定，可供出售金融资产的公允价值变动额应当计入资本公积，从而构成其他综合收益的组成部分。但如果本期处置了以前期间取得的可供出售金融资产，由于要将处置所得与取得该资产的成本之间的差额全部计入处置当期的损益，而该金融资产在以前期间的公允价值变动额已经计入相应期间的"其他综合收益"，因而应将这部分在前期计入其他综合收益当期转入利润的金额从本期的其他综合收益中减去，以避免重复计算。

2. 将其他综合收益的数据与利润表的数据列示在同一张报表。该表可称为"利润与综合收益表"。该表的上半部分列示传统的利润表数据，下半部分列示其他综合收益数据，如表 16 - 3 所示。

表 16 - 3 利润与综合收益表

编制单位： ＿＿年＿＿月 单位：元

项　目	本期金额	上期金额
一、营业收入		
减：营业成本		
营业税金及附加		
销售费用		
管理费用		
财务费用		
资产减值损失		
加：公允价值变动收益（损失以"－"号填列）		

项　目	本期金额	上期金额
投资收益（损失以"－"号填列）		
其中：对联营企业和合营企业的收益		
二、营业利润（亏损以"－"号填列）		
加：营业外收入		
减：营业外支出		
其中：非流动资产处置损失		
三、利润总额（亏损总额以"－"号填列）		
减：所得税费用		
四、净利润（净亏损以"－"号填列）		
五、每股收益		
（一）基本每股收益		
（二）稀释每股收益		
六、其他综合收益		
1. 可供出售金融资产公允价值变动净额		
（1）计入所有者权益的金额		
（2）转入当期损益的金额		
2. 现金流量套期工具公允价值变动净额		
（1）计入所有者权益的金额		
（2）转入当期损益的金额		
（3）计入被套期项目初始确认金额中的金额		
3. 权益法下被投资单位其他所有者权益变动的影响		
4. 与计入所有者权益项目相关的所得税的影响		
5. 其他		
七、综合收益总额		

在我国，《企业会计准则解释第3号》只要求企业采用简化的方法列报综合收益数据：只需在利润表的最下端列示"其他综合收益"和"综合收益总额"两个项目。但应在附注中详细披露其他综合收益各项目及其所得税的影响，以及原计入其他综合收益、当期转入损益的金额等信息。

四、利润表编制举例

【例16－3】甲股份有限公司2010年度有关损益类科目本年累计发生净额如表16－4所示。

表16-4　　　　　　　　甲股份有限公司损益类科目2010年度累计发生净额　　　　单位：元

科目名称	借方发生额	贷方发生额
主营业务收入		1 250 000
主营业务成本	750 000	
营业税金及附加	2 000	
销售费用	20 000	
管理费用	157 100	
财务费用	41 500	
资产减值损失	30 900	
投资收益		31 500
营业外收入		50 000
营业外支出	20 000	
所得税费用	85 500	

根据上述资料，编制甲股份有限公司2010年度利润表，如表16-5所示。

表16-5　　　　　　　　　　　　　利润表　　　　　　　　　　　会企02表

编制单位：甲股份有限公司　　　　　　　　2010年　　　　　　　　单位：元

项　目	本期金额	上期金额（略）
一、营业收入	1 250 000	
减：营业成本	750 000	
营业税金及附加	2 000	
销售费用	20 000	
管理费用	157 100	
财务费用	41 500	
资产减值损失	30 900	
加：公允价值变动收益（损失以"-"号填列）	0	
投资收益（损失以"-"号填列）	31 500	
其中：对联营企业和合营企业的投资收益	0	
二、营业利润（亏损以"-"号填列）	280 000	
加：营业外收入	50 000	
减：营业外支出	20 000	
其中：非流动资产处置损失	（略）	
三、利润总额（亏损总额以"-"号填列）	310 000	
减：所得税费用	85 500	
四、净利润（净亏损以"-"号填列）	224 500	
五、每股收益	（略）	
（一）基本每股收益		
（二）稀释每股收益		
六、其他综合收益		
七、综合收益总额		

第二节　所有者权益变动表

一、所有者权益变动表的概念和性质

所有者权益变动表是指反映构成所有者权益各组成部分当期增减变动情况的报表。

所有者权益变动表应当全面反映一定时期所有者权益变动的情况，不仅包括所有者权益总量的增减变动，还包括所有者权益增减变动的重要结构性信息，特别是要反映直接计入所有者权益的利得和损失，让报表使用者准确理解所有者权益增减变动的根源。

根据《企业会计准则第 30 号——财务报表列报》的规定，企业的基本财务报表包括四张报表，即资产负债表、利润表、现金流量表和所有者权益变动表。所有者权益变动表不再是资产负债表的附表，而是与资产负债表处于同一"级别"的一张基本报表。所有者权益变动表在一定程度上体现了企业的综合收益。综合收益，是指企业在某一期间与所有者权益之外的其他方面进行交易或发生其他事项所引起的净资产的变动。综合收益的构成包括两个部分：净利润和直接计入所有者权益的利得和损失。用公式表示如下：

综合收益 = 净利润 + 直接计入所有者权益的利得和损失

其中：净利润 = 收入 – 费用 + 直接计入当期损益的利得和损失

在所有者权益变动表中，净利润和直接计入所有者权益的利得和损失均单列项目反映，体现了企业综合收益的构成。

二、所有者权益变动表的内容与结构

在所有者权益变动表中，企业至少应当单独反映以下信息的项目：

（1）净利润。

（2）直接计入所有者权益的利得和损失项目及其总额。

（3）会计政策变更和差错更正的累计影响金额。

（4）所有者投入资本和向所有者分配利润等。

（5）按照规定提取的盈余公积。

（6）实收资本（或股本）、资本公积、盈余公积、未分配利润的期初和期末余额及其调节情况。

其中，反映"直接计入所有者权益的利得和损失"的项目即为其他综合收益项目。

为了清楚地反映构成所有者权益的各组成部分本期的增减变动情况，所有者权益变动表应当以矩阵的形式列示：首先，纵向列示导致所有者权益变动的交易或事项，从所有者变动的来源对一定时期所有者权益变动情况进行全面反映；其次，横向按照所有者权益各组成部分（包括实收资本、资本公积、盈余公积、未分配利润和库存股）及其总额列示交易或事项对所有者权益的影响。此外，企业还需提供比较所有者权益变动表，所有者权益

变动表还就各项目再分为"本年金额"和"上年金额"两栏分别填列。所有者权益变动表的格式如表16-6所示。

表16-6   **所有者权益变动表**   **会企04表**

编制单位：   _____年度   单位：元

项 目	本年金额						上年金额					
	实收资本	资本公积	减：库存股	盈余公积	未分配利润	所有者权益合计	实收资本	资本公积	减：库存股	盈余公积	未分配利润	所有者权益合计
一、上年年末余额												
加：会计政策变更												
前期差错更正												
二、本年年初余额												
三、本年增减变动金额（减少以"－"号填列）												
（一）净利润												
（二）直接计入所有者权益的利得和损失												
1. 可供出售金融资产公允价值变动净额												
（1）计入所有者权益的金额												
（2）转入当期损益的金额												
2. 现金流量套期工具公允价值变动净额												
（1）计入所有者权益的金额												
（2）转入当期损益的金额												
（3）计入被套期项目初始确认金额中的金额												
3. 权益法下被投资单位其他所有者权益变动的影响												
4. 与计入所有者权益项目相关的所得税的影响												
5. 其他												
上述（一）和（二）小计												
（三）所有者投入和减少资本												
1. 所有者投入资本												
2. 股份支付计入所有者权益的金额												
3. 其他												
（四）利润分配												
1. 提取盈余公积												
2. 对所有者（或股东）的分配												
3. 其他												
（五）所有者权益内部结转												
1. 资本公积转增资本												
2. 盈余公积转增资本												
3. 盈余公积弥补亏损												
4. 其他												
四、本年年末余额												

三、所有者权益变动表的编制方法

（一）上年金额栏的填列方法

所有者权益变动表"上年金额"栏内各项数字，应根据上年度所有者权益变动表"本年金额"栏内所列数字填列。如果上年度所有者权益变动表规定的各项目的名称和内容与本年不同，应对上年度所有者权益变动表中项目的名称和数字按本年度的规定进行调整，填入所有者权益变动表"上年金额"栏内。

（二）本年金额栏的填列方法

所有者权益变动表"本年金额"栏内各项数字一般应依据"实收资本"、"资本公积"、"盈余公积"、"利润分配"、"库存股"、"以前年度损益调整"等科目的发生额分析填列。

1. "上年年末余额"栏目

反映企业上年资产负债表中实收资本（或股本）、资本公积、盈余公积、未分配利润、库存股的年末余额。

2. "会计政策变更"、"前期差错更正"项目

分别反映企业采用追溯调整法处理的会计政策变更的累积影响金额和采用追溯调整法处理的会计差错更正的累积影响金额。

为了体现会计政策变更和前期差错更正的影响，企业应当在上期期末所有者权益余额的基础上进行调整得出本期期初所有者权益，根据"盈余公积"、"利润分配"、"以前年度损益调整"等科目的发生额分析填列。

3. "本年增减变动金额"项目

（1）"净利润"项目，反映企业当年实现的净利润（或净亏损）的金额，并对应列在"未分配利润"栏。

（2）"直接计入所有者权益的利得和损失"项目，反映企业当年直接计入所有者权益的利得和损失金额。其中：

"可供出售金融资产公允价值变动净额"项目，反映企业持有的可供出售金融资产当年公允价值变动的金额，并对应列在"资本公积"栏。

"权益法下被投资单位其他所有者权益变动的影响"项目，反映企业对按照权益法核算的长期股权投资，在被投资单位除当年实现的净损益以外的其他所有者权益当年变动中应享有的份额，并对应列在"资本公积"栏。

"与计入所有者权益项目相关的所得税的影响"项目，反映企业根据《企业会计准则第18号——所得税》规定应计入所有者权益项目的当年所得税影响金额，并对应列在"资本公积"栏。

（3）"净利润"和"直接计入所有者权益的利得和损失"小计项目，反映企业当年实现的净利润（或净亏损）金额和当年直接计入所有者权益的利得和损失金额的合计数。

（4）"所有者投入和减少资本"项目，反映企业当年所有者投入的资本和减少的资本。其中：

"所有者投入资本"项目，反映企业接受所有者投入形成的实收资本（或股本）和资本溢价或股本溢价，并对应列在"实收资本"和"资本公积"栏。

"股份支付计入所有者权益的金额"项目，反映企业处于等待期中的权益结算的股份支付当年计入资本公积的金额，并对应列在"资本公积"栏。

（5）"利润分配"下各项目，反映企业当年对所有者（或股东）分配的利润（或股利）金额和按照规定提取的盈余公积金额，并对应列在"未分配利润"和"盈余公积"栏。其中：

"提取盈余公积"项目，反映企业按照规定提取的盈余公积。

"对所有者（或股东）的分配"项目，反映对所有者（或股东）分配的利润（或股利）金额。

（6）"所有者权益内部结转"下各项目，反映不影响当年所有者权益总额和所有者权益各组成部分之间当年的增加变动，包括资本公积转增资本（或股本）、盈余公积转增资本（或股本）、盈余公积弥补亏损等项金额。为了全面反映所有者权益各组成部分的增加变动情况，所有者权益内部结转也是所有者权益变动表的重要组成部分，主要指不影响所有者权益总额、所有者权益的各组成部分当期的增减变动。其中：

"资本公积转增资本"项目，反映企业以资本公积转增资本或股本的金额。

"盈余公积转增资本"项目，反映企业以盈余公积转增资本或股本的金额。

"盈余公积弥补亏损"项目，反映企业以盈余公积弥补亏损的金额。

四、所有者权益变动表的编制举例

【例16－4】宏光公司2009年度所有者权益变动表见表16－7中的"上年金额"，假定2010年度宏光公司发生下列与所有者权益变动表相关的经济事项：

（1）宏光公司对乙公司进行长期股权投资，占其30%的股权。乙公司当年实现净利润为500 000元，净利润以外的净资产减少200 000元。

（2）将购买成本为180 600元的丙公司的股票（可供出售证券）的一半以120 000元出售，剩余股票的公允价值为115 000元（上年末持有乙公司股票的账面价值为250 000元）。

（3）实行股票期权计入资本公积100 000元。

（4）所得税会计（可供出后金融资产形成的递延所得税负债）直接进入资本公积11 175元。

（5）2010年度实现净利润760 517.50元。

（6）2009年度利润分配按税后利润的10%计提盈余公积，20%向投资者分配利润。2009年度净利润为467 172.10元。

编制2010年度宏光公司的所有者权益变动表（见表16－7）。

表 16－7

编制单位：宏光公司　　　　　　　　　　所有者权益变动表　　　　　2010 年度

会企 04 表
单位：元

项　　目	本年金额 实收资本	资本公积	减：库存股	盈余公积	未分配利润	所有者权益合计	上年金额 实收资本	资本公积	减：库存股	盈余公积	未分配利润	所有者权益合计
一、上年末余额	3 100 000	375 016		586 890	526 622.10	4 588 528.10	2 500 000			575 000	118 900	3 193 900
加：会计政策变更												
前期差错更正												
二、本年初余额	3 100 000	375 016		586 890	526 622.10	4 588 528.10	2 500 000			575 000	118 900	3 193 900
三、本年增减变动金额（减少以"－"号填列）		6 475		46 717.21	620 365.87	673 558.08	600 000	375 016		118 900	407 722.10	1 394 628.10
（一）净利润					760 517.50	760 517.50					467 172.10	467 172.10
（二）直接计入所有者权益的利得和损失		(95 525)				(93 525)		125 016				125 016
1. 可供出售金融资产公允价值变动净额		(44 700)				(44 700)		74 650				74 650
（1）计入所有者权益的金额		(10 000)										
（2）转入当期损益的金额		(34 700)										
2. 权益法下被投资单位其他所有者权益变动的影响		(60 000)				(60 000)		75 000				75 000
3. 与计入所有者权益项目相关的所得税影响		11 175				11 175		(24 634)				(24 634)
4. 其他												
上述（一）和（二）小计		(95 525)			760 517.50	666 992.50		125 016			467 172.10	592 188.10

项 目	本年金额						上年金额					
	实收资本	资本公积	减：库存股	盈余公积	未分配利润	所有者权益合计	实收资本	资本公积	减：库存股	盈余公积	未分配利润	所有者权益合计
（三）所有者投入和减少资本		100 000				100 000	600 000	250 000				850 000
1. 所有者投入资本		100 000				100 000	500 000	250 000				850 000
2. 股份支付计入所有者权益的金额							100 000					100 000
3. 其他												
（四）利润分配				46 717.21	(140 151.63)	(93 434.42)				11 890	(59 450)	(47 560)
1. 提取盈余公积				46 717.21	46 717.21	0				11 890	(11 890)	0
2. 对所有者（或股东）的分配					(93 434.42)	(93 434.42)					(47 560)	(47 560)
3. 其他												
（五）所有者权益内部结转												
1. 资本公积转增资本												
2. 盈余公积转增资本												
3. 盈余公积弥补亏损												
4. 其他												
四、本年末余额	3 100 000	381 491		633 607.21	1 146 987.97	5 262 086.18	3 100 000	375 016		586 890	526 622.10	4 588 528.10

第十七章 现金流量表

【学习目的】通过本章的学习，熟悉现金流量表的关键内容；正确理解现金流量的内容和分类；掌握现金流量表及其补充资料的编制。

第一节 现金流量表的含义及作用

一、现金流量表的含义

现金流量表是反映企业一定会计期间内现金及现金等价物流入和流出信息的会计报表。它是一张从动态的角度反映企业资金运行过程和结果的会计报表。

众所周知，资产负债表是反映企业在某一特定日期财务状况的会计报表。它提供企业某一日期资产或负债的总额及其构成和所有者权益状况，揭示企业目前拥有或控制的经济资源及其分布情况、企业未来某时点需要用多少资产或劳务偿还债务、判断企业价值保值、增值的情况以及对负债的保障程度。但是，资产负债表仅仅从静态方面反映了这些信息，却不能反映财务状况的变动情况，即使通过连续会计期间的相同会计指标比较，也只能说明报告期与比较期的资产、负债和所有者权益相比增加或减少了多少，但不能说明企业的资产、负债和所有者权益为什么发生了这些变化。利润表是反映企业在一定会计期间财务成果实现和分配过程及结果的会计报表。它反映企业一定会计期间的收入实现情况和费用耗费情况，从而反映企业生产经营活动的成果，即净利润的实现情况，据以判断资本保值、增值情况。利润表中有关营业收入和营业成本等信息说明了经营活动对财务状况的影响，一定程度上说明了财务状况变动的原因，但由于利润表是按照权责发生制原则确认和计量收入和费用的，它没有提供经营活动引起的现金流入和现金流出的信息，不能说明当期的经营活动为企业提供了多少可供周转的资金、企业的筹资活动和投资活动为企业提供了多少可供周转的资金。利润表中有关投资损益和财务费用的信息反映了企业投资和筹资活动的效率和最终成果，如投资效益、资金成本等，但是没有反映对外投资的规模和投向，以及筹集资金的规模和具体来源。资产负债表和利润表只能提供某一方面的信息，为了全面反映一个企业经营活动和财务活动对财务状况变动的影响，以及财务状况变动的原因，还需要编制现金流量表，以反映经营活动、投资活动以及筹资活动引起的现金流量的变化。现金流量表就是在资产负债表和利润表已经反映了企业财务状况和经营成果信息的基础上，进一步提供企业现金流量信息，即财务状况变动信息。

二、现金流量表的作用

在市场经济条件下，现金流转情况对一个企业的生存和发展起着决定性的影响。企业的目标是通过盈利实现企业价值的增值和不断的发展，但是即使一个暂时亏损的企业，如果企业现金充裕，就可以及时购入必要的材料物资和固定资产、及时支付工资、偿还债务、支付股利和利息；反之，即使一个盈利的企业如果缺乏现金，轻则影响企业的正常生产经营，重则危及企业的生存或导致破产清算。因此，现金管理已经成为企业财务管理的一个重要方面，受到企业管理人员、投资者、债权人以及政府监管部门的关注。现金流量表主要提供有关企业现金流量方面的信息，编制现金流量表的主要目的是为会计报表使用者提供企业一定会计期间内现金和现金等价物流入和流出的信息，以便于会计报表使用者了解和评价企业获取现金和现金等价物的能力，并据以预测企业未来现金流量。因而，现金流量表在评价企业经营业绩、衡量企业财务资源和财务风险以及预测企业未来前景方面，有着十分重要的作用。具体来说，现金流量表的作用主要表现为三个方面。

第一，现金流量表提供的企业现金流量信息，有助于会计报表使用者对企业整体财务状况作出客观的评价。

资产负债表反映企业静态的财务状况，利润表虽然从动态方面反映企业一定时期财务成果的形成过程和影响因素，但是它们都不能直接揭示影响财务状况和经营成果变动的财务活动和原因。而现金流量表以收付实现制为前提，分别提供有关经营活动、投资活动、筹资活动现金流入、流出方面的会计信息对企业财务状况和经营成果的影响，排除了权责发生制下不同标准确定和调整收入、支出导致的对企业净利润的影响，因而，可以使会计报表使用者客观地对企业经营业绩、财务资源和财务风险进行评价，从而进一步了解企业的经营活动能否顺利开展、经营资金的周转是否顺畅等。并配合资产负债表和利润表，将现金与流动负债比较、与发行在外的普通股加权平均股数进行比较，与净利润进行比较，可以了解企业的现金能否偿还到期债务、支付股利和进行必要的固定资产投资，了解企业现金流转效率和效果等，从而便于投资者做出投资决策、债权人做出信贷决策。

第二，现金流量表提供的企业现金流量信息，有助于预测企业未来现金流量。

通过现金流量表所反映的企业过去一定期间的现金流量以及其他生产经营指标，可以了解企业现金的来源和用途是否合理，了解经营活动产生的现金流量有多少，企业在多大程度上依赖外部资金，就可以据以预测企业未来现金流量，从而为企业编制现金流量计划、组织现金调度、合理节约地使用现金创造条件，为投资者和债权人评价企业的未来现金流量、做出投资和信贷决策提供必要信息。

第三，现金流量表提供的企业现金流量信息，有助于分析企业收益质量及影响现金净流量的因素。

利润表中列示的净利润指标，反映了一个企业的经营成果，这是体现企业经营业绩的最重要的一个指标。但是，利润表是按照权责发生制原则编制的，它不能反映企业经营活动产生了多少现金，并且没有反映投资活动和筹资活动对企业财务状况的影响。通过编制现金流量表，可以掌握企业经营活动、投资活动和筹资活动的现金流量，将经营活动产生的现金流量与净利润相比较，就可以从现金流量的角度了解净利润的质量。并进一步判断，是哪些因素影响现金流入，从而为分析和判断企业的财务前景提供信息。

第二节　现金及现金流量的含义与内容

一、现金与现金流量

现金流量，是指现金和现金等价物的流入和流出量。其中，现金是指企业库存现金以及可以随时用于支付的存款。现金具体包括以下内容：①库存现金。指企业持有的、可随时用于支付的现金限额，也就是"库存现金"账户核算的现金。②银行存款。指企业存在金融企业、随时可以用于支付的存款，它与银行存款账户核算的银行存款基本一致，主要的区别是编制现金流量表所指的银行存款是可以随时用于支付的银行存款，如结算户存款、通知存款等。③其他货币资金。指企业存在金融企业有特定用途的资金，也就是"其他货币资金"账户核算的银行存款，包括外埠存款、银行汇票存款、银行本票存款、信用证保证金存款、在途货币资金、信用卡存款等。

应注意的是，不能随时用于支付的存款不属于现金。即银行存款和其他货币资金中有些不能随时用于支付的存款，如不能随时支取的定期存款等，不应作为现金，而应列作投资；提前通知金融企业便可支取的定期存款，则应包括在现金范围内。

现金等价物，是指企业持有的期限短、流动性强、易于转换为已知金额现金、价值变动风险很小的投资。现金等价物虽然不是现金，但其支付能力与现金的差别不大，可视为现金。例如，企业为保证支付能力，手持必要的现金，为了不使现金闲置，可以购买短期债券，在需要现金时，随时可以变现。期限短，一般是指从购买日起3个月内到期。现金等价物通常包括3个月内到期的债券投资等。权益性投资变现的金额通常不确定，因而不属于现金等价物。企业应当根据具体情况，确定现金等价物的范围，一经确定不得随意变更。现金等价物的定义本身，包含了判断一项投资是否属于现金等价物的四个条件：①期限短（一般是指从购买之日起，3个月内到期）；②流动性强；③易于转换为已知金额的现金；④价值变动风险很小。其中，期限短、流动性强，强调了变现能力，而易于转换为已知金额的现金、价值变动风险较小，则强调了支付能力的大小。实际工作中，具体到一个企业来说，哪些投资可以确认为现金等价物，需要根据具体情形加以判断。典型的现金等价物是自购买之日起3个月内到期的短期债券。企业作为交易性金融资产而购买的、市场上可以流通的股票，虽然期限短、变现能力强，但是其变现的金额并不确定，变现价值并不稳定，因此，不属于现金等价物。

二、现金流量的分类

现金流量是现金流量表所要反映的一个重要指标，它反映了企业各类活动形成的现金流量的最终结果，它产生于不同的来源，也有不同的用途，如企业可通过销售商品、提供劳务收回现金，通过向银行借款收到现金、对外投资分红收到现金等；购买原材料、购买固定资产、对外投资、支付职工工资等需要用现金进行支付。因而，编制现金流量表首先应对现金流量进行合理的分类。《企业会计准则——现金流量表》将现金流量分为三类：即经营活动产生的现金流量，投资活动产生的现金流量，筹资活动产生的现金流量。

（一）经营活动产生的现金流量

经营活动是指企业投资活动和筹资活动以外的所有交易和事项。也就是说，除归属于企业投资活动和筹资活动以外的所有交易和事项，都可归属于经营活动。对于工商企业而言，经营活动主要包括：销售商品、提供劳务、购买商品、接受劳务、支付税费等。

一般来说，各类企业由于行业特点不同，对经营活动的认定存在一定差异。对于工商企业而言，经营活动产生的现金流入项目主要有：销售商品、提供劳务收到的现金，收到的税费返还，收到的其他与经营活动有关的现金；经营活动产生的现金流出项目主要有：购买商品、接受劳务支付的现金，支付给职工以及为职工支付的现金；对于商业银行而言，经营活动主要包括吸收存款、发放贷款、同业存放、同业拆借等。对于保险公司而言，经营活动主要包括原保险业务和再保险业务等。对于证券公司而言，经营活动主要包括自营证券、代理承销证券、代理兑付证券、代理买卖证券等。

（二）投资活动产生的现金流量

投资活动是指企业长期资产的购建和不包括在现金等价物范围内的投资及其处置活动，包括实物资产的投资，也包括金融资产投资。这里的长期资产是指固定资产、无形资产、在建工程、其他资产等持有期限在一年或一个营业周期以上的资产。

一般来说，投资活动产生的现金流入项目主要有：收回投资收到的现金，取得投资收益收到的现金，处置固定资产、无形资产和其他长期资产所收回的现金净额，收到的其他与投资活动有关的现金；投资活动产生的现金流出项目主要有：购建固定资产、无形资产和其他长期资产支付的现金，投资支付的现金，支付的其他与投资活动有关的现金。长期资产是指固定资产、无形资产、在建工程、其他资产等持有期限在一年或一个营业周期以上的资产。这里所讲的投资活动，既包括实物资产投资，也包括金融资产投资。之所以将"包括在现金等价物范围内的投资"排除在外，是因为已经将包括在现金等价物范围内的投资视同现金。不同企业由于行业特点不同，对投资活动的认定也存在差异。例如，交易性金融资产所产生的现金流量，对于工商业企业而言，属于投资活动现金流量；而对于证券公司而言，属于经营活动现金流量。

（三）筹资活动产生的现金流量

筹资活动是指导致企业资本及债务规模和构成发生变化的活动。这里所说的资本，包括实收资本（股本），也包括资本溢价（股本溢价）；这里所说的债务，指对外举债，包括向银行借款、发行债券。应付账款、应付票据等商业应付款等属于经营活动，不属于筹资活动。

一般来说，筹资活动产生的现金流入项目主要有：吸收投资收到的现金，取得借款收到的现金，收到的其他与筹资活动有关的现金；筹资活动产生的现金流出项目主要有：偿还债务支付的现金，分配股利、利润或偿付利息支付的现金，支付的其他与筹资活动有关的现金。

需要注意的是：在企业日常活动之外，企业可能还会偶然遇到一些特殊的、不经常发生的项目，如自然灾害损失、保险赔款、捐赠等。现金流量表通过揭示企业现金流量的来源和用途，为分析现金流量前景提供信息，对于那些日常活动之外特殊的、不经常发生的项目，《企业会计准则》规定应当归并到相关类别中，并单独反映，也就是在现金流量相应类别下单设一项。比如，对于自然灾害损失和保险赔款，如果能够确指属于流动资产损失，应当列入经营活动产生的现金流量；如果能够确指属于固定资产损失，应当列入投资活动产生的现金流量。如果不能确指，则可以列入经营活动产生的现金流量。捐赠收入和支出，可以列入经营活动。当然，如果特殊项目的现金流量金额不大，则可以列入现金流量类别下的"其他"项目，不单列项目。

第三节　现金流量表的基本格式和编制方法

一、经营活动现金流量的列报方法

经营活动产生的现金流量的列报方法有两种：直接法和间接法，它们通常也被称为现金流量表的编报方法。

（一）直接法

直接法是指按现金收入和现金支出的主要类别直接反映企业经营活动产生的现金流量，如销售商品、提供劳务收到的现金；购买商品、接受劳务支付的现金等就是按现金收入和支出的来源直接反映的。在直接法下，一般是以利润表中的"营业收入"为起点，调节与经营活动有关的项目的增减变动，然后计算出经营活动产生的现金流量。采用直接法编报的现金流量表，便于分析企业经营活动产生的现金流量的来源和用途，预测和评价企业现金流量的未来前景。

（二）间接法

间接法是指以净利润为起点，调整不涉及现金的收入、费用支出、营业外收支等相关项目，据此计算出经营活动产生的现金流量。采用间接法编报的现金流量表，有利于将净利润与经营活动产生的现金流量净额进行比较，了解净利润与经营活动产生的现金流量差异的原因，从现金流量的角度分析净利润的质量。

鉴于采用直接法编制"现金流量表"可以直接揭示经营活动产生的现金流量的收支总额，预测和评价企业现金流量的未来前景，因而，国际会计准则鼓励企业采用直接法编制现金流量表；我国的《企业会计准则》也规定企业应当采用直接法编报现金流量表，同时要求提供在净利润基础上调节到经营活动产生的现金流量的信息。

二、现金流量表的基本格式

现金流量表格式分别一般企业、商业银行、保险公司、证券公司等企业类型予以规定。企业应当根据其经营活动的性质，确定本企业适用的现金流量表格式。政策性银行、信托投资公司、租赁公司、财务公司、典当公司应当执行商业银行现金流量表格式规定，如有特别需要，可以结合本企业的实际情况，进行必要调整和补充。担保公司应当执行保险公司现金流量表格式规定，如有特别需要，可以结合本企业的实际情况，进行必要调整和补充。资产管理公司、基金公司、期货公司应当执行证券公司现金流量表格式规定，如有特别需要，可以结合本企业的实际情况，进行必要调整和补充。而现金流量表附注适用于一般企业、商业银行、保险公司、证券公司等各类企业。企业应当采用间接法在现金流量表附注中披露将净利润调节为经营活动现金流量的信息。这里仅介绍一般企业的现金流量表及其附注的格式，如表17-1所示。

| 表 17-1 | 现金流量表格式 | 会企 03 表 |

编制单位：　　　　年　　月　　　　　　　　　　　　　　　　　　　　　　　　　　　　　单位：元

项　目	本期金额	上期金额
一、经营活动产生的现金流量：		
销售商品、提供劳务收到的现金		
收到的税费返还		
收到其他与经营活动有关的现金		
经营活动现金流入小计		
购买商品、接受劳务支付的现金		
支付给职工以及为职工支付的现金		
支付的各项税费		
支付其他与经营活动有关的现金		
经营活动现金流出小计		
经营活动产生的现金流量净额		
二、投资活动产生的现金流量：		
收回投资收到的现金		
取得投资收益收到的现金		
处置固定资产、无形资产和其他长期资产收回的现金净额		
处置子公司及其他营业单位收到的现金净额		
收到其他与投资活动有关的现金		
投资活动现金流入小计		
购建固定资产、无形资产和其他长期资产支付的现金		
投资支付的现金		

续表

项　目	本期金额	上期金额
取得子公司及其他营业单位支付的现金净额		
支付其他与投资活动有关的现金		
投资活动现金流出小计		
投资活动产生的现金流量净额		
三、筹资活动产生的现金流量：		
吸收投资收到的现金		
取得借款收到的现金		
收到其他与筹资活动有关的现金		
筹资活动现金流入小计		
偿还债务支付的现金		
分配股利、利润或偿付利息支付的现金		
支付其他与筹资活动有关的现金		
筹资活动现金流出小计		
筹资活动产生的现金流量净额		
四、汇率变动对现金的影响		
五、现金及现金等价物净增加额		
加：期初现金及现金等价物余额		
六、期末现金及现金等价物余额		

　　"现金流量表"包括主表和补充资料。主表中的内容有五项：一是经营活动产生的现金流量；二是投资活动产生的现金流量；三是筹资活动产生的现金流量；四是汇率变动对现金的影响；五是现金及现金等价物净增加额。其中，经营活动产生的现金流量，是按直接法编制的。补充资料有三项，一是将净利润调节为经营活动产生的现金流量，换言之，要在补充资料中采用间接法报告经营活动产生的现金流量信息；二是不涉及现金收支的投资和筹资活动；三是现金及现金等价物净增加情况。主表中第一项"经营活动产生的现金流量净额"，与补充资料第一项"经营活动产生的现金流量净额"应当核对相符。主表中的第五项"现金及现金等价物净增加额"，与补充资料中的第三项"现金及现金等价物净增加额"，存在勾稽关系，即金额应当一致。主表中的数字是现金流入与现金流出的差额，补充资料中的数字是资产负债表中的有关"现金及现金等价物"期末数与期初数的差额，计算依据不同，但结果应当一致，两者应当核对相符（见表17-2）。

表17-2　　　　　　　　　　现金流量表补充资料的披露格式

补充资料	本期金额	上期金额
1. 将净利润调节为经营活动现金流量：		
净利润		
加：资产减值准备		
固定资产折旧、油气资产折耗、生产性生物资产折旧		
无形资产摊销		

续表

补充资料	本期金额	上期金额
长期待摊费用摊销		
处置固定资产、无形资产和其他长期资产的损失（收益以"－"号填列）		
固定资产报废损失（收益以"－"号填列）		
公允价值变动损失（收益以"－"号填列）		
财务费用（收益以"－"号填列）		
投资损失（收益以"－"号填列）		
递延所得税资产减少（增加以"－"号填列）		
递延所得税负债增加（减少以"－"号填列）		
存货的减少（增加以"－"号填列）		
经营性应收项目的减少（增加以"－"号填列）		
经营性应付项目的增加（减少以"－"号填列）		
其他		
经营活动产生的现金流量净额		
2. 不涉及现金收支的重大投资和筹资活动：		
债务转为资本		
一年内到期的可转换公司债券		
融资租入固定资产		
3. 现金及现金等价物净变动情况：		
现金的期末余额		
减：现金的期初余额		
加：现金等价物的期末余额		
减：现金等价物的期初余额		
现金及现金等价物净增加额		

三、现金流量表编制的基本方法与程序

编制现金流量表的方法与程序主要包括：工作底稿法、T形账户法、现金流量表日记账法和直接分析填列法。其中，现金流量表日记账法是通过设立以现金流量表项目开设账户的日记账来逐日登记相关项目金额，期末汇总填列现金流量表的方法；工作底稿法、现金流量表日记账法和T形账户法比较复杂但思路清晰，不易出现差错；直接分析填列法需要对整个报表体系有一个透彻的把握。这里仅介绍工作底稿法和T形账户法，并举例说明工作底稿法和直接分析填列法。

（一）工作底稿法

采用工作底稿法编制现金流量表，就是以工作底稿为手段，以利润表和资产负债表

数据为基础，对每一项目进行分析并编制调整分录，从而编制出现金流量表。在直接法下，整个工作底稿纵向分成三段，第一段是资产负债表项目，其中又分为借方项目和贷方项目；第二段是利润表项目；第三段是现金流量表项目（当然也可采取利润表→资产负债表→现金流量表的排列顺序，因为调整分录通常是从利润表项目开始调整的）。工作底稿横向分为五栏，在资产负债表部分，第一栏是项目栏，填列资产负债表各项目名称；第二栏是年初数，用来填列资产负债表项目的期初数；第三栏是调整分录的借方；第四栏是调整分录的贷方；第五栏是期末数，用来填列资产负债表项目的期末数。在利润表和现金流量表部分，第一栏也是项目栏，用来填列利润表和现金流量表项目名称；第二栏空置不填；第三、第四栏分别是调整分录的借方和贷方；第五栏是本期数，利润表部分此栏数字应和本期利润表数字保持一致，现金流量表部分此栏的数字可直接用于填制正式的现金流量表。

采用工作底稿法编制现金流量表的程序是：

第一步，将资产负债表的期初数和期末数过入工作底稿的期初数栏和期末数栏。

第二步，对当期业务进行分析并编制调整分录。调整分录大体有这样几类：第一类是涉及利润表中的收入、成本和费用项目以及资产负债表中的资产、负债及所有者权益项目，通过调整，将权责发生制下的收入费用转换为现金基础；第二类是涉及资产负债表和现金流量表中的投资、筹资项目，反映投资和筹资活动的现金流量；第三类是涉及利润表和现金流量表中的投资和筹资项目，目的是将利润表中有关投资和筹资方面的收入和费用列入到现金流量表投资、筹资现金流量中去。此外，还有一些调整分录并不涉及现金收支，只是为了核对资产负债表项目的期末期初变动。在调整分录中，有关现金和现金等价物的事项，并不直接借记或贷记现金，而是分别记入"经营活动产生的现金流量"、"投资活动产生的现金流量"、"筹资活动产生的现金流量"有关项目，借记表明现金流入，贷记表明现金流出。

第三步，将调整分录过入工作底稿中的相应部分。

第四步，核对调整分录，借贷合计应当相等，资产负债表项目期初数加减调整分录中的借贷金额以后，应当等于期末数。

第五步，根据工作底稿中的现金流量表项目部分编制正式的现金流量表。

（二）T形账户法

采用T形账户法，就是以T形账户为手段，以利润表和资产负债表数据为基础，对每一项目进行分析并编制调整分录，从而编制出现金流量表。采用T形账户法编制现金流量表的程序如下：

第一步，为所有的非现金项目（包括资产负债表项目和利润表项目）分别开设T形账户，并将各自的期末期初变动数过入各该账户。

第二步，开设一个大的"现金及现金等价物"T形账户，每边分为经营活动、投资活动和筹资活动三个部分，左边记现金流入，右边记现金流出。与其他账户一样，过入期末期初变动数。

第三步，以利润表项目为基础，结合资产负债表分析每一个非现金项目的增减变动，并据此编制调整分录。

第四步，将调整分录过入各T形账户，并进行核对，该账户借贷相抵后的余额与原先过入的期末期初变动数应当一致。

第五步，根据大的"现金及现金等价物"T形账户编制正式的现金流量表。

四、现金流量表的编报规则

根据《企业会计准则第31号——现金流量表》（2006）的规定：

（1）现金流量表中所指的现金，是指企业库存现金以及可以随时用于支付的存款，包括现金、可以随时用于支付的银行存款和其他货币资金。

（2）现金流量表中所指的现金等价物，是指企业持有的期限短、流动性强、易于转换为已知金额现金、价值变动风险很小的投资（除特别注明外，以下所指的现金均含现金等价物）。

（3）企业应根据具体情况，确定现金等价物的范围，并且一贯地保持其划分标准，如改变划分标准，应视为会计政策的变更。企业确定现金等价物的原则及其变更，应在会计报表附注中披露。

（4）现金流量表应当分别经营活动、投资活动和筹资活动列报现金流量。

（5）现金流量应当分别按照现金流入和现金流出总额列报。但是，下列各项可以按照净额列报：①代客户收取或支付的现金。②周转快、金额大、期限短项目的现金流入和现金流出。③金融企业的有关项目，包括短期贷款发放与收回的贷款本金、活期存款的吸收与支付、同业存款和存放同业款项的存取、向其他金融企业拆借资金，以及证券的买入与卖出等。自然灾害损失、保险索赔等特殊项目，应当根据其性质，分别归并到经营活动、投资活动和筹资活动现金流量类别中单独列报。外币现金流量以及境外子公司的现金流量，应当采用现金流量发生日的即期汇率或按照系统合理的方法确定的、与现金流量发生日即期汇率近似的汇率折算。汇率变动对现金的影响额应当作为调节项目，在现金流量表中单独列报。

（6）企业应当采用直接法列示经营活动产生的现金流量。经营活动，是指企业投资活动和筹资活动以外的所有交易和事项。直接法，是指通过现金收入和现金支出的主要类别列示经营活动的现金流量。有关经营活动现金流量的信息，可以通过下列途径之一取得：一是企业的会计记录。二是根据下列项目对利润表中的营业收入、营业成本以及其他项目进行调整：①当期存货及经营性应收和应付项目的变动；②固定资产折旧、无形资产摊销、计提资产减值准备等其他非现金项目；③属于投资活动或筹资活动现金流量的其他非现金项目。

经营活动产生的现金流量至少应当单独列示反映下列信息的项目：①销售商品、提供劳务收到的现金；②收到的税费返还；③收到其他与经营活动有关的现金；④购买商品、接受劳务支付的现金；⑤支付给职工以及为职工支付的现金；⑥支付的各项税费；⑦支付其他与经营活动有关的现金。金融企业可以根据行业特点和现金流量实际情况，合理确定经营活动现金流量项目的类别。

（7）投资活动，是指企业长期资产的购建和不包括在现金等价物范围的投资及其处置活动。投资活动产生的现金流量至少应当单独列示反映下列信息的项目：①收回投资收到的现金；②取得投资收益收到的现金；③处置固定资产、无形资产和其他长期资产收回的现金净额；④处置子公司及其他营业单位收到的现金净额；⑤收到其他与投资活动有关的现金；⑥购建固定资产、无形资产和其他长期资产支付的现金；⑦投资支付的现金；⑧取得子公司及其他营业单位支付的现金净额；⑨支付其他与投资活动有关的现金。

（8）筹资活动，是指导致企业资本及债务规模和构成发生变化的活动。筹资活动产生的现金流量至少应当单独列示反映下列信息的项目：①吸收投资收到的现金；②取得借款收到的现金；③收到其他与筹资活动有关的现金；④偿还债务支付的现金；⑤分配股利、利润或偿付利息支付的现金；⑥支付其他与筹资活动有关的现金。

（9）企业应当在附注中披露将净利润调节为经营活动现金流量的信息。至少应当单独披露对净利润进行调节的下列项目：①资产减值准备；②固定资产折旧、油气资产折耗、生产性生物资产折旧；③无形资产和长期待摊费用摊销；④处置固定资产、无形资产和其他长期资产的损益；⑤固定资产报废损失；⑥公允价值变动损益；⑦财务费用；⑧投资损失（减：收益）；⑨递延所得税资产和递延所得税负债；⑩存货的减少（减：增加）；⑪经营性应收项目；⑫经营性应付项目。企业应当在附注中以总额披露当期取得或处置子公司及其他营业单位的下列信息：①取得或处置价格；②取得或处置价格中以现金支付的部分；③取得或处置子公司及其他营业单位收到的现金；④取得或处置子公司及其他营业单位按照主要类别分类的非现金资产和负债。企业应当在附注中披露不涉及当期现金收支、但影响企业财务状况或在未来可能影响企业现金流量的重大投资和筹资活动。企业应当在附注中披露与现金和现金等价物有关的下列信息：①现金和现金等价物的构成及其在资产负债表中的相应金额。②企业持有但不能由母公司或集团内其他子公司使用的大额现金和现金等价物金额。

通常情况下，现金流量应当分别按照现金流入和现金流出总额列报，从而全面揭示企业现金流量的方向、规模和结构。但是，下列各项可以按照净额列报：①代客户收取或支付的现金以及周转快、金额大、期限短项目的现金流入和现金流出。例如，证券公司代收的客户证券买卖交割费、印花税等，旅游公司代游客支付的房费、餐费、交通费、文娱费、行李托运费、门票费、票务费、签证费等费用。这些项目由于周转快，在企业停留的时间短，企业加以利用的余地比较小，净额更能说明其对企业支付能力、偿债能力的影响；反之，如果以总额反映，反而会对评价企业的支付能力和偿债能力、分析企业的未来现金流量产生误导。②金融企业的有关项目，主要指期限较短、流动性强的项目。对于商业银行而言，主要包括短期贷款发放与收回的贷款本金、活期存款的吸收与支付、同业存款和存放同业款项的存取、向其他金融企业拆借资金等；对于保险公司而言，主要包括再保险业务收到或支付的现金净额；对于证券公司而言，主要包括自营证券和代理业务收到或支付的现金净额等。

五、现金流量表项目的内容和直接分析填列法

现金流量表的项目主要有：经营活动产生的现金流量、投资活动产生的现金流量、筹

资活动产生的现金流量、汇率变动对现金及现金等价物的影响、现金及现金等价物净增加额、期末现金及现金等价物余额等项目。

（一）经营活动产生的现金流量

1. 经营活动产生的现金流入项目

（1）"销售商品、提供劳务收到的现金"项目。

"销售商品、提供劳务收到的现金"项目：反映企业本期销售商品、提供劳务收到的现金；以及前期销售商品、提供劳务本期收到的现金（包括销售收入和应向购买者收取的增值税销项税额）；本期预收的款项，减去本期销售本期退回的商品和前期销售本期退回的商品支付的现金。企业销售材料和代购代销业务收到的现金，也在本项目反映。本项目可根据"库存现金"、"银行存款"、"应收账款"、"应收票据"、"预收账款"、"主营业务收入"、"其他业务收入"等科目的记录分析填列。在填列这个项目时，需要考虑以下因素：

一是销售商品、提供劳务收到的收入。应根据"主营业务收入"、"其他业务收入"科目的贷方发生额取得。

二是应收账款和应收票据。企业在当期销售实现但没有收到货款时，是按照权责发生制原则确认收入并记入"应收账款"或"应收票据"科目的，因而，本期"主营业务收入"和"其他业务收入"科目反映的销售收商品、提供劳务所取得的收入并不是企业本期实际收到的现金收入。可见，如果期末"应收账款"和"应收票据"的余额比期初余额增加，表明本期实现的销售收入并没有收到现金；相反，如果期末"应收账款"和"应收票据"的余额比期初余额减少，表明本期实现的销售收入全部收回现金而且本期还收回了前期的"应收账款"或"应收票据"；但必须注意的是，如果购货方（或债务人）用非现金资产偿还债务时，则应收账款和应收票据的减少实际上是没有现金流入的。因此，在计算该项目时，可以根据"主营业务收入"、"其他业务收入"科目的本期贷方发生额，加上本期应收账款和应收票据的减少，减去本期应收账款和应收票据的增加，并减去债务人以非现金实物资产抵偿债务而减少的应收账款和应收票据。

需要注意的是，企业销售材料和代购代销业务收到的现金，也在本项目反映。

三是销售退回支付的现金。本期销售退回一般通过"主营业务收入"和"其他业务收入"科目的借方反映，但有的已经支付了现金，有的尚未支付现金，在填列本项目时，应当减去已支付现金的销售退回。

四是预收账款。本期收到的预收账款有实际的现金流入，在填列本项目时，应当加上本期预收账款的增加，减去本期预收账款的减少。

五是核销的坏账损失。本期计提的坏账准备是减少应收账款的因素，通常，减少应收账款表明收回现金，但计提的坏账准备减少的应收账款没有现金流入，在填列本项目时，还应减去计提的坏账准备而减少的应收账款。如果本期收回前期已核销的坏账损失，在填列本项目时，还应当加上本期收回前期已核销的坏账损失。在填列"销售商品、提供劳务收到的现金"项目时，可根据以下公式计算：

销售商品、提供劳务收到的现金 = 本期销售商品、提供劳务实际收到的现金（包括

收到的增值税额）+ 前期销售或提供劳务本期

实际收到现金的应收账款 + 前期销售或提供劳务本期

实际收到现金的应收票据 + 本期实际收到现金的

预收账款 + 本期收回前期核销的坏账损失 −

前期销售本期退回而支付的现金 −

以非现金资产清偿债务减少的应收账款和应收票据

或：

销售商品、提供劳务收到的现金 = 本期销售商品、提供劳务收入（不含销售退回冲减的

销售收入）+（应收账款期初余额 − 应收账款期末余额）+

（应收票据期初余额 − 应收票据期末余额）+

（预收账款期末余额 − 预收账款期初余额）+

本期收回前期核销的坏账损失 − 本期销售退回

支付的现金 − 本期计提的坏账准备 − 以非现金

资产清偿债务减少的应收账款和应收票据

【例 17 − 1】 ABC 公司本期销售一批商品，开出的增值税专用发票上注明的销售价款为 2 800 000 元，增值税销项税额为 476 000 元，以银行存款收讫；应收票据期初余额 270 000 元，期末余额 60 000 元；应收账款期初余额为 1 000 000 元，期末余额为 400 000 元；年度内核销的坏账损失为 20 000 元。另外，本期因商品质量问题发生退货，支付银行存款 30 000 元，货款已通过银行转账支付。本期销售商品、提供劳务收到的现金计算如下：

本期销售商品收到的现金　　　　　　3 276 000

加：本期收到前期的应收票据　　　　（270 000 − 60 000）210 000

本期收到前期的应收账款　　　　　　（1 000 000 − 400 000 − 20 000）580 000

减：本期因销售退回支付的现金　　　30 000

本期销售商品、提供劳务收到的现金　4 036 000

（2）收到的税费返还。

"收到的税费返还"项目：反映企业本期实际收到返还的增值税、营业税、所得税费用、消费税、关税和教育费附加返还款等各种税费。本项目可根据"库存现金"、"银行存款"、"营业税金及附加"、"补贴收入"、"应收补贴款"等科目的记录分析填列。

（3）收到其他与经营活动有关的现金。

"收到其他与经营活动有关的现金"项目：反映企业收到的罚款收入、经营租赁收到的租金等其他与经营活动有关的现金流入，金额较大的应当单独列示。本项目可以根据"营业外收入"、"营业外支出"、"库存现金"、"银行存款"、"其他应付款"等科目的记录分析填列。

2. 经营活动产生的现金流出项目

（1）购买商品、接受劳务支付的现金。

"购买商品、接受劳务支付的现金"项目：反映企业本期购买商品、接受劳务实际支付的现金（包括增值税进项税额）；本期支付前期购买商品、接受劳务的未付款项和本期

预付款项，减去本期发生的购货退回收到的现金。本项目可以根据"在途物资"、"原材料"、"库存商品"、"应付账款"、"应付票据"、"库存现金"、"银行存款"等科目的记录分析填列。需要注意的是，本期发生的购货退回收到的现金应从本项目中扣除。在填列本项目时，也可以根据以下公式计算填列：

购买商品、接受劳务支付的现金 = 本期购买商品、接受劳务支付的现金 +

前期购买商品或接受劳务本期支付现金的应付账款 +

前期购买商品或接受劳务本期支付现金的应付票据 +

本期支付现金的预付账款 − 本期购货退回收到的现金

或：

购买商品、接受劳务支付的现金 = 本期销售成本 + （存货期末余额 − 存货期初余额）+

（应付账款期初余额 − 应付账款期末余额）+（应付票据期

初余额 − 应付票据期末余额）+（预付账款期末余额 −

预付账款期初余额）− 购货退回收到的现金 −

本期以非现金资产清偿债务减少的应付账款、应付票据

上述支付现金的应付账款、应付票据如含销售退回支付的部分，应从本项目中扣除，并在"购买商品、接受劳务支付的现金"项目中反映。

【例 17 − 2】ABC 公司本期购买原材料，收到的增值税专用发票上注明的材料价款为 150 000 元，增值税进项税额为 25 500 元，款项已通过银行转账支付；本期支付应付票据 100 000 元；购买工程用物资 150 000 元，货款已通过银行转账支付。

本期购买商品、接受劳务支付的现金计算如下：

本期购买原材料支付的价款	150 000
加：本期购买原材料支付的增值税进项税额	25 500
本期支付的应付票据	100 000
本期购买商品、接受劳务支付的现金	275 500

（2）支付给职工以及为职工支付的现金。

"支付给职工以及为职工支付的现金"项目：反映企业本期实际支付给职工的工资、奖金、各种津贴和补贴等职工薪酬。但是应由在建工程、无形资产负担的职工薪酬以及支付的离退休人员的职工薪酬除外。支付的离退休人员的各项费用，包括支付的统筹退休金以及未参加统筹的退休人员的费用，在"支付的其他与经营活动有关的现金"项目中反映；支付的在建工程人员的工资，在"购建固定资产、无形资产和其他长期资产支付的现金"项目中反映。本项目可根据"库存现金"、"银行存款"、"管理费用"、"应付职工薪酬"等科目的记录分析填列。

需要注意的是，企业为职工支付的养老、失业等社会保险基金、补充养老保险、住房公积金；支付给职工的住房困难补助；企业为职工交纳的商业保险金；企业支付给职工或为职工支付的其他福利费用等，应根据职工的工作性质和服务对象，分别在"购建固定资产、无形资产和其他长期资产支付的现金"和"支付给职工以及为职工支付的现金"项目中反映。

【例 17 − 3】ABC 公司本期实际支付工资 500 000 元，其中经营人员工资 300 000 元，在建工程人员工资 200 000 元。则本期支付给职工以及为职工支付的现金为 300 000 元。

（3）支付的各项税费。

"支付的各项税费"项目：反映企业本期发生并支付的、本期支付以前各期发生的以及预交的教育费附加、印花税、房产税、土地增值税、车船税、营业税、增值税、所得税等。不包括本期退回的增值税、所得税。本期退回的增值税、所得税等，在"收到的税费返还"项目中反映；也不包括计入固定资产价值、实际支付的土地增值税。本项目可根据"库存现金"、"银行存款"、"应交税费"等科目的记录分析填列。

【例17-4】ABC公司本期向税务机关缴纳增值税34 000元；本期发生的所得税3 100 000元已全部缴纳；企业期初未交所得税280 000元；期末未交所得税120 000元。

本期支付的各项税费计算如下：

本期支付的增值税额	34 000
加：本期发生并缴纳的所得税额	3 100 000
前期发生本期缴纳的所得税额	（280 000 - 120 000）160 000
本期支付的各项税费	3 294 000

（4）支付的其他与经营活动有关的现金。

本项目反映企业除上述各项目外，支付的其他与经营活动有关的现金，如罚款支出、支付的差旅费、业务招待费、保险费、经营租赁支付的现金等其他与经营活动有关的现金流出；金额较大的，应单列项目反映。本项目可根据有关"管理费用"、"销售费用"、"库存现金"、"银行存款"、"营业外支出"等科目的记录分析填列。

（二）投资活动产生的现金流量

1. 投资活动产生的现金流入项目

（1）收回投资收到的现金。

本项目反映企业出售、转让或到期收回除现金等价物以外的交易性金融资产、持有至到期投资、可供出售金融资产、长期股权投资、投资性房地产而收到的现金。不包括债权性投资如持有至到期投资收回的利息、收回的非现金资产，以及处置子公司及其他营业单位收到的现金净额。债权性投资收回的本金，在本项目反映，债权性投资收回的利息，不在本项目中反映，而在"取得投资收益所收到的现金"项目中反映。处置子公司及其他营业单位收到的现金净额单设项目反映。本项目可以根据"交易性金融资产"、"持有至到期投资"、"可供出售金融资产"、"长期股权投资"、"投资性房地产"、"库存现金"、"银行存款"等科目的记录分析填列。

【例17-5】ABC公司出售某项长期股权投资，收回的全部投资金额为480 000元；出售某项长期债权性投资，收回的全部投资金额为410 000元，其中，60 000元是债券利息。本期收回投资所收到的现金计算如下：

收回长期股权投资金额	480 000
加：收回长期债权性投资本金	（410 000 - 60 000）350 000
本期收回投资所收到的现金	830 000

（2）取得投资收益收到的现金。

"取得投资收益收到的现金"项目：反映企业因股权性投资而分得的现金股利，从子公司、联营企业或合营企业分回利润而收到的现金；因债权性投资而取得的现金利息收入，但股票股利除外。本项目可根据"库存现金"、"银行存款"、"投资收益"等科目的记录分析填列。

【例 17 - 6】ABC 公司期初长期股权投资余额 2 000 000 元，其中 1 500 000 元投资于联营公司 A 公司，占其股本的 25%，采用权益法核算，另外 200 000 元和 300 000 元分别投资于 B 公司和 C 公司，各占接受投资公司总股本的 5% 和 10%，采用成本法核算；当年 A 公司盈利 2 000 000 元，分配现金股利 800 000 元，B 公司亏损没有分配股利，C 公司盈利 600 000 元，分配现金股利 200 000 元。公司已如数收到现金股利。

本期取得投资收益收到的现金计算如下：

取得 A 公司实际分回的投资收益　　　　（800 000×25%）200 000

加：取得 B 公司实际分回的投资收益　　　0

取得 C 公司实际分回的投资收益　　　　（200 000×10%）20 000

本期取得投资收益收到的现金　　　　　220 000

（3）处置固定资产、无形资产和其他长期资产收回的现金净额。

"处置固定资产、无形资产和其他长期资产收回的现金净额"项目：反映企业出售、报废固定资产、无形资产和其他长期资产所取得的现金（包括因资产毁损而收到的保险赔偿收入），减去为处置这些资产而支付的有关费用后的净额，但现金净额为负数的除外。如处置固定资产、无形资产和其他长期资产所收回的现金净额为负数，则应作为投资活动产生的现金流量，在"支付的其他与投资活动有关的现金"项目中反映。由于处置固定资产、无形资产和其他长期资产收到的现金，与处置活动支付的现金，两者在时间上比较接近，以净额反映更能反映处置活动对现金流量的影响，且由于金额不大，故以净额反映。由于自然灾害等原因所造成的固定资产等长期资产的报废、毁损而收到的保险赔偿收入，也在本项目中反映。本项目可根据"库存现金"、"银行存款"、"固定资产清理"等科目的记录分析填列。

【例 17 - 7】ABC 公司出售一台不需用设备，收到价款 30 000 元，该设备原价 40 000 元，已提折旧 15 000 元。支付该项设备拆卸费用 200 元，运输费用 80 元，设备已由购入单位运走。本期处置固定资产、无形资产和其他长期资产所收回的现金净额计算如下：

本期出售固定资产收到的现金　　　　　　　　　　30 000

减：支付出售固定资产的清理费用　　　　　　　（280）

本期处置固定资产、无形资产和其他长期资产所收回的现金净额　29 720

（4）处置子公司及其他营业单位收到的现金净额。

本项目反映企业处置子公司及其他营业单位所取得的现金减去相关处置费用后的净额。

（5）收到的其他与投资活动有关的现金。

本项目反映企业除上述各项外，收到的其他与投资活动有关的现金。其他与投资活动有关的现金，如果价值较大的，应单列项目反映。本项目可根据有关科目的记录分析填列。

2. 投资活动产生的现金流出项目

（1）购建固定资产、无形资产和其他长期资产支付的现金。

"购建固定资产、无形资产和其他长期资产支付的现金"项目：反映企业购买、建造固定资产、取得无形资产和其他长期资产支付的现金及增值税款；支付的应由在建工程和无形资产负担的职工薪酬现金支出，但为购建固定资产而发生的借款利息资本化部分、融资租入固定资产所支付的租赁费除外。为购建固定资产而发生的借款利息资本化部分，以及融资租入固定资产所支付的租赁费，应在"筹资活动产生的现金流量"有关项目中反映，不在本项目中反映。企业以分期付款方式购建的固定资产，其首次付款支付的现金在本项目中反映，以后各期支付的现金在筹资活动产生的现金流量中反映。本项目可根据"库存现金"、"银行存款"、"固定资产"、"无形资产"、"在建工程"等科目的记录分析填列。

【例17-8】ABC公司购入房屋一幢，价款1 850 000元，通过银行转账1 800 000元。其他价款以公司产品抵偿。为在建厂房购进建筑材料一批，价值为160 000元，价款已通过银行转账支付。

本期购建固定资产、无形资产和其他长期资产支付的现金计算如下：

购买房屋支付的现金　　　　　　　　　　　　　　　　　　1 800 000
加：为在建工程购买材料支付的现金　　　　　　　　　　　　160 000
本期购建固定资产、无形资产和其他长期资产支付的现金　　1 960 000

（2）投资支付的现金。

"投资支付的现金"项目：反映企业取得的除现金等价物以外的权益性投资和债权性投资支付的现金以及支付的佣金、手续费等附加费用。企业购买债券的价款中含有债券利息的，以及溢价或折价购入的，均按实际支付的金额反映。本项目可根据"库存现金"、"银行存款"、"长期股权投资"、"持有至到期投资"、"可供出售金融资产"、"交易性金融资产"和"投资性房地产"等科目的记录分析填列。

需要注意的是，企业购买股票和债券时，实际支付的价款中包含的已宣告但尚未领取的现金股利或已到付息期但尚未领取的债券利息，应在"支付的其他与投资活动有关的现金"项目中反映；收回购买股票和债券时支付的已宣告但尚未领取的现金股利或已到付息期但尚未领取的债券利息，应在"收到的其他与投资活动有关的现金"项目中反映。

（3）取得子公司及其他营业单位支付的现金净额。

本项目反映企业购买子公司及其他营业单位购买出价中以现金支付的部分，减去子公司或其他营业单位持有的现金和现金等价物后的净额。

（4）支付的其他与投资活动有关的现金。

本项目反映企业除上述各项目外，支付的其他与投资活动有关的现金。其他与投资活动有关的现金，如果价值较大的，应单列项目反映。本项目可根据有关科目的记录分析填列。

（三）筹资活动产生的现金流量

1. 筹资活动产生的现金流入项目

（1）吸收投资收到的现金。

"吸收投资收到的现金"项目：反映企业以发行股票、债券等方式筹集资金实际收到的款项，减去直接支付给金融企业的佣金、手续费、宣传费、咨询费、印刷费等发行费用后的净额。以发行股票、债券等方式筹集资金而由企业直接支付的审计费、咨询费等费用，在"支付的其他与筹资活动有关的现金"项目中反映，不从本项目中扣除。本项目可根据"库存现金"、"银行存款"、"实收资本（或股本）"等科目的记录分析填列。

【例 17-9】 ABC 公司对外公开募集股份 1 000 000 股，每股 1 元，发行价每股 1.1 元，代理发行的证券公司为其支付的各种费用，共计 15 000 元。此外，ABC 公司为建设一个新项目，批准发行 2 000 000 元的长期债券。与证券公司签署的协议规定：该批长期债券委托证券公司代理发行，发行手续费为发行总额的 3.5%，宣传及印刷费由证券公司代为支付，并从发行总额中扣除。该企业至委托协议签署日止，已支付咨询费、公证费等 5 800 元。证券公司按面值发行，价款全部收到，支付宣传及印刷费等各种费用 11 420 元，按协议将发行款划至企业在银行的存款账户上。

本期吸收投资收到的现金计算如下：

发行股票取得的现金	1 085 000
其中：发行总额	（1 000 000×1.1）1 100 000
减：发行费用	15 000
发行债券取得的现金	1 918 580
其中：发行总额	2 000 000
减：发行手续费	（2 000 000×3.5%）70 000
证券公司代付的各种费用	11 420
本期吸收投资收到的现金	3 003 580

本例中，已支付的咨询费、公证费等 5 800 元，应在"支付的其他与筹资活动有关的现金"项目中反映。

（2）取得借款收到的现金。

"取得借款收到的现金"项目：反映企业举借各种短期、长期借款而收到的现金。本项目可根据"库存现金"、"银行存款"、"短期借款"、"长期借款"等科目的记录分析填列。

（3）收到的其他与筹资活动有关的现金。

本项目反映企业除上述各项目外，收到的其他与筹资活动有关的现金。其他与筹资活动有关的现金，如果价值较大的，应单列项目反映。本项目可根据有关科目的记录分析填列。

2. 筹资活动产生的现金流出项目

（1）偿还债务支付的现金。

"偿还债务支付的现金"项目：反映企业以现金偿还债务的本金。包括：归还金融企业的借款本金、偿付企业到期的债券本金等。本项目可根据"库存现金"、"银行存款""短期借款"、"长期借款"等科目的记录分析填列。

需要注意的是，企业偿还的借款利息、债券利息在"分配股利、利润或偿付利息所支付现金"项目中反映，不在本项目中反映。

（2）分配股利、利润或偿付利息所支付现金。

"分配股利、利润或偿付利息所支付现金"项目：反映企业实际支付的现金股利、支付给其他投资单位的利润或用现金支付的借款利息、债券利息。本项目可根据"库存现金"、"银行存款"、"应付股利"、"财务费用"、"长期借款"等科目的记录分析填列。

【例 17-10】 ABC 公司期初应付现金股利为 21 000 元，本期宣布并发放现金股利 50 000 元，期末应付现金股利 12 000 元。本期分配股利、利润或偿付利息所支付的现金计算如下：

本期宣布并发放的现金股利　　　　　　　50 000

　加：本期支付的前期应付股利　　　　　（21 000 – 12 000）9 000

本期分配股利、利润或偿付利息支付的现金　59 000

（3）支付的其他与筹资活动有关的现金。

"支付的其他与筹资活动有关的现金"项目：反映企业除上述项目外，支付的其他与筹资活动有关的现金流出，包括：以发行股票、债券等方式筹集资金而由企业直接支付的审计和咨询等费用；为购建固定资产而发生的借款利息资本化部分、融资租入固定资产所支付的租赁费；以分期付款方式购建固定资产以后各期支付的现金等。如"发生筹资费用支付的现金"、"融资租赁支付的现金"、"减少注册资本支付的现金"项目等，其他与筹资活动有关的现金，如果价值较大的，应单列项目反映。本项目可根据有关科目的记录分析填列。

（四）汇率变动对现金的影响

"汇率变动对现金的影响"项目反映下列项目的差额：①企业外币现金流量及境外子公司的现金流量折算为记账本位币时，所采用的现金流量发生日的即期汇率或按照系统合理的方法确定的、与现金流量发生日即期汇率近似的汇率折算的金额；②"现金及现金等价物净增加额"中外币现金净增加额按期末汇率折算的金额。

在编制现金流量表时，对当期发生的外币业务，也可不必逐笔计算汇率变动对现金的影响，可以通过会计报表附注中"现金及现金等价物净增加额"数额与报表中"经营活动产生的现金流量净额"、"投资活动产生的现金流量净额"、"筹资活动产生的现金流量净额"三项之和比较，其差额即为"汇率变动对现金的影响"。

六、商业银行现金流量表的编制

商业银行应按照现金流量表准则应用指南列示的现金流量表格式（具体格式参见《企业会计准则——应用指南》）编制现金流量表。政策性银行、信托投资公司、租赁公司、财务公司、典当公司应当执行商业银行现金流量表格式规定，如有特别需要，可以结合本企业的实际情况，进行必要调整和补充。

商业银行现金流量表的编制，除下列项目外，应比照一般企业现金流量表编制处理。

（1）客户存款和同业存放款项净增加额。本项目反映商业银行本期吸收的境内外金融机构以及非同业存放款项以外的各种存款的净增加额。本项目可以根据"吸收存款"、"同业存放"等科目的记录分析填列。商业银行可以根据需要增加项目，例如，本项目可以分解成"吸收活期存款净增加额"、"吸收活期存款以外的其他存款"、"支付活期存款以外的其他存款"、"同业存放净增加额"等项目。

（2）向中央银行借款净增加额。本项目反映商业银行本期向中央银行借入款项的净增加额。本项目可以根据"向中央银行借款"科目的记录分析填列。

（3）向其他金融机构拆入资金净增加额。本项目反映商业银行本期从境内外金融机构拆入款项所取得的现金，减去拆借给境内外金融机构款项而支付的现金后的净额。本项目可以根据"拆入资金"和"拆出资金"等科目的记录分析填列。本项目如为负数，应在经营活动现金流出类中单独列示。

（4）收取利息、手续费及佣金的现金。本项目反映商业银行本期收到的利息、手续费及佣金，减去支付的利息、手续费及佣金的净额。本项目可以根据"利息收入"、"手续费及佣金收入"、"应收利息"等科目的记录分析填列。

（5）客户贷款及垫款净增加额。本项目反映商业银行本期发放的各种客户贷款，以及办理商业票据贴现、转贴现融出及融入资金等业务的款项的净增加额。本项目可以根据"贷款"、"贴现资产"、"贴现负债"等科目的记录分析填列。商业银行可以根据需要增加项目，例如，本项目可以分解成"收回中长期贷款"、"发放中长期贷款"、"发放短期贷款净增加额"、"垫款净增加额"等项目。

（6）存放中央银行和同业款项净增加额。本项目反映商业银行本期存放于中央银行以及境内外金融机构的款项的净增加额。本项目可以根据"存放中央银行款项"、"存放同业"等科目的记录分析填列。

（7）支付手续费及佣金的现金。本项目反映商业银行本期支付的利息、手续费及佣金。本项目可以根据"手续费及佣金支出"等科目的记录分析填列。本项目反映商业银行发行债券收到的现金，本项目可以根据"应付债券"等科目的记录分析填列。

七、现金流量表附注（补充资料）的编制说明

企业应当采用间接法在现金流量表附注披露将净利润调节为经营活动现金流量的信息。前已述及，间接法是指以净利润为起算点，调整不涉及现金的收入、费用、营业外收支以及不影响损益的经营性现金流入流出项目，剔除投资活动、筹资活动对现金流量的影响，据此计算出经营活动产生的现金流量。

1. "将净利润调节为经营活动现金流量"的内容及填列方法

（1）资产减值准备。

"资产减值准备"项目：包括企业本期计提的坏账准备、存货跌价准备、长期股权投资减值准备、持有至到期投资减值准备、投资性房地产减值准备、固定资产减值准备、在建工程减值准备、无形资产减值准备、商誉减值准备、生产性生物资产减值准备、油气资产减值准备等资产减值准备。企业计提的各项资产的减值准备，包括在利润表中，从利润中扣除，但是，并没有发生现金流出。因而，在将净利润调节为经营活动现金流量时，需要加回。本项目可根据"资产减值损失"科目的记录分析填列。

（2）固定资产折旧、油气资产折耗、生产性生物资产折旧。

"固定资产折旧、油气资产折耗、生产性生物资产折旧"项目：分别反映企业本期计提的固定资产折旧、油气资产折耗、生产性生物资产折旧。企业计提的固定资产折旧、油气资产折耗、生产性生物资产折旧，有的包括在管理费用中，有的包括在制造费用中。计入管理费用中的部分，作为期间费用在计算净利润时从中扣除，但没有发生现金流出，因而，在将净利润调节为经营活动现金流量时，需要予以加回。计入制造费用中的已经变现

的部分，在计算净利润时通过销售成本予以扣除，但没有发生现金流出，计入制造费用中没有变现的部分，由于在调节存货时已经从中扣除，但不涉及现金收支，因而在此处将净利润调节为经营活动现金流量时，需要予以加回。同理，企业计提的油气资产折耗、生产性生物资产折旧，也需要予以加回。本项目可根据"累计折旧"、"累计折耗"、"生产性生物资产折旧"科目的贷方发生额分析填列。

【例 17－11】20×8 年度，ABC 公司计提固定资产折旧金额 200 000 元，在将净利润调节为经营活动现金流量时应当加回。

（3）无形资产摊销、长期待摊费用摊销。

本项目分别反映企业本期计提的无形资产摊销、长期待摊费用摊销。企业摊销无形资产时，计入管理费用；长期待摊费用摊销时，有的计入管理费用，有的计入销售费用，有的计入制造费用。计入管理费用、销售费用中的部分，作为期间费用在计算净利润时从中扣除，但没有发生现金流出，因而，在将净利润调节为经营活动现金流量时，需要予以加回。计入制造费用中的已经变现的部分，在计算净利润时通过销售成本予以扣除，却没有发生现金流出；计入制造费用中的没有变现的部分，由于在调节存货时，已经从中扣除，但不涉及现金收支，因而，在此处将净利润调节为经营活动现金流量时，需要予以加回。这两个项目可根据"累计摊销"、"长期待摊费用"科目的贷方发生额分析填列。

【例 17－12】20×8 年度，ABC 公司计提了无形资产摊销 5 000 元，在将净利润调节为经营活动现金流量时应当加回。

（4）处置固定资产、无形资产和其他长期资产的损失（减：收益）。

本项目反映企业本期处置固定资产、无形资产和其他长期资产发生的损益；企业处置固定资产、无形资产和其他长期资产发生的损益，属于投资活动产生的损益，不属于经营活动产生的损益，因而，在将净利润调节为经营活动现金流量时，需要予以调节。本项目可根据"营业外收入"、"营业外支出"、"其他业务收入"、"其他业务成本"等科目所属有关明细科目的记录分析填列；如为净收益，以"－"号填列。

【例 17－13】20×8 年度，ABC 公司处置设备一台，原价 180 000 元，累计已提折旧 110 000 元，收到现金 80 000 元，产生处置收益 10 000 元［80 000－（180 000－110 000）］。处置固定资产的收益 10 000 元，在将净利润调节为经营活动现金流量时应当扣除。

（5）固定资产报废损失（减：收益）。

本项目反映企业本期固定资产盘亏（减：盘盈）后的净损失。企业发生的固定资产报废损益，属于投资活动产生的损益，不属于经营活动产生的损益，因而，在将净利润调节为经营活动现金流量时，需要予以调节。本项目可根据"营业外支出"、"营业外收入"等科目所属有关明细科目中固定资产盘亏损失减去固定资产盘盈收益后的差额填列。

【例 17－14】20×8 年度，ABC 公司盘亏机器一台，原价 130 000 元，已提折旧 120 000 元；报废汽车一辆，原价 180 000 元，已提折旧 110 000 元；共发生固定资产盘亏、报废损失为 80 000 元［（130 000－120 000）＋（180 000－110 000）］。固定资产盘亏、报废损失 80 000 元，在将净利润调节为经营活动现金流量时应当加回。

（6）"公允价值变动损失"项目，反映企业持有的金融资产、金融负债以及采用公允价值计量模式的投资性房地产的公允价值变动损益。本项目应根据"公允价值变动损益"科目的有关记录分析填列。

【例17-15】20×6年12月31日，ABC公司持有交易性金融资产的公允价值为800万元，20×8年度未发生投资性房地产的增减变动，20×8年12月31日，该企业持有交易性金融资产的公允价值为805万元，公允价值变动损益为5万元。这5万元的资产持有利得，在将净利润调节为经营活动现金流量时应当扣除。

（7）财务费用。

本项目反映企业本期发生的应属于投资活动或筹资活动的财务费用。企业发生的财务费用，可以分别归属于经营活动、筹资活动和投资活动。其中，属于经营活动的部分，本身就应该在计算净利润时予以扣除，因而，在将净利润调节为经营活动现金流量时，不需要调节。与此相对应，属于投资活动、筹资活动的部分，在计算净利润时也从中扣除，但是，这部分发生的现金流出不属于经营活动范畴，因而，在将净利润调节为经营活动现金流量时，需要予以加回。本项目可根据"财务费用"科目的本期借方发生额分析填列；如为收益，以"－"号填列。

【例17-16】20×8年度，ABC公司共发生财务费用350 000元，其中属于经营活动的为50 000元，属于筹资活动的为300 000元，属于筹资活动的财务费用300 000元，在将净利润调节为经营活动现金流量时应当加回。

（8）投资损失（减：收益）。

本项目反映企业本期投资所发生的损失减去收益后的净损失。企业发生的投资损益，属于投资活动产生的损益，不属于经营活动产生的损益，因而，在将净利润调节为经营活动现金流量时，需要予以调节。本项目可根据利润表中"投资收益"项目的数字填列；如为投资收益，以"－"号填列。

【例17-17】20×8年度，ABC公司发生投资收益230 000元，在将净利润调节为经营活动现金流量时，应将这部分减去。

（9）"递延所得税资产减少"项目，反映企业资产负债表"递延所得税资产"项目的期初余额与期末余额的差额。"递延所得税负债增加"项目，反映企业资产负债表"递延所得税负债"项目的期初余额与期末余额的差额。企业发生递延所得税负债，与其相对应的是所得税费用，在计算净利润时从中扣除，但没有发生现金流出，因而，在将净利润调节为经营活动现金流量时，需要予以加回；同样的道理，企业发生递延所得税资产，需要予以扣除。本项目可根据资产负债表中"递延所得税资产"、"递延所得税负债"项目的期初、期末余额的差额填列。"递延所得税资产"的期末数小于期初数的差额，以及"递延所得税负债"的期末数大于期初数的差额，以正数填列；"递延所得税资产"的期末数大于期初数的差额，以及"递延所得税负债"的期末数小于期初数的差额，以"－"号填列。

【例17-18】20×8年1月1日，ABC公司递延所得税资产借方余额为5 000元；20×8年12月31日，递延所得税资产借方余额为14 900元，增加了9 900元，经分析，为该企业计提了固定资产减值准备30 000元，使资产和负债的账面价值与其计税基础不一致。递延所得税资产增加的9 900元，在将净利润调节为经营活动现金流量时应当扣减。

（10）存货的减少（减：增加）。

本项目反映企业资产负债表"存货"项目的期初余额与期末余额的差额。在不存在赊购情况下，如果某一期间期末存货比期初存货增加，说明当期购入的存货除耗用外，还余留了一部分，即除了为当期销货成本包含的存货发生支出外，还为增加的存货发生了现金流出，因而，在将净利润调节为经营活动现金流量时，需要从中扣除；反之，如果某一期间期末存货比期初存货减少，说明本期生产过程耗用的存货有一部分是期初的存货，耗用这部分存货并没有发生现金流出，因而，在将净利润调节为经营活动现金流量时，需要予以加回。本项目可根据资产负债表中"存货"项目的期初数、期末数之间的差额填列；期末数大于期初数的差额，以"－"号填列。

【例17－19】20×8年1月1日，ABC公司存货余额为200 000元；20×8年12月31日，存货余额为360 000元；20×8年度，存货增加了160 000元（360 000－200 000）。存货的增加金额160 000元，在将净利润调节为经营活动现金流量时应当扣除。

（11）经营性应收项目的减少（减：增加）。

"经营性应收项目的减少"项目：反映企业本期经营性应收项目（包括应收票据、应收账款、预付账款、长期应收款和其他应收款中与经营活动有关的部分及应收的增值税销项税额等）的期初余额与期末余额的差额。如果某一期间经营性应收项目期末余额大于经营性应收项目期初余额，说明本期销售收入中有一部分没有收回现金，但是，在计算净利润时这部分销售收入已包括在内，因而，在将净利润调节为经营活动现金流量时，需要从中扣除；反之，如果某一期间经营性应收项目期末余额小于经营性应收项目期初余额，说明本期收回的现金大于利润表中所确认的销售收入，因而，在将净利润调节为经营活动现金流量时，需要予以加回。

【例17－20】20×8年1月1日，ABC公司资料为：净利润为300 000元；应收账款为750 000元，应收票据为230 000元；20×8年12月31日，ABC公司资料为：应收账款950 000元，应收票据为200 000元；20×8年度内，经营性应收项目年末比年初增加了170 000元[（950 000－750 000）＋（200 000－230 000）]。经营性应收项目增加金额170 000元，在将净利润调节为经营活动现金流量时应当扣除。

（12）经营性应付项目的增加（减：减少）。

"经营性应付项目的增加"项目：反映企业本期经营性应付项目（包括应付票据、应付账款、预收账款、应付职工薪酬、应交税费、应付利息、应付股利、长期应付款、其他应付款中与经营活动有关的部分及应付的增值税进项税额等）的期初余额与期末余额的差额。如果某一期间经营性应付项目期末余额大于经营性应付项目期初余额，说明本期购入的存货中有一部分没有支付现金，但是，在计算净利润时却通过销售成本包括在内，因而，在将净利润调节为经营活动现金流量时，需要予以加回；反之，如果某一期间经营性应付项目期末余额小于经营性应付项目期初余额，说明本期支付的现金大于利润表中所确认的销售成本，因而，在将净利润调节为经营活动现金流量时，需要从中扣除。

【例 17 - 21】20 × 8 年 1 月 1 日，ABC 公司资料为：应付账款为 600 000 元，应付票据为 390 000 元，应付职工薪酬为 10 000 元，应交税费为 60 000 元；20 × 8 年 12 月 31 日，ABC 公司资料为：应付账款为 850 000 元，应付票据为 300 000 元，应付职工薪酬为 15 000 元，应交税费为 40 000 元；20 × 8 年内，经营性应付项目年末比年初增加了 145 000 元[（850 000 - 600 000）+（300 000 - 390 000）+（15 000 - 10 000）+（40 000 - 60 000）]。经营性应付项目增加金额 145 000 元，在将净利润调节为经营活动现金流量时应当加回。

2. "不涉及现金收支的投资和筹资活动" 项目的内容和填列方法

"不涉及现金收支的投资和筹资活动" 项目，反映企业一定期间内影响资产或负债但不形成该期现金收支的所有投资和筹资活动的信息。这些投资和筹资活动虽然不涉及现金收支，但对以后各期的现金流量有重大影响。

（1）"债务转为资本" 项目，反映企业本期转为资本的债务金额。

（2）"一年内到期的可转换公司债券" 项目，反映企业一年内到期的可转换公司债券的本息。

（3）"融资租入固定资产" 项目，反映企业本期融资租入固定资产的最低租赁付款额扣除应分期计入利息费用的未确认融资费用的净额。

3. "现金及现金等价物净增加额" 与现金流量表中的 "现金及现金等价物净增加额" 项目的金额应当相等

八、现金流量表编制综合举例

【例 17 - 22】

（一）资料

1. ABC 公司为一般纳税人，适用的增值税税率为 17%，所得税税率为 25%，原材料采用计划成本进行核算。其 20 × 7 年 12 月 31 日的科目汇总表如表 17 - 3。其中，"应收账款" 科目的期末余额为 300 000 元，"坏账准备" 科目的期末余额为 900 元。其他资产项目诸如存货、长期股权投资、持有至到期投资、无形资产等资产均未计提资产减值损失准备。假定本年内未发生任何暂时性差异，递延所得税资产或递延所得税负债的年初年末余额均为 0。

表 17 - 3　　　　　　　　　　科目汇总表

科目名称	借方余额	科目名称	贷方余额
库存现金	2 000	短期借款	300 000
银行存款	1 280 000	应付票据	200 000
其他货币资金	124 300	应付账款	953 800
交易性金融资产	15 000	其他应付款	50 000
应收票据	246 000	应付职工薪酬	110 000
应收账款	299 100	应交税费	36 600

科目名称	借方余额	科目名称	贷方余额
坏账准备		应付利息	1 000
预付账款	200 000	长期借款	1 600 000
其他应收款	5 000	其中：一年内到期的长期负债	1 000 000
材料采购	225 000	股本	5 000 000
原材料	550 000	盈余公积	100 000
包装物	38 050	利润分配	
低值易耗品	50 000	未分配利润	50 000
库存商品	1 680 000		
材料成本差异	36 950		
长期股权投资	250 000		
固定资产	1 500 000		
累计折旧	-400 000		
在建工程	1 500 000		
无形资产	600 000		
其他长期资产	200 000		
合　　计	8 401 400	合　　计	8 401 400

2. 该公司 20×8 年发生的经济业务如下：

（1）收到银行通知，用银行存款支付到期的商业承兑汇票 100 000 元。

（2）购入原材料一批，用银行存款支付货款 150 000 元，以及购入材料支付的增值税额为 25 500 元，款项已付，材料未到。

（3）收到原材料一批，实际成本 100 000 元，计划成本 95 000 元，材料已验收入库，货款已于上月支付。

（4）用银行汇票支付采购材料款，公司收到开户银行转来银行汇票多余款收账通知，通知上填写的多余款 234 元，购入材料及运费 99 800 元，支付的增值税额 16 966 元，原材料已验收入库，该批原材料计划价格 100 000 元。

（5）销售产品一批，销售价款 300 000 元（不含应收取的增值税），该批产品实际成本 180 000 元，产品已发出，价款未收到。

（6）公司将交易性金融资产（全部为股票投资）15 000 元兑现，收到本金 15 000 元，投资收益 1 500 元，均存入银行。

（7）购入不需安装的设备 1 台，价款 85 470 元，支付的增值税 14 530 元，支付包装费、运费 1 000 元。价款及包装费、运费均以银行存款支付。设备已交付使用。

（8）购入工程物资一批价款 150 000 元（含已交纳的增值税），已用银行存款支付。

（9）计算并结转某在建工程应负担的土地增值税 100 000 元。

（10）工程完工，计算应负担的长期借款利息 150 000 元。该项借款本息未付。

（11）一项工程完工，交付生产使用，已办理竣工手续，固定资产价值 1 400 000 元。

（12）基本生产车间 1 台机床报废，原价 200 000 元，已提折旧 180 000 元；清理费用

500 元，残值收入 800 元，均通过银行存款收支。该项固定资产已清理完毕。

（13）从银行借入 3 年期借款 400 000 元，借款已入银行账户，该项借款用于购建固定资产。

（14）销售产品一批，销售价款 700 000 元，应收的增值税额 119 000 元，销售产品的实际成本 420 000 元，货款银行已收妥。

（15）公司将要到期的一张面值为 200 000 元的不带息银行承兑汇票（不含增值税），连同解讫通知和进账单交银行办理转账，收到银行盖章退回的进账单一联，款项银行已收妥。

（16）收到现金股利 30 000 元（该项投资为成本法核算，对方税率和本企业一致，均为 25%），已存入银行。

（17）公司出售一台不需用设备，收到价款 300 000 元，该设备原价 400 000 元，已提折旧 150 000 元。该项设备已由购入单位运走。

（18）提取不予资本化的借款利息共计 21 500 元，其中，短期借款利息 11 500 元，长期借款利息 10 000 元。

（19）归还短期借款本金 250 000 元，利息 12 500 元，已计提。

（20）提取现金 500 000 元，准备发放工资。

（21）支付工资 500 000 元，其中包括支付给在建工程人员的工资 200 000 元。

（22）分配应支付的职工工资 500 000 元，其中生产人员工资 275 000 元，车间管理人员工资 10 000 元；在建工程人员的工资 200 000 元，行政管理部门人员工资 15 000 元。

（23）本年实际发生职工福利费 70 000 元。其中包括在建工程应负担的福利费 28 000 元，生产工人福利费 38 500 元，车间管理人员福利费 1 400 元，行政管理部门福利费 2 100 元，均以现金结付。

（24）基本生产领用原材料，计划成本 700 000 元；领用低值易耗品，计划成本 50 000 元，采用一次摊销法摊销。

（25）结转领用原材料应分摊的材料成本差异，差异率为 5%。

（26）摊销无形资产 60 000 元。

（27）计提固定资产折旧 200 000 元，其中计入制造费用 170 000 元、管理费用 30 000 元。

（28）收到应收账款 51 000 元，存入银行，按应收账款余额的 3‰提坏账准备；计提固定资产减值准备 30 000 元。

（29）用银行存款支付产品展览费 10 000 元。

（30）计算并结转本期完工产品成本 1 282 400 元。期初在产品余额为 0，本期投产的产品全部完工入库。

（31）用银行存款支付广告费 10 000 元。

（32）公司采用商业承兑汇票结算方式销售产品一批，价款 250 000 元，增值税额为 42 500 元，收到 292 500 元的商业承兑汇票 1 张，产品实际成本 150 000 元。

（33）公司将上述承兑汇票到银行办理贴现，贴现息为 20 000 元。

（34）提取现金 50 000 元，准备支付退休费。

（35）实际发放退休金 50 000 元，未实行统筹。

（36）公司本期产品销售应交纳的教育费附加为 2 000 元。

（37）用银行存款交纳增值税 100 000 元、教育费附加 2 000 元。

（38）结转本期产品销售成本 750 000 元。

（39）计算并结转应交所得税 77 575 元（假定不存在纳税调整事项，也不存在暂时性差异）。

（40）将各收支科目结转本年净利润 232 725 元。

（41）提取法定盈余公积金 34 908.75 元，分配普通股现金股利 32 215.85 元。

（42）将利润分配各明细科目的余额转入"未分配利润"明细科目，结转本年利润。

（43）偿还长期借款 1 000 000 元。

（44）用银行存款交纳所得税 77 575 元。

（二）编制会计分录和资产负债表、利润表

1. 根据前述业务编制会计分录。

（1）借：应付票据   100 000

    贷：银行存款   100 000

（2）借：材料采购   150 000

    应交税费——应交增值税（进项税额）   25 500

    贷：银行存款   175 500

（3）借：原材料   95 000

    材料成本差异   5 000

    贷：材料采购   100 000

（4）借：材料采购   99 800

    银行存款   234

    应交税费——应交增值税（进项税额）   16 966

    贷：其他货币资金   117 000

借：原材料   100 000

    贷：材料采购   99 800

    材料成本差异   200

（5）借：应收账款   351 000

    贷：主营业务收入   300 000

        应交税费——应交增值税（销项税额）   51 000

（6）借：银行存款   16 500

    贷：交易性金融资产   15 000

        投资收益   1 500

（7）借：固定资产   101 000

    贷：银行存款   101 000

（8）借：工程物资   150 000

    贷：银行存款   150 000

（9）借：在建工程   100 000

贷：应交税费——土地增值税	100 000
（10）借：在建工程	150 000
贷：长期借款——应付利息	150 000
（11）借：固定资产	1 400 000
贷：在建工程	1 400 000
（12）借：固定资产清理	20 000
累计折旧	180 000
贷：固定资产	200 000
借：固定资产清理	500
贷：银行存款	500
借：银行存款	800
贷：固定资产清理	800
借：营业外支出——处置固定资产净损失	19 700
贷：固定资产清理	19 700
（13）借：银行存款	400 000
贷：长期借款	400 000
（14）借：银行存款	819 000
贷：主营业务收入	700 000
应交税费——应交增值税（销项税额）	119 000
（15）借：银行存款	200 000
贷：应收票据	200 000
（16）借：银行存款	30 000
贷：投资收益	30 000
（17）借：固定资产清理	250 000
累计折旧	150 000
贷：固定资产	400 000
借：银行存款	300 000
贷：固定资产清理	300 000
借：固定资产清理	50 000
贷：营业外收入——处置固定资产净收益	50 000
（18）借：财务费用	21 500
贷：应付利息	11 500
长期借款——应计利息	10 000
（19）借：短期借款	250 000
应付利息	12 500
贷：银行存款	262 500
（20）借：库存现金	500 000
贷：银行存款	500 000

（21）借：应付职工薪酬　　　　　　　　　　　　　　　　　500 000
　　　　　贷：库存现金　　　　　　　　　　　　　　　　　　　　500 000
（22）借：生产成本　　　　　　　　　　　　　　　　　　　275 000
　　　　　制造费用　　　　　　　　　　　　　　　　　　　　10 000
　　　　　管理费用　　　　　　　　　　　　　　　　　　　　15 000
　　　　　在建工程　　　　　　　　　　　　　　　　　　　200 000
　　　　　贷：应付职工薪酬　　　　　　　　　　　　　　　　　500 000
（23）借：生产成本　　　　　　　　　　　　　　　　　　　 38 500
　　　　　制造费用　　　　　　　　　　　　　　　　　　　　 1 400
　　　　　管理费用　　　　　　　　　　　　　　　　　　　　 2 100
　　　　　在建工程　　　　　　　　　　　　　　　　　　　 28 000
　　　　　贷：库存现金　　　　　　　　　　　　　　　　　　　 70 000
（24）借：生产成本　　　　　　　　　　　　　　　　　　　700 000
　　　　　贷：原材料　　　　　　　　　　　　　　　　　　　　700 000
　　借：制造费用　　　　　　　　　　　　　　　　　　　　 50 000
　　　　贷：低值易耗品　　　　　　　　　　　　　　　　　　　 50 000
（25）借：生产成本　　　　　　　　　　　　　　　　　　　 35 000
　　　　　制造费用　　　　　　　　　　　　　　　　　　　　 2 500
　　　　　贷：材料成本差异　　　　　　　　　　　　　　　　　 37 500
（26）借：管理费用——无形资产摊销　　　　　　　　　　　 60 000
　　　　　贷：累计摊销　　　　　　　　　　　　　　　　　　　 60 000
（27）借：制造费用——折旧费　　　　　　　　　　　　　　170 000
　　　　　管理费用——折旧费　　　　　　　　　　　　　　 30 000
　　　　　贷：累计折旧　　　　　　　　　　　　　　　　　　　200 000
（28）借：银行存款　　　　　　　　　　　　　　　　　　　 51 000
　　　　　贷：应收账款　　　　　　　　　　　　　　　　　　　 51 000
　　借：资产减值损失　　　　　　　　　　　　　　　　　　　　900
　　　　贷：坏账准备　　　　　　　　　　　　　　　　　　　　　900
　　借：资产减值损失　　　　　　　　　　　　　　　　　　 30 000
　　　　贷：固定资产减值准备　　　　　　　　　　　　　　　　 30 000
（29）借：销售费用——展览费　　　　　　　　　　　　　　 10 000
　　　　　贷：银行存款　　　　　　　　　　　　　　　　　　　 10 000
（30）借：生产成本　　　　　　　　　　　　　　　　　　　233 900
　　　　　贷：制造费用　　　　　　　　　　　　　　　　　　　233 900
　　借：库存商品　　　　　　　　　　　　　　　　　　 1 282 400
　　　　贷：生产成本　　　　　　　　　　　　　　　　　　 1 282 400
（31）借：销售费用——广告费　　　　　　　　　　　　　　 10 000
　　　　　贷：银行存款　　　　　　　　　　　　　　　　　　　 10 000

(32) 借：应收票据　　　　　　　　　　　　　　　　292 500

　　　贷：主营业务收入　　　　　　　　　　　　　　　250 000

　　　　　应交税费——应交增值税（销项税额）　　　42 500

(33) 借：财务费用　　　　　　　　　　　　　　　　20 000

　　　银行存款　　　　　　　　　　　　　　　　272 500

　　　贷：应收票据　　　　　　　　　　　　　　　　292 500

(34) 借：库存现金　　　　　　　　　　　　　　　　50 000

　　　贷：银行存款　　　　　　　　　　　　　　　　50 000

(35) 借：管理费用——劳动保险费　　　　　　　　　50 000

　　　贷：库存现金　　　　　　　　　　　　　　　　50 000

(36) 借：营业税金及附加　　　　　　　　　　　　　2 000

　　　贷：应交税费——应交教育费附加　　　　　　　2 000

(37) 借：应交税费——应交增值税（已交税金）　　100 000

　　　　应交税费——应交教育费附加　　　　　　　2 000

　　　贷：银行存款　　　　　　　　　　　　　　　　102 000

(38) 借：主营业务成本　　　　　　　　　　　　　　750 000

　　　贷：库存商品　　　　　　　　　　　　　　　　750 000

(39) 借：所得税费用　　　　　　　　　　　　　　　77 575

　　　贷：应交税费——应交所得税　　　　　　　　　77 575

应交所得税金额为 = (1 331 500 - 1 021 200 - 30 000 + 30 000) × 25% = 77 575（元）

(40) 借：主营业务收入　　　　　　　　　　　　　　1 250 000

　　　营业外收入　　　　　　　　　　　　　　　　50 000

　　　投资收益　　　　　　　　　　　　　　　　　31 500

　　　贷：本年利润　　　　　　　　　　　　　　　　1 331 500

借：本年利润　　　　　　　　　　　　　　　　　　1 021 200

　　贷：主营业务成本　　　　　　　　　　　　　　　750 000

　　　营业税金及附加　　　　　　　　　　　　　　2 000

　　　销售费用　　　　　　　　　　　　　　　　　20 000

　　　管理费用　　　　　　　　　　　　　　　　　157 100

　　　资产减值损失　　　　　　　　　　　　　　　30 900

　　　财务费用　　　　　　　　　　　　　　　　　41 500

　　　营业外支出　　　　　　　　　　　　　　　　19 700

借：本年利润　　　　　　　　　　　　　　　　　　77 575

　　贷：所得税费用　　　　　　　　　　　　　　　　77 575

(41) 借：利润分配——提取法定盈余公积　　　　　　34 908.75

　　　贷：盈余公积——法定盈余公积　　　　　　　　34 908.75

借：利润分配——应付现金股利或利润　　　　　　　32 215.85

　　贷：应付股利　　　　　　　　　　　　　　　　　32 215.85

提取法定盈余公积金数额＝（1 331 500 － 1 021 200 － 77 575）×15%＝34 908.75（元）

（42）借：利润分配——未分配利润　　　　　　　　　　　　　67 124.6

　　　　贷：利润分配——提取法定盈余公积　　　　　　　　34 908.75

　　　　　　　　　　——应付现金股利或利润　　　　　　　32 215.85

　　借：本年利润　　　　　　　　　　　　　　　　　　　　232 725

　　　　贷：利润分配——未分配利润　　　　　　　　　　　232 725

（43）借：长期借款　　　　　　　　　　　　　　　　　　1 000 000

　　　　贷：银行存款　　　　　　　　　　　　　　　　　1 000 000

（44）借：应交税费——应交所得税　　　　　　　　　　　　77 575

　　　　贷：银行存款　　　　　　　　　　　　　　　　　　77 575

2. 编制资产负债表和利润表（此处从略）。

（三）编制现金流量表

本例采用工作底稿法编制程序，具体步骤如下：

第一步，将资产负债表的期初数和期末数过入工作底稿的期初数栏和期末数栏。

第二步，对当期业务进行分析并编制调整分录。编制调整分录时，要以利润表项目为基础，从"营业收入"开始，结合资产负债表项目逐一进行分析。本例调整分录如下：

（1）分析调整营业收入：

借：经营活动现金流量——销售商品收到的现金　　　　　　1 201 900

　　应收账款　　　　　　　　　　　　　　　　　　　　　299 100

　　　贷：营业收入　　　　　　　　　　　　　　　　　1 250 000

　　　　　应收票据　　　　　　　　　　　　　　　　　　200 000

　　　　　应交税费　　　　　　　　　　　　　　　　　　　51 000

利润表中的营业收入是按权责发生制反映的，应转换为现金制。为此，应调整应收账款和应收票据的增减变动。本例应收账款增加300 000元，其中货款增加249 000元，应减少经营活动产生的现金流量，增值税销项税额增加51 000元，与应交税费相对应，而应收票据减少200 000元均系货款，应增加经营活动产生的现金流量。

（2）分析调整营业成本：

借：营业成本　　　　　　　　　　　　　　　　　　　　　750 000

　　应付票据　　　　　　　　　　　　　　　　　　　　　100 000

　　　贷：经营活动现金流量——购买商品支付的现金　　　　844 700

　　　　　存货　　　　　　　　　　　　　　　　　　　　　5 300

应付票据减少100 000元，表明本期用于购买存货的现金支出增加100 000元；存货减少5 300元，表明本期消耗的存货中有5 300元是原先库存的，也即使购买商品支付的现金减少5 300元。

（3）计算销售费用付现：

借：销售费用　　　　　　　　　　　　　　　　　　　　　　20 000

　　　贷：经营活动现金流量——支付的其他与经营活动有关的现金　20 000

本例中利润表中所列销售费用与按现金制确认数相同。

（4）调整本年营业税金及附加：

借：营业税金及附加　　　　　　　　　　　　　　　　2 000
　　贷：经营活动现金流量——支付的各项税费　　　　　　　　2 000

本年支付的营业税金及附加为 2 000 元。

（5）分析调整管理费用：

借：管理费用　　　　　　　　　　　　　　　　　　157 100
　　贷：经营活动现金流量——支付的其他与经营活动有关的现金　157 100

管理费用中包含着不涉及现金支出的项目，此笔分录先假定当期管理费用均支付了现金，并将管理费用全额转入"经营活动现金流量——支付的其他与经营活动有关的现金项目中，至于不涉及现金支出的项目，再分别进行调整。

（6）分析调整财务费用：

借：财务费用　　　　　　　　　　　　　　　　　　41 500
　　贷：经营活动现金流量——销售商品收到的现金　　　　　　20 000
　　　　应付利息　　　　　　　　　　　　　　　　　11 500
　　　　长期借款　　　　　　　　　　　　　　　　　10 000

本期增加的财务费用中，有 20 000 元是票据贴现利息，由于在调整应收票据时已全额记入"经营活动现金流量——销售商品收到的现金"，故要从"经营活动现金流量——销售商品收到的现金"项目内冲回，不能作为现金流出；应付利息 11 500 元和长期借款 10 000 元均系利息费用。

（7）分析调整投资收益：

借：投资活动现金流量——取得投资收益收到的现金　　30 000
　　　　　　　　　　　——收回投资收到的现金　　　16 500
　　贷：投资收益　　　　　　　　　　　　　　　　31 500
　　　　交易性金融资产　　　　　　　　　　　　　15 000

投资收益应从利润表项目中调整出来，列入投资活动现金流量中。本例中，投资收益由两部分组成，一是分得现金股利 30 000 元，二是出售交易性金融资产——股票获利 1 500 元。

（8）分析调整所得税费用：

借：所得税费用　　　　　　　　　　　　　　　　　77 575
　　贷：应交税费　　　　　　　　　　　　　　　　77 575

将利润表中的所得税费用调入应交税费。

（9）分析调整营业外收入：

借：投资活动现金流量——处置固定资产收到的现金　　300 000
　　　　累计折旧　　　　　　　　　　　　　　　　150 000
　　贷：营业外收入　　　　　　　　　　　　　　　50 000
　　　　固定资产　　　　　　　　　　　　　　　　400 000

编制现金流量表时，需对营业外收入和支出进行分析，以列入现金流量表的不同部分。本例中营业外收入 50 000 元是处置固定资产的利得，处置过程中收到的现金应列入投资活动现金流量中。

（10）分析调整营业外支出：

借：营业外支出　　　　　　　　　　　　　　　　　　　　19 700

　　投资活动现金流量——处置固定资产收到的现金　　　　　300

　　累计折旧　　　　　　　　　　　　　　　　　　　　180 000

　　贷：固定资产　　　　　　　　　　　　　　　　　　　　　200 000

本例中营业外支出 49 700 元是由两部分组成的：营业外支出 19 700 元是处置固定资产的损失，处置过程中收到的现金应列入投资活动现金流量中。

（11）分析调整资产减值损失：

借：资产减值损失　　　　　　　　　　　　　　　　　　30 900

　　贷：经营活动现金流量——销售商品收到的现金　　　　　　900

　　　　固定资产减值准备　　　　　　　　　　　　　　　　30 000

本期计提的坏账准备虽然未支付现金、未形成现金流出，但却减少了资产负债表"应收账款"项目的年末余额，而应收账款的本年减少在调整分录（1）分析调整营业收入时已假定均形成了"经营活动现金流量——销售商品收到的现金"，故此处为冲减。30 000 元是计提的固定资产减值准备。

（12）分析调整固定资产：

借：固定资产　　　　　　　　　　　　　　　　　　　1 501 000

　　贷：投资活动现金流量——购建固定资产支付的现金　　101 000

　　　　在建工程　　　　　　　　　　　　　　　　　1 400 000

本期固定资产的增加包括两部分，一是购入设备 101 000 元，二是在建工程完工转入 1 400 000 元。

（13）分析调整累计折旧：

借：经营活动现金流量——支付的其他与经营活动有关的现金　30 000

　　　　　　　　　　　——购买商品支付的现金　　　　　170 000

　　贷：累计折旧　　　　　　　　　　　　　　　　　　　200 000

本期计提的折旧 200 000 元中，计入管理费用的 30 000 元，计入制造费用的 170 000 元，基于和第（11）笔分录同样的理由，应作补充调整。

（14）分析调整在建工程：

借：在建工程　　　　　　　　　　　　　　　　　　　478 000

　　工程物资　　　　　　　　　　　　　　　　　　　150 000

　　贷：投资活动现金流量——购建固定资产支付的现金　　378 000

　　　　长期借款　　　　　　　　　　　　　　　　　　150 000

　　　　应交税费　　　　　　　　　　　　　　　　　　100 000

本期在建工程的增加原因，包括这样几个方面：一是以现金购买工程物资 150 000 元及支付工资 200 000 元；二是长期借款利息资本化 150 000 元；三是发生的在建工程职工薪酬（福利费）28 000 元、应交土地增值税 100 000 元均资本化到在建工程成本中。

（15）分析调整无形资产：

借：经营活动现金流量——支付的其他与经营活动有关的现金   60 000

    贷：无形资产   60 000

无形资产摊销时已计入管理费用和累计摊销（冲减了资产负债表无形资产项目的期末数），因此应作补充调整。理由同第（11）笔分录。

（16）分析调整短期借款：

借：短期借款   250 000

    贷：筹资活动现金流量——偿还债务支付的现金   250 000

偿还短期借款应列入筹资活动的现金流量。

（17）分析调整应付职工薪酬——工资：

借：应付职工薪酬   300 000

    贷：经营活动现金流量——支付给职工以及为职工支付的现金   300 000

借：经营活动现金流量——购买商品支付的现金   285 000

             ——支付的其他与经营活动有关的现金   15 000

    贷：应付职工薪酬   300 000

本期应付职工薪酬——工资的期末期初差额虽然为零，但并不意味着本期支付给职工的工资为零。上述分录中，由于工资费用分配时已分别计入制造费用和管理费用，因此要补充调整。

（18）分析调整应付职工薪酬——福利费：

借：经营活动现金流量——购买商品支付的现金   39 900

             ——支付的其他与经营活动有关的现金   2 100

    贷：经营活动现金流量——支付给职工以及为职工支付的现金   42 000

理由同上。

（19）分析调整应交税费：

借：应交税费   220 041

    贷：经营活动现金流量——支付的各项税费   177 575

                ——购买商品支付的现金   42 466

借：经营活动现金流量——销售商品收到的现金   161 500

    贷：应交税费   161 500

此处第一笔调整分录，是调整实际以现金交纳的增值税款、所得税款以及购货时支付的增值税进项税额；第二笔分录是调整收到的增值税销项税额。为便于分析，企业在日常核算中，应按应交税费的税种分设明细账，以便取得分析所需的数据。

（20）分析调整应付利息：

借：应付利息   12 500

    贷：筹资活动现金流量——偿付利息支付的现金   12 500

以现金支付利息。

（21）分析调整长期借款：

借：长期借款   1 000 000

    贷：筹资活动现金流量——偿还债务支付的现金   1 000 000

以现金偿还长期借款。

借：筹资活动现金流量——借款收到的现金　　　　　　　　400 000

　　贷：长期借款　　　　　　　　　　　　　　　　　　　　　　400 000

举借长期借款。

（22）结转净利润：

借：净利润　　　　　　　　　　　　　　　　　　　　　　232 725

　　贷：未分配利润　　　　　　　　　　　　　　　　　　　　232 725

（23）提取盈余公积及分配股利：

借：未分配利润　　　　　　　　　　　　　　　　　　　　67 124.6

　　贷：盈余公积　　　　　　　　　　　　　　　　　　　　34 908.75

　　　　应付股利　　　　　　　　　　　　　　　　　　　　32 215.85

（24）最后调整现金净变化额：

借：现金净减少额　　　　　　　　　　　　　　　　　　　636 041

　　贷：货币资金　　　　　　　　　　　　　　　　　　　　　636 041

第三步：将调整分录过入工作底稿，见表 17－4。

表17－4　　　　　　　　　　　　　　现金流量表工作底稿

项目	年初数	调整分录		期末数
		借方	贷方	
一、资产负债表项目				
借方项目：				
货币资金	1 406 300		(25) 636 041	770 259
交易性金融资产	15 000		(7) 15 000	0
应收票据	246 000		(1) 200 000	46 000
应收账款	299 100	(1) 299 100		598 200
其他应收款	5 000			5 000
预付款项	200 000			200 000
存货	2 580 000		(2) 5 300	2 574 700
长期股权投资	250 000			250 000
固定资产	1 100 000	(12) 1 501 000	(9) 400 000	2 101 000
		(9) 150 000	(10) 200 000	
		(10) 180 000	(11) 30 000	
			(13) 200 000	
工程物资		(14) 150 000		150 000
在建工程	1 500 000	(14) 478 000	(12) 1 400 000	578 000
无形资产	600 000		(15) 60 000	540 000
其他长期资产	200 000			200 000
借方项目合计：	8 401 400	2 758 100	3 146 341	8 013 159
贷方项目：				
短期借款	300 000	(16) 250 000		50 000
应付票据	200 000	(2) 100 000		100 000
应付账款	953 800			953 800

项目	年初数	调整分录		期末数
		借方	贷方	
一、资产负债表项目				
应付职工薪酬	110 000	(18) 300 000	(18) 300 000	110 000
应付股利			(23) 32 215.85	32 215.85
应交税费	36 600	(19) 220 041	(1) 51 000	206 634
			(8) 77 575	
			(14) 100 000	
			(19) 161 500	
其他应付款	50 000			50 000
应付利息	1 000	(20) 12 500	(6) 11 500	
长期借款	1 600 000	(21) 1 000 000	(6) 10 000	1 160 000
			(14) 150 000	
			(21) 400 000	
实收资本	5 000 000			5 000 000
盈余公积	100 000		(23) 34 908.75	134 908.75
未分配利润	50 000	(23) 67 124.6	(22) 232 725	215 600.4
贷方项目合计	8 401 400	1 949 665.60	1 561 424.6	8 013 159
二、利润表项目				本期数
营业收入			(1) 1 250 000	1 250 000
营业成本		(2) 750 000		750 000
营业税金及附加		(4) 2 000		2 000
销售费用		(3) 20 000		20 000
管理费用		(5) 157 100		157 100
财务费用		(6) 41 500		41 500
资产减值损失		(11) 30 900		30 900
投资收益				31 500
营业外收入			(7) 31 500	50 000
营业外支出		(10) 19 700	(9) 50 000	19 700
所得税费用		(8) 77 575		77 575
净利润		(22) 232 725		232 725
三、现金流量表项目				
(一) 经营活动产生的现金流量 销售商品、提供劳务收到现金		(1) 1 201 900	(6) 20 000	
		(19) 161 500	(11) 900	
现金流入小计				1 342 500
购买商品、接受 劳务支付的现金		(13) 170 000	(2) 844 700	1 342 500
		(17) 285 000	(19) 42 466	392 266
		(18) 39 900		
			(17) 300 000	
支付给职工以及 为职工支付的现金			(18) 42 000	342 000
			(4) 2 000	
			(19) 177 575	
支付的各项税费		(13) 30 000	(3) 20 000	179 575
		(15) 60 000	(5) 157 100	
支付的其他与 经营活动有关的现金		(17) 15 000		70 000
		(18) 2 100		

续表

项目	年初数	调整分录 借方	调整分录 贷方	期末数
三、现金流量表项目				
现金流出小计			983 841	
经营活动产生的现金流量净额			358 659	
（二）投资活动产生的现金流量	（7）16 500			
收回投资收到的现金	（7）30 000		16 500	
取得投资收益收到的现金	（9）300 000		30 000	
处置固定资产收回的现金净额	（10）300	（12）101 000	300 300	
		（14）378 000		
现金流入小计			346 800	
购建固定资产支付的现金			479 000	
现金流出小计			479 000	
投资活动产生的现金流动净额			-132 200	
（三）筹资活动产生的现金流量	（21）400 000	（16）250 000		
取得借款收到的现金		（21）1 000 000	400 000	
现金流入小计		（20）12 500	400 000	
偿还债务支付的现金			1 250 000	
偿还利息支付的现金			12 500	
现金流出小计	（25）636 041		1 262 500	
筹资活动产生的现金流量净额			-862 500	
（四）现金及现金等价物净减少额			636 041	
调整分录借贷合计		9 387 506.60	9 387 506.60	—

第四步，核对调整分录，借方、贷方合计数均已经相等，资产负债表项目期初数加减调整分录中的借贷金额以后，也已等于期末数。

第五步，根据工作底稿中的现金流量表项目部分编制正式的现金流量表见表17-5。

表17-5　　　　　　　　　　　　　现金流量表

编制单位：ABC公司　　　　　　　　20×8年度　　　　　　　　　　会企03表

项目	行次	金额
一、经营活动产生的现金流量：		
销售商品、提供劳务收到的现金	1	1 342 500
收到的税费返还	3	0
收到的其他与经营活动有关的现金	8	0
现金流入小计	9	1 342 500
购买商品、接受劳务支付的现金	10	392 266
支付给职工以及为职工支付的现金	12	342 000
支付的各项税费	13	179 575
支付的其他与经营活动有关的现金	18	70 000
现金流出小计	20	983 841
经营活动产生的现金流量净额	21	358 659

续表

项　目	行次	金额
二、投资活动产生的现金流量：		
收回投资收到的现金	22	16 500
取得投资收益收到的现金	23	30 000
处置固定资产、无形资产和其他长期资产所收回的现金净额	25	300 300
收到的其他与投资活动有关的现金	28	0
现金流入小计	29	346 800
购建固定资产、无形资产和其他长期资产支付的现金	30	479 000
投资支付的现金	31	0
支付的其他与投资活动有关的现金	35	0
现金流出小计	36	479 000
投资活动产生的现金流量净额	37	−132 200
三、筹资活动产生的现金流量：		
吸收投资收到的现金	38	0
取得借款收到的现金	40	400 000
收到的其他与筹资活动有关的现金	43	0
现金流入小计	44	400 000
偿还债务支付的现金	45	1 250 000
分配股利、利润和偿付利息支付的现金	46	12 500
支付的其他与筹资活动有关的现金	52	0
现金流出小计	53	1 262 500
筹资活动产生的现金流量净额	54	−862 500
四、汇率变动对现金的影响	55	0
五、现金及现金等价物净增加额	56	−636 041

补充资料	行次	金额
1. 将净利润调节为经营活动现金流量：		
净利润	57	232 725
加：资产减值准备	58	30 900
固定资产折旧	59	200 000
无形资产摊销	60	60 000
长期待摊费用摊销	61	0
处置固定资产、无形资产和其他长期资产的损失（减：收益）	66	−50 000
固定资产报废损失	67	19 700
财务费用	68	21 500
投资损失（减：收益）	69	−31 500
递延所得税负债（减：借项）	70	0
存货的减少（减：增加）	71	5 300
经营性应收项目的减少（减：增加）	72	−99 100
经营性应付项目的增加（减：减少）	73	−30 866

续表

补充资料	行次	金额
其他	74	0
经营活动产生的现金流量净额	75	358 659
2. 不涉及现金收支的投资和筹资活动：		
债务转为资本	76	0
一年内到期的可转换公司债券	77	0
融资租入固定资产	78	0
3. 现金及现金等价物净增加情况：		
现金的期末余额	79	770 259
减：现金的期初余额	80	1 406 300
加：现金等价物的期末余额	81	0
减：现金等价物的期初余额	82	0
现金及现金等价物净增加额	83	−636 041

【例 17 −23】ABC 公司自 20×8 年 1 月 1 日开始执行 2006 年《企业会计准则》，20×8 年该公司有关资料如下：

（1）本年商品销售收入 100 万元；应收账款年初余额 20 万元，期末余额 36 万元；本年预收的货款为 6 万元，计提的坏账准备为 0.4 万元，应交增值税销项税额 17 万元。

（2）本年以银行存款支付原材料货款 30 万元，增值税进项税额 5.1 万元；以银行存款支付工程用物资货款 50 万元、增值税 12.5 万元，补付办公楼装修工程款 5 万元；以银行存款预付原材料购货款 10 万元；本年度实际缴纳增值税 16 万元。

（3）年末从银行提取现金 8 万元，备用。

（4）本年实际发放工资及福利费 90 万元。其中：支付生产经营人员工资 45 万元，支付工会人员工资 2 万元，支付在建工程人员工资 10 万元，支付离退休人员退休金 15 万元；报销职工医药费 8 万元。

（5）本年对一幢厂房进行清理变卖。该厂房原值 110 万元，累计折旧 60 万元，变价收入 40 万元，支付清理费用 55 万元，出售不动产适用营业税率为 5%。至年末，该项固定资产已清理完毕。

要求：根据上述资料计算 ABC 公司 20×8 年下列现金流量表项目的金额，列出必要的计算过程。

（1）"经营——销售商品、提供劳务收到的现金"项目。

（2）"经营——购买商品、接受劳务支付的现金"项目。

（3）"经营——支付给职工以及为职工支付的其他现金"项目。

（4）"投资——购建固定资产、无形资产和其他长期资产所支付的现金"项目。

（5）"投资——处置固定资产、无形资产和其他长期资产而收到的现金净额"项目。

据此，采用直接分析填列法计算如下：

（1）销售商品、提供劳务收到的现金 = 1 000 000 − (360 000 − 200 000) + 60 000

+ 170 000 − 4 000 = 1 066 000 （元）

（2）购买商品、接受劳务支付的现金 = 300 000 + 51 000 + 100 000 = 451 000（元）

（3）支付给职工以及为职工支付的其他现金 = 450 000 + 20 000 + 80 000 = 550 000（元）

（4）购建固定资产、无形资产和其他长期资产所支付的现金 = 500 000 + 125 000 + 50 000 + 100 000 = 775 000（元）

（5）处置固定资产、无形资产和其他长期资产而收到现金净额 = 0（元）（由于处置净收入为负数，应将其填入"支付其他与投资活动有关的现金"项目，故"处置固定资产、无形资产和其他长期资产而收到现金净额"应填 0 元）

第十八章　财务报表附注

【学习目的】通过本章的学习，要求理解财务报表附注的含义、作用及形式；掌握财务报表附注的主要内容；了解财务报表附注披露的信息描述。

第一节　财务报表附注的含义、作用及形式

一、财务报表附注的含义

财务报表附注是财务报表的重要组成部分，是对在财务报表中列示项目的文字描述或明细资料，以及对未能在财务报表中列示项目的说明。

财务报表采用报表格式，由于形式的限制，只能按照大类设置项目，反映总括情况，具有一定的固定性和规定性，至于各项目的构成明细等情况难以在表内反映，从而使其反映的会计信息受到一定的限制。以应收账款为例，其在资产负债表中只是一个年末余额，至于各项应收账款的账龄情况就无从得知，这方面信息对于财务报表使用者了解企业信用资产质量却是必要的，所以需要在会计报表附注中提供应收账款账龄方面的信息。

再如，在可比性原则下，对于同样的经济业务，要求企业采用同样的会计方法和程序。此外，它要求前后各期采用的会计政策保持一致，不得随意变更。在实际工作中，由于会计法规发生变化，或者为了更加公允地反映企业的实际情况，企业有可能改变财务报表中某些项目的会计政策，由于不同期间的财务报表中同一项目采用了不同的会计政策，影响不同期间财务报表的可比性。为了帮助财务报表使用者掌握会计政策的变化，也需要在财务报表附注中加以说明。

二、财务报表附注的作用

财务报表附注是对财务报表的补充说明，它对财务报表不能包括的内容，或者披露不详尽的内容，作进一步的解释和说明，从而有助于财务报告使用者理解和使用会计信息。财务报表附注的作用主要有以下三个方面。

（一）有利于突出财务报表的重要信息

财务报表中所含有的信息已经比较全面，但内容繁多，报表用户可能抓不住重点，对

其中的重要信息可能了解不够详细。通过注释，可将财务报告中的重要信息进一步分解、说明，并引起报表用户的注意。

（二）有利于提高报表内信息的可比性

虽然会计准则要求企业保持会计程序、方法与原则的一贯性，但是新的经济环境下，会计准则也要求企业进行合理的会计变更。会计变更会影响会计信息的可比性，为此在报表附注中通过注释来说明企业采用的会计方法及其变更，有利于提高报表内信息的可比性。

（三）有利于增加报表内信息的可理解性

企业报表用户数量繁多，其知识结构必有差异，对信息的理解各不相同。通过对表中数据进行解释，将一个抽象的数据分解成具体项目加以详细说明，有助于向报表用户提供更多有意义的信息。

尽管财务报表附注是财务报表的重要组成部分，但是附注中的描述说明不能用来更正表内的错误，也不能用以替代报表正文中的正常分类、计量和描述，或与正文发生数据冲突。更要注意企业使用报表附注的文字描述进行过度信息披露。

三、财务报表附注的形式

财务报表附注可以采用旁注、附表和底注等形式。

（一）旁注

旁注是指在财务报表的有关项目直接用括号加注说明。旁注是最简单的报表注释方法，如果报表内项目的名称或金额受到限制或需要简单的补充说明，可以直接用括号加注说明。

（二）附表

附表指为了保持财务报表的简明易懂而另行编制一些反映其构成项目及年度内的增减来源与数额的表格。附表反映的内容，有些已直接包括在脚注之内，有些则附在报表和脚注之后，作为财务报告的一个单独组成部分。需要注意的是，附表与补充报表的含义并不相同。附表所反映的是财务报表中某一项目的明细信息，而补充报表则往往反映一些附加的信息或按不同基础编制的信息。最常见的补充报表是揭示物价变动对企业财务状况和经营成果影响的附表。

（三）底注

底注也称脚注，指在财务报表后面用一定文字和数字所做的补充说明。一般而言，每一种报表都可以有一定的底注，其篇幅大小随各种报表的复杂程度而定。底注的主要作用是揭示那些不便于列入报表正文的有关信息。但是，底注作为财务报表的组成部分，仅是对报表正文的补充，它不能取代或更正报表正文中的正常分类、计价和描述。凡列入财务报表正文部分的信息项目都必须符合会计要素的定义和一系列确认与计量的标准。财务报表正文主要是以表格形式描述有关企业财务状况与经营绩效的定量信息，这一特征使报表正文所能包含的信息受到限制，而底注则比较灵活，它可以提供：有关报表编制基础等方面的定性信息；报表项目的性质；比报表正文更为详细的信息；一些相对较次要的信息，这些信息对理解和使用报表信息是十分有益的。由于这一优点，底注在财务报表中已发挥越来越重要的作用。目前，在会计实务中报表底注的内容日益增多，其增长幅度大大超过报表的正文。

第二节　财务报表附注的内容

一、财务报表附注的内容基本构成

按照《企业会计准则第 30 号——财务报表列报》的规定，财务报表附注应当披露以下主要内容：

（1）企业的基本情况。包括企业注册地、组织形式和总部地址；企业的业务性质或主要经营活动；母公司以及集团最终母公司的名称；财务报告的批准报出者和财务报告批准报出日。

（2）财务报表的编制基础。财务报表的编制基础由会计年度、记账本位币、会计计量基础、现金及现金等价物等构成。

（3）遵循企业会计准则的声明。企业应当明确说明编制的财务报表符合企业会计准则体系的要求，真实、完整地反映了企业的财务状况、经营成果和现金流量等有关信息。如果企业只是部分会计报表编制遵循了会计准则，附注中不得作出上述表述。

（4）重要会计政策、会计估计的说明。企业应当披露采用的重要会计政策、会计估计。

（5）会计政策和会计估计变更以及差错更正的说明。

（6）报表重要项目的说明。企业对报表重要项目的明细说明，应当按照资产负债表、利润表、现金流量表和所有者权益变动表的顺序及表中列示的顺序进行披露。

（7）或有事项的说明。

（8）资产负债表日后非调整事项。对资产负债表日后事项，企业应当披露每项重要的资产负债表日后事项的性质、内容，及其对财务状况和经营成果的影响。无法作出估计的，应当说明原因。

（9）关联方关系及其交易事项。

此外，企业还应当在财务报表附注中披露在资产负债表日后、财务报告批准报出日前提议或宣布发放的股利总额和每股股利金额（或向投资者分配的利润总额）等等。

二、关于重要会计政策、会计估计的披露

企业应当考虑与会计政策、会计估计相关项目的金额和性质，判断所采用的会计政策、会计估计的重要性，并对重要的会计政策、会计估计进行披露。对于重要的会计政策、会计估计，企业应当披露以下几方面的内容。

（1）会计政策和会计估计的确定依据。企业应当披露重要会计政策的确定依据和财务

报表项目的计量基础。例如，如何判断持有的金融资产为持有至到期的投资而不是交易性投资；如何判断持有的资产为固定资产而不是投资性房地产；对于拥有的持股不足50%的企业，如何判断企业拥有控制权并因此将其纳入合并范围；如何判断一项租赁资产属于融资租赁而不是经营租赁；如何判断借款费用应当计入相关资产现时价值而不是计入当期损益等。这些判断对报表中确认的项目金额具有重要影响。

（2）会计估计中所采用的关键假设和不确定因素。企业应当披露会计估计中所采用的关键假设和不确定因素的确定依据。如固定资产可收回金额的计算需要根据其公允价值减去处置费用后的净额与预计未来现金流量的现值两者之间的较高者确定，在计算资产预计未来现金流量的现值时需要对未来现金流量进行预测，选择适当的折现率，并应当在附注中披露未来现金流量预测所采用的假设及其依据、所选择的折现率的合理性等。

企业主要应当披露的重要会计政策具体内容如下：

存货需要披露确定发出存货成本所采用的方法；可变现净值的确定方法；存货跌价准备的计提方法。

投资性房地产需要披露投资性房地产的计量模式；采用公允价值模式的，投资性房地产公允价值的确定依据和方法。

固定资产需要披露固定资产的确认条件和计量基础；固定资产的折旧方法。

生物资产需要披露各类生产性生物资产的折旧方法。

无形资产需要披露使用寿命有限的无形资产的使用寿命的估计情况；使用寿命不确定的无形资产的使用寿命不确定的判断依据；无形资产的摊销方法；企业判断无形资产支出满足资本化条件的依据。

资产减值需要披露资产或资产组可收回金额的确定方法；可收回金额按照资产组的公允价值减去处置费用后的净额确定的，确定公允价值减去处置费用后的净额的方法、所采用的各关键假设及其依据；可收回金额按照资产组预计未来现金流量的现值确定的，预计未来现金流量的各关键假设及其依据；分摊商誉到不同资产组采用的关键假设及其依据。

股份支付需要披露权益工具公允价值的确定方法。

债务重组需要披露债务人债务重组中转让的非现金资产的公允价值、由债务转成的股份的公允价值和修改其他债务条件后债务的公允价值的确定方法及依据。债权人债务重组中受让的非现金资产的公允价值、由债权转成的股份的公允价值和修改其他债务条件后债权的公允价值的确定方法及依据。

收入需要披露确认所采用的会计政策，包括确定提供劳务交易完工进度的方法。建造合同需要披露确定合同完工进度的方法。

所得税需要披露确认递延所得税资产的依据。

外币折算需要披露企业及其境外经营选定的记账本位币及选定的原因，记账本位币发生变更的理由。

金融工具需要披露对于指定为以公允价值计量且其变动计入当期损益的金融资产或金融负债，应当披露下列信息：①指定的依据；②指定的金融资产或金融负债的性质；③指定后如何消除或明显减少原来由于该金融资产或金融负债的计量基础不同所导致的相关利得或损失在确认或计量方面不一致的情况，以及是否符合企业正式书面文件载明的风险管理或投资策略的说明；指定金融资产为可供出售金融资产的条件；确定金融资产已发生减值的客观依据以及计算确定金融资产减值损失所使用的具体方法；金融资产和金融负债的利得和损失的计量基础；金融资产和金融负债终止确认条件；其他与金融工具相关的会计政策。

租赁需要披露承租人分摊未确认融资费用所采用的方法，出租人分配未实现融资收益所采用的方法。

石油天然气开采需要披露探明矿区权益、井及相关设施的折耗方法和减值准备的计提方法与油气开采活动相关的辅助设备及设施的折旧方法和减值准备计提方法。

企业合并需要披露属于同一控制下企业合并的判断依据。非同一控制下企业合并成本的公允价值的确定方法。

三、会计政策和会计估计变更以及差错更正的说明

企业应当按照《企业会计准则第 28 号——会计政策和会计估计变更和差错更正》及其应用指南的规定，披露以下具体内容。

1. 会计政策变更披露的信息

会计政策变更的性质、内容和原因；当期和各个列报前期财务报表中受影响的项目名称和调整金额；无法进行追溯调整的，说明该事实和原因以及开始应用变更后的会计政策的时点、具体应用情况。

2. 会计估计变更披露的信息

会计估计变更的内容和原因；会计估计变更对当期和未来期间的影响数；会计估计变更的影响数不能确定的，披露这一事实和原因。

3. 前期差错更正披露的信息

前期差错的性质；各个列报前期财务报表中受影响的项目名称和更正金额；无法进行追溯重述的，说明该事实和原因以及对前期差错开始进行更正的时点、具体更正情况。

在以后期间的财务报表中，不需要重复披露在以前期间的附注中已披露的会计政策变更和前期差错更正的信息。

四、报表重要项目的说明

企业对报表重要项目的明细说明，应当按照资产负债表、利润表、现金流量表和所有者权益变动表的顺序及表中列示的顺序，以文字和数字描述相结合的方式进行披露。并于报表项目相互参照、衔接。

部分具体报表重要项目的披露及格式示例如下。

1. 交易性金融资产

交易性金融资产披露格式见表 18 - 1。

表 18 – 1　　　　　　　　　　　　交易性金融资产披露格式

项　目	期末公允价值	年初公允价值
1. 交易性债券投资		
2. 交易性权益工具投资		
3. 指定为以公允价值计量且其变动计入当期损益的金融资产		
4. 衍生金融资产		
5. 其他		
合计		

2. 应收款项

（1）应收账款按账龄结构披露格式见表 18 – 2。

表 18 – 2　　　　　　　　　　　　应收账款按账龄结构披露格式

账龄结构	期末账面余额	年初账面余额
1 年以内（含 1 年）		
1 ~ 2 年（含 2 年）		
2 ~ 3 年（含 3 年）		
3 年以上		
合计		

（2）应收账款按客户类别披露格式见表 18 – 3。

表 18 – 3　　　　　　　　　　　　应收账款按客户类别披露格式

客户类别	期末账面余额	年初账面余额
客户 1		
客户 2		
……		
其他客户		
合计		

企业报表中的应收票据、预付账款、长期应收款、其他应收款项目，参照应收账款进行披露。

3. 存货

（1）存货披露格式见表 18 – 4。

表 18 – 4　　　　　　　　　　　　存货披露格式

存货种类	年初账面余额	本期增加额	本期减少额	期末账面余额
1. 原材料				
2. 在产品				

存货种类	年初账面余额	本期增加额	本期减少额	期末账面余额
3. 库存商品				
4. 周转材料				
5. 消耗性生物资产				
……				
合计				

（2）消耗性生物资产。消耗性生物资产的披露格式，见表 18 - 5。

表 18 - 5　　　　　　　　　　　消耗性生物资产披露格式

项目	年初账面余额	本期增加额	本期减少额	期末账面余额
一、种植业				
1.				
……				
二、畜牧养殖业				
1.				
……				
三、林业				
1.				
……				
四、水产业				
1.				
……				
合计				

（3）存货跌价准备的披露格式见表 18 - 6。

表 18 - 6　　　　　　　　　　　存货跌价准备披露格式

存货种类	年初账面余额	本期增加额	本期减少额		期末账面余额
			转回	转销	
1. 原材料					
2. 在产品					
3. 库存商品					
4. 周转材料					
5. 消耗性生物资产					
6. 建造合同形成的资产					
……					
合计					

4. 可供出售金融资产

可供出售金融资产披露格式见表18-7。

表 18-7　　　　　　　　　　　可供出售金融资产披露格式

项　目	期末公允价值	年初公允价值
1. 可供出售债券		
2. 可供出售权益工具		
3. 其他		
合计		

5. 递延所得税资产和递延所得税负债

（1）已确认递延所得税资产和递延所得税负债披露格式见表18-8。

表 18-8　　　　　　　递延所得税资产和递延所得税负债披露格式

项　目	期末账面余额	年初账面余额
一、递延所得税资产		
1.		
……		
合计		
二、递延所得税负债		
1.		
……		
合计		

（2）未确认递延所得税资产的可抵扣暂时性差异、可抵扣亏损等的金额（存在到期日的，还应披露到期日）。

6. 资产减值准备

资产减值准备披露格式见表18-9。

表 18-9　　　　　　　　　　　资产减值准备披露格式

项目	年初账面余额	本期计提额	本期减少额		期末账面余额
			转回	转销	
1. 坏账准备					
2. 存货跌价准备					
3. 可供出售金融资产减值准备					
4. 持有至到期投资减值准备					
5. 长期股权投资减值准备					
6. 投资性房地产减值准备					
7. 固定资产减值准备					

续表

项目	年初账面余额	本期计提额	本期减少额		期末账面余额
			转回	转销	
8. 工程物资减值准备					
9. 在建工程减值准备					
10. 生产性生物资产减值准备					
其中：成熟生产性生物资产减值准备					
11. 油气资产减值准备					
12. 无形资产减值准备					
13. 商誉减值准备					
14. 其他					
合计					

7. 公允价值变动收益

公允价值变动收益披露格式见表 18 – 10。

表 18 – 10 公允价值变动收益披露格式

产生公允价值变动收益的来源	本期发生额	上期发生额
1.		
……		
合计		

8. 其他报表重要项目的说明

（1）所得税费用。企业对所得税费用应披露的内容包括：①所得税费用（收益）的组成，包括当期所得税、递延所得税。②所得税费用（收益）与会计利润的关系。

（2）每股收益。企业应披露每股收益的内容包括：①基本每股收益和稀释每股收益分子、分母的计算过程。②列报期间不具有稀释性但以后期间很可能具有稀释性的潜在普通股。③在资产负债表日至财务报告批准报出日之间，企业发行在外普通股或潜在普通股股数发生重大变化的情况，如股份发行、股份回购、潜在普通股发行、潜在普通股转换或行权等。

（3）非货币性资产交换。企业应披露的非货币性资产交换的内容包括：①换入资产、换出资产的类别。②换入资产成本的确定方式。③换入资产、换出资产的公允价值及换出资产的账面价值。

（4）股份支付。企业对股份支付应披露的内容包括：①当期授予、行权和失效的各项权益工具总额。②期末发行在外的股份期权或其他权益工具行权价格的范围和合同剩余期限。③当期行权的股份期权或其他权益工具以其行权日价格计算的加权平均价格。④股份支付交易对当期财务状况和经营成果的影响。

（5）债务重组。企业应当按照《企业会计准则第 12 号——债务重组》第十四条和第十五条的相关规定进行披露。如企业作为债务人应当说明与债务重组有关的信息，包括债务重组的方式、确认的债务重组利得总额、或有应付金额等；企业作为债权人应当说明与债务重组有关的信息，如债务重组方式、确认的债务重组损失总额、债权转为股份所导致的投资增加额及该投资占债务人股份总额的比例、或有应收金额等。

（6）借款费用。企业对借款费用应当披露的内容包括：①当期资本化的借款费用金额。②当期用于计算确定借款费用资本化金额的资本化率。

（7）外币折算。企业对外币折算应当披露的内容包括：①计入当期损益的汇兑差额。②处置境外经营对外币财务报表折算差额的影响。

（8）企业合并。企业合并发生当期的期末，合并方或购买方应当按照《企业会计准则第 20 号——企业合并》第十八条或第十九条的相关规定进行披露。例如，合并方应当披露被合并企业的基本情况、属于同一控制下企业合并的判断依据、合并的确定依据等情况；购买方应披露被购买企业的基本情况、购买日的确定依据及账面价值、公允价值及公允价值的确定方法等。

五、或有事项

企业应按照《企业会计准则第 13 号——或有事项》第十四条和第十五条的相关要求进行披露。具体情况是：

（1）对预计负债的披露。

①预计负债的种类、形成原因以及经济利益流出不确定性的说明。②各类预计负债的期初、期末余额和本期变动情况。③与预计负债有关的预期补偿金额和本期已确认的预期补偿金额。

（2）对或有负债（不包括极小可能导致经济利益流出企业的或有负债）的披露。

①或有负债的种类及其形成原因，包括已贴现商业承兑汇票、未决诉讼、未决仲裁、对外提供担保等形成的或有负债。②经济利益流出不确定性的说明。③或有负债预计产生的财务影响，以及获得补偿的可能性；无法预计的，应当说明原因。

（3）对或有资产的披露。

企业通常不应当披露或有资产，但或有资产很可能会给企业带来经济利益的，应当披露其形成的原因、预计产生的财务影响等。

在涉及未决诉讼、未决仲裁的情况下，按照《企业会计准则第 13 号——或有事项》第十四条披露全部或部分信息预期对企业造成重大不利影响的，企业无须披露这些信息，但应当披露该未决诉讼、未决仲裁的性质，以及没有披露这些信息的事实和原因。

六、关联方关系及其交易

本企业母公司有关信息披露格式见表 18－11。

表18-11 母公司有关信息披露格式

母公司名称	注册地	业务性质	注册资本

母公司不是本企业最终控制方的，说明最终控制方名称。

母公司和最终控制方均不对外提供财务报表的，说明母公司之上与其最相近的对外提供财务报表的母公司名称。

母公司对本企业的持股比例和表决权比例。

本企业的子公司有关信息披露格式见表18-12。

表18-12 子公司有关信息披露格式

子公司名称	注册地	业务性质	注册资本	本企业合计持股比例	本企业合计享有的表决权比例
1.					
2.					
……					

本企业的合营企业有关信息披露格式见表18-13。

表18-13 合营企业有关信息披露格式

被投资单位名称	注册地	业务性质	注册资本	本企业持股比例	本企业在被投资单位表决权比例	期末资产总额	期末负债总额	本期营业收入总额	本期净利润
1.									
2.									
……									

本企业与关联方发生交易的，分别说明该关联方关系的性质、交易类型及交易要素。交易要素至少应当包括：交易的金额；未结算项目的金额、条款和条件，以及有关提供或取得担保的信息；未结算应收项目的坏账准备金额；定价政策。

第十九章 会计调整事项

【学习目的】通过本章的学习，掌握会计政策变更的会计处理；掌握会计估计变更的会计处理；掌握前期差错更正的会计处理；掌握资产负债表日后的调整事项的会计处理。理解会计政策和会计估计变更的概念；熟悉资产负债表日后事项涵盖的期间。了解会计政策、会计估计变更和前期差错更正的披露内容；了解资产负债表日后事项的内容。

第一节 会计政策、会计估计变更和差错更正

一、会计政策变更

（一）会计政策的概念及特点

会计政策，是指企业在会计确认、计量和报告中所采用的原则、基础和会计处理方法。其中，原则，是指按照《企业会计准则》规定的、适合于企业会计核算所采用的具体会计原则；基础，是指为了将会计原则应用于交易或者事项而采用的基础，主要是计量基础（即计量属性），包括历史成本、重置成本、可变现净值、现值和公允价值等；会计处理方法，是指企业在会计核算中按照法律、行政法规或者国家统一的会计制度等规定采用或者选择的、适合于本企业的具体会计处理方法。

在我国，会计准则属于行政法规，会计政策所包括的具体会计原则、基础和具体会计处理方法都是由会计准则规定。企业基本上是在法规所允许的范围内选择适合本企业实际情况的会计政策。所以，会计政策具有强制性和多层次的特点。

（1）会计政策的强制性。由于企业经济业务的复杂性和多样化，某些经济业务在符合会计原则和计量基础的要求下，可以有多种会计处理方法，即存在不止一种可供选择的会计政策。例如，确定发出存货的实际成本时可以在先进先出法、加权平均法或个别计价法中进行选择。但是，企业在发生某项经济业务时，必须从允许的会计原则、计量基础和会计处理方法中选择出适合本企业特点的会计政策。

（2）会计政策的层次性。会计政策包括会计原则、基础和会计处理方法三个层次。其中，会计原则是指导企业会计核算的具体原则，例如，按《企业会计准则第 14 号——收入》以商品所有权上的主要风险和报酬转移给购货方等条件作为收入确认的标准，就属于

收入确认的具体原则；会计基础是为将会计原则体现在会计核算而采用的基础，例如，《企业会计准则第 8 号——资产减值》中涉及的公允价值就是计量基础；会计处理方法是按照会计原则和计量基础的要求，由企业在会计核算中采用或者选择的、适合于本企业的具体会计处理方法，例如，企业按照《企业会计准则第 15 号——建造合同》规定采用的完工百分比法就是会计处理方法。会计原则、计量基础和会计处理方法三者之间是一个具有逻辑性的、密不可分的整体，通过这个整体，会计政策才能得以应用和落实。

（二）重要的会计政策

根据有关规定，企业在会计核算中所采纳的会计政策，应当在其会计报表附注中加以披露的主要有以下几项：

（1）发出存货成本的计量，是指企业确定发出存货成本所采用的会计处理。例如，企业发出存货成本的计量是采用先进先出法，还是采用其他计量方法。

（2）长期股权投资的后续计量，是指企业取得长期股权投资后的会计处理。例如，企业对被投资单位的长期股权投资是采用成本法，还是采用权益法核算。

（3）投资性房地产的后续计量，是指企业在资产负债表日对投资性房地产进行后续计量所采用的会计处理。例如，企业对投资性房地产的后续计量是采用成本模式，还是公允价值模式。

（4）固定资产的初始计量，是指对取得的固定资产初始成本的计量。例如，企业取得的固定资产初始成本是以购买价款，还是以购买价款的现值为基础进行计量。

（5）生物资产的初始计量，是指对取得的生物资产初始成本的计量。例如，企业为取得生物资产而产生的借款费用，应当予以资本化，还是计入当期损益。

（6）无形资产的确认，是指对内部研究开发项目的支出是否确认为无形资产。例如，企业内部研究开发项目开发阶段的支出是确认为无形资产，还是在发生时计入当期损益。

（7）非货币性资产交换的计量，是指非货币性资产交换事项中对换入资产成本的计量是以换出资产的公允价值作为确定换入资产成本的基础，还是以换出资产的账面价值作为确定换入资产成本的基础。

（8）收入的确认，是指收入确认所采用的会计方法。例如，企业确认收入时是按照从购货方已收或应收的合同或协议价款确定销售商品收入金额，还是按照应收的合同或协议价款的公允价值确定销售商品收入金额。

（9）合同收入与费用的确认，是指确认建造合同的收入和费用所采用的会计处理方法。例如，企业确认建造合同的合同收入和合同费用采用完工百分比法。

（10）借款费用的处理，是指借款费用的会计处理方法，即是采用资本化，还是采用费用化。

（11）合并政策，是指编制合并财务报表所采纳的原则。例如，母公司与子公司的会计年度不一致的处理原则；合并范围的确定原则等。

（12）其他重要会计政策。

（三）会计政策变更的概念及其变更条件

会计政策变更是指企业对相同的交易或事项由原来采用的会计政策改用另一会计政策

的行为。根据有关规定，企业应当按照会计准则和会计制度规定的原则和方法进行核算，各期采用的会计原则和方法应当保持一致，不得任意变更。但是，并不是说会计政策永不得变更。

1. 允许企业会计政策变更的情况

在以下两种情况下，企业可以变更会计政策：

（1）法律、行政法规或者国家统一的会计制度等要求变更。这是指按照法律、行政法规以及国家统一的会计制度的规定，要求企业采用新的会计政策，则企业应当按照法律、行政法规以及国家统一的会计制度的规定改变原来的会计政策，按照新的会计政策执行。如发布或修订了新的具体会计准则，要求企业采用新的会计政策。具体如《企业会计准则第1号——存货》对发出存货实际成本的计价方法中排除了后进先出法，这就要求执行企业会计准则体系的企业按照新规定，将原来以后进先出法核算发出存货成本改为准则规定可以采用的会计政策。

（2）会计政策变更能够提供更可靠、更相关的会计信息。企业会计政策的选择，总是根据企业当时所处的特定经济环境以及某类业务的实际情况作出的，由于经济环境、客观情况的改变，企业继续采用原来的会计政策所提供的会计信息，已不能恰当地反映企业的财务状况、经营成果和现金流量等情况。在这种情况下，应改变原有会计政策，按变更后新的会计政策进行会计处理，以便对外提供更可靠、更相关的会计信息。例如，企业原来对固定资产折旧采用直线法计提，随着技术进步，采用加速折旧法更能反映企业的财务状况和经营成果，企业改用加速折旧法。再如，企业一直采用成本模式对投资性房地产进行后续计量，如果企业能够从房地产交易市场上持续地取得同类或类似房地产的市场价格及其他相关信息，从而能够对投资性房地产的公允价值作出合理的估计，此时，企业可以将投资性房地产的后续计量方法由成本模式变更为公允价值模式。上述例子中前后采用的两种方法都是会计准则允许采用的。

2. 不属于企业会计政策变更的情况

对会计政策变更的认定，直接影响着会计处理方法的选择。因此，在会计实务中，企业应当正确认定属于会计政策变更的情形，分清哪些情况不属于会计政策变更的情形，不属于《企业会计准则第28号——会计政策、会计估计变更和差错更正》所定义的会计政策变更的情况主要有以下两种：

（1）本期发生的交易或事项与以前相比具有本质差别而采用新的会计政策。例如，企业以往租入设备都是为了满足临时经营需要而租入的，企业按经营租赁会计处理方法核算。但自本年度起租入新的设备，出于对租赁期、租金的计算以及租赁期满时设备的处理等因素考虑，采用融资租赁会计处理方法核算。由于经营租赁与融资租赁有着本质的区别，在这种情况下改变会计政策，不属于会计政策变更。

（2）对初次发生的或不重要的交易或事项采用新的会计政策。例如，企业第一次对外进行长期股权投资，企业对该项长期股权投资采用权益法进行核算，由于该企业以前没有进行过长期股权投资，本年企业对外进行的长期股权投资属于初次发生交易，企业采用权益法对该项长期股权投资进行核算不属于会计政策变更；再如，企业以前没有建造合同业务，本年承接的建造合同就属于初次发生交易，企业采用完工百分比法进行核算，也属于会计政策变更。

这里需要说明的是，会计政策变更并不意味着以前期间的会计政策是错误的，只是由于情况发生了变化，或者掌握了新的信息、积累了更多的经验，使得变更会计政策能够更好地反映企业的财务状况、经营成果和现金流量。如果以前期间会计政策的运用是错误的，则属于会计差错，应按会计差错更正的会计处理方法进行会计处理。

（四）会计政策变更的会计处理

对发生的会计政策变更的会计处理方法，有追溯调整法和未来适用法两种方法，分别适用于不同情况。

1. 追溯调整法

追溯调整法是指对某项交易或事项变更会计政策，视同该项交易或事项初次发生时即采用变更后的会计政策，并以此对财务报表相关项目进行调整的方法。采用追溯调整法时，对于比较财务报表期间的会计政策变更，应调整各期间净损益各项目和财务报表其他相关项目，视同该政策在比较财务报表期间一直采用。对于比较财务报表可比期间以前的会计政策变更的累积影响数，应调整比较财务报表最早期间的期初留存收益，财务报表其他相关项目的数字也应一并调整。

追溯调整法通常由以下步骤构成：

第一步，根据新会计政策重新计算受影响的前期交易或事项。

第二步，计算两种会计政策下的差异。

第三步，计算差异的所得税影响金额。

第四步，确定前期中的每一期的税后差异。

第五步，计算会计政策变更的累积影响数。

第六步，编制相关项目的调整分录。

第七步，调整列报前期最早期初财务报表相关项目及其金额。

第八步，附注说明。

其中，会计政策变更累积影响数，是指按照变更后的会计政策对以前各期追溯计算的列报前期最早期初留存收益应有金额与现有金额之间的差额。其中的留存收益，包括当年和以前年度的未分配利润和按照相关法律规定提取并累积的盈余公积。会计政策变更的累积影响数，是对变更会计政策所导致的对净损益的累积影响，以及由此导致的对利润分配及未分配利润的累积影响金额，不包括分配的利润或股利。例如，由于会计政策变化，增加了以前期间可供分配的利润，该企业通常按净利润的20%分派现金股利。但在计算调整会计政策变更当期期初的留存收益时，不应当考虑由于以前期间净利润的变化而需要分派的现金股利。

需要注意的是，对以前年度损益进行追溯调整或追溯重述的，应当重新计算各列报期间的每股收益。

【例19-1】华天公司2005年、2006年分别以900 000元和220 000元的价格从股票市场购入A、B两只以交易为目的的股票（假设不考虑购入股票发生的交易费用），市价一直高于购入成本。公司采用成本与市价熟低法对购入股票进行计量。公司从2007年起对其以交易为目的购入的股票由成本与市价孰低法改为公允价值计量，公司保存的会计资料比较齐备，可以通过会计资料追溯计算。假设所得税税率为 25%，公司按净利润的 10% 提取法定盈余公积，按净利润的 5% 提取任意盈余公积。公司发行股票份额为 900 万股。两种方法计量的交易性金融资产账面价值如表 19 – 1 所示。

表 19 – 1		两种方法计量的交易性金融资产账面价值		单位：元
会计政策 股票	成本与市价孰低	2005 年年末 公允价值	2006 年年末 公允价值
A 股票	900 000	1 020 000	1 020 000
B 股票	220 000	—	260 000

华天公司的会计处理如下：

（1）计算改变交易性金融资产计量方法后的累积影响数，如表 19 – 2 所示。

表 19 – 2		改变交易性金融资产计量方法后的积累影响数		单位：元
时间	公允价值	成本与市价孰低	税前差异	所得税影响	税后差异
2005 年年末	1 020 000	900 000	120 000	30 000	90 000
2006 年年末	260 000	220 000	40 000	10 000	30 000
合计	1 280 000	1 120 000	160 000	40 000	120 000

华天公司 2007 年 12 月 31 日的比较财务报表最早期初为 2006 年 1 月 1 日。

华天公司在 2005 年年末按公允价值计量的账面价值为 1 020 000 元，按成本与市价孰低计量的账面价值为 900 000 元，两者的所得税影响合计为 30 000 元，两者差异的税后净影响额为 90 000 元，即为该公司 2006 年期初由成本与市价孰低改为公允价值的累积影响数。

华天公司在 2006 年年末按公允价值计量的账面价值为 1 280 000 元，按成本与市价孰低计量的账面价值为 1 120 000 元，两者的所得税影响合计为 40 000 元，两者差异的税后净影响额为 120 000 元，其中，90 000 元是调整 2006 年累积影响数，30 000 元是调整 2006 年当期金额。

华天公司按照公允价值重新计量 2006 年年末 B 股票账面价值，其结果为公允价值变动收益少计了 40 000 元，所得税费用少计了 10 000 元，净利润少计了 30 000 元。

（2）编制有关项目的调整分录。

①调整 2005 年会计政策变更累积影响数：

借：交易性金融资产——公允价值变动　　　　　　　　　　　　120 000

　　贷：利润分配——未分配利润　　　　　　　　　　　　　　　　　90 000

　　　　递延所得税负债　　　　　　　　　　　　　　　　　　　　　30 000

②调整 2005 年利润分配：

借：利润分配——未分配利润（90 000 × 15%）　　　　　　　13 500

　　贷：盈余公积　　　　　　　　　　　　　　　　　　　　　　　13 500

③调整 2006 年交易性金融资产：

借：交易性金融资产——公允价值变动　　　　　　　　　　　　40 000

　　贷：利润分配——未分配利润　　　　　　　　　　　　　　　30 000

　　　　递延所得税负债　　　　　　　　　　　　　　　　　　10 000

④调整 2006 年利润分配：

借：利润分配——未分配利润（30 000×15%）　　　　　　　　4 500

　　贷：盈余公积　　　　　　　　　　　　　　　　　　　　　4 500

（3）财务报表调整和重述（财务报表略）。

华天公司在列报 2007 年财务报表时，应调整 2007 年资产负债表有关项目的年初余额、利润表有关项目的上年金额及所有者权益变动表有关项目的上年金额和本年金额。

①资产负债表项目的调整：调增交易性金融资产年初余额 160 000 元；调增递延所得税负债年初余额 40 000 元；调增盈余公积年初余额 18 000 元；调增未分配利润年初余额 102 000 元。

②利润表项目的调整：调增公允价值变动收益上年金额 40 000 元；调增所得税费用上年金额 10 000 元；调增净利润上年金额 30 000 元；调增基本每股收益上年金额 0.003 元。

③所有者权益变动表项目的调整：调增会计政策变更项目中盈余公积上年金额 13 500 元，未分配利润上年金额 76 500 元，所有者权益合计上年金额 90 000。调增会计政策变更项目中盈余公积本年金额 4 500 元，未分配利润本年金额 25 500 元，所有者权益合计本年金额 30 000 元。

2. 未来适用法

未来适用法是指将变更后的会计政策应用于变更日及以后发生的交易或者事项，或者在会计估计变更当期和未来期间确认会计估计变更影响数的方法。在未来适用法下，不需要计算会计政策变更产生的累积影响数，也无须重编以前年度的财务报表。企业会计账簿记录及财务报表上反映的金额，变更之日仍保留原有的金额，不因会计政策变更而改变以前年度的既定结果，并在现有金额的基础上再按新的会计政策进行核算。

【例 19-2】天宇公司原对发出存货采用后进先出法，由于采用新准则，按其规定，公司从 2007 年 1 月 1 日起改用先进先出法。2007 年 1 月 1 日存货的价值为 500 000 元，公司当年购入存货的实际成本为 3 600 000 元，2007 年 12 月 31 日按先进先出法计算确定的存货价值为 900 000 元，当年销售额为 5 000 000 元，假设该年度其他费用为 240 000 元，所得税税率为 25%。2007 年 12 月 31 日按后进先出法计算的存货价值为 440 000 元。

天宇公司由于法律环境变化而改变会计政策，假定对其采用未来适用法进行处理，即对存货采用先进先出法从 2007 年及以后才适用，不需要对 2007 年 1 月 1 日以前按先进先出法计算存货应有的余额，以及对留存收益的影响金额。

（1）计算确定会计政策变更对当期净利润的影响数。

采用先进先出法的销售成本为：

期初存货＋购入存货实际成本－期末存货

＝500 000＋3 600 000－900 000＝3 200 000（元）

采用后进先出法的销售成本为：

期初存货＋购入存货实际成本－期末存货

＝500 000＋3 600 000－440 000＝36 600 000（元）

计算确定会计政策变更对当期净利润的影响数如表19－3所示。

表19－3　　　　　　　　　　当期净利润的影响数计算表　　　　　　　　单位：元

项目	先进先出法	后进先出法
营业收入	5 000 000	5 000 000
减：营业成本	3 200 000	3 660 000
减：其他费用	240 000	240 000
利润总额	1 560 000	1 100 000
减：所得税	390 000	275 000
净利润	1 170 000	825 000
差额	345 000	

公司由于会计政策变更使当期净利润增加了345 000元（1 170 000－825 000）。

（2）附注说明。

天宇公司在2007年度财务报表附注中说明：本公司因执行新会计准则，在2007年1月1日对存货计价由原来的后进先出法改为先进先出法。由于本公司存货品种较多，收发频繁，按先进先出法对前期存货成本进行追溯调整工作量大，无法合理确定会计政策变更的累积影响数。根据成本效益原则，本公司对该项会计政策变更采用未来适用法。由于该项会计政策变更，2007年当期净利润增加了345 000元。

（五）会计政策变更的会计处理方法的选择

对于会计政策变更，企业应当根据具体情况，分别采用不同的会计处理方法。

（1）法律、行政法规或者国家统一的会计制度等要求变更的情况下，企业应当分别以下情况进行处理：①国家发布相关的会计处理办法，则按照国家发布的相关会计处理规定进行处理；②国家没有发布相关的会计处理办法，则采用追溯调整法进行会计处理。

（2）会计政策变更能够提供更可靠、更相关的会计信息的情况下，企业应当采用追溯调整法进行会计处理，将会计政策变更累积影响数调整列报前期最早期初留存收益，其他相关项目的期初余额和列报前期披露的其他比较数据也应当一并调整。

（3）确定会计政策变更对列报前期影响数不切实可行的，应当从可追溯调整的最早期间期初开始应用变更后的会计政策；在当期期初确定会计政策变更对以前各期累积影响数不切实可行的，应当采用未来适用法处理。如：应用追溯调整法的累积影响数不能确定；再如，企业因账簿、凭证超过法定保存期限而销毁，或因不可抗力而毁坏、遗失，如火灾、水灾等，或因人为因素，如盗窃、故意毁坏等，可能使当期期初确定会计政策变更对以前各期累积影响数无法计算，即不切实可行，此时，会计政策变更应当采用未来适用法进行处理。

（六）会计政策变更的披露

企业应当在附注中披露与会计政策变更有关的下列信息：

（1）会计政策变更的性质、内容和原因。包括：对会计政策变更的简要阐述、变更的日期、变更前采用的会计政策和变更后所采用的新会计政策及会计政策变更的原因。

（2）当期和各个列报前期财务报表中受影响的项目名称和调整金额。包括：采用追溯调整法时，计算出的会计政策变更的累积影响数；当期和各个列报前期财务报表中需要调整的净损益及其影响金额，以及其他需要调整的项目名称和调整金额。

（3）无法进行追溯调整的，说明该事实和原因以及开始应用变更后的会计政策的时点、具体应用情况。包括：无法进行追溯调整的事实；确定会计政策变更对列报前期影响数不切实可行的原因；在当期期初确定会计政策变更对以前各期累积影响数不切实可行的原因；开始应用新会计政策的时点和具体应用情况。

需要注意的是，在以后期间的财务报表中，不需要重复披露在以前期间的附注中已披露的会计政策变更的信息。

二、会计估计变更

（一）会计估计的概念及特点

会计估计是指企业对其结果不确定的交易或事项以最近可利用的信息为基础所作的判断。在实际工作中，由于企业经营活动中存在着许多内在的不确定因素，使得有些会计报表项目不能准确地计量，只能加以估计。进行会计估计时，往往以最近可得到的信息或资料为基础。为了保证会计信息的可靠性，必须合理地进行会计估计。例如，发生的坏账有多少、固定资产折旧金额、无形资产摊销金额等，都需要根据经验作出估计。在进行会计核算时，会计估计是不可避免的。但是，随着时间的推移、环境的变化，进行会计估计的基础可能会发生变化，这就需要以最近可利用的信息或资料为基础做出新的估计。对会计估计进行修订并不是说原来的会计估计方法有问题或不是最适当的，只是说明原来的会计估计已不能适应目前的实际情况，在目前已失去了继续沿用的基础。

（二）重要的会计估计

企业应当披露的重要会计估计包括以下各项：

（1）存货可变现净值的确定。

（2）采用公允价值模式下的投资性房地产公允价值的确定。

（3）固定资产的预计使用寿命与净残值，固定资产的折旧方法。

（4）生物资产的预计使用寿命与净残值，各类生产性生物资产的折旧方法。

（5）使用寿命有限的无形资产的预计使用寿命与净残值。

（6）可收回金额按照资产组的公允价值减去处置费用后的净额确定的，确定公允价值减去处置费用后的净额的方法。

可收回金额按照资产组预计未来现金流量的现值确定的，预计未来现金流量的确定。

（7）合同完工进度的确定。

（8）权益工具公允价值的确定。

（9）债务人债务重组中转让的非现金资产的公允价值、由债务转成的股份的公允价值和修改其他债务条件后债务的公允价值的确定。

债权人债务重组中受让的非现金资产的公允价值、由债权转成的股份的公允价值和修改其他债务条件后债权的公允价值的确定。

（10）预计负债初始计量的最佳估计数的确定。

（11）金融资产公允价值的确定。

（12）承租人对未确认融资费用的分摊；出租人对未实现融资收益的分配。

（13）探明矿区权益、井及相关设施的折耗方法。与油气开采活动相关的辅助设备及设施的折旧方法。

（14）非同一控制下企业合并成本的公允价值的确定。

（15）其他重要会计估计。

（三）会计估计变更的概念及原因

会计估计变更，是指由于资产和负债的当前状况及预期经济利益和义务发生了变化，从而对资产或负债的账面价值或者资产的定期消耗金额进行调整。

由于企业经营活动中内在的不确定因素，许多财务报表项目不能准确地计量，只能加以估计。估计过程虽然以最近可以得到的信息为基础所作的判断，但是，估计毕竟是就现有资料对未来所作的判断，随着时间的推移，如果赖以进行估计的基础发生变化，或者由于取得了新的信息、积累了更多的经验或后来的发展可能不得不对估计进行修订，但会计估计变更的依据应当真实、可靠。会计估计变更的情形包括以下各方面：

（1）企业进行估计的基础发生了变化。企业进行会计估计，总是依赖于一定的基础。如果其所依赖的基础发生了变化，则会计估计也应相应发生变化。例如，企业的某项无形资产摊销年限原定为 10 年，以后发生的情况表明，该资产的受益年限已不足 10 年，相应调减摊销年限。

（2）企业取得了新的信息、积累了更多的经验。企业进行会计估计是就现有资料对未来所做的判断，随着时间的推移，企业有可能取得新的信息、积累更多的经验，在这种情况下，企业可能不得不对会计估计进行修订，即发生会计估计变更。例如，企业根据当时能够得到的信息，对应收账款每年按应收账款余额的 2% 计提坏账准备。现在掌握了新的信息，判定不能收回的应收账款比例已达 7%，企业改按 7% 的比例计提坏账准备；再如，企业原对固定资产采用平均年限法按 15 年计提折旧，后来根据新得到的信息，固定资产经济使用寿命不足 15 年，只有 10 年。企业改按 10 年对固定资产计提折旧。

进行会计估计变更，并不意味着以前期间会计估计是错误的，只是由于情况发生变化，或者掌握了新的信息，积累了更多的经验，使得变更会计估计能够更好地反映企业的财务状况和经营成果。如果以前期间的会计估计是错误的，则属于会计差错，按会计差错更正的会计处理办法进行处理。

（四）会计估计变更的会计处理

对于会计估计变更，企业应采用未来适用法。其会计处理方法如下。

（1）如果会计估计的变更仅影响变更当期，有关会计估计变更的影响应于当期确认，计入变更当期与前期相同的项目中。例如，企业原按应收账款余额的 4% 计提坏账准备，但现在企业不能收回的应收账款比例已达 8%，企业改按 8% 的比例计提坏账准备。此项会计估计的变更仅影响变更当期，应将会计估计变更的影响数计入变更当期。

（2）如果会计估计的变更既影响变更当期又影响未来期间，有关会计估计变更的影响数应计入当期及以后各期与前期相同的项目中。即为了使不同期间的财务报表能够可比，如果以前期间的会计估计变更的影响数为计入日常经营活动损益，则以后期间也应计入日常经营活动损益；如果以前期间的会计估计变更的影响数计入特殊项目，则以后期间也应计入特殊项目。

【例 19-3】彩虹公司于 2004 年 1 月 1 日起计提折旧的一台管理用设备，原始价值 168 000 元，估计使用年限为 8 年，预计净残值为 8 000 元，按直线法计提折旧。由于技术因素以及更新办公设施的原因，已不能继续按原定使用年限计提折旧，于 2008 年 1 月 1 日将该设备的折旧年限改为 6 年，预计净残值为 4 000 元。所得税率 25%。假定税法允许变更后的折旧额在税前扣除。

彩虹公司对该项会计估计变更的会计处理如下：

①不调整以前各期折旧，也不计算累积影响数。

②变更日以后发生的经济业务改按新估计使用年限提取折旧。

彩虹公司的管理用设备按原估计，每年提取折旧额 20 000 元，已计提折旧 4 年，累计折旧 80 000 元，固定资产净值 88 000 元。2008 年 1 月 1 日起，改按新使用年限计提折旧，每年折旧费用为 42 000 元[（88 000 - 4 000）/（6-4）]。

2008 年 12 月 31 日，该公司编制会计分录如下：

借：管理费用　　　　　　　　　　　　　　　　　　　　42 000

　　贷：累计折旧　　　　　　　　　　　　　　　　　　　　42 000

③附注说明：

本公司一台管理用设备，原始价值 168 000 元，原估计使用年限为 8 年，预计净残值 8 000 元，按直线法计提折旧。由于技术因素以及更新办公设施的原因，已不能继续按原定使用年限计提折旧，于 2008 年 1 月 1 日将该设备的折旧年限改为 6 年，预计净残值为 4 000 元。此项会计估计变更使本年度净利润减少了 16 500 元[（42 000 - 20 000）×（1-25%）]。

会计实务中，有时很难区分会计政策变更和会计估计变更。如果不易分清会计政策变更和会计估计变更，则应按会计估计变更进行会计处理。

【例 19-4】2003 年 1 月 1 日，彩虹公司由于业务需要，从外部购入一项软件专利权，购入成本 200 000 元，估计经济使用寿命为 10 年。2008 年 12 月，由于新软件的问世，经过评估，彩虹公司认为原专利权已失去经济效益。决定将未摊销余额 100 000 元全部予以摊销。

对于该项会计变更，无法区分会计政策变更和会计估计变更，就摊销方法改为一次摊销来看属于会计政策变更，就摊销年限缩短为一年来看，属于会计估计变更，因此按会计估计变更进行处理。2008 年 12 月 31 日，该公司应编制会计分录如下：

借：管理费用　　　　　　　　　　　　　　　　　　　　100 000

　　贷：累计摊销　　　　　　　　　　　　　　　　　　　　100 000

附注说明略。

（五）会计估计变更的披露

企业应当在附注中披露与会计估计变更有关的下列信息：

（1）会计估计变更的内容和原因。包括变更的内容、变更日期以及为什么要对会计估计进行变更。

（2）会计估计变更对当期和未来期间的影响数。包括会计估计变更对当期和未来期间损益的影响金额，以及对其他各项目的影响金额。

（3）会计估计变更的影响数不能确定的，披露这一事实和原因。

三、前期差错更正

（一）前期差错的概念及原因

前期差错，是指由于没有运用或错误运用下列两种信息，而对前期财务报表造成省略或错报。其中，两种信息包括：①编报前期财务报表时预期能够取得并加以考虑的可靠信息；②前期财务报告批准报出时能够取得的可靠信息。

没有运用或错误运用上述两种信息而形成前期差错的情形主要有以下几个方面。

（1）会计政策使用不当造成差错。例如，按照《企业会计准则第 17 号——借款费用》的规定，为购建固定资产的专门借款而发生的借款费用，满足一定条件的，在固定资产达到预定可使用状态前发生的，应予资本化，计入所购建固定资产的成本；在固定资产达到预定可使用状态后发生的，计入当期损益。如果企业固定资产已达到预定可使用状态后发生的借款费用，也计入该项固定资产的价值，予以资本化，则属于采用法律或会计准则等行政法规、规章所不允许的会计政策。

（2）会计估计发生错误造成差错。例如，国家规定企业可以根据应收账款年末余额的一定比例计提坏账准备，企业有可能在年末多计提或少计提坏账准备，从而影响损益的计算。

（3）计算以及账户分类错误。例如，企业购入的五年期国债，意图长期持有，但在记账时记入了交易性金融资产，导致账户分类上的错误，并导致在资产负债表上流动资产和非流动资产的分类也有误。

（4）对事实的疏忽或曲解，以及舞弊。例如，企业对某项建造合同应按建造合同规定的方法确认营业收入，但该企业却按确认商品销售收入的原则确认收入。

（5）在期末对应记项目与递延项目未予调整。例如，企业应在本期摊销的费用在期末未予摊销。

（6）漏记已完成的交易。例如，企业销售一批商品，商品已经发出，开出增值税专用发票，商品销售收入确认条件均已满足，但企业在期末时未将已实现的销售收入入账。

（7）提前确认尚未实现的收入或不确认已实现的收入。例如，在采用委托代销商品的销售方式下，应以收到代销单位的代销清单时，确认商品销售收入的实现，如企业在发出委托代销商品时即确认为收入，则为提前确认尚未实现的收入。

（8）资本性支出与收益性支出划分差错等。例如，企业发生的管理人员的工资一般作为收益性支出，而发生的在建工程人员工资一般作为资本性支出。如果企业将发生的在建工程人员工资计入了当期损益，则属于资本性支出与收益性支出的划分差错。

（9）其他差错。在会计核算中，企业有可能发生除上述差错以外的其他差错。

需要注意的是，就会计估计的性质来说，它是个近似值，随着更多信息的获得，估计可能需要进行修正，但是会计估计变更不属于前期差错更正。

（二）前期差错更正的会计处理

对于发生的前期差错，企业应当区别重要的前期差错和不重要的前期差错，分别采用不同的方法进行会计处理。前期差错的重要性取决于在相关环境下对遗漏或错误表述的规模和性质的判断。前期差错所影响的财务报表项目的金额或性质，是判断该前期差错是否具有重要性的决定性因素。一般来说，前期差错所影响的财务报表项目的金额越大、性质越严重，其重要性水平越高。重要的前期差错，是指足以影响财务报表使用者对企业财务状况、经营成果和现金流量做出正确判断的前期差错。不重要的前期差错，是指不足以影响财务报表使用者对企业财务状况、经营成果和现金流量做出正确判断的会计差错。

企业应当采用追溯重述法更正重要的前期差错，但确定前期差错累积影响数不切实可行的除外。追溯重述法，是指在发现前期差错时，视同该项前期差错从未发生过，从而对财务报表相关项目进行更正的方法。

（1）不重要的前期差错的会计处理。对于不重要的前期差错，企业不需调整财务报表相关项目的期初数，但应调整发现当期与前期相同的相关项目。属于影响损益的，应直接计入本期与上期相同的净损益项目；属于不影响损益的，应调整本期与前期相同的相关项目。

【例19-5】志远公司在2008年12月31日发现，一台价值9 600元，应计入固定资产，并于2007年2月1日开始计提折旧的管理用设备，在2007年计入了当期费用。该公司固定资产折旧采用直线法，该资产估计使用年限为4年，假设不考虑净残值因素。则在2008年12月31日更正此差错的会计分录为：

借：固定资产　　　　　　　　　　　　　　　　　　　9 600
　　贷：管理费用　　　　　　　　　　　　　　　　　　5 000
　　　　累计折旧　　　　　　　　　　　　　　　　　　4 600

假设该项差错直到2011年2月后才发现，则不需要做任何分录，因为该项差错已经抵销了。

【例19-6】2008年8月，华光公司发现2007年度的一台管理设备少计提折旧，金额为1 000元。

这笔折旧相对于折旧费用总额而言，金额不大，所以直接记入本期有关项目。2008年8月发现差错时更正此差错的会计分录为：

借：管理费用　　　　　　　　　　　　　　　　　　　1 000
　　贷：累计折旧　　　　　　　　　　　　　　　　　　1 000

【例19-7】2008年10月，志远公司发现2007年漏记了管理人员工资1 600元。则2008年10月发现差错时更正此差错的会计分录为：

借：管理费用   1 600

      贷：应付职工薪酬   1 600

（2）重要的前期差错的会计处理。对于重要的前期差错，企业应当在其发现当期的财务报表中，调整前期比较数据。具体地说，企业应当在重要的前期差错发现当期的财务报表中，通过下述处理对其进行追溯更正：①追溯重述差错发生期间列报的前期比较金额；②如果前期差错发生在列报的最早前期之前，则追溯重述列报的最早前期的资产、负债和所有者权益相关项目的期初余额。

对于发生的重要的前期差错，如影响损益，应将其对损益的影响数调整发现当期的期初留存收益，财务报表其他相关项目的期初数也应一并调整；如不影响损益，应调整财务报表相关项目的期初数。

在编制比较财务报表时，对于比较财务报表期间的重要的前期差错，应调整各该期间的净损益和其他相关项目，视同该差错在产生的当期已经更正；对于比较财务报表期间以前的重要的前期差错，应调整比较财务报表最早期间的期初留存收益，财务报表其他相关项目的数字也应一并调整。

确定前期差错影响数不切实可行的，可以从可追溯重述的最早期间开始调整留存收益的期初余额，财务报表其他相关项目的期初余额也应当一并调整，也可以采用未来适用法。

需要注意的是，为了保证经营活动的正常进行，企业应当建立健全内部稽核制度，保证会计资料的真实、完整。但是，在日常会计核算中也可能由于各种原因造成会计差错，如抄写差错、可能对事实的疏忽和误解以及对会计政策的误用。企业发现会计差错时，应当根据差错的性质及时纠正。对于当期发现的、属于当期的会计差错，应调整本期相关项目。例如，企业将本年度在建工程人员的工资计入了管理费用，则应将计入管理费用的在建工程人员工资调整计入工程成本。对于年度资产负债表日至财务报告批准报出日之间发现的报告年度的会计差错及报告年度前不重要的前期差错，应按照《企业会计准则第29号——资产负债表日后事项》的规定进行处理。

【例19-8】远大公司在2007年发现，2006年公司漏记一项固定资产的折旧费用200 000元，所得税申报表中未扣除该项费用。假设2006年适用所得税率为25%，无其他纳税调整事项。该公司按净利润的10%、5%提取法定盈余公积和任意盈余公积。公司发行股票份额为2 000 000股。

（1）分析前期差错的影响数：

2006年少计折旧费用200 000元；多计所得税费用50 000（200 000×25%）元；多计净利润150 000元；多计应交税费50 000（200 000×25%）元；多提法定盈余公积和任意盈余公积15 000（150 000×10%）元和7 500（150 000×5%）元。假定税法允许调整应交所得税。

（2）编制有关项目的调整分录：

①补提折旧：

借：以前年度损益调整   200 000

      贷：累计折旧   200 000

②调整应交所得税：

借：应交税费——应交所得税 50 000

    贷：以前年度损益调整 50 000

③将"以前年度损益调整"账户余额转入"利润分配"账户：

借：利润分配——未分配利润 150 000

    贷：以前年度损益调整 150 000

④调整利润分配有关数字：

借：盈余公积 22 500

    贷：利润分配——未分配利润 22 500

（3）财务报表调整和重述（财务报表略）。

远大公司在列报 2007 年财务报表时，应调整 2007 年资产负债表有关项目的年初余额、利润表有关项目及所有者权益变动表的上年金额。

①资产负债表项目的调整：

调增累计折旧 200 000 元；调减应交税费 50 000 元；调减盈余公积 22 500 元；调减未分配利润 127 500 元。

②利润表项目的调整：

调增营业成本上年金额 200 000 元；调减所得税费用上年金额 50 000 元；调减净利润上年金额 150 000 元；调减基本每股收益上年金额 0.075 元。

③所有者权益变动表项目的调整：

调减前期差错更正项目中盈余公积上年金额 22 500 元，未分配利润上年金额 127 500 元，所有者权益合计上年金额 150 000 元。

（三）前期差错更正的披露

企业应当在附注中披露与前期差错更正有关的下列信息：

（1）前期差错的性质。

（2）各个列报前期财务报表中受影响的项目名称和更正金额。

（3）无法进行追溯重述的，说明该事实和原因以及对前期差错开始进行更正的时点、具体更正情况。

在以后期间的财务报表中，不需要重复披露在以前期间的附注中已披露的前期差错更正的信息。

第二节 资产负债表日后事项

一、资产负债表日后事项的概念及其涵盖的期间

（一）资产负债表日后事项的概念

资产负债表日后事项，是指自年度资产负债表日至财务报告批准报出日之间发生的有

利或不利事项。在理解这个概念时，还需要明确以下几个概念。

（1）资产负债表日。资产负债表日是指会计年度末和会计中期期末。中期是指短于一个完整的会计年度的报告期间，包括半年度、季度和月度。按照《会计法》规定，我国会计年度采用公历年度，即1月1日至12月31日。因此，年度资产负债表日是指每年的12月31日，中期资产负债表日是指各会计中期期末，如，提供第一季度财务报告时，资产负债表日是该年度的3月31日，提供半年度财务报告时，资产负债表日是该年度的6月30日。

如果母公司在国外，或子公司在国外，无论该母公司或子公司如何确定会计年度和会计中期，其向国内提供的财务报告都应根据我国《会计法》和会计准则的要求确定资产负债表日。

（2）财务报告批准报出日。财务报告批准报出日是指董事会或类似机构批准财务报告报出的日期，通常是指对财务报告的内容负有法律责任的单位或个人批准财务报告对外公布的日期。

财务报告的批准者包括所有者、所有者中的多数、董事会或类似的管理单位、部门和个人。根据《公司法》规定，董事会有权制订公司的年度财务预算方案、决算方案、利润分配方案和弥补亏损方案，因此，公司制企业的财务报告批准报出日是指董事会批准财务报告报出的日期。对于非公司制企业，财务报告批准报出日是指经理（厂长）会议或类似机构批准财务报告报出的日期。

（3）有利事项和不利事项。资产负债表日后事项包括有利事项和不利事项。"有利或不利事项"的含义是指，资产负债表日后事项肯定对企业财务状况和经营成果具有一定影响，既包括有利影响也包括不利影响。如果某些事项的发生对企业并无任何影响，那么，这些事项既不是有利事项，也不是不利事项，也就不属于这里所说的资产负债表日后事项。对于资产负债表日后的有利或不利事项，在会计核算中采取同一原则进行处理。如果属于调整事项，则对有利和不利的调整事项均应进行处理，并调整报告年度或报告中期的财务报表；如果属于非调整事项，则对有利和不利的非调整事项均应在报告年度或报告中期的附注中进行披露。

（二）资产负债表日后事项涵盖的期间

资产负债表日后事项涵盖的期间是指自资产负债表日次日起至财务报告批准报出日止的一段时间。具体而言，资产负债表日后事项涵盖的期间应当包括：①报告年度次年的1月1日或报告期间下一期间的第一天至董事会或类似机构批准财务报告对外公布的日期。②财务报告批准报出以后、实际报出之前又发生与资产负债表日后事项有关的事项，并由此影响财务报告对外公布日期的，应以董事会或类似机构再次批准财务报告对外公布的日期为截止日期。因此，对上市公司而言，这一期间内涉及几个日期：完成财务报告编制日、注册会计师出具审计报告日、董事会批准财务报告可以对外公布日、实际对外公布日等。通常而言，注册会计师签署审计报告的日期与管理层签署已审计财务报表的日期为同一天，或晚于管理层签署已审计财务报表的日期。如果公司管理层由此修改了财务报表，注册会计师应当根据具体情况实施必要的审计程序，并针对修改后的财务报表出具新的审计报告。实际对外公布日通常不早于董事会批准财务会计报告对外公布的日期。

【**例 19 - 9**】某上市公司 2007 年的年度财务报告于 2008 年 2 月 15 日编制完成，注册会计师完成整个年度审计工作并签署审计报告的日期为 2008 年 4 月 22 日，经董事会批准财务报告可以对外公布的日期为 2008 年 4 月 23 日，财务报告实际对外公布日期为 2008 年 4 月 27 日，股东大会召开日期为 2008 年 5 月 6 日。

根据资产负债表日后事项涵盖期间的规定，财务报告批准报出日为 2008 年 4 月 23 日，资产负债表日后事项的时间区间为 2008 年 1 月 1 日至 2008 年 4 月 23 日。假如该公司经董事会批准财务报告可以对外公布的日期为 2008 年 4 月 23 日，实际对外公布的日期为 2008 年 4 月 27 日，如果在 4 月 23 日至 27 日之间发生了重大事项，按照资产负债表日后事项处理规定需要调整财务报表相关项目的数字或需要在财务报表附注中披露的，经调整或说明后的财务报告再经董事会批准的报出日期为 2008 年 4 月 29 日，实际对外公布的日期为 2008 年 4 月 30 日，则资产负债表日后事项涵盖的期间为 2008 年 1 月 1 日至 2008 年 4 月 29 日。

二、资产负债表日后事项的内容

资产负债表日后事项包括两类：一类是资产负债表日后调整事项；另一类是资产负债表日后非调整事项。

（一）资产负债表日后调整事项

资产负债表日后调整事项，简称调整事项，是指对资产负债表日已经存在的情况提供了新的或进一步证据的事项。如果资产负债表日及所属会计期间已经存在某种情况，但当时并不知道其存在或者不能知道确切结果，资产负债表日后发生的事项能够证实该情况的存在或者确切结果，则该事项属于资产负债表日后事项中的调整事项。调整事项能对资产负债表日的存在情况提供进一步的证据，并会影响编制财务报表过程中的内在估计。调整事项的特点是：①在资产负债表日或以前已经存在，资产负债表日后得以证实的事项；②对按资产负债表日已存在状况编制的财务报表产生重大影响的事项。

企业发生的资产负债表日后调整事项，主要包括下列各项：①资产负债表日后取得确凿证据，表明某项资产在资产负债表日发生了减值或者需要调整该项资产原先确认的减值金额；②资产负债表日后进一步确定了资产负债表日前购入资产的成本或售出资产的收入；③资产负债表日后诉讼案件结案，法院判决证实了企业在资产负债表日已经存在现时义务，需要调整原先确认的与该诉讼案件相关的预计负债，或确认一项新负债；④资产负债表日后发现了财务报表舞弊或差错。

【**例 19 - 10**】甲公司因产品质量问题被消费者起诉。2007 年 12 月 31 日法院尚未判决，考虑到消费者胜诉要求甲公司赔偿的可能性较大，甲公司为此确认了 600 万元的预计负债。2008 年 3 月 20 日，在甲公司 2007 年度财务报告对外报出之前，法院判决消费者胜诉，要求甲公司支付赔偿款 700 万元。

分析：甲公司在 2007 年 12 月 31 日结账时已经知道消费者胜诉的可能性较大，但不知道法院判决的确切结果，因此确认了 600 万元的预计负债。2008 年 3 月 20 日法院判决结果为甲公司预计负债的存在提供了进一步的证据。此时，按照 2007 年 12 月 31 日存在状况编制的财务报表所提供的信息已不能真实反映企业的实际情况，应据此对财务报表相关项目的数字进行调整。

【例 19 -11】甲公司应收乙公司账款 5 600 000 元，按合同约定应在 2007 年 11 月 10 日前偿还。在 2007 年 12 月 31 日结账时，甲公司尚未收到这笔应收账款，并已知乙公司财务状况不佳，近期内难以偿还债务，甲公司对该项应收账款提取 10% 的坏账准备。2008 年 2 月 10 日，在甲公司报出财务报告之前收到乙公司通知，乙公司已宣告破产，无法偿付部分欠款。从这一例子可见，甲公司于 2007 年 12 月 31 日结账时已经知道乙公司财务状况不佳，即在 2007 年 12 月 31 日资产负债表日，乙公司财务状况不佳的事实已经存在，但未得到乙公司破产的确切证据。2008 年 2 月 10 日甲公司正式收到乙公司通知，得知乙公司已破产，并且无法偿付部分货款，即 2008 年 2 月 10 日对 2007 年 12 月 31 日存在的状况提供了新的证据，表明根据 2007 年 12 月 31 日存在状况提供的资产负债表所反映的应收乙公司账款中已有部分成为坏账，依据资产负债日已存在状况编制的财务报表所提供的信息已不能真实反映公司的实际情况，因此，应据此对财务报表相关项目的数字进行调整。

（二）资产负债表日后非调整事项

资产负债表日后非调整事项，简称非调整事项，是指表明资产负债表日后发生的情况的事项。非调整事项的发生不影响资产负债表日企业的财务报表数字，只说明资产负债表日后发生了某些情况。对于财务报告使用者而言，非调整事项说明的情况有的重要，有的不重要。其中重要的非调整事项虽然不影响资产负债表日的财务报表数字，但可能影响资产负债表日以后的财务状况和经营成果，若不加以说明将会影响财务报告使用者做出正确估计和决策，因此必须以适当的方式披露这类事项。非调整事项的特点是：①资产负债表日并未存在，完全是日后发生的事项；②对理解和分析财务报告有重大影响的事项。

企业发生的资产负债表日后非调整事项，主要包括下列各项：①资产负债表日后发生重大诉讼、仲裁、承诺；②资产负债表日后资产价格、税收政策、外汇汇率发生重大变化；③资产负债表日后因自然灾害导致资产发生重大损失；④资产负债表日后发行股票和债券以及其他巨额举债；⑤资产负债表日后资本公积转增资本；⑥资产负债表日后发生巨额亏损；⑦资产负债表日后发生企业合并或处置子公司。

【例 19 -12】A 企业应收 B 企业的一笔货款，在 2007 年 12 月 31 日结账时，B 企业经营状况良好，并无显示财务困难的迹象。但在 2008 年 1 月 15 日，B 企业发生火灾，烧毁了全部厂房、设备和存货，无法偿还 A 企业的货款。对于这一事项，完全是由于资产负债表日后才发生的，与资产负债表日存在状况无关。但是，该事项属于重要事项，会影响公司以后期间的财务状况和经营成果，因此，需要在附注中予以披露。

【例 19 -13】甲公司 2007 年度财务报告于 2008 年 3 月 25 日经董事会批准对外公布。2008 年 3 月 10 日，甲公司与银行签订了 5 000 万元的贷款合同，用于生产项目的技术改造，贷款期限自 2008 年 3 月 15 日起至 2009 年 3 月 15 日止。

分析：甲公司向银行贷款的事项发生在 2008 年度，且在公司 2007 年度财务报告尚未批准对外公布的期间内，即该事项发生在资产负债表日后事项所涵盖的期间内。该事项在2007年12月31日尚未发生，与资产负债表日存在的状况无关，不影响资产负债表日企业的财务报表数字。但是，该事项属于重要事项，会影响公司以后期间的财务状况和经营成果，因此，需要在附注中予以披露。

这两类事项的区别在于该事项表明的情况在资产负债表日或资产负债表日以前是否已经存在。调整事项是事项存在于资产负债表日或以前，资产负债表日后提供了新的或进一步的证据；而非调整事项是在资产负债表日尚未存在，但在财务报告批准报出日之前才发生。这两类事项的共同点在于：调整事项和非调整事项都是在资产负债表日后至财务报告批准报出日之间存在或发生的。

三、资产负债表日后事项的会计处理

（一）资产负债表日调整事项的处理原则

资产负债表日后发生的调整事项，应当如同资产负债表所属期间发生的事项一样，作出相关账务处理，并对资产负债表日已编制的财务报表作相应的调整。但对于年度财务报告而言，由于资产负债表日后事项发生在报告年度的次年，报告年度的有关账目已经结转，特别是损益类账户在结账后已无余额。因此，年度资产负债表日后发生的调整事项，应分别以下情况进行具体处理。

（1）涉及损益的事项，通过"以前年度损益调整"账户核算。调整增加以前年度利润或调整减少以前年度亏损的事项，计入"以前年度损益调整"账户的贷方；调整减少以前年度利润或调整增加以前年度亏损的事项，计入"以前年度损益调整"账户的借方。

这里需要注意的是，涉及损益的调整事项，如果发生在资产负债表日所属年度（即报告年度）所得税汇算清缴前的，应调整报告年度应纳税所得额、应纳所得税税额；发生在报告年度所得税汇算清缴后的，应调整本年度（即报告年度的次年）应纳所得税税额。由于以前年度损益调整增加的所得税费用，计入"以前年度损益调整"账户的借方，同时贷记"应交税费——应交所得税"等账户；由于以前年度损益调整减少所得税费用，计入"以前年度损益调整"账户的贷方，同时借记"应交税费——应交所得税"等账户。调整完成后，将"以前年度损益调整"账户的贷方或借方余额，转入"利润分配——未分配利润"账户。

（2）涉及利润分配调整的事项，直接在"利润分配——未分配利润"账户核算。

（3）不涉及损益及利润分配的事项，调整相关账户。

（4）通过上述账务处理后，还应同时调整财务报表相关项目的数字，包括：①资产负债表日编制的财务报表相关项目的期末或本年发生数；②当期编制的财务报表相关项目的期初数或上年数；③经过上述调整后，如果涉及报表附注内容的，还应当调整报表附注相关项目的数字。

（二）资产负债表日调整事项的具体会计处理方法

下面以列举的方式，说明几种资产负债表日调整事项的会计处理。下列所有例子均是

针对上市公司而言的，并假定财务报告批准报出日均为次年 4 月 30 日，所得税率为 25%，公司按净利润的 10% 提取法定盈余公积之后，不再作其他分配。资产负债表日后事项按税法规定均可调整应缴纳的所得税。涉及递延所得税资产的，均假定未来期间很可能取得用来抵扣暂时性差异的应纳税所得额；不考虑报表附注中有关现金流量表项目的数字。

（1）资产负债表日后取得确凿证据，表明某项资产在资产负债表日发生了减值或者需要调整该项资产原先确认的减值金额。

【例 19-14】甲公司 2007 年 7 月销售给乙公司一批产品，货款为 200 万元（含增值税）。乙公司于 8 月份收到所购物资并验收入库。按合同规定，乙公司应于收到所购物资后一个月内付款。由于乙公司财务状况不佳，到 2007 年 12 月 31 日仍未付款。甲公司于 12 月 31 日编制 2007 年财务报表时，已为该项应收账款提取坏账准备 12 万元（企业所得税税前准予扣除的坏账准备的计提比例为 5‰）。2007 年 12 月 31 日资产负债表上"应收账款"项目的金额为 400 万元，其中 188 万元为该项应收账款。甲公司于 2008 年 1 月 30 日（所得税汇算清缴前）收到法院通知，乙公司已宣告破产清算，无力偿还所欠部分货款。甲公司预计可收回应收账款的 60%。

分析：根据资产负债表日后事项的判断原则，甲公司在收到法院通知后，首先可判断该事项属于资产负债表日后调整事项。甲公司原对应收乙公司账款提取了 12 万元的坏账准备，按照新的证据应提取的坏账准备为 80 万元（200×40%），差额 68 万元应当调整 2007 年度财务报表相关项目的数字。此外，虽然调整事项发生在甲公司 2007 年所得税汇算清缴前，但由于税法只允许税前扣除在应收账款余额 5‰ 范围以内计提的坏账准备，因此，本例中对坏账准备的调整不影响应纳税所得额的计算。

甲公司的账务处理如下：

①补提坏账准备：

应补提的坏账准备 = 2 000 000 × 40% - 120 000 = 680 000（元）

借：以前年度损益调整　　　　　　　　　　　　　　　680 000
　　贷：坏账准备　　　　　　　　　　　　　　　　　　　680 000

②调整递延所得税资产：

680 000 × 25% = 170 000（元）

借：递延所得税资产　　　　　　　　　　　　　　　170 000
　　贷：以前年度损益调整　　　　　　　　　　　　　　170 000

③将"以前年度损益调整"账户的余额转入"利润分配"账户：

借：利润分配——未分配利润　　　　　　　　　　　510 000
　　贷：以前年度损益调整　　　　　　　　　　　　　　510 000

④调整利润分配有关数字：

借：盈余公积　　　　　　　　　　　　　　　　　　51 000
　　贷：利润分配——未分配利润（510 000 × 10%）　　　51 000

⑤调整报告年度财务报表相关项目的数字（财务报表略）。

● 资产负债表项目的调整：调减应收账款净值 680 000 元，调增递延所得税资产 170 000 元；调减盈余公积 51 000 元，调减未分配利润 459 000 元。

● 利润表项目的调整：调增资产减值损失 680 000 元，调减所得税费用 170 000 元，调减净利润 510 000 元。

● 所有者权益变动表项目的调整：调减净利润 510 000 元，调减提取盈余公积 51 000 元。

（2）资产负债表所属期间或以前期间所售商品在资产负债表日后退回。指在资产负债表日以前或资产负债表日，根据合同规定销售的商品已经发出，当时认为与该项商品所有权相关的风险和报酬已经转移，货款能够收回，根据收入确认原则确认了收入并结转了相关成本。即在资产负债表日企业已确认为销售，并在财务报表上反映。但在资产负债表日后至财务报告批准报出日之间所取得的证据证明该批已确认为销售的商品确实已退回，应作为调整事项，进行相关的账务处理，并调整资产负债表日编制的财务报表有关收入、费用、资产、负债、所有者权益等项目的数字。值得说明的是，资产负债表日后发生的销售退回，既包括报告年度或报告中期销售的商品在资产负债表日后发生的销售退回，也包括以前期间销售的商品在资产负债表日后发生的销售退回。但是，除了资产负债表日后事项规范的销售退回外，其他的销售退回均冲减退回当期的收入、成本。

资产负债表所属期间或以前期间所售商品在资产负债表日后退回的，应作为资产负债表日后调整事项处理。

①涉及报告年度所属期间的销售退回发生于报告年度所得税汇算清缴之前，应调整报告年度利润表的收入、成本等，并相应调整报告年度的应纳税所得额以及报告年度应缴的所得税等。

【例 19 – 15】甲公司 2007 年 11 月 20 日销售一批商品给乙公司，取得收入 250 万元（不含税，增值税率 17%）。甲公司发出商品后，按照正常情况已确认收入，并结转成本 200 万元。2007 年 12 月 31 日，该笔货款尚未收到，甲公司对应收账款计提了坏账准备 13 万元。2008 年 1 月 15 日，由于产品质量问题，本批货物被退回。假定本年度除应收乙公司账款计提的坏账准备外，无其他纳税调整事项，甲公司于 2008 年 2 月 28 日完成 2007 年所得税汇算清缴。

分析：销售退回业务发生在资产负债表日后事项涵盖期间内，属于资产负债表日后调整事项。由于销售退回发生在报告年度所得税汇算清缴之前，因此在所得税汇算清缴时，应扣除该部分销售退回所实现的应纳税所得额。

甲公司的账务处理如下：

● 2008 年 1 月 15 日，调整销售收入：

借：以前年度损益调整	2 500 000	
应交税费——应交增值税（销项税额）	425 000	
贷：应收账款		2 925 000

● 调整坏账准备余额：

借：坏账准备	130 000	
贷：以前年度损益调整		130 000

● 调整销售成本：

借：库存商品	2 000 000	
贷：以前年度损益调整		2 000 000

- 调整应缴纳的所得税：

$(2\ 500\ 000 - 2\ 000\ 000) \times 25\% = 125\ 000$（元）

借：应交税费——应交所得税   125 000

  贷：以前年度损益调整   125 000

- 调整已确认的递延所得税资产：

$130\ 000 \times 25\% = 32\ 500$（元）

借：以前年度损益调整   32 500

  贷：递延所得税资产   32 500

- 将"以前年度损益调整"账户的余额转入"利润分配"账户：

$2\ 500\ 000 - 2\ 000\ 000 - 130\ 000 - 125\ 000 + 32\ 500 = 277\ 500$（元）

借：利润分配——未分配利润   277 500

  贷：以前年度损益调整   277 500

- 调整盈余公积：

借：盈余公积   27 750

  贷：利润分配——未分配利润（277 500×10%） 27 750

- 调整报告年度财务报表相关项目的数字（财务报表略）。

资产负债表项目的调整：调减应收账款净值 2 795 000 元，调增存货 2 000 000 元，调减递延所得税资产 32 500 元；调减盈余公积 27 750 元，调减未分配利润 249 750 元。

利润表项目的调整：调减主营业务收入 2 500 000 元，调减主营业务成本 2 000 000 元，调减资产减值损失 130 000 元，调减所得税费用 92 500 元，调减净利润 277 500 元。

所有者权益变动表项目的调整：调减净利润 277 500 元，调减提取盈余公积 27 750 元。

②资产负债表日后事项中涉及报告年度所属期间的销售退回发生于报告年度所得税汇算清缴之后，应调整报告年度财务报表的收入、成本等，但按照税法规定在此期间的销售退回所涉及的应缴所得税，应作为本年的纳税调整事项。

【例 19 - 16】沿用【例 19 - 15】资料，假定销售退回的时间改为 2008 年 3 月 12 日（即报告年度所得税汇算清缴后）。

甲公司的账务处理如下：

- 2008 年 1 月 15 日，调整销售收入：

借：以前年度损益调整   2 500 000

  应交税费——应交增值税（销项税额）   425 000

  贷：应收账款   2 925 000

- 调整坏账准备余额：

借：坏账准备   130 000

  贷：以前年度损益调整   130 000

- 调整销售成本：

借：库存商品   2 000 000

  贷：以前年度损益调整   2 000 000

- 调整所得税费用：

$(2\ 500\ 000 - 2\ 000\ 000) \times 25\% = 125\ 000$（元）

借：递延所得税资产　　　　　　　　　　　　　125 000
　　贷：以前年度损益调整　　　　　　　　　　　　　125 000
● 调整已确认的递延所得税资产：
$130\ 000 \times 25\% = 32\ 500$（元）

借：以前年度损益调整　　　　　　　　　　　　　32 500
　　贷：递延所得税资产　　　　　　　　　　　　　　32 500
● 将"以前年度损益调整"账户的余额转入"利润分配"账户：
$2\ 500\ 000 - 2\ 000\ 000 - 130\ 000 - 125\ 000 + 32\ 500 = 277\ 500$（元）

借：利润分配——未分配利润　　　　　　　　　277 500
　　贷：以前年度损益调整　　　　　　　　　　　　277 500
● 调整盈余公积
借：盈余公积　　　　　　　　　　　　　　　　27 750
　　贷：利润分配——未分配利润（$277\ 500 \times 10\%$）　　27 750
● 调整报告年度财务报表相关项目的数字（财务报表略）

资产负债表项目的调整：调减应收账款净值 2 795 000 元，调增存货 2 000 000 元，调增递延所得税资产 92 500 元；调减应交税费 425 000 元，调减盈余公积 27 750 元，调减未分配利润 249 750 元。

利润表项目的调整：调减主营业务收入 2 500 000 元，调减主营业务成本 2 000 000 元，调减资产减值损失 130 000 元，调减所得税费用 92 500 元，调减净利润 277 500 元。

所有者权益变动表项目的调整：调减净利润 277 500 元，调减提取盈余公积 27 750 元。

（3）资产负债表日后诉讼案件结案，法院判决证实了企业在资产负债表日已经存在现时义务，需要调整原先确认的与该诉讼案件相关的预计负债，或确认一项新负债。是指在资产负债表日以前，或资产负债表日已经存在的赔偿事项，资产负债表日后次日至财务会计报告批准报出日之间提供了新的证据，表明企业能够收到赔偿款或需要支付赔偿款，这一新的证据如果对资产负债表日所作的估计需要调整的，应对财务报表进行调整。

【例 19－17】甲公司与乙公司签订一项供销合同，合同中订明甲公司在 2007 年 11 月份内供应给乙公司一批物资。由于甲公司未能按照合同发货，致使乙公司发生重大经济损失。乙公司通过法律程序要求甲公司赔偿经济损失 550 万元。该诉讼案件在 2007 年 12 月 31 日尚未判决，甲公司按或有事项记录了 400 万元的预计负债，并将该项赔偿款反映在 2007 年 12 月 31 日的财务报表上，乙公司未记录应收赔偿款。2008 年 2 月 7 日，经法院一审判决，甲公司需要偿付乙公司经济损失 500 万元，甲、乙双方均服从判决。判决当日，甲公司向乙公司支付赔偿款 500 万元。甲、乙两公司 2007 年所得税汇算清缴均在 2008 年 3 月 10 日完成（假定该项预计负债产生的损失不允许税前抵扣，只有在损失实际发生时，才允许税前抵扣）。

分析：2008 年 2 月 7 日的判决证实了甲、乙两公司在资产负债表日（即 2007 年 12 月 31 日）分别存在现时赔偿义务和获赔权利，因此两公司都应将"法院判决"这一事项作为调整事项进行处理。甲公司和乙公司 2007 年所得税汇算清缴均在 2008 年 3 月 10 日完成，因此，应根据法院判决结果调整报告年度应纳税所得额和应纳所得税税额。

甲公司的账务处理如下：

①记录支付的赔偿款：

借：以前年度损益调整   1 000 000

  贷：其他应付款   1 000 000

借：其他应付款   5 000 000

  贷：银行存款   5 000 000^(注)

借：预计负债   4 000 000

  贷：其他应付款   4 000 000

注：资产负债表日后发生的调整事项如涉及现金收支项目的，均不调整报告年度资产负债表的货币资金项目和现金流量表正表各项目数字。本例中，虽然已支付了赔偿款，但在调整财务报表相关项目数字时，不需要调整上述第二笔分录，上述第二笔分录作为 2008 年的会计事项处理。

②调整应交所得税：

借：应交税费——应交所得税   250 000

  贷：以前年度损益调整（1 000 000×25%）   250 000

借：应交税费——应交所得税   1 000 000

  贷：以前年度损益调整（4 000 000×25%）   1 000 000

借：以前年度损益调整   1 000 000

  贷：递延所得税资产   1 000 000^(注)

注：2007 年末因确认预计负债 400 万元时已确认相应的递延所得税资产，资产负债表日后事项发生后递延所得税资产不复存在，故应冲销相应记录。

③将"以前年度损益调整"账户余额转入"利润分配"账户：

借：利润分配——未分配利润   750 000

  贷：以前年度损益调整   750 000

④调整盈余公积：

借：盈余公积   75 000

  贷：利润分配——未分配利润（750 000×10%）   75 000

⑤调整报告年度财务报表相关项目的数字（财务报表略）。

- 资产负债表项目的调整：调减递延所得税资产 100 万元；调增其他应付款项目 500 万元，调减应交税费 125 万元，调减预计负债 400 万元；调减盈余公积 7.5 万元；调减未分配利润 67.5 万元。

- 利润表项目的调整：调增营业外支出 100 万元，调减所得税费用 25 万元，调减净利润 75 万元。

- 所有者权益变动表项目的调整：调减净利润 75 万元，调减提取盈余公积 7.5 万元。

⑥调整 2008 年 2 月份资产负债表相关项目的年初数。

甲公司在编制 2008 年 1 月份的资产负债表时，按照调整前 2007 年 12 月 31 日的资产负债表的数字作为资产负债表的年初数，由于发生了资产负债表日后调整事项，甲公司除了调整 2007 年年度资产负债表相关项目的数字外，还应当调整 2008 年 2 月份资产负债表相关项目的年初数，其年初数按照 2007 年 12 月 31 日调整后的数字填列。

乙公司的账务处理如下：

①记录已收到的赔偿款：

借：其他应收款 5 000 000

　　贷：以前年度损益调整 5 000 000

借：银行存款 5 000 000

　　贷：其他应收款 5 000 000^(注)

注：资产负债表日后发生的调整事项如涉及现金收支项目的，均不调整报告年度资产负债表的货币资金项目和现金流量表正表各项目数字。本例中，虽然收到了赔偿款并存入银行，但在调整会计报表相关项目数字时，只需要调整上述第一笔分录，不需要调整上述第二笔分录，上述第二笔分录作为 2008 年的会计事项处理。

②调整应交所得税：

借：以前年度损益调整 1 250 000

　　贷：应交税费——应交所得税（5 000 000×25%） 1 250 000

③将"以前年度损益调整"账户余额转入"利润分配"账户：

借：以前年度损益调整 3 750 000

　　贷：利润分配——未分配利润 3 750 000

④调整盈余公积：

借：利润分配——未分配利润 375 000

　　贷：盈余公积（3 750 000×10%） 375 000

⑤调整报告年度财务报表相关项目的数字（财务报表略）

- 资产负债表项目的调整：调增其他应收款 500 万元；调增应交税费 125 万元；调增盈余公积 37.5 万元；调增未分配利润 337.5 万元（375－37.5）。

- 利润表项目的调整：调增营业外收入 500 万元；调增所得税 125 万元；调增净利润 375 万元。

- 所有者权益变动表项目的调整：调增净利润 375 万元，调增盈余公积 37.5 万元。

⑥调整 2008 年 2 月份资产负债表相关项目的年初数。

乙公司在编制 2008 年 1 月份的资产负债表时，按照调整前 2007 年 12 月 31 日的资产负债表的数字作为资产负债表的年初数，由于发生了资产负债表日后调整事项，乙公司除了调整 2007 年年度资产负债表相关项目的数字外，还应当调整 2008 年 2 月份资产负债表相关项目的年初数，其年初数按照 2007 年 12 月 31 日调整后的数字填列。

（4）资产负债表日后发现了财务报表舞弊或差错。这一事项是指资产负债表日后，新的证据表明，报告期或以前期间存在的财务报表舞弊或差错。企业发生这一事项后，应当将其作为资产负债表日后调整事项，调整报告年度的财务报告或中期财务报告相关项目的数字。

【例 19－18】在 2007 年，建筑承包商丙企业与丁企业签订一项长期建造合同，要求在四年内完成长度为 30 公里的高速公路。丙企业用完工百分比法核算长期合同的收入和成本。所以，在每一报告日，丙企业都要估计完工程度，并估计每一在建合同所创造的毛利总额。在编制 2007 年 12 月 31 日的资产负债表时，丙企业估计已完成工程的 25%，并按此估计计算收益。在 2008 年 2 月，资产负债表日后至财务报告批准报出日之间，丙企业收到修订后的关于工程进度的报告书，指出其在 2007 年 12 月 31 日已完成合同的 35%。对此，丙企业应对 2007 年 12 月 31 日所作估计进行调整，调整会计报表相关项目的数字。

（三）资产负债表日后非调整事项的处理原则及会计处理方法

（1）资产负债表日后非调整事项的处理原则。资产负债表日后发生的非调整事项，是表明资产负债表日后发生的情况的事项，与资产负债表日存在状况无关，不应当调整资产负债表日的财务报表。但有的非调整事项对财务报告使用者具有重大影响，如不加以说明，将不利于财务报告使用者做出正确估计和决策，因此，应在附注中加以披露。

（2）资产负债表日后非调整事项的具体会计处理办法。资产负债表日后发生的非调整事项，应当在报表附注中披露每项重要的资产负债表日后非调整事项的性质、内容，及其对财务状况和经营成果的影响。无法作出估计的，应当说明原因。主要的资产负债表日后非调整事项有：

①资产负债表日后发生重大诉讼、仲裁、承诺。资产负债表日后发生的重大诉讼等事项，对企业影响较大，为防止误导投资者及其他财务报告使用者，应当在报表附注中披露。

②资产负债表日后资产价格、税收政策、外汇汇率发生重大变化。资产负债表日后发生的资产价格、税收政策和外汇汇率的重大变化，虽然不会影响资产负债表日财务报表相关项目的数据，但对企业资产负债表日后期间的财务状况和经营成果有重大影响，应当在报表附注中予以披露。

【例 19 - 19】甲公司 2007 年 3 月采用融资租赁方式从美国购入某重型机械设备，租赁合同规定，该重型机械设备的租赁期为 10 年，年租金 50 万美元。甲公司在编制 2007 年度财务报表时已按 2007 年 12 月 31 日的汇率对该笔长期应付款进行了折算（假设 2007 年 12 月 31 日的汇率为 1 美元兑 7.8 元人民币）。假设国家规定从 2008 年 1 月 1 日起进行外汇管理体制改革，外汇管理体制改革后，人民币对美元的汇率发生重大变化。

分析：甲公司在资产负债表日已经按照当天的资产计量方式进行处理，或按规定的汇率对有关账户进行调整，因此，无论资产负债表日后汇率如何变化，均不影响资产负债表日的财务状况和经营成果。但是，如果资产负债表日后外汇汇率发生重大变化，应对由此产生的影响在报表附注中进行披露。

③资产负债表日后因自然灾害导致资产发生重大损失。自然灾害导致资产重大损失对企业资产负债表日后财务状况的影响较大，如果不加以披露，有可能使财务报告使用者做出错误的决策，因此应作为非调整事项在报表附注中进行披露。

④资产负债表日后发行股票和债券以及其他巨额举债。企业发行股票、债券以及向银行或非银行金融机构举借巨额债务都是比较重大的事项，虽然这一事项与企业资产负债表日的存在状况无关，但这一事项的披露能使财务报告使用者了解与此有关的情况及可能带来的影响，因此应当在报表附注中进行披露。

⑤资产负债表日后资本公积转增资本。企业以资本公积转增资本将会改变企业的资本

（或股本）结构，影响较大，应当在报表附注中进行披露。

⑥资产负债表日后发生巨额亏损。企业资产负债表日后发生巨额亏损将会对企业报告期以后的财务状况和经营成果产生重大影响，应当在报表附注中及时披露该事项，以便为投资者或其他财务报告使用者做出正确决策提供信息。

⑦资产负债表日后发生企业合并或处置子公司。企业合并或者处置子公司的行为可以影响股权结构、经营范围等方面，对企业未来的生产经营活动能产生重大影响，应当在报表附注中进行披露。

⑧资产负债表日后，企业利润分配方案中拟分配的以及经审议批准宣告发放的股利或利润。资产负债表日后，企业制订利润分配方案，拟分配或经审议批准宣告发放股利或利润的行为，并不会导致企业在资产负债表日形成现时义务，虽然该事项的发生可导致企业负有支付股利或利润的义务，但支付义务在资产负债表日尚不存在，不应该调整资产负债表日的财务报告，因此，该事项为非调整事项。不过，该事项对企业资产负债表日后的财务状况有较大影响，可能导致现金大规模流出、企业股权结构变动等，为便于财务报告使用者更充分了解相关信息，企业需要在财务报告中适当披露该信息。

主要参考文献

［1］中华人民共和国财政部：《企业会计准则（2006）》，经济科学出版社 2006 年版。

［2］中华人民共和国财政部：《企业会计准则——应用指南 2006》，中国财政经济出版社 2006 年版。

［3］中华人民共和国财政部会计司编写组：《企业会计准则讲解 2006》，人民出版社 2007 年版。

［4］中华人民共和国财政部：《企业基础工作规范》，经济科学出版社 1996 年版。

［5］中华人民共和国财政部会计资格评价中心：《中级会计实务》，经济科学出版社 2007 年版。

［6］中华人民共和国财政部会计资格评价中心：《初级会计实务》，经济科学出版社 2007 年版。

［7］［美］美国财务会计准则委员会著，娄尔行译：《论财务会计概念》，中国财政经济出版社 2003 年版。

［8］国际会计准则理事会（IASB）：《国际会计准则 2003》，中国财政经济出版社 2003 年版。

［9］中国注册会计师协会：《会计》，中国财政经济出版社 2010 年版。

［10］葛家澍、刘峰：《会计理论——关于财务会计概念结构的研究》，中国财政经济出版社 2003 年版。

［11］夏成才：《中级财务会计》，中国财政经济出版社 2006 年版。

［12］刘永泽、陈立军：《中级财务会计》，东北财经大学出版社 2007 年版。

［13］夏冬林：《会计学》，清华大学出版社 2003 年版。

［14］王君彩：《中级财务会计》（第四版），中国财政经济出版社 2010 年版。

［15］王君彩：《新企业会计与财务操作实务》，经济日报出版社 2007 年版。

［16］王君彩：《企业财务会计学》，中国金融出版社 2004 年版。